北京大学海上丝路与区域历史研究丛书

儒学的日本化

近世日本京学派思想研究

刘 莹/著

社会科学文献出版社
SOCIAL SCIENCES ACADEMIC PRESS (CHINA)

本书为

教育部人文社会科学研究青年基金项目

"儒学日本化进程研究"

（项目号：22YJC720009）

成果

北京大学海上丝路与区域历史研究丛书总序

中国是一个国土幅员辽阔的大国，也是一个拥有漫长海岸线的国家。溯至远古时期，我国先民就已开始了对海洋的探索。秦汉以降，经由海路与外部世界的交往，更成为一种国家行为，秦始皇派徐福东渡，汉武帝遣使西到黄支，孙吴时有朱应、康泰前往南洋，唐朝时则有杨良瑶远赴大食，直到明初郑和七下西洋，官方主导的外交与外贸持续不断。而民间的交往虽然被史家忽略，但仍然有唐之张保皋，明之郑芝龙家族等，民间的向海而生，时时跃然纸上。特别是唐宋以降，海上"丝绸之路"的迅猛发展，使得中国官民通过海路与沿线国家进行着频繁的政治、文化交往，海上贸易也呈现出一片繁荣的景象。

这条海上"丝绸之路"，联通东北亚、日本、南洋、波斯、阿拉伯世界，远到欧洲、东非，并以此为跳板，连接到世界更广阔的地域与国家，它不仅仅是东西方商业贸易的桥梁，也是沿线各国政治经济往来、文化交流的重要纽带。海上"丝绸之路"沿线的国家，也同样是面向海洋的国度，它们各自的发展与壮大，也曾受益于海上"丝绸之路"；这些国家的民众，也曾积极参与海上贸易，特别是在大航海时代到来之后，逐步营建出"全球化"的新时代。

古为今用，我国"一带一路"倡议的提出，旨在借用古代"丝绸之路"的历史符号，积极发展与沿线国家的经济合作伙伴关系，彰显我国在国际社会中的担当精神。

2019 年初，北大历史学系受学校委托，承担大型专项课题"海上丝绸之路及其沿线国家和地区历史文化研究"，我们深感这一研究的时代意义以及史学工作者承载的历史使命。重任在肩，我们积极组织系内有生力量，打通中外，共同攻关；与此同时，我们也寻求合作伙伴，拓展渠道，与校内外同行共襄盛举。以此项目启动为契机，我们筹划了"北京大学海上丝路与区域历史研究丛书"，希望在课题研究深入的同时，有助于推动历史学系的学科建设，利用这个丛书，发表本系及其他参与人员的研究成果，共同推进海上丝绸之路与沿线区域的历史研究。

让我们共同翻开史学研究的新篇章！

丛书编委会（荣新江 执笔）

2020 年 6 月 6 日

· 目 录 ·

序 一

　　值此刘莹博士《儒学的日本化：近世日本京学派思想研究》刊行之际，作为她的指导老师，我感到由衷的喜悦，并送上诚挚的祝贺。一直以来，并未出现以"京学派"为主题的专著，就此而言，此书有着开创性的重要意义。

　　日本朱子学"京学派"之名，在中国学界的著述中并不多见，然而其中的佼佼者，如藤原惺窝、林罗山、室鸠巢、新井白石等人，均是日本儒学史上极为重要的人物。长久以来，中日学界有一种比较流行的观点，即把京学派视为"朱子学的精神奴隶"，认为其思想理论"照搬中国"，"无创新之见"，因此忽视了对京学派的深入探究。本书仔细研判了有关京学派的各种见解，并经过审慎的文献考察，找到了全新的视角重新梳理京学派的发展脉络，这就是从"儒学日本化"的角度分析京学派学者是如何竭尽所能运用各种方式促进儒学在日本的在地化发展的。从这一维度出发，彰显了京学派超出文本诠释的丰富而多元的内容。

本书以京学派主要人物的思想为主线展开论述，除了日本儒学史上常见的惺窝、罗山外，作者还认真考察了松永尺五、木下顺庵、雨森芳洲等流传资料较少的儒者并给予了深入而恰切的分析。以尺五为例，以往学者往往以"抄袭"或者"入佛"视之，认为其儒学思想不仅没有超出朱子学的理论体系，而且明显掺杂了许多佛教的思想。但本书作者另辟蹊径，以尺五在《彝伦抄》中的论述为依据，认为尺五之所以通过日本社会已然熟悉的佛教解释儒学经典，是自觉而有意为之，尺五正是要通过"叨以世俗之俚语肤说纲常之大猷"，使居于社会下层的童蒙书生、贩夫走卒甚至异教徒都可以了解儒学的纲常。如此一来，尺五以佛释儒不是儒学水平低下所致，反而是深刻认识到日本社会以佛教为主的现状后作出的明智之举。作者以扎实的文献资料为依据，对京学派诸儒详加剖析，使得京学派朱子学者在儒学日本化进程中的重要作用得以呈现。

本书的内容可以分为两个部分：一是对具体人物的传世文献进行细致而深入的考察，从而开辟新的思路；二是对京学派整体的发展脉络进行铺陈，突出其在促使儒学深入日本社会方面所动员的各方面力量。前一部分的研究修正了日本儒学史著述中常见的一些不够准确的提法，如指出藤原惺窝是"脱佛入儒"而非"排佛入儒"，一字之差，可见作者考据之细密。而后一部分的内容更加丰富，尤其是作者以"降格"为视角，将林罗山推动儒学正统化、松永尺五援引佛教教义解释儒学思想、室鸠巢通过塑造赤穗"义士"的形象传播儒学的忠孝观、贝原益轩着力写作童蒙之"训"以促进儒学深入日本社会等努力统一起来，以此论证京学派朱子学者在文字诠释之外的功力，多有创新之见。

作者对京学派思想的研究，不仅有着强烈的问题意识导向，而且能把文献分析与经典诠释结合在一起，在广泛吸收已有学术成果的基础上，把京学派的研究推上了一个新的高度。

本书并非传统意义上的静态的人物思想研究，其格局在于以京学派之一斑洞见东亚知识之"环流"，诚如本书在终章中指出的："以宋学为代表的新儒学从中世开始进入日本，在近世不断生根发芽，到18世纪末比较广泛地传播开来，又在明治维新的东西交汇中'逆输入'中国，对包括儒学在内的中国传统文化的近代转型起到了殊为重要的作用。以此'环流'反观京学派的位置，那么其正好处于促使儒学在近世日本生根发芽的阶段。"在东亚知识的"环流"之中，本书着力刻画了京学派朱子学者们对于推动儒学日本化进程所作出的贡献，深度发掘并重新定位其思想意义，体现出作者广阔的学术视野。

以儒家思想为主体、以儒释道三家及其他学派互动互融为特征的中国传统文化，在各个历史时期源源不断地向东亚各国传播，包括日本在内的东亚各国，结合自己的历史传承和国情，把中国传统文化本土化、内在化为本国文化的重要组成部分，并与中国文化交流互鉴，互相促进，共同发展，从而形成了在世界文化中独具特色的东亚文化圈，对全人类的文化发展和文明进步发挥了举足轻重的作用。因此，在研究东亚文化时，不可能离开中国文化；在研究中国文化时，也不能无视东亚文化。在东亚文化圈中，儒家文化无疑居于最重要的位置。刘莹博士的这部新著，以阐释日本京学派朱子学代表人物的思想为主题，探讨儒学的日本化问题，不仅在日本儒学的研究方面有所开新，对于研究中国儒学和东亚文化圈中的儒学亦有参考价值。

本书作者注重在儒学日本化的动态过程中通过文本的细致分析，深入解读京学派朱子学者的思想。书中对京学派朱子学者的定位绝非泛泛而论，而是在扎实的文献分析的基础之上得出的可靠结

论，确有发前贤所未发之处，实为日本思想史研究领域之力作。期
待以此书的出版为契机，出现更多研究日本儒学的新成果。

魏常海

2023 年 3 月于北京大学

序　二

　　关于日本思想史，比较容易引起我们中国人关心的一个问题是：儒学对日本的影响到底有多大？一种观点倾向于认为，儒学对日本影响"很大"，但由于近代日本给中国带来了深重灾难，回答儒学对近代日本的影响问题，难免会令人有些踌躇。也有一种观点倾向于认为儒学对日本的影响"不大"，甚至否定其影响。在日本学界，目前占主流的大致是第二种观点。

　　在日本，儒学作为近代学术研究对象而得以确立，是在明治维新以后。代表性研究者有井上哲次郎、武内义雄、西晋一郎等。近代日本关于"儒学与日本社会"关系问题的主流观点是，一方面承认儒学思想具有某种普遍性，另一方面又淡化甚至否定中国对日本的影响，着力强调来自中国的儒学被日本某种固有精神改变（"纯化"是其最常用的表达之一，带有一种似乎比中国儒学更加优秀的意味），形成了一种不同于中国的"日本化了"的儒学。不难想象，形成这一套学术话语的时代背景正是日本建构近代民族国家、构建殖民帝国的历史进程。在二战之后，这种认识历经批判反省和各种反转，至今还有一定影响力。

所谓"儒学日本化"，一般的理解恰如平石直昭的定义："亦即，立基于外来教义的宋学乃至于儒学，在适应德川日本各种条件的过程中，是如何变质等问题之关心。"[1] 刘莹博士所著《儒学的日本化：近世日本京学派思想研究》也主要基于这一视角展开分析。但不同于学界既有研究往往将注意力集中在江户中期的日本思想界，刘莹颇具开创性地将这一历史过程上溯至江户初期的京学派朱子学，并展开了系统性分析。

首先，整体而言，日本学界对江户初期日本朱子学的研究是比较薄弱的，其原因或许在于认为其缺乏思想独创性，不能体现日本特色。丸山真男的名著《日本政治思想史》（东京大学出版会，1952）便是直接把日本朱子学等同于中国朱子学，在此基础上展开分析。较早意识到日本朱子学不同于中国朱子学的代表性学者是田原嗣郎。他认为日本"古学派"自以为批判中国的朱子学，其实是在批判日本的朱子学。基于这种认识，他如此定位被视为日本"古学派"代表人物之一的山鹿素行："素行之前未曾到达朱子学的立场。毋宁说他由于其最终到达的立场，而在意识形态的意义上，到达了朱子学的立场。"[2]

在1974年所作的《日本政治思想史研究》英文版序言中，丸山真男如此反省自己早年的研究："作者意识到，本书的致命缺陷，主要是对日本朱子学的日本特性这一问题几乎没有谈及（中略）如果

1　参见张宝三、徐兴庆合编《德川时代日本儒学史论集》，华东师范大学出版社，2008，第76页。

2　田原嗣郎『徳川思想史研究』未来社、1992、198頁。

不只是把山崎暗斋,而且也把作为江户儒学出发点的林罗山的学术已经对朱子学进行了'修正主义'的理解这一点推到更前面的话,德川儒学史的整体,大概就会在与本书相当不同的视角下被把握。"[1]

然而,丸山真男的这一反省在学界似乎并未得到充分重视,至少据我目力所及,刘莹博士的这本书堪称系统研究江户初期朱子学之"不同于中国的特质"的第一部专著。其研究得失如何,读者自会判断,但其所提炼的问题意识,一定会在日本近世儒学研究中获得长久的生命力。我认为这是该书最重要的学术贡献。

其次,从刘莹博士的分析过程中,可以识别出其对"儒学的日本化"这一研究视角的挖掘和拓展。

我近来比较关心"日本儒学化"的问题,这是因为考虑到儒学作为具有一定普遍性的思想,传入日本之后,无疑会对日本社会产生一定的影响。如刘莹博士书中所引,武内义雄承认:"儒教起源于中国,很早便传到日本,对于昂扬我国的国民精神贡献良多。"但是,具体到其研究的侧重,则在于"尝试说明其传入我国之后是如何日本化的"。致力于揭示中日儒学之不同的研究无疑是非常有益的,也有助于消除可能无视中日儒学之别的误解。只是,长此以往,由于日本学者问题关心的自然倾向,作为常识的出发点也可能会在不知不觉间被淡忘。例如,末木文美士的《日本思想史》并不否认中国儒学对日本的影响,在书中正文也作了介绍,但是,其日文原版序言只字未提儒学或中国,而只是说:"说起思想或者哲学,人们一般指的是从西方传来的东西。"这里的"西方",应该不包括中国,因为下文接着写道:"那些擅长鹦鹉学舌的学者,用着最新流行的欧美概念,成为备受追捧的'思想家'。"[2]

---

1 〔日〕丸山真男:《日本政治思想史研究》(修订译本),王中江译,三联书店,2022,第21—22页。

2 〔日〕末木文美士:《日本思想史》,王颂、杜敬婷译,北京大学出版社,2022,"序言",第22页。

当然，也有日本学者比较强调中国思想对日本的影响，如小岛毅《中国思想与宗教的奔流》的结语中便写道："日本人通常认为的所谓'日本的传统'，其实是根植于宋代文化。"有趣的是，小岛还写道："换言之，现在的中国并非中国古典文化的唯一正统和独占的继承者。"[1] 从中可以读出一种对跨越今日国境的文化共同体的可能性的展望。但也必须注意，小岛毅的基本印象也是日本人"通常认为'那些'根植于宋代文化"的东西，是"日本的传统"。

考虑到常识是如此容易被淡忘，我有意于重新确认日本"至少在某种程度上"儒学化了。基于这样的问题意识，对于读到刘莹博士写的"儒学从进入日本社会直至成为日本思想的'古层'之一"，我颇感惊喜，尤其是其书末结论对"江户时期的日本儒者为了让源于中国的儒学深入日本社会所作出的持久而深入的努力"的充分肯定，使我确信其笔下的"儒学的日本化"其实包含两层含义：第一层含义是学界通常的用法，即儒学变得具有日本特色；第二层含义或可勉强称为"儒学化的日本"，即儒学使日本发生了某些变化。我也许只是强作解人，唯愿读者明辨刘莹博士在方法论上的探索和推进。

最后，请允许我畅想一下这部著作可能给日本近世思想史研究带来的颠覆性思考。

丸山真男侧重强调朱子学与幕藩制社会的适应性。在批判丸山真男的基础上，日本学界通说倾向于强调朱子学不适应日本社会的一面。然而，根据刘莹的研究，日本近世初期的京学派已经是在某种程度上"日本化了"的朱子学。如此，所谓朱子学不适合近世日本社会的观点，也许有必要重新加以审视。毕竟，经过近世初期日本思想家修正的朱子学——姑且称之为"日本朱子学"，至少不能

1 〔日〕小岛毅：《中国思想与宗教的奔流：宋朝》，何晓毅译，广西师范大学出版社，2014，第355、356页。

轻易地说就一定不适合日本社会。

进而言之,丸山真男认为近世日本儒学的自我分解,从内部孕育了近代性思维方式的萌芽,其起点是日本"古学派",那么,京学派对朱子学的修正是不是也可能意味着儒学的自我分解,乃至近代性思维方式的萌芽呢?参照刘莹博士书中也曾引用的杨宾儒所提出的"近世东亚的反理学思潮"的构想,以及宫岛博史的"儒教性近代"论,丸山真男曾限定于日本儒学去追寻的"近代性思维",或许应该放眼整个东亚世界来展开考察。

刘莹博士的专著中还有许多涉及却未及展开的问题,期待她能够不断为读者提供更多更新更好的成果,也期待其研究能够引起学界对于相关问题的热烈讨论。

唐利国

2023 年 3 月于北京大学

序章 作为方法的儒学：论儒学式近代化

本书所讨论的时间节点是江户初期，主要时段是以藤原惺窝为首的京学派的活跃期。序章部分，主要处理三个问题，即先行研究、研究方法以及全书架构。就先行研究而言，有时间序列和空间延展两条线索。所谓时间序列，是以井上哲次郎（1855~1944）对京学派的划分作为先行研究的起点，讨论包括丸山真男（1914~1996）的近代主义、民族主义，尾藤正英（1923~2013）的国家主义等思维方式，以此勾勒出时间序列上从近代主义到民族主义再到国家主义的范式转变。至于空间延展，则是以竹内好（1910~1977）倡导以"亚洲"作为方法为代表，研究视域从"日本"扩展到"亚洲""东亚"的叙述模式。序章试图突出研究范式的转换，通过时空的横纵铺设，为全书所采用的研究视角以及理论背景作出较为清晰的说明。

本书的主题属于"日本儒学史"的研究范畴。言及"日本儒学史"，当有"日本之儒学史"与"日本儒学之史"两种不同的理解方式。就"日本之儒学史"而言，其重在强调与中国之儒学史、朝鲜之儒学史等地域性儒学的区别，即此儒学史是特指"日本"的儒学史，这种特殊性之所以会产生，就在于儒学东传日本之后，必定会与日本特有的文化如神道等相融合，如此会孕育出不同于原生地的、带有"日本"之特质的儒学。当这种特殊性发展到一定阶段，极言之，甚至很难判定它是否还保持着作为"儒学"的本质。而就"日本儒学之史"而言，此命题的着力点在"史"，即重在描述儒学进入日本之后的容受和演变。如果说"日本之儒学史"的视角是一种"断裂"，那么"日本儒学之史"则可被视为一种"连续"。应该说，两种看待"日本儒学史"的方式各有所长，于"断裂"中往往能窥探独特性而更见深刻，而于"连续"中则更易于追根溯源而彰显其内在理据。

总体而言，"日本儒学史"的研究进路多偏重于前者，无论是丸山真男的"近代化"研究路径还是尾藤正英的国家主义，以及近些年来颇流行于中国台湾地区的"东亚儒学"研究方法，皆有"脱中心"之特殊性趋向。应该说，此种方式的研究成果殊为丰富，然而其弊端也逐渐显现，我们将在接下来的探讨中详细展开。就结果而论，正因为先行研究多从"断裂"着眼而弊端已显，故"连续"的视角呼之欲出，本书即是在"连续"的视野下展开对"日本儒学之史"的探讨。

当然，即便是确定了本书所要研究的中心为"日本儒学之史"，这也是颇为重大的议题，笔者学识及笔力尚有限，故只能选取其中的一部分代表进行研究。笔者在硕士和博士研究生阶段进行了以江户时代的儒者荻生徂徕为中心的个案研究，尤以"习"之概念为核心进行了思想史的梳理。以徂徕的研究为契机，笔者对"古学派"的概念展开了诸多质疑和批判，而要从根源上解决这一问题，还需上溯到徂徕师从的林家，而林家之学即是"京学派"中极为重要的分支之一，此即笔者博士后阶段的研究议题——京学派的思想。除了笔者自身的问题意识外，京学派的选题，还涉及江户儒学史的开端问题，更与重新进行江户朱子学的分类密不可分。以下将以江户朱子学的发展脉络与分类为中心，论述本选题的研究意义。

第一节　时间序列：江户朱子学的发展脉络与分类

如果大致追溯儒学与日本关联的缘起，那么以下事件应是基本无争议的节点：应神天皇十六年，王仁献《论语》十卷。学界一般以此事件作为儒学传入日本之滥觞。推古天皇之时，圣德太子所定"宪法十七条"中，又明白地出现了"以和为贵""上下和睦""克念为圣""使民以时"等儒学话语体系中的词句，由此至少可以说明儒学在当时已经出现在贵族的政治生活中。到文武天皇大宝元年时，有行释奠之礼的记载。元正天皇定下大学寮中教学之书目，还设立了明经之科。至武家时代，清原家虽为明经之家，然并无儒学专著问世，儒学的中心由贵族向僧侣移动，镰仓五山、京都五山之中兼通儒学之名僧辈出。此时朱子学虽已经随着禅学流入日本，然尚属佛教之附庸，故言及"日本"儒学之发端，当由儒学从佛教中脱离出来的德川初期展开叙述。

一　井上哲次郎的"三期说"与"五派说"

首先对江户时期的儒学展开研究的是日本著名学者井上哲次

郎。他通过所著日本儒学史"三部曲"[1]，将江户的儒学划分为朱子学派、阳明学派以及古学派三个学派，至今仍被日本的教科书沿用。[2]井上以"学案"的形式，力求完备地对江户时期的儒者群体进行搜罗并记述其思想。他将日本朱子学的发展分为三期，第一期为从虎关玄惠至藤原惺窝的二百七八十年，此为"准备的时代"；第二期是从藤原惺窝到宽政三博士的一百九十余年，此为"兴隆的时代"，在此期间主要有惺窝的京学系统和谷时中的南学系统；第三期是从宽政三博士到王政维新的七十余年，此为"复兴的时代"。对此三期之间的关系，井上总结说："我邦朱子学于第一期发其萌芽，第二期开其春花，第三期结其果实。"[3]

尤为值得重视的，是井上尝试厘清儒者之间的师承关系，并对儒者进行了细部的划分。就日本朱子学派而言，井上持论藤原惺窝为江户朱子学之开山："元龟、天正之顷，海内大乱，干戈日动，扫空文教之地。当时卓然其间独倡朱子学，振起德川时代之教学者，藤原惺窝也。"[4]此论基本成为学界共识。井上以为，相比于古学派和阳明学派，朱子学派"稳健中正"，为"儒教之诸学派中危险最少"，"朱子学派的道德主义与今日所谓自我实现说，假令其形式相异，于其精神殆同出一辙"。[5]由此可见，井上认为朱子学派中包含永远不变的"道德主义"，并且树立了日本朱子学派中典型人格的代表，"尤其如藤原惺窝、林罗山、木下顺庵、安东省庵、室鸠巢、中村惕斋、贝原益轩诸氏，其人格之清高，其品性之纯洁，可谓我

1　即《日本阳明学派之哲学》(1900)、《日本古学派之哲学》(1902)、《日本朱子学派之哲学》(1905)。

2　井上的划分不止这三个学派，尚有折中学派、独立学派等，因为其他学派完成度较低，故一般只列举此三种。需要明确的是，此种分类已经遭到诸多批判，比如苅部直曾指出，教科书沿用此种分类是对津田左右吉之前通说的墨守，详见苅部直『日本思想史への道案内』NTT出版、2017、129~134 頁。

3　井上哲次郎『日本朱子學派之哲學』富山房、1937、597 頁。

4　井上哲次郎・蟹江義丸編『日本倫理彙編卷之七　朱子學派之部（上）』育成會、1902、1 頁。

5　井上哲次郎『日本朱子學派之哲學』、2~3 頁。

邦朱子学派之代表者，又其道德足以永远垂范后世"。[1] 井上是要以朱子学的教义提挈国民道德的建设，虽然其政治意图饱受诟病，然而井上作为首位较为完整地整理日本朱子学文献并尝试梳理出日本朱子学发展脉络的学者，其贡献是不容小觑的。

作为本书主题的"京学派"一词，即是用以称呼在江户时期的日本京都，以藤原惺窝为开山祖师的朱子学派。就其分类而言，井上以藤原惺窝为开端，分五篇详细论述各派人物之思想及学说（详见表序 -1）。

表序 -1 井上哲次郎的日本朱子学派划分

	学派	代表人物
一	京学及惺窝系统	藤原惺窝、林罗山、木下顺庵、雨森芳洲、安东省庵、室鸠巢
二	惺窝系统以外的朱子学派	中村惕斋、贝原益轩
三	南学及暗斋学派	山崎暗斋、浅见䌹斋、佐藤直方、三宅尚斋、谷秦山
四	宽政以后的朱子学派	柴野栗山、尾藤二洲、佐藤一斋、安积艮斋、元田东野、中村敬宇
五	水户学派	德川光圀等（略述）

除了正文中以此分门别类之外，井上还专门附录了朱子学派中主要的系统传承图，即惺窝学系略图、顺庵学系略图、鸠巢学系略图、南学系略图、暗斋学系略图，此五系略图若与正文的分派相对应，则前三个（惺窝、顺庵、鸠巢学系）实属京学一派，而后两个（南学和暗斋学系）也属于同一个类别，由此可见井上在附录中所绘之图本意应该是不拘于学派划分，而是按照人物影响来追溯师承关系。从井上的笔墨分布我们可以看出京学派在日本朱子学派中所占的比重。不仅如此，井上已经敏锐地注意到京学派、暗斋学派、

---

1 井上哲次郎『日本朱子學派之哲學』、5頁。

宽政以后的朱子学派以及水户学派虽然同属"朱子学派"，其主张却有相当大的差异，应当分属朱子学内部的不同派别。至于第二类"惺窝系统以外的朱子学派"，这一分类本身似乎就有不妥，从命名来看，第一类"京学及惺窝系统"与第二类当属于逻辑上 A 与非 A 的关系，而后面的三类实际上也属于非 A 的阵营，如此从分类的角度来看，井上的划分或许并不够清晰。而且，从第二类的内容来看，贝原益轩师从松永尺五，实可归于京学一系，而中村惕斋则可归于井上尚未足够重视的"大阪怀德堂"一系。

虽然井上对日本的朱子学不仅作了文献上的整理而且作出初步的分类，然而他整体上对日本朱子学评价不高：

> 朱子学派中不论有多少派别，都是极其单调而"同质的"。除了叙述和敷衍朱子的学说之外，别无其他。如果出现胆敢批评朱子学说，或者在朱子学说之外开出自己创见的态度，那就早已不是朱子学派的人了。若要成为朱子学派的人，就只能忠实地崇奉朱子的学说。换言之，只不过是朱子的精神奴隶。是故，朱子学派的学说不免让人有千篇一律之感。[1]

虽然有不同的分类，但日本的朱子学各派在井上看来整体上是单调而同质的。即便这些朱子学者在井上看来不过是"朱子的精神奴隶"，他也依旧认为朱子学"不能否定，于其伦理之说中存在永远不灭的真理，以是其隐然影响人心，养成国民之道德"。[2] 也就是说，就学术研究的层面而言，日本朱子学似乎并不能从中国的朱子学中推陈出新，然而从国民道德论出发，朱子学却是最不危险因而最适用于培养国民的学说。井上对日本朱子学的定位影响深远，包

1　井上哲次郎『日本朱子學派之哲學』、598 頁。

2　井上哲次郎『日本朱子學派之哲學』、597~598 頁。

括丸山真男在内的大部分日本学者，往往从是否超出中国朱子学体系出发衡量日本朱子学的价值。但这种方法尤其不适用于德川初期的京学派朱子学研究，因为此时的日本朱子学尚处在全面吸收、初步消化朱子学的阶段，没有超出朱子学框架实属正常，而且实际上，作为朱子后学，继承而非创新才应是他们的本意。如果不执着于朱子学本身的理论范畴，而是着眼于朱子学在日本的容受和演变本身，则会发现：一方面，朱子学在与日本本土的神道以及已然本土化的外来佛教相抗相融的过程中曲折地展开，此可视为"儒学的日本化"面相；另一方面，日本思想文化本身也在不断经受朱子学的洗礼和习合，此即是"日本的儒学化"面相。虽然这是一体两面、同时进行的过程，然而由于在京学派儒者活跃的时段前者更为重要，因此"儒学的日本化"才是本书关注的核心话题。

二 朱谦之的日本哲学研究

中国的学者中，率先对日本朱子学进而对京学派展开研究的是朱谦之（1899~1972）。公允地说，对中国的日本儒学研究史起到奠基作用，并且时至今日依旧是中国人研究日本儒学典范的即是朱谦之对日本儒学史的开创性研究。实际上，朱谦之的研究主要集中在中国哲学史领域，日本哲学史研究在其整体研究中所占比重并不大。除此之外，他还专门翻译过具有重要史料价值的《韩国禅教史》。大体而言，其研究往往开一代研究之先河，如被视为其代表作之一的《中国思想对于欧洲文化之影响》（商务印书馆，1940），此书在中国文化受西方文化强烈冲击的时代写就，结合了法国和德国的革命来论述 19 世纪之前中国思想对欧洲的影响，虽大有振奋民族士气的底色在，但也不失为中外关系史研究中颇具代表性的专著。有学者指出："朱谦之是一位历史学家，同时也是一位哲学家，是中国'历史哲学'的开创者。他的日本思想研究，在方法论上与其历史哲学研究有密切的关系。"[1] 总体而言，朱谦之的研究中"历史"和"哲学"相结合的特点较为鲜明，不过不同于现在学科分类中对历史和哲学的一般理解，"哲学"是朱谦之一以贯之的专业及视域，而"历史"则体现在朱谦之尤为重视史料的研究方法上。当然，在他的"哲学"和"历史"之中，往往渗透着黑格尔历史哲学以及马克思主义的影响，这在之后的讨论中还会提到。

之所以将朱谦之关于日本哲学史的研究列于井上哲次郎之后，首先是因为朱谦之的日本哲学史研究深受井上的影响，他自己亦非常欣赏井上的研究："关于儒学东渐的研究资料，可举者甚多，尤以井上哲次郎与西村时彦的著作，尤为重要。井上为研究此学权威。惟于朱子学之起源，所述甚少，大阪朱子学派及水户学派，则几无叙述，且其所重在伦理格言，引证多汉文和译，似不如原始资料之可据。"[2] 朱谦之虽然奉井上为日本儒学史研究的"权威"，然而也指出了其研究的不足之处，即忽视对于日本朱子学起源以及大阪朱子学派、水户学派的研究，这一评价应该说是中肯的。究其原因，可以推测为井上的日本儒学史研究，主要工作在于对德川时代朱子学、古学以及阳明学的分类整理，而追溯朱子学的起源，则需要上溯至五山时代甚至更早，故略之。与之相反，朱谦之虽然主要的研究对象也是江户时期的朱子学，然而在本论之前，他有意识地设置前论"日本朱子学之传播"，并从隋唐时代汉文学东渐开始追溯其源，除了详细展开五山禅僧与朱子学的渊源，他还颇费笔墨地详述了江户时代朱子学兴盛的原因。至于对水户学的简略处理，井上有所自觉并述其理由有二："第一，水户学派虽确有朱子学的着色，然朱子学绝非其主眼，其目的不如说是以皇道为本质而阐明大义名分。第二，水户学派以大日本史的编纂为中心，以辨别皇统、褒贬

1　刘岳兵：《朱谦之的日本哲学思想研究》，《日本学刊》2012年第1期。

2　朱谦之：《日本的朱子学》，人民出版社，2000，"前记"，第7页。

人臣为共同的意图，故与哲学或者说伦理学相关的普遍的理论，殆不见之。"[1] 出于以上缘由，井上选择了"吾人就水户学派，单止于一瞥其梗概"。[2] 而且，以怀德堂为中心的大阪朱子学，并未引起井上足够的重视，他不仅没有将其列为独立且系统的学派，甚至将其中的人物并入其他学派。井上之不足可以说正是朱谦之的日本哲学史研究需要着力之处，他不仅详细追溯了从神话时代开始的日本哲学史，而且对日本朱子学的产生作了详细的论述，更是把大阪的朱子学以及水户学作为日本朱子学的独立分支加以详述，这些都可以看作朱谦之与井上研究在大的方向上的相异之处。

实际上，朱谦之的日本哲学史研究与井上哲次郎之间的关系，曾在中国学术界引起较为广泛的争议，一种较为极端的看法甚至认为朱谦之有抄袭井上之嫌。本书无意卷入此争论，仅就立场而言，笔者可以坦白地宣称对朱谦之先生关于日本儒学史方面的研究抱有崇高的敬意并断然否定抄袭之说。虽不作具体辨析，然就学术人格而言，朱谦之先生在中国哲学史和日本哲学史方面的研究所具有的开创性，及其本人极为勤奋和踏实的学风，足以证明先生之为人。至于以现在的学术规范要求前人，则需要谨慎，避免苛责。朱谦之先生赴日的本来目的是做历史哲学的研究，对于研究日本哲学史的动机，可见下引文字：

> 隋唐以来中国哲学曾予日本思想界以长时期之影响；日本明治维新以来，在资本主义文明甚至在初期马克思主义思想的传播上，亦曾影响中国。可见两国之间的思想接触在日本在中国均为哲学界之一大事。专就中国对日本的影响来说，朱子学派在中国明清之际已濒于衰颓，而在日本则一时如百花齐放

1　井上哲次郎『日本朱子學派之哲學』、585 頁。
2　井上哲次郎『日本朱子學派之哲學』、586 頁。

现出异样之奇观，且出不少的无神论者与唯物主义者。朱子学派以外，如古学派的伊藤仁斋即受明代吴苏原《吉斋漫录》之影响，而主张气一元论，气先理后论。王阳明《送日本正使了庵和尚归国序》，尚存日本而《文集》未收。至于朱舜水之与水户学，吉田松阴、安藤昌益与李氏《焚书》之关系，则不待说。即以文献而言，《论语》一书，林罗山以下日本人注释书，即有九十余种之多。此类史迹，亟待加以整理，以为研究中国哲学史者参考之用。因此中国哲学对于日本的影响，亦为中国学者研究日本哲学史特别主要的任务之一。然而不幸即此种研究工作，在中国今日尚属创举。[1]

　　在《日本的朱子学》开篇，他讲述了在两国的思想频繁接触之下，研究日本朱子学于中国哲学史的意义。需要注意的是，引文中突出了亟待整理日本朱子学的史料及中国哲学对日本影响的需求，这两点也可以说是朱谦之的日本朱子学研究在写作上的特点，即重视一手史料，同时关注中国哲学史对日本的影响。他很清楚自己的这项研究重要、紧迫且具有开创性意义，事实上他的研究确实开中国日本哲学史研究之先河并且至今仍有典范意义。以下，在日本哲学史的大框架下展开朱谦之对于京学派的论述。

　　朱谦之的日本哲学史研究主要采用的视角是历史哲学，应该说注重把握历史发展的脉络以及翔实的史料都是这种视角下的自然产物。就日本哲学史的整体看法而言，不同于中江兆民以为日本不存在哲学的论调，朱谦之明确肯定日本有哲学："日本在 7 世纪中叶大化革新以前，虽还没有以纯粹的哲学形式出现的世界观，但不能说没有哲学。日本哲学思维在古代神话传说中（如《古事记》、《日

1　朱谦之：《日本的朱子学》，"前记"，第 1 页。

本书纪》所载者）即有萌芽，从它才过渡到真正的哲学史。"[1]朱谦之不仅没有否定日本存在哲学，还将日本的思想具体划分为三个时期："日本思想的发达，是从神学阶段到形而上学阶段，从形而上学阶段到科学阶段，科学阶段中虽有唯物史观与社会史观两派，但均不彻底，尤其是神学阶段的封建思想与形而上学阶段的军国主义思想，至今尚为有力的反动阶级之势力，如最近日本帝国主义者以旧式之军事征掠手段，强占东省，便是好例。"[2]神学阶段—形而上学阶段—科学阶段，便是朱谦之为日本哲学所作的分期，其中神学阶段是"宗教的哲学时期"，形而上学阶段是"自我的哲学时期"，而科学阶段也被称为"社会科学时期"。[3]对此分期，刘岳兵评价说："从《日本思想的三时期》对日本思想发展历程的归纳总结可见，这时朱谦之的日本思想研究，本着他一贯的历史哲学的原理和研究方法。其日本思想研究与《历史哲学》的分期原理的关系，与其说是'无意之中，更得了一个旁证'，不如说是有意地对其分期原理作了一个补注。"[4]这就是说，所谓"历史哲学"的研究方法，始终贯穿在朱谦之的日本思想研究之中，实际上，朱谦之研究日本哲学史的基本立场，即是"哲学史是唯物主义与唯心主义斗争的历史，这在日本，也并非例外"。[5]以此视角为中心，朱谦之对日本哲学有以下持论：

依我意思，日本从大化革新以后，在其传播中国思想的各学派背后，已经表现出两个主要派别。虽然这两个派别都只是属于唯心主义类型，即一为主观唯心主义，一为客观唯心主

1　朱谦之：《日本哲学史》，人民出版社，2002，第1页。
2　朱谦之：《日本思想的三时期》，黄夏年编《朱谦之文集》第9卷，福建教育出版社，2002，第1页。
3　朱谦之：《日本思想的三时期》，黄夏年编《朱谦之文集》第9卷，第15页。
4　刘岳兵：《朱谦之的日本哲学思想研究》，《日本学刊》2012年第1期。
5　朱谦之：《日本的朱子学》，第521页。

义，换言之即两种类别，都是根本与唯物主义敌对的反科学的派别。但既然是两种派别了，便自然有互相联结，也有互相斗争。这两大类别不是别的，即前者为佛教的主观唯心主义，后者为朱子学的客观唯心主义。客观唯心主义虽然也是唯心主义，但在其与主观唯心主义思想斗争的时候，便含着多少唯物主义的思想内容。佛教传入日本在先，朱子学因其初起时与禅学有不可分的关系，也就夹带了过去。这就是说，在日本当其接受了佛教时，同时也接受了孕育于佛学中的朱子学，即客观唯心主义因素。而客观唯心主义当其潜滋暗长至能与主观唯心主义对抗的时候，便反过来提出合理主义思想来反对非合理主义思想。而因此朱子学在突飞猛进至占主导地位的时顷是有进步的意义的。这虽然不算真正意义的唯物主义与唯心主义的斗争，却可以算作唯物主义与唯心主义斗争的开始。[1]

也就是说，朱谦之采用了马克思主义的立场，将日本朱子学视为客观唯心主义，虽然仍旧是"唯心主义"，但毕竟比居于主观唯心主义的佛教进步。日本朱子学脱离佛教的过程，就成为合理主义思想反对非合理主义思想的表现。朱谦之将日本朱子学定位为两大主义对抗的"开始"，整个日本的朱子学也就实际上具有了"唯物主义"起点的历史意义。

历史哲学及马克思主义的思想可以说是朱谦之日本哲学史研究的底色。而就日本儒学史而言，朱谦之的著作中最为重要的是《日本的朱子学》（1958）、《日本的古学及阳明学》（1962）以及《日本哲学史》（1964）。[2] 从对日本儒学进行朱子学、古学以及阳明学的归类看来，朱谦之保留了井上对于德川儒学史学派的基本划分，这一

1　朱谦之：《日本的朱子学》，第521~522页。

2　从史料的意义上说，朱谦之主持编纂的《东方哲学史资料选集·日本哲学》中的"古代之部"（1962）和"德川时代之部"（1963），亦对中国学者开展日本哲学史研究颇有助益。

方面是由于井上的分类法在当时以至后来的很长时间内具有极大的
影响力，另一方面这种分类也与朱谦之对中国哲学史尤其是"南宋
三派"的分类有关：

> 濂、洛、关、闽代表封建地主阶级，所谓宋学正统派，起
> 于元祐，盛于淳熙，在朱子学极盛的时代，却有陆象山一派与
> 之对立。陆象山反对"豪富拥高资，厚赏与，附会左右之人。"
> （《全集》九），提倡"损下益上谓之损，损上益下谓之益"，这
> 是代表小地主阶级的思想。与朱子同时还有从吕祖谦以下提倡
> "义利双行，王霸并用"的浙学派，如永嘉的叶水心，永康的
> 陈同甫。此派谈制度，谈历史，谈文辞，代表新兴的市民阶级
> 思想，与朱陆鼎足而三。这就是南宋以来宋学的三大派。[1]

朱谦之特别举出以吕祖谦为代表的浙学一派与朱陆相鼎立，并
且以古学派的徂徕学与之相媲："宋代文章事功不腐，是指浙学派。
浙学派继承北宋王安石之谈论古今，说王说霸，此与日本的古学派
如荻生徂徕最相近。"[2] 如此，南宋朱、陆、吕所代表的理学、心学、
事功学派，正好与井上所划分的日本朱子学、阳明学与古学派相
对应：

> 因为日本宋学也有此三分派，而此三分派的阶级分野亦
> 与中国的实际情况略同，所以日本宋学的三分派，其优劣的比
> 较，一长一短，正与中国的一般评价略同。中国有浙学派，日
> 本就有古学派中的仁斋学派与徂徕学派。伊藤仁斋提倡气一
> 元论，理后气先论，为日本唯物主义元祖。荻生徂徕提倡儒学

1　朱谦之：《日本的朱子学》，第169页。
2　朱谦之：《日本的朱子学》，第171页。

本即政治学，著《政谈》、《太平策》、《经济总论》等，且校勘
注释先秦古学，倡导荀子，为日本考证学的元祖。尽管有朱
子学方面的攻击论难，如《非徂徕学》、《非辨道》、《非辨名》、
《难徂学》等著作，但正如朱子之排斥陈同甫"义利双行、王
霸并用"，都只是反映唯心主义对唯物主义的反攻。宽政二年
（1790）朱子派发动的异学禁令，虽使唯物主义的古学派暂时
受到挫折，宋学似乎是在朱子学派的旗帜之下被统一了，却是
继起的异军特起，乃是一种具有市民性思想的主观唯心主义即
日本阳明学派。阳明学派虽属剥削阶级的思想体系，但王学左
派却具有反封建专制的新倾向，明治维新改革时所谓"草莽志
士"，如吉田松阴等王学左派，实际上即为日本儒学史之光荣
的结束人物。[1]

从以上引文可以看出，以唯物主义与唯心主义的斗争为主线，
日本的古学派、阳明学派共同代表了对朱子学派的抗争，与浙学相
似的古学派尤其是伊藤仁斋和荻生徂徕受到了高度评价，而日本的
"王学左派"也因为引导维新志士推翻封建专制而具有了进步意义。
朱谦之还将德川时代的历史分期与儒学的发展作了如下对应：

> 第一时期，家康—吉宗（1603~1735）——朱子学时代；
> 第二时期，吉宗—家治（1736~1788）——古学时代；
> 第三时期，家齐—庆喜（1789~1868）——阳明学时代。[2]

日本朱子学中最主要的分支，即本书的研究对象京学派所活跃
的时间主要是在第一时期。当然除了京学派，还有与之并立的其他

1　朱谦之：《日本的朱子学》，第 171~172 页。
2　朱谦之：《日本的朱子学》，第 173 页。

诸多日本朱子学的支流。对于朱谦之的分类，我们归纳如下（见表序 -2）：

表序 -2 朱谦之的日本朱子学派划分

	学派	代表人物
一	京师朱子学派	藤原惺窝、林罗山、木下顺庵、雨森芳洲、室鸠巢、新井白石
二	海西朱子学派	安东省庵、藤井懒斋、贝原益轩、中村惕斋
三	海南朱子学派	谷时中、小仓三省、野中兼山、谷一斋、大高坂芝山、山崎暗斋、佐藤直方、浅见䌹斋、三宅尚斋、谷秦山
四	大阪朱子学派	五井持轩、三宅石庵、中井甃庵、五井兰洲、中井竹山、中井履轩、富永仲基
五	宽政以后朱子学派	柴野栗山、古贺精里、尾藤二洲、赖春水、赖杏坪、安积艮斋、赖山阳
六	水户学派	德川光圀、安积淡泊、栗山潜锋、三宅观澜、德川齐昭、藤田幽谷、会泽正志斋、藤田东湖

就以上对日本朱子学的学派划分而言，较之井上，朱谦之的分类方式至少呈现出如下特征。

其一，学派命名更加有区分度。我们在上文已经提到，井上的分类命名（"京学及惺窝系统""惺窝系统以外的朱子学派""南学及暗斋学派""宽政以后的朱子学派""水户学派"）区分度不够明晰。除了命名本身具有的逻辑漏洞外，"京学及惺窝系统"的"及"这种表示并列的提法也很令人费解，让人容易以为京学派与惺窝系统分属两家，更何况，如果说京学派的开山即是藤原惺窝，那么是否可以理解为"惺窝系统"即可涵盖京学派的外延？如此种种，不一而足。相较于此，朱谦之应该是把"京师"视为更具地域特征的分类标准，与之并列的"海西""海南""大阪""水户"都可以视为以地域为分类标准的命名，应该说至少在分类的处理上，朱谦之的方法更恰切。

其二，加入了大阪朱子学派，并列出了其传承谱系。[1]朱谦之对此学派评价甚高："大阪朱子学派从三宅石庵开始，盛于中井竹山、履轩兄弟，其学派分布遍全国，到了富永仲基、山片蟠桃更完全走上唯物主义路上，这不但标志了日本资本主义生长过程中的上升的现象，而且也标志了朱子学在日本的影响，从唯心主义而至唯物主义的一种转移。"[2]如果说汤岛圣堂（后来的昌平坂学问所）代表了作为官方意识形态的朱子学，那么以怀德堂[3]为阵营的大阪朱子学派，则代表了"新兴的商业资产阶级"，[4]从而具有了一定的平民主义倾向。

其三，详细梳理水户学的谱系并将其区分为前后两个时期。"水户学乃是从德川光国编纂《大日本史》开始，历二百三十年时间，所倡巩固封建社会制度的大义名分之学，按时代有它进步的地方，也有它反动的地方。这个学派显然可分为前后两个时期，即前期以德川光国所设彰考馆为中心，发展了水户史学，后期以德川齐昭所设弘道馆为中心，发展了水户政教学。前者主著为《大日本史》，其代表人物有安积澹泊、栗山潜锋、三宅观澜、森俨塾。后者主著为《弘道馆记》，其代表人物为青山延于、藤田幽谷、会泽正志斋、藤田东湖。但无论前后二期，其根本精神均为提倡大义名分主义，这无疑是从孔子的《春秋》和朱子的《通鉴纲目》脱胎来的。水户学即因这个原故，所以常被归入朱子学派中来讲，却是实际来说水户学派不限出于朱子学，它是多种多样地网罗了所有日本

1　这既是朱谦之与井上之日本朱子学的重要差异之一，也是朱谦之的思想受到西村时彦影响的明证。

2　朱谦之：《日本的朱子学》，第349页。

3　怀德堂是享保九年（1724）由大阪的町人出资修建的朱子学的学问所，在享保十一年（1726）获得官方许可，因此总体而言属于半官半民的体制。

4　朱谦之：《日本的朱子学》，第347页。

儒教的各学派。"[1] 这就将水户学的特点、分期、代表人物及其著作都明确归纳了出来。不仅如此，朱谦之还追溯了具有水户学思想形成根源意义的两个关键人物，即北畠亲房和朱舜水："水户学的思想体系之中，如皇道史观、神儒一致论等思想成分，虽当溯源于北畠亲房，而如尊王贱霸、忠孝无二，实用实学等思想成分，则更应该溯源于朱舜水，这就是水户学的思想根源"。[2]

虽然较之于井上的分类，朱谦之的系统更为清晰，然而其关于各派的分类依据却未必明确。"宽政以后朱子学派"的命名与井上无异，但目下人物有差异，即朱谦之将赖春水等"史学"性质鲜明的人物也列于其中。再有，朱谦之应该是肯定了井上将贝原益轩、中村惕斋单列为"惺窝系统以外的朱子学派"的做法，故以"海西朱子学派"名之，只是关于此学派的存在与否，尚存较大争议。朱谦之以之为独立学派的依据如下：

> 在惺窝系统以外，同时也有独立提倡朱子学，如筑后人安东省庵，早年从学于松永尺五，但他受明儒朱舜水的影响更大。又筑后人藤井懒斋，筑前人贝原益轩，其学皆不从师授，益轩弟子中村惕斋，以上四人皆宗朱子学，而有隐君子之风。伊藤东涯题《贝原翁及妻某氏字帖》云："前时海之西，有二巨儒，曰省庵先生，曰损轩先生"。（案益轩一号损轩）可见海西朱子学派，在思想上可自成一系统。[3]

安东省庵师从松永尺五，虽多与朱舜水往来，然其学未脱于京学一脉，是否应单列于京学派之外尚有可商榷之处，且井上亦以之列于"京学及惺窝系统"之中。至贝原益轩、中村惕斋，井上归之

1　朱谦之：《日本的朱子学》，第437页。

2　朱谦之：《日本的朱子学》，第444页。

3　朱谦之：《日本的朱子学》，第239页。

于"惺窝系统以外的朱子学派"，可见此二人与普通的京学派儒者
并不一致。朱谦之指出其中的差异在于"不从师授"，但就贝原益
轩而言：

> 明历三年（1657）春，益轩接到上京勉学之命，于四月中
> 旬入京，之后得以藩费留学长达七年。他直接去拜访藤原惺窝
> 门下四哲之一的松永尺五还有山崎暗斋。尺五殁后，游于其门
> 人木下顺庵门下，顺庵受幕府招聘后，甚至上府以相往来。其
> 对暗斋的学说毋宁说是批判性的，虽不至于以此为目的交友，
> 但是与顺庵在之后依旧保持着书信和往来。后与中村惕斋、藤
> 井懒斋、米川操轩等友善相往来，不仅如此，还常与本草学者
> 向井元升、稻生若水、黑川道祐等以及史家松下见林相会。[1]

从贝原益轩的学术生涯来说，虽然没有明确地入松永尺五或木
下顺庵门下，但是其与京学派之间的关联是难以否认的。至于其学
问倾向是否有京学派的特点，则还需在总结京学派的整体特色之后
加以判断。关于中村惕斋，因常与贝原益轩并列讨论，故学界亦有
将其视为益轩门人一说。由此看来，关于"海西学派"争议的难点
实际上在于京学派本身的归类及其特点尚不明确。朱谦之对于京学
派的整体看法仅有如下文字："藤原惺窝系统，一方面发展为林氏三
代家学，一方面发展为木门十哲，仅经五十年间，朱子学在日本便
占领导地位，成为思想界之一主潮，这就是所称为京都朱子学派。"[2]
虽然将同出于惺窝系统门下的京学派分为林家之学与木门之学应该
说是较为妥当的，然而对于京学派整体的发展脉络以及特点，朱谦
之几乎未提。正因为如此，对于贝原益轩等人是否能独立于京学派

1　井上忠「貝原益軒の生涯とその科学的業績——『益軒書簡』の解題にかえて」荒木見悟・井上
　　忠校注『日本思想大系 34　貝原益軒　室鳩巣』岩波書店、1970、494~495 頁。
2　朱谦之：《日本的朱子学》，第 239 页。

之外也难以判断。这也正是本书以京学派为研究对象所面临的难点和需要重点处理的问题。

总体而言，朱谦之的日本朱子学研究明显有受到井上影响的痕迹，然而历史哲学与马克思主义的立场使其品评人物事件与井上多有不同。就朱子学的分期而言，朱谦之的分类虽然较井上有了一定程度的进步，但其仍陷于井上"静态"的人物思想个案分析，尚未有思维方式与发展脉络梳理的"动态"方法论意识，而这正是丸山真男对日本政治思想史研究的独特贡献。

三 丸山真男的近代性与民族主义

井上之后，日本的儒学研究步入了精细化的研究路径。继承井上对日本朱子学在学理上的定位，丸山真男也认为德川初期的朱子学者"对待程朱几乎就像对待圣人一样忠贞不贰，因此他们的学说也只是忠实地介绍程朱的学说而没有越雷池一步"。[1] 丸山以"示例"的笔法所叙述的惺窝和罗山的朱子学思想，实际上也不过是对朱子学的通俗介绍而已。

井上的研究方法，本质上属于"学案"式的研究，这种研究方法偏于"静态"，虽较为完整周全，然难以展现出思想动态发展的轨迹。相较于井上"求全"性的"网罗式"概述，日本出现了更为细致、更为动态的研究方法，最典型的即是以丸山真男的《日本政治思想史研究》为代表的"近代主义"或者说"近代化"的研究路径："在日本，所谓近代主义是指这样一种思想倾向：致力于以起源于西欧的近代社会为理想目标而推进日本的近代化，但并非只关心作为经济进步和制度变革的近代化，而是特别关注社会变革的承担

---

1 〔日〕丸山真男：《日本政治思想史研究》（修订译本），王中江译，三联书店，2022，第27页。

主体（即'近代人格'）的确立问题。"[1] 以黑格尔的"持续帝国"为历史设定，丸山认为不同于同时期的中国以及中国的儒学，日本儒学在自身的内部（而非由于外部刺激）孕育出了对立面，也就是批判朱子学的古学及其国学一系：

> 但是，与德川封建社会不是"持续性的帝国"一样，近世儒学的发展也不单是只在儒学思想内部进行。日本朱子学派、阳明学派的产生，进一步排斥宋学、直接复归原始儒学的古学派的兴起等，日本近世儒学的这种发展过程，从现象上看，同中国宋代的朱子学、明代的阳明学、清代的考据学的产生过程颇为类似，但其思想意义则迥然不同。日本近世儒学的发展史这样一种过程，即通过儒学的内部发展，儒学思想自行分解，进而从自身之中萌生出了完全异质的要素。[2]

丸山以为朱子学最大的特征即是"连续性的思维方式"，在自然法则与道德规范的连续之下，"自然"既是"当然"同时又从属于"当然"，因此朱子学中既蕴含人人皆可成圣的"乐观主义"，又潜藏"存天理，遏人欲"的"严格主义"。如果说朱子学代表着系统而庞大的"合理主义"，那么以徂徕为代表的古学和以宣长为代表的国学则相反，朝着"非合理主义"的方向发展。而按照辩证法的逻辑，正是这种"非合理主义"，才是现代"合理主义"所必不可少的基础。

丸山通过描述日本儒学史中思维方式的近代化过程，得出的结论是朱子学的原理从德川初期开始即与幕藩体制相适应，再加上主观上的内部调适，得以迅速发展。然而当其处于鼎盛之时，自身也

---

1 唐利国：《超越"近代主义"对"日本主义"的图式——论丸山真男的政治思想史学》，《文史哲》2010 年第 5 期。

2 〔日〕丸山真男：《日本政治思想史研究》（修订译本），第 14 页。

孕育出对立面，即作为反朱子学而呈现的古学以及后来的国学派。子安宣邦将丸山从儒学内部寻找近代性的方法归纳为两条具体路径："丸山认为徂徕是近代性思维的先驱，并指出近代性思维经由以下两种途径形成：一是政治与道德、国家社会与个人，以及个人的内在与外在三者由浑然不分到分离自主的过程；二是由自然秩序的社会观转换成人为社会观的过程。丸山试图用这两条路径来捕捉朱子学瓦解到徂徕学成立的经纬。"[1]

　　丸山对近世儒学史的研究确实有比附西欧思想史的痕迹。这虽然为一部分学者所诟病，然而如果将人类历史视为带有某种普遍性的机制，那么丸山的做法不仅情有可原，而且无可厚非。事实上，无论是子安宣邦对两条路径的归纳还是尾藤正英关于政治的发现、主体性突出的分析，着眼点都放在《日本政治思想史研究》的前两章。[2]然而如果注意到该书的第三章以及丸山在战后围绕民族主义展开的一系列论述，那么何以非合理主义的古学及国学具有超越朱子学的合理主义的近代性意义就会变得更为清晰。从丸山给该书写作的后记来看，本来丸山拟定的写作主题是探讨明治以后民族主义如何变质为国家主义，而前两章论述德川时代的部分，实际上是"现代民族主义前史"，[3]也就是说，前两章关于德川儒学内部近代性的探讨，原本就是为第三章所作的铺垫。换言之，该书的章节设置本身就意味着近代性和民族主义之间的连续性。就此而言，丸山从内面性的要求对民族以及民族主义作出了凝练的概括：

---

1 〔日〕子安宣邦：《东亚儒学：批判与方法》，陈玮芬译，台北，台湾大学出版中心，2008，第56页。

2 即「近世儒教の発展における徂徕学の特質、並びにその国学との関念」和「近世日本政治思想における『自然』と『作為』——制度観の対立としての」，这两篇论文最初分别发表在1940年和1941年的日本《国家学会杂志》上，战后基本上保持原样作为《日本政治思想史研究》的第一章、第二章出版。

3 〔日〕丸山真男：《日本政治思想史研究》（修订译本），第312页。

　　所谓民族，就是那种欲成为民族的东西。单是隶属于某一国家共同体，并拥有共同的政治制度这一客观事实，尚不足以产生近代意义上的"民族"。那里所存在的充其量不过是人民乃至国家所属的成员，而不是"民族"（nation）。要成为一个"民族"，所属成员就必须积极地要求这种共同属性，或者至少必须作为一种被意识到的愿望。换言之，一定集团的成员必须意识到，作为与其他民族相区别的特定民族相互之间的共通性，并多少具有要求守护一体性的愿望，只有这样，才能说这里有"民族"的存在。本来，这种一体意识可以存在于种种微妙的差别之中，虽然以语言、宗教、风俗、习惯以及其他文化传统的共通性为基础，对自身文化的一体性具有明确的自觉，但仍然有缺乏政治上的民族意识的情形（其典型如19世纪初期以前的德意志民族和意大利民族）。但是，即便是这样的文化民族，一旦试图从外部来拥护自身文化的一体性，那么，它很快就会把自身的存在提升到政治的高度，并迫切要求形成国家共同体。这样一来，只要民族意识是自觉的，早晚会凝聚成政治上的一体意识。所谓担负着近代民族国家的，无疑就是这种意义上的民族意识。如果把这种以民族意识为背景而成长起来的民族统一和国家独立的主张称为广义的民族主义（nationalism; principle of nationality），那么，民族主义恰恰就是近代国家作为近代国家而存立所不可缺少的精神动力。[1]

　　如果说丸山《日本政治思想史研究》的前两章是从不同层面绅绎日本儒学内部的近代化逻辑，那么第三章则转入对民族主义的讨论。这种设置本身就表现出丸山思想中近代性与民族主义之间的紧密联系。在丸山看来，人们天然对土地产生的依恋即"乡土

1　〔日〕丸山真男：《日本政治思想史研究》（修订译本），第268~269页。

爱"，虽然是民族意识产生的源泉，但只有通过对其扬弃，才能进一步发展为具有近代性的民族主义。民族主义处于个体的国民与全体的国家之间，也可以进一步推论是处于非合理的情感与合理主义之间。丸山对德川封建制的总体判断即是阻碍了民族主义的发展："近世封建制社会结构本身，对于形成基于上述一体民族的民族统一意识，是一个根本性的桎梏。但德川幕府的现实政策，却最大限度地利用这种结构，一味地阻止民族统一意识从下面成长起来。本来，锁国就是履行这种任务的最大政策。除此之外，幕府为了国内的统御而采取的诸方策，完全都是服务于这种割据统治（divide et impera）的目的。"[1] 在丸山看来，德川封建制中四民之间以及各阶层内部之中明确的身份界限都极大地妨碍了民族统一意识的发展。明治维新虽然是打开民族主义发展大门的根本契机，然而丸山一再强调这一契机或者说前提"是在近世封建制的胎内逐渐形成的。它的形成过程也就是德川封建社会的解体过程，从意识形态方面来说，或多或少它是越出封建观念形态的思想成熟的过程"。[2] 除了近代化的主线中起伏的古学以及国学一脉，丸山认为在幕末已然出现形式各异的早期民族主义，海防论、富国强兵论、尊皇攘夷论都具有这样的意义。当国家面临外敌入侵之时，理论上正是形成一体之民族的契机，此时的政治力量本来应当有向国家和国民两个方向渗透的可能，然而从以上三种早期民族主义的发展形态来看，"它们在国民渗透的契机上自不待言，就是在集权政治的确立上，也照样不得不在封建结构的最后铁壁之前戛然止步。这一点恰恰是这些民族主义理论在整个'早期'的种种特征的最终根源"。[3] 如此，能够改变国内分裂状态的政治力量并没有从庶民阶层产生，而这也导致明治维新依旧是自上而下的变革。没有经过社会革命的洗礼，国民

---

1 〔日〕丸山真男：《日本政治思想史研究》（修订译本），第 276 页。

2 〔日〕丸山真男：《日本政治思想史研究》（修订译本），第 282 页。

3 〔日〕丸山真男：《日本政治思想史研究》（修订译本），第 302~303 页。

的精神结构残留大量传统的思维方式，这就意味着日本的民族主义始终没能跃出"乡土爱"直至国家合理主义层面。这也是日本的民族主义后来与帝国主义、军国主义混流的根结所在，因此丸山呼吁，为了警惕民族主义的这种危机，应该将民族主义合理化。丸山提出的一种可能性即是借助民主制度，遏制民族主义根源的"乡土爱"中非合理性因素的膨胀。这种可能性曾在福泽谕吉以及后来的自由民权运动中有所显现，尤其是福泽思想中的"独立的精神"，[1] 对于改变传统国民精神的结构、塑造民族主义的主体性有至关重要的作用，也是日本走向真正的理性民族主义所必不可少的环节。

　　以上，我们以《日本政治思想史研究》的叙述脉络为主线，论述了丸山以从近代性到民族主义的视角描绘的德川思想史的整体框架。应该说，丸山的研究是极具洞察力和开创性的。如平石直昭所言，丸山所勾勒出的江户儒学的发展线条，对近世日本儒学史研究具有"坐标轴"的意义：

　　　　丸山的诸论稿之所以会有如此广泛的影响力，主要原因在于：他以日、欧为中心之比较思想史角度所作的分析之丰富，对于徂徕与宣长等人之思想内面结构的深度洞察。还有，进入所谓封建思想的内部，反论式地追寻近代意识之成长的始终一贯的问题关心等理由。特别是对于近世日本思想史的研究者而言，丸山所描绘出的"宋学——素行、仁斋学——徂徕学——

1　丸山对此定义如下："所谓'独立的精神'，在伦理上是指自由平等的人际关系，在逻辑上是指客观地有法则地把握认识对象的方法，用谕吉的话说就是'数理学'的思维方法。他认为这两者是近代欧洲文明优越性的根本秘密。谕吉对自由民权运动采取支持态度，也主要是出于他要推动'社会价值分散化'的立场。但他始终没有赞成'绝对的'民权论，其重要思想根据也在此立场。对他这种思想的形成产生了重要影响的西欧思想家，主要可举出巴克尔、基佐、托克维尔、斯宾塞等。"〔日〕丸山真男：《福泽谕吉与日本近代化》，区建英译，北京师范大学出版社，2018，第3页。

宣长学"这一德川思想史整体的图式，不管他们采取的是继承，亦或是批判、修正的态度，绝不能忽视。长期以来，此一图式在近世日本思想史研究中，具有一个坐标轴的意义。[1]

丸山所开创的从思维方式的角度探讨从近代性到民族主义的视角，若以"坐标轴的意义"言之，可以视为本书的重要参照系。当然，对于丸山的具体观点，下文随着论述的展开将逐步进行深入探讨。就结论而言，本书对丸山的近世儒学研究的主要批判有三点。其一，丸山所谓的从山鹿素行开始，到伊藤仁斋进一步发展，直至荻生徂徕集大成的"古学派"，并不足以成为进而被称为一个独立的"学派"。其二，丸山在探讨战后民族主义之后，转入第三阶段围绕日本主义的研究，这实际上也可以看作从最初的近代主义开始的问题意识的延续。[2] 虽然民族主义可以对近代化进程的展开产生巨大的推动力，然而随着非合理主义膨胀的民族主义却潜藏着变质为帝国主义的危险，如此则应该重新思考以徂徕和宣长为代表的非合理主义所具有的近代性。其三，就思维方式而言，丸山对朱子学所具有的连续性的思维方式的批判，反映出丸山本人的思维方式具有明显的"断裂"性特征。如果说政治与道德、公与私、个人与国家（社会）的分离意味着近代性，那么"分离"或者说"断裂"即意味着近代性。然而正是这种"断裂"，一方面抽离了山鹿素行、徂徕之学与日本朱子学尤其是林家之学的深刻联系，另一方面导致丸山无法觉察出儒学在东亚近世的后期已然出现所谓的"反理学思潮"，致使丸山的日本儒学固守在"断裂"的特殊性之中，而缺乏对于连续性的观照。

---

1 〔日〕平石直昭：《战中、战后徂徕论批判：以初期丸山、吉川两学说的检讨为中心》，蓝弘岳译，张宝三、徐兴庆编《德川时代日本儒学史论集》，华东师范大学出版社，2008，第 69 页。
2 关于丸山思想史研究的分期问题，详见唐利国《超越"近代主义"对"日本主义"的图式——论丸山真男的政治思想史学》，《文史哲》2010 年第 5 期。

丸山之思想史学尤为看重的是"问题意识"，"无论是赞扬其
对战后思想启蒙的贡献，还是批判其西方中心主义的偏见，丸山
之'近代主义'者的形象维持了几近三十年，直到他在 1972 年发表
《历史意识的古层》"。[1] 如果说在丸山的脑海中始终徘徊着日本的近
代化的问题意识，那么从近代化到民族主义再到后期日本主义的探
究，则可以看作丸山对其问题意识一以贯之的思考的呈现。

四　尾藤正英从"役"到国家主义的构想

这里要探讨的"国家主义"，并非指从 1930 年前后一直延续到
太平洋战争终结、占据日本主导地位的以天皇为"现人神"的法西
斯主义的国家主义，亦即现在通称的"超国家主义"，而是指尾藤
正英通过挖掘江户思想史展现出来的，萌芽于战国时代，确立于近
世，并由近代继承的日本独特的政治体制乃至社会组织。尾藤与丸
山同样有着战争体验，不过不同于丸山以西欧的近代化为参照系，
尾藤认为虽然朱子学在东亚的范围内有一定的普遍性意义，然而对
日本原生的社会来说，毕竟是"外来思想"。尾藤的研究始终注意
与各种流行的理念和研究方法保持一定的距离，尤其尽量避免将各
种图式和对发展类型的理解嵌套进日本的现象之中。在其最早的著
作《日本封建思想史研究——幕藩体制的原理与朱子学的思维》中，
他以山崎暗斋的"持敬"为例，通过与朱子学相比较，得出了与维
护朱子学完全相反的结论，即将暗斋的立场归于拥护体制。不仅如
此，其门人佐藤直方，以及被归入日本阳明学派的中江藤树、熊泽
蕃山，虽然或接受朱子学或转为阳明学者，然而他们无不受到德川
治下固定化的世袭身份制的影响，并最终形成了与中国的朱子学或

1　唐利国：《超越"近代主义"对"日本主义"的图式——论丸山真男的政治思想史学》，《文史
　　哲》2010 年第 5 期。

2　尾藤正英『日本封建思想史研究——幕藩体制の原理と朱子学的思維』青木書店、1961。

阳明学完全异质的思想。在尾藤看来，这种异质本身，就是儒学日本化的体现。不难推论，这种儒学日本化的极端，是不再与中国连续的儒学，也就是"日本自己的"儒学。

除了丸山从近代主义的视角切入近世思想史研究外，尾藤正英以荻生徂徕为国家主义之祖型，从近世的思想史中追溯了日本"国体"的形成，这应该可以视为构筑在尾藤国家主义延长线上的某种对丸山儒学史的反论。从选择将徂徕视为江户思想史的节点这一表象来看，尾藤似乎受到了丸山以徂徕为近代主义前驱的影响。然而实际上，二人的研究方法迥异。在丸山的研究中，"思维方式"是与社会背景保持一定张力甚至距离的思想存在样态，因此即便徂徕本人所有学说的出发点都站在维护非近代的幕藩体制的立场，也丝毫不影响其思想中所蕴藏的解构朱子学连续性的近代性思维方式。不仅如此，在丸山的叙事中，与作为具有近代性思维的古学以及国学的脉络始终对立的是作为学理的朱子学本身，至于徂徕等人所处的时代，可以说只是光影暗淡的底色而已。相较于此，尾藤的研究不仅始终强调"大历史"的现实穿透力，其探寻的原点也已经从中国的朱子学变为日本现实的社会制度本身。就尾藤的论述结构而言，首先他概括出一个日本史的全像并且在其中定位了所有日本特有制度的基点：

> 从弥生时代开始的历史动向，表现为从无所有到所有的变化，其相对应的形态，则是从集团乃至领主的所有变为个别的、民众的所有，这一变化应该可以视为 14 世纪以后产生的。总之，以假定的形式来看，随着"家"的形成，形成了以"家"为单位的地域联合体，还有"家"之间相互协作的组织，以及村和町，由此人们的生活变得安定下来，社会的整体朝向和平的秩序也可以得到理解。与此相伴，包含同样以"家"为单位而组成的武士社会，如被称为士农工商等一样，通过职业

来区分的身份制度形成了，如果能够认识到“家”就是以家业为根本的生活组织，那么通过家业的种类进行身份区别这一结果，就能得到理解。[1]

　　尾藤通过系统考察日本中世以来的土地制度、语言习惯，最终选择了以“家的一般形式”来体现江户时代与战国时代之间的“断绝”。在他看来，兵农分离是从应仁之乱以后，经过战国与织丰时代，直到德川幕府成立的大约一个半世纪的时间中，最具代表性的社会结构变化。这是因为通过兵农的彻底分离，不仅武士和农民身份上的区别得以明确，农民与町人也被分离开来，由此不同于所谓的“士农工商”这一中国舶来的俗语所表现的中国阶层结构，在日本实际上是以武士、农民和町人这三类身份构成社会。贯穿三层结构而成为日本历史固有逻辑的概念即是“役”，这既是尾藤阐明江户儒学与中国儒学异质的关键概念，也是日本近世国家制度最微观的特色所在。“所谓‘役’，是在社会中个人承担的职务，以及与职务连带的责任合起来的意义上使用的，应该是带有日语特有的语感的观念。”[2]武士担负着军事与行政上的“役”，农民承担着贡租与夫役之“役”，町人则需要负担与其职业类别相吻合的劳动的侍奉和贡纳。不同于大部分研究在评价德川幕府时，认为幕府为了维持自己的权力而对上至朝廷、大名下至町人百姓加以严厉的统制，尾藤认为武士、农民和町人的“役”除了完成领主的侍奉，一定程度上还带有完成“国家”即公的义务的性质。正是由于这种“公役”的社会体系的存在，再加上强大的武力与法规，江户才维持了近二百七十年的安定。具体而言，“役”的逻辑是：

1　尾藤正英『江戸時代とはなにか——日本史上の近世と近代』岩波書店、2006、xiv 頁。

2　尾藤正英『江戸時代とはなにか——日本史上の近世と近代』、39 頁。

在以天皇和将军为顶点组成的全社会的"役"的体系中，武士、农民与町人被区别为三类身份，与此同时，在各自的身份内部，也有着复杂的阶层区别。与人们各自的职业和社会地位相应，承担某种"役"或者说"职分"，进而忠实地履行职分被视为正确的生活方式。作为"役"的体系的社会组织，从个人的层面来看，是以安于被给予的"分"为基本的社会。[1]

在这样的社会构图中，尾藤勾勒出素行、仁斋、徂徕及宣长思想中"役"的线条。与丸山所论证的素行为首先解体朱子学的连续性思维方式不同，甚至也与一般所认为的素行较早动摇德川体制的说法相反，在尾藤看来，素行以自己之学为"圣教"，这不仅不是对儒学精神的继承，毋宁说，更接近于与儒学相对立的法家的思想。这是因为相较于更注重依据内在道德的自律的朱子学，素行更为强调的是以外在的"礼乐"来规范行为，虽然这一点丸山也看到了，但是丸山以此作为素行与徂徕相连接的"政治思维的优位"的证据，而尾藤从此主张的动机着眼，认为素行是要以此论证为了维持社会秩序应当将君臣关系绝对化，因此素行虽然批判了朱子学，其立场却是对现实支配体制的拥护。素行的这种"公"优先于"私"的主张，与法家的"他律"立场具有内在的一致性。从"公"的视角着眼，既然仁斋之"道"并非出于人的本然之性，而是处于"他者"视域下的天下公共之物，因此尾藤认为仁斋的道德是一种被当时日本社会的特殊结构规定的实践性的、利他主义的思想。从类似的逻辑出发，尾藤将徂徕视为日本国家主义的祖型，并从徂徕—国学—后期水户学等诸多方面加以论证。[2]

"公"对"私"的优位被尾藤视为徂徕思想中国家主义的源流，

1　尾藤正英『江戸時代とはなにか——日本史上の近世と近代』、44頁。
2　详细分析参见刘莹《气象与风俗：荻生徂徕儒学思想研究》，中国社会科学出版社，2020，第10页。

而徂徕思想中预设的"天""鬼神"等非合理的权威又成为支撑近
代日本天皇制国家的意识形态。这种徂徕以来的谱系，为国学以至
后期的水户学所继承。在宣长那里，德川时代的社会体制，是以天
皇的祖先天照大神的神意为基础的，天皇将政治"委任"于将军，
而将军又进一步将责任落实到大名及其下的武士。如此，宣长通过
导入神意、"委任"等概念，对国家体制的整合作了说明。从山崎暗
斋开始，直至倡导尊王攘夷论的后期水户学，都主张通过天皇掌管
宗教礼仪来统合国民、强化国力，以期达到对抗外敌的国家防卫目
标。尤其是其中强调的祭政一致的理念，被作为明治维新精神支柱
的"国体"观念继承下来，如此水户学也被尾藤论述为国家主义的
一大源流。

　　通过以上论述，以"役"为基点的日本国家主义的发展链条在
尾藤的日本儒学史研究中浮现出来。这种深植于日本本土的国家主
义使得作为外来文化的朱子学始终未能融入日本的传统。尾藤的日
本儒学史研究归结于儒学的彻底日本化，而对日本的儒学化可以说
完全持一种否定的态度。至于日本固有的国家主义源流，尾藤则试
图发掘其积极意义：

　　　　在这样的身份制度下，人们完成被给予与各自身份相应的
　　职分，以此换来保证相应生活的安定。这些身份，作为形成国
　　家的组织的全体，原则上按照全国统一的基准被编成，因此人
　　们负担的从属于各个身份的各种职分，就带有作为国家的一员
　　的义务的性质。承担维持这一国家秩序职务的是强大的权力及
　　其强制力。在此意义上，可以视为专制的权力支配，也并不必
　　然是非合理的，作为其结果，和平的社会状况维持了超过两个
　　半世纪，在此基础上，经济和文化也实现了巨大的发展。[1]

―――――――――

[1]　尾藤正英『日本の国家主義——「国体」思想の形成』岩波書店、2014、74 頁。

如上所述，"专制"或者说"国家主义"所带来的强制力，并不全然是不合理的。在强制力的保障之下，人们严格地按照身份的等级完成相应的职分，由此不仅带来了长久的安定和平，而且实现了经济文化的发展。从尾藤的叙述可以推知，适合日本幕藩体制统治的是强制力而非朱子学，这就与丸山后来以福泽谕吉为中心所展开的国家主义研究区别开来：

　　福泽谕吉作为一个个人在日本思想史上出现，其意义正在于他把国家与个人的内在自由嫁接起来。无须赘言，国家观念乃至统一国家的意识，作为思想在福泽以前早已存在。然而，重要的是，直到福泽举起"独立自尊"大旗之时为止，国家秩序这个东西对于国民来说，仅仅是一种社会环境。当然，国民对于先祖以来世世代代居住的环境有一种本能的习惯性的热爱之情，但环境作为一种环境，对于个人来讲到底不过是外在之物。环境的变化对于个人来说，只是自己周围的变化，而不是自己本身的变化。只要国民的大多数仅仅是被作为政治统制的客体来顺从被赋予的秩序，那么，国家的秩序对于国民来讲，决不会具有超出于"外在环境"的意义。对于人民自己的生活来说，所谓政治也只能被理解成自己以外的东西。但是，如果每一个国民都不把国家看作与自己亲近的存在，都不意识到国家的动向与自己的命运相连，那么，这样的国家又怎么能在严峻的国际舞台中保持牢固的独立性呢？显然，要使日本作为近代国家正常发展，必须对只知道单纯地被动地服从政治秩序的国民大众进行启发，使之觉悟到自己作为国家构成者的主体的能动的地位，从而把国家、政治等事，由"外在环境"引到个人的内在意识中。这个重大任务必须由具有指导能力的思想家来推进。福泽就是以惊人的旺盛斗志承担起这空前课题的首位思想家。[1]

在丸山看来，福泽的主张既非个人主义，也非国家主义，而是通过个人主义来实现国家主义，而理想的超越"乡土爱"的国家主义，必须通过自主的人格精神才能实现。正如福泽的名言"一身独立才能一国独立"所言，个人的主体性是实现国家主义的前提，而这才是福泽思想中近代性意义的体现。由此可见，丸山所论的国家主义与尾藤有着方向上的根本区别，简言之，尾藤着力勾勒的是作为整体的国家下的个人之职分，而丸山则是要爬梳出江户思想史中主体性精神的发展脉络。颇为讽刺的是，尾藤论述的这种强力的国家主义，在丸山弟子渡边浩的研究中得到了进一步的发挥。

第二节　空间延展：从"日本"到"东亚"

回顾上一节的讨论，概而言之，之所以将井上哲次郎对日本儒学史的研究置于先行研究的起点，固然是由于井上是最初尝试对整个江户日本儒学作出系统归纳的学者，但更多的是由于他的研究中掺杂了从传统过渡到近代的研究方式。井上所采用的"学案式"方法，与中国的《宋元学案》《明儒学案》等书写方式具有同质性，即都更偏于人物的生平、著作的整理和归类，总体而言偏于"静态"的视角，具有较强的"史料"意味。相较于此，丸山开启的近代性思维探究的理论建构，实际上引领了新一批学者不断深入探讨日本儒学史中的近代性、民族主义、国家主义等问题，其中又以尾藤正英的国家主义最具有"日本"的典型意义。大体上看，这些研

---

1 〔日〕丸山真男：《福泽谕吉与日本近代化》，第5~6页。

究范式都可以视为对日本儒学史动态的时间序列上的把握，我们可以透过这些研究体会到整个德川时期儒学发展的起伏及其与近代的关系。除此之外，本节要进一步展开的是"儒学"本身所具有的另一维度，即"地域性"的空间延展。这一维度之所以可能，一方面是由于"儒学"本身在历史上曾走出"中华"的范围，向外扩展至今天的朝鲜、韩国、日本、越南等地，这就体现出儒学具有一定的普遍性和超越性；另一方面是由于"亚洲""东亚"作为一种研究范式和方法，从竹内好开始，时至今日被越来越多的学者关注，从而为日本儒学史研究超越"日本"之边界，寻求更为广阔的视野提供了可能。

一 "亚洲"方法与"近代"超克

以"亚洲"为一个整体进而以"亚洲主义"为口号进行思考和讨论的近代首位人物是竹内好。竹内好最为人熟知的理论自然是"近代超克论"，然而"竹内好为了批判地分析近代超克论，而将解决这个难题作为核心课题，从哪里能找到解决问题的方法呢？这个方法就是重构近代日本追求的亚洲原理的'传统'（即亚细亚主义）。当然，这种原理或传统并不是客观存在的实体，所以才产生了'作为方法的亚细亚'的设想"。[1] 也就是说，"亚洲"正是作为解决近代超克的方法被竹内提出的。实际上，竹内好同丸山真男一样，也非常重视对民族主义的思考，应该说，"亚洲"作为一个方法，本身即可以视为竹内探寻民族主义的一种方式。然而与丸山试图在日本思想中探寻日本自身近代化的思维方式不同，竹内从反省战争开始，指出中国和日本所走的是两种不同模式的现代化道路。竹内思想中的"亚洲主义"实际上只是一个宽泛而没有确切定义的

---

1 〔韩〕白永瑞：《思想东亚：朝鲜半岛视角的历史与实践》，三联书店，2011，第55页。

概念：

> 亚洲主义既不与扩张主义、侵略主义完全重叠，也不与
> nationalism（民族主义、国家主义、国民主义以及国粹主义）完
> 全重叠。当然，它也不与左翼的国际主义（internationalism）完
> 全重叠。不过，亚洲主义却与它们之中的每一个都有相互重叠
> 的部分，而与扩张主义的重叠部分特别大。更准确地说，就其
> 发生来看，亚洲主义是作为明治维新革命后的扩张主义的一个
> 结果出现的。这个结果并不是直接产出于扩张主义，而是扩张
> 主义先产生出国权论与民权论，以及稍微晚些的欧化和国粹，
> 亚洲主义就是在这可谓双生儿的对立风潮之中产生的。[1]

由以上论述可知，竹内试图在相当宽泛的意义上把握"亚洲
主义"。既然"亚洲主义"的内涵和外延都尚在发展之中，不妨将
其中的"亚洲"抽离出来作为一种更具普遍意义的"方法"加以探
讨。需要注意的是，虽然在言及"亚洲主义"一词时，竹内好往往
是首要研究的对象，然而实际上，丸山的研究虽然强调日本的特殊
性，但完全没有脱离对亚洲的关注。[2] 不仅如此，竹内好也如丸山一

1　〔日〕竹内好：《亚洲主义的展望》，陈希译，庄娜校译，高士明、贺照田主编《人间思想》第
4辑《亚洲思想运动报告》，台北，人间出版社，2016，第248页。

2　这一点在丸山关于福泽谕吉的论述中见得分明。福泽谕吉在20世纪50年代以后被视为日本
"脱亚入欧"的最初提出者和代表人物，然而丸山通过梳理史料明确指出，在福泽的所有著述
中，从未出现过"脱亚入欧"一词，而所谓的"脱亚"也仅出现过一次，而且是福泽从朝鲜
甲申政变之后感受到的挫败中发出的论调，其发表在1885年《时事新报》社论中的"脱亚"
主张，有着非常特定的指向："他的攻击目标，与其说是针对儒教的教义本身，不如说是针对
被歪曲为体制意识形态的'儒教主义'这个病根。其在国内表现为父子君臣等上下关系的绝
对化，对外方面表现为区分'华夷内外'的等级性国际秩序观。正是政治权力与儒教在结构
上的这种结合，使中国体制的停滞和腐败不断地重复出现。福泽是深刻地认准了这一点的。
他所说的'脱亚'，实际上是指'脱清政府'和脱'儒教主义'。"〔日〕丸山真男：《福泽谕吉
与日本近代化》，"作者原序"，第9~10页。

样，试图建立起日本民族的主体性意识。[1] 当然，即便从他们二人所属的专业领域的差别出发，也可以推想他们的思考进路和表达方式所呈现的巨大差异。不同于丸山立足的近代性思维的探究方式，竹内从自己的文学专业出发，反对一味偏向近代主义的做法。竹内的所谓"文学"，有其自身的含义："我将一国民众的思考方式、感受方式，以及深藏其间的生活作为自己的研究对象。不是从物的层面看生活，而是从心的层面眺望生活，我以为这才是文学。我一直以这样一种态度研究文学。"[2] 竹内的所谓"文学"，是其展开讨论的起点，从其叙述来看，至少有两个关键词需要格外留意：一是"民众"，一是"心"。合而言之，就是从内心深处与民众深入接触，这一点可以说正是竹内学问的方向标：

> 正好是上大二的时候，我利用暑假去了一趟中国。在此之前虽然我的学籍是在中国文学科，但是完全没有正儿八经学习的念头。我先跟旅行团一起到了中国东北，然后自己一个人去了北京。一到北京，怎么说呢，我就仿佛一头撞到了自己心中一直以来的向往，或者说是深藏于内心的梦。我感动于北京这座城市的自然，不仅如此，我感觉那儿的人离自己非常近。[3]

北京之行，让竹内产生了深入了解中国民众生活的想法，这可以说是他开始努力学习汉语，翻译中国文学作品，以及深入思考

1　孙歌从批判近代理性主义的角度讨论过竹内与丸山的一致性，"这种一致性表现为，他们批判的对象都是被绝对化了的所谓科学理性精神的虚假性，而他们所试图确立的，又都是能够面对复杂的近代化过程的思想传统并具有建设性的思维方式。就丸山而言，它是'虚构'精神，就竹内好而言，它是作为'行为'的文学"。孙歌：《竹内好的悖论》，北京大学出版社，2005，第65~66页。
2　〔日〕竹内好：《作为方法的亚洲》，高士明、贺照田主编《人间思想》第4辑《亚洲思想运动报告》，第229页。
3　〔日〕竹内好：《作为方法的亚洲》，高士明、贺照田主编《人间思想》第4辑《亚洲思想运动报告》，第230页。

"作为方法的亚洲"的原动力。竹内认识到了"民众"的力量："将文化视为一个整体，去探寻处于历史某一时点的文化，具有什么样的性质时，本质上是由民众规定的。在原理上我赞成这种说法。除了创造物质的生活以外不存在文化的依据。文化即使有物质和精神两个方面，但是除了人的生产活动以外没有终极源泉存在。所以在这一点来说，除了民众这一直接参与生产的人以外再没有根本的存在。"[1]如此看重"民众"作为生产和文化的源泉，容易让人产生竹内是否受到马克思主义影响的疑问。竹内确实对马克思主义抱有好感，但是因为他目睹了日本的共产主义者在战时的"转向"，有的甚至站在比非马克思主义者更为激进的支持侵略的一方，这种失望让他始终与日本的共产党保持适当的距离。竹内想要深入理解中国的百姓，然而这在当时是殊为不易的，横亘在亚洲各国之间的是关于战争的鲜活记忆。竹内由此确定了自己的问题意识："现实却是日本近代史引发了本不应该发生的战争，以及作为战争的后果导致的战败的痛苦。这样一来我们就必须探究日本历史究竟在哪儿出了问题，否则我们无法弄清楚我们今天生存的依据。不仅是我，很多日本人都是从这样一种根本性的反省开始在战后重新出发的。"[2]竹内采取的立场是直面历史、直面战争，他首先试图理解中国人对日本侵略的仇恨：

> 日本人不仅是军队，很多普通人也倚仗军队的势力去中国胡作非为，我想中国人对此深恶痛绝。即使是我们自己，假如我们的亲人被屠杀，即使没有被杀，但家被烧了、被施暴，这样一种痛苦的记忆短时间内也不会马上消除。如果揣测对方的

1　〔日〕竹内好：《作为方法的亚洲》，高士明、贺照田主编《人间思想》第4辑《亚洲思想运动报告》，第238页。
2　〔日〕竹内好：《作为方法的亚洲》，高士明、贺照田主编《人间思想》第4辑《亚洲思想运动报告》，第231页。

心理，即使现在出于政治意图，嘴上说没有仇恨，罪不在日本人民，但是在内心深处还是仇恨日本人的。我认为这种仇恨十年、二十年都不会消失。一代人能不能消除仇恨都很难说，也许需要上百年。更何况是在现在这样一种国家关系的状态下，仇恨也许只会越来越深。一个日本人干的坏事，受到伤害的人仇恨整个日本人恐怕也是理所当然。[1]

"即使是我们自己""如果揣测对方的心理"，我们在竹内的表述中不难看出他深入理解中国百姓想法的努力。承认日本发动的战争对中国造成的伤害，并且深刻地认识到由此带来了难以化解的仇恨，应当是改变中日关系现状必不可少的一环。在此基础之上，竹内还指出必须改变当时日本人回避战争失败的想法：

日本没有关于胜利的理论性预见，只有回避失败的想法。在日本的战争理论中，所有的理论都从不可能失败这一独断出发，越到后来这种独断越强烈。战争本身就有赢有输，回避思考失败的问题本身就失败了，因为没有理论性地解决这个问题。并没有败给中国这种意识也许有很多源于传统的原因，但这一点本身就反证了为什么会败给中国。从今天开始也好，我们必须改变对于战争的看法。[2]

一味回避失败不能对改变现状带来任何有益的尝试，因此竹内强调必须改变对战争的看法，去积极地思考失败的原因。竹内思考的结果，即是日中两国采取了两种不同的现代化模式：

---

1 〔日〕竹内好：《作为方法的亚洲》，高士明、贺照田主编《人间思想》第4辑《亚洲思想运动报告》，第241页。

2 〔日〕竹内好：《作为方法的亚洲》，高士明、贺照田主编《人间思想》第4辑《亚洲思想运动报告》，第240页。

　　具体说来就是我在战后提出了一个假说。后进国家的现代化过程应该有两种以上的模式。日本明治维新后的现代化令人耳目一新，它鼓励了东方各落后的、被殖民国家的解放运动。如果顺利的话其将能成为唯一的榜样，结果却是一败涂地。从失败之处回头看，我考虑日本的现代化虽然是一个模式，但它并不是东方各国或者说后进国家现代化唯一绝对的道路，除此以外还有多种可能性，还有别的道路存在。[1]

　　竹内反思日本从明治维新以来的现代化进程，是一种表面上看起来非常现代，甚至给人一种超过欧美的现代的"现代"，然而实际上其现代化的根基很浅，这是因为"日本的现代文化是从外而内应急式的，不是内发的，因而是没有前途的"。[2]相反，当时的中国虽然看起来非常混乱，其现代化却是出自自身要求的，因而相比日本要牢固得多，也正因为如此，杜威、罗素等哲学家，在眼见了当时的中国和日本之后，都作出了未来的希望在中国而非日本的判断。竹内非常强调这种内在的自发性：

　　日本是在保留结构性的东西的基础上，外表疏疏落落地裹了一层西方文明的糖衣。中国则不一样。按照杜威的看法，原有的中国的东西非常牢固，没有一点儿走样，因而不能够很快适应现代化。但是现代化一旦进入的话，就会破坏其结构性的东西，从内部产生自发的力量。在此产生了本质上的差异。虽然表面上看起来很混乱，但是在现代性这一点上，西方人眼里

1　〔日〕竹内好：《作为方法的亚洲》，高士明、贺照田主编《人间思想》第4辑《亚洲思想运动报告》，第232页。
2　〔日〕竹内好：《作为方法的亚洲》，高士明、贺照田主编《人间思想》第4辑《亚洲思想运动报告》，第233页。

看到的中国远比日本本质得多。[1]

竹内深入了解中国，最终的落脚点还是在反思日本的现代化进程上。日本的明治维新，曾经给了亚洲的殖民地半殖民地战胜西方列强的希望，中国甚至也以日本为模范进行过改革。对于后进的国家，如果要摆脱西方列强的殖民，往往有两条路可以选择：要么成为列强中的一员，要么联合弱者一起反抗列强。日本选择了前者，而中国则选择了"抵抗"。当然，竹内的"抵抗"有其特殊的意涵："在通常意义上，抵抗一词的方向是对外的，它不会带来主体内部的自我改变乃至否定，所以很容易在'排斥他者'的意义上被使用；而在竹内好这里，抵抗的方向是向内的，它正如'挣扎'一词所象征的那样，是对自身的一种否定性的固守与重造。"[2]通过对日中两国现代化道路的比较，竹内相信，只有通过"抵抗"这一自我确立的行为，才能形成包括日本在内的亚洲各民族的主体性。竹内提出了一种亚洲以自身独特的文化展开对西方的反超的可能性，并称之为"作为方法的亚洲"："为了更大范围实现西欧的优秀文化价值，西方有必要重新被东方包围，西方反过来从自身进行变革，通过这样一种文化的反击，或者说是价值的反击而创造普遍性。东方的力量为了提高产生自西方的普遍价值要变革西方。"[3]随着西方的船坚炮利一起输入亚洲的是平等、自由等观念，从某种意义上说，竹内试图跨越的不仅是亚洲各国的界限，所谓的"作为方法的亚洲"，不仅是要促进亚洲各国之间的理解和协作，更是要以亚洲为媒介，思考亚洲作为一个整体与世界沟通的方式。以"亚洲"为方法，是竹内试

---

1 〔日〕竹内好：《作为方法的亚洲》，高士明、贺照田主编《人间思想》第4辑《亚洲思想运动报告》，第238页。

2 孙歌：《竹内好的悖论》，第58页。

3 〔日〕竹内好：《作为方法的亚洲》，高士明、贺照田主编《人间思想》第4辑《亚洲思想运动报告》，第242页。

图探索出的一条超越日本式近代的路径。白永瑞非常精辟地总结了
"亚洲"作为一种方法与"超克近代"的关系：

> 　　对于竹内好来说，"作为方法的亚细亚"是克服近代的一种
> 途径，也就是说日本要重新统合在近代化过程中曾经被压制的
> 民众实践和思想，形成能发挥对抗作用的主体。中国革命已经
> 为我们提供了这方面的实际例子。与中国相比，毫无批判性地
> 吸收西洋资本主义文化规范的日本的近代只是"奴隶的进步"，
> 尽管它曾把日本引上了欧洲殖民主义和侵略战争的旧路，但是
> 在战后依然是具有压倒性优势的支配力量。如此看来，他清
> 醒地透视到了近代的"进步"难以避免它本身所蕴含的支配性
> 和暴力性。他认为只要抱着不怕"走进死胡同"的精神抵抗近
> 代，即"超克近代"，日本才能步入正确的轨道，承认发动侵
> 略战争之责任。[1]

　　竹内好试图"超克"的，是集进步和危险于一身的"近代"。
然而，是否能够因为这种"近代"本身蕴含了支配性和暴力性，就
选择"超克"呢？首先，"近代"除了价值判断，本身也意味着一个
具有相对客观性的历史阶段，既然有客观性，则应该有其普遍性和
必然性。既然上帝之善即在于自由意志的选择性，那么自然也不会
排除恶的历史阶段。如此所谓的"超克近代"，恐怕最后只能是竹
内好的一厢情愿。其次，如果"近代"具有一定程度的普遍性，那
么只能说欧洲相比于亚洲率先进入了"近代"；如果说"近代"是
以坚船利炮呈现在亚洲人的面前，那么"近代"同时也带入了独
立、平等、自由、尊严等带有主体性的民族性和人格性。换句话
说，问题不在于"近代"，而在于施加于"近代"的主体。对于这

---

1 〔韩〕白永瑞：《思想东亚：朝鲜半岛视角的历史与实践》，第56页。

两点，竹内好其实是有所察觉的：

> 东洋的近代是欧洲强制的结果，或者说是这一结果引导
> 出的后果，对此我们应给予大致的承认。所谓近代，是一个历
> 史性的时代，如果不在历史的意义上使用这个词语，就将引起
> 混乱。东洋在很早以前开始，欧洲尚未入侵之前，就产生了市
> 民社会。市民文学的谱系可以追溯到宋（甚至唐代），特别是
> 到了明代，就某一方面而言，市民权力的发展几乎到了足以打
> 造出与文艺复兴时期相近的自由人类型的程度（明代的市民文
> 学深深影响了日本的江户文学），尽管如此，我们仍然不能断
> 言这种文学与今天的文学之间不存在中介环节而直接地前后相
> 续。今天的文学是建立在这些过去的遗产之上的，这个事实是
> 无法否定的，但是与此同时，在某种意义上也可以说，对这些
> 遗产的拒绝构成了今日的文学的起点。毋宁说，这些遗产得以
> 被作为遗产加以承认，即传统得以成之为传统，是需要经过某
> 种自觉的，而催生了这种自觉的直接契机，乃是欧洲的入侵。[1]

从以上引文可以看出，竹内好一方面强调了"近代"需要作为
一个"历史性的时代"而存在，另一方面又认为东洋姑且可称为具
有近代性的特征，是通过"欧洲的入侵"而被自觉的。就此逻辑容
易产生的疑问是，如果说在中国已然出现代表近代性的市民社会及
其文学，那么即便是这种近代没有被"自觉"，其是否就不存在或
者不会继续发展了？换言之，竹内所谓的东洋的市民社会、市民文
学，与欧洲的近代是否同质？在竹内的"近代"叙述中，欧洲与近
代似乎有着天然的联系："所谓近代，乃是欧洲在从封建社会中解
放自我的过程里（就生产方面而言是自由资本的发生，就人的方面

---

1 〔日〕竹内好：《近代的超克》，李冬木、赵京华、孙歌译，三联书店，2005，第182页。

而言是独立平等的个体人格的成立）获得的自我认识，近代是历史进程中的一个环节，它要求主体把区别于封建性质的自我作为自我来对待，并在历史中把这个自我相对化。"[1] 如此，"近代"虽然只是历史进程中的一个环节，却以欧洲的自我解放作为呈现其自身的方式，则"近代"与"欧洲"之间，在很长一段时间似乎如影随形般地刻在了东洋人的印象之中。然而追根溯源，"近代"本质上是一个历史时段的界定，而"欧洲"则从一个地域的泛称一跃成为生活于与亚洲相对的陆地上具备更先进的生产方式的人群的指称。作为历史发展的阶段，本身即应该具备超乎价值判断的普遍性，那么带给东洋恐惧和威胁的，究竟是近代还是欧洲呢？"欧洲在根本上是自我扩张性的（暂且不论这个自我扩张的内容是什么），一方面它作为对东洋入侵的运动而得到体现，我们可以确认这一点"，[2] "欧洲为了得以成为欧洲，它必须入侵东洋，这是与欧洲的自我解放相伴随的必然命运。遭遇到异质的对象，自我才能得到确立"。[3] 从竹内的论述我们可以发现，"入侵"的行为源于欧洲，而且是欧洲确立自己主体性的一种必然。假定我们承认主体的确立需要在与异质的对比中才能得到有效呈现，那么这种呈现就是"近代"的亮相。然而这种异质的呈现，是否一定会选择"入侵"的方式呢？如果"入侵"成为必然，那么近代在催生的同时就厄运般地笼罩在侵略或被侵略的阴影下，或许正是这种悲剧的必然，才让竹内呼吁"超克"近代。由此看来，竹内提出"亚洲"的方法，正是要超越这种宿命。如果说在竹内那里，这种方法尚显模糊，那么这种方法，经由西嶋定生、白永瑞及以黄俊杰为首的"东亚儒学"倡导者的多角度多层次探讨，逐步走向了多元化与系统化。

1　〔日〕竹内好：《近代的超克》，第183页。

2　〔日〕竹内好：《近代的超克》，第183页。

3　〔日〕竹内好：《近代的超克》，第184页。

二　"东亚世界"与"思想东亚"

竹内好对"亚洲"的探讨奠定了之后日本思想中探讨亚洲的基本思路：

> 在日本思想史的脉络里，一提到亚洲问题，立刻会浮现出一个"定论"：明治维新以后，日本知识分子是依照两个方向思考亚洲问题的。一个是以福泽谕吉为代表的所谓"脱亚入欧"论，另一个是以冈仓天心为代表的"亚洲一体"论。前者主张摆脱亚洲的"恶友"以迅速进入欧美列强的行列，后者则认为亚洲为世界提供了欧洲文明所无法提供的"爱"和"美"的文明，在这一意义上，它具有欧洲文明无法企及的价值。[1]

无论是福泽谕吉还是冈仓天心，都是竹内好"亚洲"方法中的代表人物。在"亚洲"这一思考的路径下，就儒学的研究而言，尤为必要的是突出"东亚"[2]的视野。甘怀真曾从三个维度对作为一个学术概念的"东亚"进行了颇为清晰的梳理，兹录如下：

> 第一个"东亚"的出现是欧美帝国主义所界定的政治空间，是帝国主义者在其全球殖民策略下的分区。被欧美定义为"东亚"的地区内的政权与人民，也开始使用此一概念以界定

1　孙歌：《寻找亚洲：创造另一种认识世界的方式》，贵州人民出版社，2019，第5页。

2　关于"东亚"的所指，可以作狭义和广义上的区分。狭义上来说，主要是指以儒家文化圈为主的中国、朝鲜半岛（就学术研究而言，主要是现代的韩国）以及日本，即地理上的东北亚地区。广义上来说，则可以包含东北亚和东南亚。从理论上说，儒学辐射之地，理应都纳入研究的视域，然而限于笔者的能力问题，尚无法讨论中、日、韩之外的儒学。实际上，越南儒学也是非常重要的课题，或许会展现出与儒学在东亚不同的面貌，留待以后讨论。本书所讨论的"东亚"，如无特别说明，主要限定为东北亚的中国、韩国和日本。

自我，并有意识的作为对抗西方的另一集体性的概念。中国的孙文在对抗西方帝国主义时，也有"东亚"的概念。无疑的，这个概念来自西方强权者而"本土化"为东方人士所运用。如孙文使用"东亚"此一概念，以联结日本对抗西方帝国主义。

第二个"东亚"是日本帝国主义在扩张时，界定其霸权的"固有疆域"。奠基于西方帝国主义而来的东亚概念，十九世纪末年以来，日本政府与知识界普遍认为日本已取代中国在此区域内的政治与文化的领导权，并且成为此区域的人民集体对抗西方帝国主义的领导者。于是"东亚"为日本帝国主义者重新诠释，成为其施展帝国主义式霸权的空间。最典型的例子是二次大战期间所提出的"大东亚共荣圈"。日本的侵略战争使得"东亚"一词被理解为日本帝国的同义词，故被污名化。于是在战后，日文的"东亚"一词不为学术界所采用，而改用"東アジア"。

第三个"东亚"的概念也是从日本学术界而来。二次大战期间，日本极右派当道，讴歌天皇制，日本国家被美化甚至神化为举世独一无二的"神之国"，与其他国家的历史无交涉，是在一片好山好水中，独自发展出的高等文明。日本战败后，战后历史学受到马克思主义历史学等思潮的影响，强调世界史的发展规则，而日本史的发展也符合此规则，然而也有其特殊性。此特殊性不是日本史的特殊性，而是"东亚世界"共通的特殊性。[1]

不妨将以上所分三个"东亚"置于连续的历史脉络之中加以考察。无论是在与欧洲的对立中被逐渐内化的"东亚"，还是作为日本帝国主义侵略代名词的"东亚"，似乎都难以抹去沉重的殖民色

1　甘怀真：《皇权、礼仪与经典诠释：中国古代政治史研究》，台北，台湾大学出版中心，2008，第507~509页。

彩，这使得"东亚"这一范畴从被激活之日起便染上了鲜明的民族
主义或反殖民主义的底色。我们今天要讨论的"东亚"，是有别于
历史上的两个"东亚"而趋向于"东亚世界"的概念。而所谓"东
亚世界"的理论奠基者，可以追溯到西嶋定生：

> 西嶋定生从二方面来理解何谓"东亚世界"。一是运用
> "文化圈"的概念，认为"东亚世界"之所以为一个"历史世
> 界"，因为其内部具有共通性的文化要素，如西嶋定生所提出
> 的汉字、儒教、律令、佛教等。这些要素都源自中国，故此
> "东亚文化圈"也是一个"中国文化圈"。二是视东亚为一"政
> 治系统"，此系统是以中国皇帝为中心，借由"郡县制"以支
> 配中国本部之民，并通过"册封体制"以支配中国境外的外邦
> 君主。换言之，借由"册封体制"，中国与其周遭国家联络而
> 为一政治系统，此即历史上的"东亚世界"。[1]

就本书的研究主题而言，主要是从"文化圈"的角度来理解
"东亚世界"。历史上的儒学以"中华"为中心向四周辐射性传播。
由此，居于"东亚"主体的中、日、韩三国，成为承载"儒学"的
主要实体。然而，所谓的"东亚"视域下的儒学研究，并非简单地
将中国、日本及韩国的儒学作数量级的相加。关于这一点，甘怀真
已经敏锐地注意到了：

> 在理解"东亚世界"时，首先应克服近代以来的"民族国
> 家"（nation-state）概念的误导，或日本学者所谓的"一国史"
> 的观点。由于近代以来发生于东亚地区的民族国家运动，许多
> 国家为因应民族国家的建构需要，而发展出"国粹"的民族文

1　甘怀真：《皇权、礼仪与经典诠释：中国古代政治史研究》，第509页。

化概念。"中国"也蜕变为一民族国家，"中国文化"也成为中国的民族文化。相对于此，有"日本／日本文化"、"韩国／韩国文化"。再细部而言，则有"中国儒学"、"韩国儒学"、"日本儒学"。然而以此民族国家的观点回溯东亚古代史，或许可以探知隐藏于历史表面的某些事实，但也必然会有一些盲点。因为当时人的世界观中，没有这一类民族国家的概念。中国作为一个民族国家，而儒学、律令是这个民族国家的特殊文化内涵，恐怕不是古人的观念。[1]

　　研究作为整体的"东亚"，首先需要克服的是作为独立个体的民族国家，这在方法论上也可以寻出其合理性。不仅是东亚，在亚非反殖民的浪潮中诞生的"国粹"文化，在特定时期固然可以发挥反侵略、团结本民族进行不屈抗争的作用，然而这本身也是一种以一国为界限的文化，过于强调独立性容易导致文化的"断裂"，引文中所谓的"中国儒学""韩国儒学""日本儒学"就是一种以国别区分儒学的表述。至于如何展开"东亚"的视角，宋念申提倡的"发现东亚"值得深思："谈'发现东亚'，如果只是要去发明一些东亚的'特有'的'价值''道德''传统'，那并没有脱离欧洲中心论最根本的二元对立逻辑。我们努力的方向，应是回到本地的政治、经济、社会、思想脉络中，来探讨东亚的'现代'演进。"[2]这就是说，如果只是停留在寻求东亚的特殊性，那么实际上并没有摆脱以欧洲和亚洲为中心的二元对立模式。超越现代国家的界限来研究儒学，岛田虔次在很早以前就指出了这种设想的必要性：

　　　　同基督教史是在泛欧洲的视野下写就的一样，我的观点是

1　甘怀真：《皇权、礼仪与经典诠释：中国古代政治史研究》，第 513 页。
2　宋念申：《发现东亚》，新星出版社，2018，第 21 页。

儒教史、朱子学史也应该首先作为贯穿中国、朝鲜、日本（越南）的通史来书写。朝鲜的朱子学比如理发、气发说对朱子学的一般教理，尤其是对日本朱子学作出了何种巨大的、本质性的贡献，在阿部吉雄博士的《日本朱子学与朝鲜》（昭和四十年）中有所论述，像这样将通史的视野正当化到儒教史、朱子学史之中，才是当务之急。在其一端，是儒教内面化之极的阳明学，而在另一端，则是处于外面化之极的徂徕学。到底能否书写出如此构想的儒教教理史呢？[1]

　　岛田与丸山可以被视为分别在中国和日本寻找自身内部近代化线条的首创者，岛田在这里提出的将阳明学和徂徕学视为朱子学的两端，虽然没有进一步深入，却提出了一种圆融无碍的超国别的儒学史写作构想。丸山的嫡传弟子渡边浩在研究日本政治思想史时也指出了"东亚"视角的必要性："或许从古代到现代，东亚居民的历史是不能撇开他们的相互交流来谈的。关于日本的思想史也一样，尤其是如果无视与中国、朝鲜的关系，疏忽了比较的视野，那么在深化理解上就会产生重大的局限性。"[2]换言之，即便是本书本身聚焦于"日本"的儒学史，也应该且必须将关注的目光从日本本土扩展到整个"东亚"的视域，而这对于以京学派为代表的江户初期的朱子学而言尤为重要，因为此时的日本朱子学正处于与中国的朱子学、朝鲜的朱子学相互交融的过程之中。

　　相较于日本学者的"东亚"论中挥之不去的历史阴影，韩国学者在涉及这一问题意识时似乎更为主动和彻底。对于从"半岛视角"转入"东亚的视角"的思想历程，白永瑞作了追溯：

1　島田虔次『朱子学と陽明学』岩波書店、1967、198 頁。

2　〔日〕渡边浩：《东亚的王权与思想》，区建英译，上海古籍出版社，2016，"前言"，第 2 页。

从远的来说，19 世纪末朝鲜知识分子面对西方列强的侵略，在追求东亚三国连带的过程中，已经开始将包括韩国在内的东亚作为一个单位来思考。这种思维方式在日本帝国主义的殖民统治下只能转为地下伏流。解放后，也因从属于美国的冷战秩序依然不能迸发而出。只有到了 1990 年代，才趁着国内外局势的变化而"回归"正道。比较近的渊源则是 1970 至 80 年代韩国进步知识分子所具有的第三世界的问题意识，趁 1990 年代冷战体制的崩溃之际，以东亚论述的形态表露出来的。当时我们所提倡的民族民众主义是对西方中心主义的一种反思，是立足于民族和民众生活的一种反叛性理论，也是一种积极探索新的世界观的理论，蕴含着对第三世界的关心和联合意识。因此，在 1990 年代的新形势下重构民族民众主义时，为了克服民族主义（的封闭性），试图从与我们相近的地域和文明开始贯彻第三世界的问题意识，于是自然而然地将注意力集中到东亚。[1]

从以上叙述不难发现，所谓"东亚论述"的提出，本身即具有抵抗西方中心主义和立足民族主义的双重使命。这样的历史使命发展到现在，简化为"去中心化"脉络，这在白永瑞提出的"双重周边的视角"中体现得尤为明显：

> 所谓"双重周边的视角"，指的是同时需要"在以西方为中心的世界史展开过程中，被迫走上非主体化道路的东亚这一周边的视角"以及"在东亚内部的位阶秩序中，处于周边地位的周边的视角"的问题意识。我所说的中心和周边的关系并不单就地理位置而言，而是价值层次上的无限连锁和压迫转嫁关系。这里所说的"周边"的存在并不单纯以周边国家为主体。通过

---

1 〔韩〕白永瑞：《思想东亚：朝鲜半岛视角的历史与实践》，"序言"，第 3~4 页。

探讨在东亚现代史中没有形成国家单位的地域或集团的历史经验和现在，希望不要将东亚的问题简单化为国家、国民一元化问题。例如，被压迫的民族或离散集团（diaspora），以及琉球（从某种意义上来说，中国台湾地区也可以包括在内）等在东亚论中必须得到重视，其理由也正在于此。我希望在东亚进行这样的知性和实践工作，即重新确立历史上形成的周边的多元主体的认同性，增强变革其整体构造的动力，切实发挥周边内在的批判精神。当我们往这个方向努力时，我相信在广义的东亚地域的位阶秩序中，坚持"周边"的视角，在批判东亚的中心——不管是中国的"威胁"，还是美国的霸权，以及美国的盟友日本——的同时，新的和平的东亚秩序自然会得以建立。[1]

由此看来，白永瑞所谓的"周边的视角"，本质上应该归于一种"去中心"的实践，而"中心"所涉及的范围，包括了美国、日本还有中国。应该说，"去中心"的同时，实际上也是一种"多元主义"。本来，倡导文化上的多元主义无可厚非，然而一旦触及政治，问题就会变得过于复杂。琉球与台湾的问题，本不该放到同一层面探讨，而所谓的"中国威胁论"，更有可能导致忽视中国也曾深受帝国主义殖民的困苦以及为和平而作出的努力。当然，相比于日本帝国以及美国帝国所主导的东亚秩序，"中华帝国秩序，往往并不是由中国单方面强迫建立支配从属的位阶关系；与近代世界出现的帝国主义的支配关系相比，能够建立范围更加广大，更加多元、宽容的秩序。从今天的立场看来，这也许可以成为我们探索帝国秩序的替代方案的一种思想资源"。[2]

1　〔韩〕白永瑞：《思想东亚：朝鲜半岛视角的历史与实践》，"序言"，第7页。

2　〔韩〕白永瑞：《思想东亚：朝鲜半岛视角的历史与实践》，第4页。

三　"东亚儒学"中的"反理学思潮"

"东亚儒学"作为一种比较新的方法论，已经有一些学者开始自觉运用和推广，尤其是台湾地区高校的文哲研究，近些年可以说是全面转向了"东亚儒学"的方向。在粗具规模的研究成果基础上，我们可以从方法论的角度稍作归纳。首先是关于"东亚儒学"的发起，主要应该归功于台湾地区的学者：

> 汉语学术界有关"东亚儒学"的研究，虽然可以溯及1970年代以降若干单篇论文，但较多学者参与这个领域的研究则始于2000年台湾大学推动的"东亚近世儒学中的经典诠释研究计划"（2000~2004），经过几个阶段的发展直至"东亚儒学研究计划"（2011~2016）。十余年来许多学者致力于这个领域的研究，台湾大学出版中心持续出版了《东亚儒学研究丛书》《东亚儒学研究资料丛书》《东亚文明研究丛书》等书系及有关"东亚儒学"与东亚文化的专著，日本与韩国学者也有许多从东亚视野论述儒学的著作，大陆学界也有以"东亚儒学"为题的专著出版。[1]

中、日、韩三方学者的加盟及其强有力的研究计划支撑，确实让"东亚儒学"的提法为更多人所知悉，但是也应该注意到，实际上大陆有一些学者一直在做这方面的资料整理和基础研究工作。但众所周知的是，"东亚"的政治影射在并不遥远的过去曾给中、韩带来深重的阴影，除此之外，历史上中国曾是东亚的核心国家，因此"东亚儒学"似乎暗示了某种"去中国中心"的因素，这些都是

1　黄俊杰：《"东亚儒学"的视野及其方法论问题》，《杭州师范大学学报》（社会科学版）2016年第3期。

当"东亚儒学"再次出现在我们的视野之中时，不免要慎重思考的问题。[1]在这样的反思之中，无论是黄俊杰先生提倡的"东亚共同体"，还是子安先生提出的"方法的东亚"[2]，都侧重于在认识清楚中、日、韩具体制度和风土差异之上，重新检视儒学发展的整体进程。

如果大致翻检一下以"东亚儒学"为主题的研究成果，尤其是"儒学与东亚文明研究丛书"，就会产生一种大致的印象，即作为方法论的"东亚儒学"并不局限在东亚各国儒者之间的比较研究，很大程度上可以说所谓"东亚儒学"的方法论并没有预设具体的研究范式，但是在纷繁的研究成果及从事这个方向的研究者身上，不难发现其中较之一国之专人专书研究更为宏大的视野。从这个层面可以说"东亚儒学"是一种"有意识"联系起整个儒学影响圈层的思维方式，而要拥有这样的眼光和思维，就必须"有意识"地打破国别的界限，更广泛地积累以中、日、韩为主的儒学背景。

而在"东亚儒学"的多元展开中，杨儒宾提出的"反理学的思潮"可以视为一种有益的尝试，对本书启发颇大：

理学可作为近代东亚的代表性思潮，这样的地位是很难撼摇的。但儒学毕竟是个复杂而多元的价值体系，在儒学的共名下存在着各种异质的分流。这些分流代表的异议之声此起彼落，就发生的历史机缘考量，可谓鲜少共谋，但全程以观，却隐约有些共识，因此不妨视为具有共同核心理念的一种

1　关于"东亚儒学"这一概念的反思，子安宣邦作出了非常具有代表性的批判性考量，尤其是其一方面对20世纪40年代以来日本帝国作为"东亚"的政治核心的反省，另一方面对中心—周边结构，也就是历史上长久存在的"华夷秩序"的警惕，确实是冷静而又深刻的。可参考〔日〕子安宣邦《东亚儒学：批判与方法》。

2　子安宣邦的"方法的东亚"是相对于"实体的东亚"而提出的概念，是在预防任何国家以文化一元论独大的警惕之中提出的。所谓的"方法"而非"实体"，实际上就是主张文化多元的批判性思维。对于研究中国哲学的学者来说，尤其需要注意避免一种文化上的傲慢。具体内容参见〔日〕子安宣邦《"东亚"概念与儒学》，童长义译，高明士编《东亚文化圈的形成与发展：儒家思想篇》，台北，台湾大学出版中心，2005，第35~54页。

思潮。但这股思潮虽有明显的共同主张，它最大的特色却是对
理学的反动，所以笔者称之为反理学的思潮。反理学的思潮基
本上以朱子学作为理论诤辩对象，但与东亚另一股重要的反朱
之学——阳明学思潮却又嘈杂不同调。这股反理学的思潮之内
容、范围、名称，目前学界并没有共识，但大体上其范围笼盖
日本的古学、韩国的实学以及中国学界所说的气学。[1]

杨儒宾将"反理学的思潮"界定在日本的古学、韩国的实学以
及中国的气学之内，应该说，其假定的前提是这三者之间在没有相
互影响之下出现的一种"共识"，而其写作也着眼于突出这种意义
上的"共识"：

> 本书各篇章的组织多在中土儒者与日韩儒者间穿梭编织，
> 形式上有些比较哲学的意味，事实上恐也有比较哲学的内涵。
> 但本书的设想不在比较儒学，笔者没有这种资格。笔者只是希
> 望透过异族哲人思想的比较，呈现一种跨族群、跨语际、跨国
> 别的理想类型之儒学。如果叶适与荻生徂徕、吴廷翰与伊藤仁
> 斋、伊藤仁斋与戴震、阮元与丁若镛两两之间没有影响关系，
> 而其论述如出一口的话，那么，最合理的解释就是他们彼此具
> 有共同的问题意识，也有共同的理论资源，类似的文化氛围引
> 导了类似的论述。[2]

在杨儒宾看来，中、日、韩的儒学呈现出的"共识"，是出于
共同的理论资源和类似的文化氛围，实际上这种所谓"共识"，在
比较儒学史领域并不少见："荻生徂徕与清初的颜元皆否定'本然之

1　杨儒宾：《异议的意义——近世东亚的反理学思潮》，台北，台湾大学出版中心，2012，第
　1页。

2　杨儒宾：《异议的意义——近世东亚的反理学思潮》，"序"，第 vi 页。

性'的概念，着眼于'习'——从《书经·太甲上》《论语·阳货》以来，与'性'成对的概念——而建构其理论体系。在他们的思想中'习'是恶的原因，同时也是克服恶的主要手段。"[1]如此，荻生徂徕与颜元之间是否有过直接的影响关系尚无可靠论据，然而就表征而言，实际上无论是否定本然之性还是重视"习"的主张，除徂徕与颜元外，从不同的侧面呈现出类似性思想，在李贽、王阳明、水足博泉等学者的思想中皆可寻出端倪。以这种"共识"作为前提，杨儒宾构建起较为完整的"反理学的思潮"体系。这里为了叙述的方便，对其逻辑进行简单重组。首先，"反理学的思潮"的出现有其发自儒学内部的缘由：

> 对反理学的儒者而言，程朱所设计的那一套理论固然可以解释成其目的在和佛老相争，并足以抗衡之，但抗衡久了，自己反而成了被抗衡的体系的一部分，儒门原有的义理被污染了，原有的长处变黯淡了，而和佛老相争的部分不见得可以被人接受，这样的结果可以说是两头落空。更重要的，他们认定儒家根本不需这种无限的人性论，当然同样也不需要由这种无限的人性论所带来的超越的形而上学以及冥契太极、成圣成贤的工夫论。因为人只有一种人性，它就是气质之性。气质之性可以提供道德情感的基础，可以提供个性发展、才能发展所需的能量，也可以提供政教措施不能不优先考虑的人的欲望的问题。这些现实的人所具有的活生生的质性，在理学系统中，却被超越的、实际上也是抽象的性理压得喘不过气来——这是反理学思潮所看到的理学的一种面向。[2]

---

1 〔日〕渡边浩：《儒学史异同的解释："朱子学"以后的中国与日本》，蓝弘岳译，张宝三、徐兴庆编《德川时代日本儒学史论集》，第 2 页。

2 杨儒宾：《异议的意义——近世东亚的反理学思潮》，第 31 页。

就出现的契机来看，反理学思潮是在儒学内部对程朱理论所作出的全面的批判。

其次，反理学思潮的共性如下：

（1）人的本质是自然气化的，它是强度的、差异化的，没有超越的心体、性体。

（2）人的修养当是发展人的本质之性，此中包含知识与个性；而不是逆觉的返回超越的本性，也就是不再以"复性"说为然。

（3）它们也主张：所谓的天道就是自然运作的气化之总称，没有自然的气化以外的超越存有。所以人与天的合理关系，乃是依自然律行事的天人合一，没有悟道式的超越体证这回事。

（4）它们大体也同意：真正的道德是要在人伦关系中产生的，道德即伦理，伦理即是相偶性的伦理，心性本身无道德可言。

反理学思潮虽没有严格的学派可言，可是我们可以看出它们的反是彻底的，或是所谓的"基进的"（radical），因为它在根源意义上作了形上学的批判，也作了主体的批判。[1]

简言之，反理学思潮具有如下特点：在宇宙论上主张气一元论；在人性论上否定本然之性，主张气质之性；在实践论上主张人外无道。这的确在某种意义上较为宽泛地突出了近世后期在东亚范围内儒学呈现出的特征。

最后，反理学思潮内部有不同的大类。杨儒宾进一步将反理学思潮分为"间主体性的儒学"（又称"相偶性的儒学"）与"制度论

---

[1]　杨儒宾：《异议的意义——近世东亚的反理学思潮》，第2~3页。

的儒学"，就代表人物而言，伊藤仁斋、戴震、阮元及丁若镛属于前者，而后者以叶适和荻生徂徕为大宗。杨儒宾非常精彩地指出了两种类型的不同特征：

> "相偶性的儒学"建立在气化感通的人性论上，它认为儒学的基础不是客观的政教，不是程朱所说的性理，而是一种奠立在人与人之间的道德共感。这样的相偶性当然是在主体性与主体性之间产生的，所以，我们又可称作"相互主体性"。依据这样的理论，人的交互性先于人的道德反省而发生，一切的道德法则其实都建立在共感的道德情感基础上。换言之，主体的本性在于超出主体，而且需要有一作为他者的主体面向与之配合，主体的性格才可完成。采取这种"相偶性"思想的儒者，通常会接受孟子的"性善说"，但他们对"性善"的理解却与程朱大异，亦与陆王不同。他们是将它建立在一种共感的血气心知上面，而不必通往向上一机。根据他们的想法，这种"相偶性"的道德可以保证道德活动必须具备的普遍性与法则性，但不会流于"以理杀人"之恶果。
>
> 另外一支"制度论"的儒学对人性没有大的信心，也可以说对人性论没有那么大的兴趣。"制度论"儒学关心的重点在"礼"，"制度论"儒学可以说即是另一种的礼学之儒学。此一儒学关心的道德与其说是"个人的存在意义感"的，还不如说是"公共秩序的规范"的。他们认为制度（礼）先于个人，在主体的构造上，礼的秩序性也是优先于气的感通性。这支儒学通常对荀子有较深的同情与认同，对《五经》的兴趣也超过、至少不下于对《四书》的兴趣。[1]

1　杨儒宾：《异议的意义——近世东亚的反理学思潮》，第 32~33 页。

由以上对两种反理学思潮的归纳，我们至少可以作出如下几点推论。首先，从孟荀分裂的视角来看，"相偶性的儒学"主宗孟子之"性善"，而"制度论的儒学"则对荀子所重之礼表现出更多的关心。其次，如果从内、外的视角而论，则"相偶性的儒学"当主"内"在于人之性，且始终在主体性与他者之间寻求道德存在的终极依据。与之相反，"制度论的儒学"主"外"在于人性之"礼"，虽然这种"礼"可能需要建立在合乎人性的基础之上，然而从礼诞生之日起，就表现出超越人性的"外部性"特征，甚至可以起到养成及塑造人性的功能。再次，以此分类为标准，井上哲次郎以来一直同属"古学派"的伊藤仁斋和荻生徂徕被分列两个不同的阵营。

如此，杨儒宾从儒学体系的内部变迁出发，梳理了呈现在整个东亚内的一股以批判程朱理学为主的反理学思潮。应该说，这一"发现"非常具有启发意义。反理学思潮的呈现，彻底突破了国别的界限，将近世的儒学在东亚范围内整个打通，这对于拓展东亚范围内的儒学研究，可以说是一次比较成功的尝试。虽然杨儒宾对于反理学思潮出现的起因作了一定程度的推论，然而毕竟没有放到儒学具体发展的脉络中去讨论，而且从某种意义上说，所谓的思潮呈现的都是具体的个案研究，尚乏系统性和连贯性，这就导致反理学思潮出现的终极意义——近代化的线索始终未能登场。

第三节　时空的汇聚：儒学式近代化

走笔至此，已经非常接近本书所设定的方法论。在前两节中，笔者试图从众多的先行研究中找出具有代表性的研究视角，对其加以范式性归纳。如果说井上的研究是借助"哲学"的语词系统对日本儒者群体进行了"学案"式整合，那么以丸山的近代主义为代表，中日思想史的研究中先后出现了民族主义、国家主义、亚洲主义等缤纷的研究视野。这些点状的视角往往与某种特殊的历史背景紧密联系在一起，连点成线，则可以呈现日本思想史研究中具有代表性的研究范式的转换，即以丸山的近代主义为开端，到竹内好作为方法的亚洲。本书所选择的"儒学式近代化"的方法论即处于这条延长线上。

具体而言，在日本儒学史的研究中，大体上"近代化"和"（儒学）日本化"是两个主要的方向，而"近代化"的研究方法，即在日本思想史内部找寻自身的近代思维发生理路，产生了迄今为止最大的影响。就丸山的近代性研究而言，封建身份制的克服、政治制度的变革以及个人精神的解放可以说是"近代"思想成立与否的衡量标准，[1] 对丸山思想史学的非难多集中于批判其"脱亚"的近代主义以及"日本主义"，然而"丸山真男判断近代性的'标准'虽然是主要基于其对现实中存在的西洋近代社会的观察而抽取的'理想型'，但其在作为儒学之一种的徂徕学中，所发现的是未受西方近代性影响的，完全'自生'的近代性。倘若名之为'儒教性近代'，亦无不可"。[2] "儒教性近代"为日本学者宫嶋博史首创，[3] 其主要着眼点在于回应如何看待现在的中国以及如何把握 19 世纪以来日本、朝鲜和韩国的发展进程。宫嶋基本的主张是将明清时期的中国作为"儒教性近代"来把握，认为 20 世纪以后中国的儒教式近代当与西欧的近代并存。他采取的立场是，无论是中国还是日本、韩

---

1 唐利国：《两面性的日本近代化先驱——论吉田松阴思想的非近代性》，《世界历史》2016 年第 4 期。

2 唐利国：《儒学与日本社会——以"丸山说"为中心的学术史省察》，复旦大学历史学系"全球史中的东亚世界"学术研讨会发言稿，2019 年 10 月。

3 宫嶋博史「儒教の近代としての東アジア『近世』」『（岩波講座）東アジア近現代通史 1 東アジア世界の近代』岩波書店、2010、53~78 頁。

国，时至今日都不断受到儒教性近代的规定。[1] 丸山之"近代性"研究常被质疑其标准来源于西方，但是不能忽视的是他也承认儒学内生近代化的可能性，"实际上，丸山并没有把'近代'等同于'西洋'，也没有把'传统'等同于'亚洲'，而且很早就开始批判近代的问题"。[2] 从宫嶋的"儒教性近代"研究来看，儒学式的近代不仅在理论上成立，在历史上也多有存在的依据。从作为理论的概念着眼，西方意义上的"近代"更多着眼于东亚的特殊性，为了与之相区别，"近世"这一概念逐渐普遍使用，然而实际上"近代"作为一个历史阶段，本身即具备包括西方在内的更为广阔的普遍性，因此"近代"论可以是丰富而多元的，而且"东亚"从历史上看确实出现了与西方的"近代"不同的表现方式。出于以上原因，以"儒教性近代"描述这种普遍意义上的特殊性是本书采取的基本考察维度。另外，本书主要着眼于作为学问的儒学在思维方式上展开的近代性讨论，因此名之曰"儒学式近代"。

一　作为思维方式的"儒学"

作为研究方法的"儒学式近代化"，是以儒学作为透视近代演变的一种视角。这里的"儒学"，有双重含义。其一，"儒学"意味着历史上的儒学文化圈，这一范围虽然处于变动之中，不过大体而言包括现在的中国、韩国、日本以及越南等地，而本书所及主要是东北亚的中、韩、日三国。其二，"儒学"指儒学式的思维方式。从"思维方式"的角度探讨日本内部近代的展开，丸山真男的探索可谓独树一帜且难以超越。丸山描绘出的素行—仁斋—徂徕一线，在作为反朱子学的思维方式而展开的同时，本身也意味着日本儒学在

1　宫嶋博史「儒教的近代と日本史研究」清水光明編『「近世化」論と日本——「東アジア」の捉え方をめぐって』勉誠出版、2015、221~222 頁。

2　区建英：《丸山真男思想史学的轨迹》，《日本学刊》2019 年第 3 期。

思维方式上走向了近代。

丸山的这一近代图景，时常被称为近代性的"物语"。丸山之"物语"虽遭受诸多批判，然而或许其病不出于思维方式的研究方式，而在于其所依据的儒学发展轨迹并不周延。这种不周延主要体现在两个方面。一是以井上哲次郎所描绘的日本儒学的发展脉络为前提。井上对德川儒学勾勒的基本线条——以藤原惺窝为始，林罗山发展至高潮，到"古学派"反朱子学的出现而走向衰落——并不符合史实。丸山以井上的分类以及发展趋势作为前提而得出的判断，比如认定朱子学与幕藩体制具有天然的适应性，日本的朱子学者如藤原惺窝、林罗山等人的朱子学只不过是枯燥无味的中国朱子学的转述，毫不具有创新的意义等，诸如此类在今天看来颇值得商榷的论断，应该说根源于井上以来对日本儒学发展史的某种"曲解"。二是丸山将日本儒学视为"日本的儒学"，于是有意地错过了从东亚的视角观察儒学近代化的契机。从东亚的范围透视儒学内部的演变，即是要突破政治的国界，以期挖掘出儒学散落在各个层面的思维方式的"奇点"，勾勒出儒学在东亚展现于思维方式上的近代化历程。

"儒学"作为历史上真实存于东亚的思想，广泛渗透于当时和后世的社会和政治生活。虽然详细地俯瞰整个儒学的特点非笔者能力所及，然而有必要就本书的研究内容所及，结合前人的研究，梳理出儒学在思维方式上显现出的存在样态并略作分析。应该说，称得上是儒学的思维方式的表述有很多，其呈现的形态也丰富而多样。本书无意于求全，而是着意于选择儒学思维方式中具有连续性和生产性的命题进行逻辑性勾连。虽难免有挂一漏万之嫌，但对于了解本书在何种意义上认识儒学当不无裨益。就思维方式而言，自然的规范化、家国的一体化以及身心的一元化这三个特点虽然程度与表现形态有异，然而在东亚各国的儒学之中都有所呈现。而就三个特点的叙述逻辑而言，不妨采用从自然到家国再到身心的叙述，这一序列本身也呈现了儒学的思维方式，以下分述之。

（一）"自然的规范化"

从宇宙论而言，儒学思维方式中具有自然的规范化特点。这一特点在不同的学者那里可能有不同的表述，在丸山的政治思想史中被称为"自然的连续性思维"，前文已详细探讨。再以崔英辰提出的"自然的规范化"为例："从儒学的立场来看，事实和价值是不可分的。儒学的目的在于建立道德世界，而道德秩序又立基于自然秩序。因此就客观事实来讲，其作为道德规范之依据的意义比其本身的意义更为重大。自然的秩序乃至其存在样态都依据人的先天道德意识而规范化，以此来确立当为的道德律，这可以称作'自然的规范化'。"[1] 所谓的"自然的规范化"，从思想史的发展来看，可以视为一种"脱"宗教化的思想实践。这里的"脱"并非一次性的断绝，而是一个漫长而曲折的过程。从某种意义上说，儒学在日本被视为"儒教"，至今依旧有学者主张其作为宗教的教化意义，与此关联甚深。

"自然的规范化"，提示出儒学中有一种倾向，即从自然中寻找道德的依据，或者说将道德的价值建立于自然的普遍性上。具备这种普遍性的自然，在儒学中最常见的表达是"天"。在儒家早期经典中，这种被价值化的"天"时常出现，典型的表述即《诗经·大雅》的"天生烝民，有物有则，民之秉彝，好是懿德"，从中可以看出从天到德的逻辑序列，不过天与德并非直接相连，而是有"则"贯穿始终。"则"，朱子解为"当然之则"（《诗集传》），即将"自然"视为"当然"，也就是对"自然"之天作了规范化的诠释。从这个意义上说，"礼"可以视为对这种"则"的系统展开，由此建立起天—礼—德的思想发展脉络：

---

1 〔韩〕崔英辰：《韩国儒学思想研究》，邢丽菊译，东方出版社，2008，第 3 页。

在西周思想中已可看到明显的理性化的进步。与殷人的一大不同特色是，周人的至上观念"天"是一个比较理性化了的绝对存在，具有"伦理位格"，是调控世界的"理性实在"。西周的礼乐文化创造的正是一种"有条理的生活方式"，由此衍生的行为规范对人的世俗生活的控制既深入又面面俱到。与韦伯描绘的理性化的宗教特征完全相合。周礼作为完整的社会规范体系，正是在整体上对生活方式的系统化和理性化。[1]

走向伦理的"天"，本身即意味着思维方式从宗教趋向了理性主义。这里既然提及韦伯的理性化的宗教，那么我们不妨比较一下马克斯·韦伯关于宗教史上"除魅"（亦译"祛魅"）的论述：

> 宗教发展中的这一伟大历史进程——尘世的除魅，在这里达到了它的逻辑结局。这个进程开始于古代希伯来的先知，尔后与希腊人的科学思想相融合，摈弃了一切用于拯救的巫术手段，将其视为迷信和罪恶。真正的清教徒甚至在墓地也拒绝举行任何宗教仪式，甚至为至亲至爱者举行葬礼也会免去挽歌及其他仪式，以防迷信乘虚而入，以免不知不觉中相信了巫术力量和圣事力量的拯救作用。[2]

与除魅相伴的是理性主义的发展，大体言之，除魅的过程就是理性主义逐步蚕食宗教势力的过程，这一过程的极致即是"世界除魅"。韦伯曾有一段关于"世界除魅"的经典论述："只要人们想知道，他任何时候都能够知道；从原则上说，再也没有什么神秘莫测、无法计算的力量在起作用，人们可以通过计算掌握一切。而这

---

1 陈来：《古代宗教与伦理：儒家思想的根源》，三联书店，2017，第9~10页。

2 〔德〕马克斯·韦伯：《新教伦理与资本主义精神》，阎克文译，上海人民出版社，2018，第263页。

就意味着为世界除魅。人们不必再像相信这种神秘力量存在的野蛮人那样，为了控制或祈求神灵而求助于魔法。技术和计算在发挥着这样的功效，而这比任何其他事情更明确地意味着理智化。"[1] 韦伯在这里以技术和计算为例，预测了人类的理性可以排除掉所有宗教的领域。陈来即以这一除魅意义上的理性化为框架，重新梳理了儒家思想的起源：

> 儒家注重文化教养，以求在道德上超离野蛮状态，强调控制情感、保持仪节风度、注重举止合宜，而排斥巫术，这样一种理性化的思想体系是中国文化史的漫长演进的结果。它是由夏以前的巫觋文化发展为祭祀文化，又由祭祀文化的殷商高峰而发展为周代的礼乐文化，才最终产生形成。正如弗雷泽所说，巫术盛行的后期，个体巫术渐渐减少，公共巫术日渐增多，"宗教"渐渐取代了"巫术"，巫师渐渐让位于祭司，巫师的巫术活动最终转变为祭司的祈祷献祭职能。中国早期文化的理性化道路，也是先由巫觋活动转变为祈祷奉献，祈祷奉献的规范——礼由此产生，最终发展为理性化的规范体系周礼。商代宗教在整体上已不是巫术或萨满，上层文化与下层文化已经分离，上层宗教已经是祭祀形态。夏以前是巫觋时代，商殷已是典型的祭祀时代，周代是礼乐时代。西周的信仰已不是多神论的自然宗教，最高存在与社会价值已建立了根本关联。（中略）巫觋文化发展为祭祀文化既是宗教学上的进化表现，也是理性化的表现，祭祀文化不再诉诸巫术力量，而更多通过献祭和祈祷。在殷商祭祀文化中，多神信仰中的神的数目已经减少，已经有了一位至上神，祭祀礼仪衍生出一套行为的规范，使条理化成为可能。周代的礼乐体系就是在相当程度上已"脱巫"了的文化

---

1 〔德〕马克斯·韦伯：《学术与政治》，冯克利译，三联书店，2016，第29页。

体系。在礼乐文化中不仅价值理性得到建立，价值理性的建立
本身就是理性化的表现。从此，最高存在不再是非理性的冲动，
而人的行为更为关注的是能否合乎人间性的文化规范——礼，
神秘或交感的因素在大传统中被人文规范所压倒。[1]

　　这就是说，儒学史上的"三代"，已然出现步入规范走向理性
的发展轨迹，尤其是周礼的出现，就是以包括祭祀在内的规范来
"脱巫"或者说除魅的明证。应该说，韦伯对宗教的观察是深刻而
极具洞察力的，其用除魅—理性化的模式解释新教伦理与资本主义
产生之间的关系至今仍是宗教社会学中颇具典型性的研究范式。就
人类发展的粗线条而言，或许理性主义取代宗教的巫魅具有一种历
史的必然性，然而在现实层面，即便科学技术已然成为现代社会中
最为普遍和最具生产力的工具理性，宗教仍具有相当的影响力。如
此看来，理性主义是否有其边界性？如果说从三代开始已经出现
理性化的发展方向，那么儒学发展的最终形态是否会全然演变成彻
底的理性主义？换言之，作为"魅"的宗教在韦伯的语境之中是始
终要被祛除的非理性主义，然而在儒学思想之中，即便是理性主义
的发展代表了儒学"进步"的一面，非理性主义也不见得必然处于
"落后"而应该被排除的境地。从这个角度而言，彭国翔提出了一
种非二元的模式，用以解读儒家的传统：

　　　　用儒家传统甚至整个中国传统文化自身中"天""人"这
　　两个核心观念来说，如果"天"象征着宗教性而"人"象征着
　　人文性，那么，儒家传统最为基本的特征就是：儒家的"天
　　人之际"不会像西方近代的主流思想那样在"宗教"与"人
　　文"之间建立非此即彼的二元对立关系，而是在肯定"天"与

1　陈来：《古代宗教与伦理：儒家思想的根源》，第 10~11 页。

"人"之间具有本体论的一致性（所谓"天人合一"即就此而言）这一前提下，承认现实层面"天"与"人"之间存在的紧张，由此而始终谋求"天"与"人"之间的动态平衡。在这个意义上，无论以"人文主义与宗教之间"为题，还是在本书的不同章节中多次将儒家传统称为一种"宗教性的人文主义"，都是为了突显儒家传统所兼具的人文主义和宗教的某些特征，同时又避免使之被化约为近代西方以来居于主流地位的"人文主义"或"宗教"的其中之一。[1]

需要加以说明的是这里论述的"人文主义"，主要是指与现代科学相结合而凸显出无神论和世俗化取向的现代西方主流的"人文主义"，"在这个意义上，现代西方主流的'人文主义'，其实可以说不过是一种'世俗的人文主义'（secular humanism）。这种世俗人文主义最为根本的特征，就是将人作为评价一切的价值标准，不再承认人类经验之外超越层面的存在及其真实性"。[2]就此推论，儒学在起源之时虽然表现出"自然的规范化"倾向，即从韦伯设定的除魅即理性化的公式来看，以周礼的出现为代表，儒学思想已然显现出"脱"宗教的倾向，然需要注意的是，韦伯设定的除魅—理性化的线性结构，实际上是宗教和理性主义的二元架构，与此相对，周代的礼乐体系虽然"在相当程度上已'脱巫'"，但在一定程度上仍保留着宗教意义上的神圣性。我们可以借助陈来的论述进一步理解"礼"的这种复杂性质：

> 这样的一种"礼"的体系在整体上已经不能说是宗教礼仪体系，但它仍保留着传统礼仪所具有的神圣性；它还不就是道

1　彭国翔：《儒家传统：宗教与人文主义之间》（增订版），北京大学出版社，2019，第11页。

2　彭国翔：《儒家传统：宗教与人文主义之间》（增订版），第5页。

德规范体系，但有道德规范的功能；它不就是政治制度体系，但包含着政治制度的框架安排，这样一个内容整全、功能混融的系统，不是西方的"宗教"、"道德"、"政治"、"法律"任何一个分离性概念所能把握或应对的，它本身不是那种西方的分化式的文化结构的体现或产物。从西周后期的理解来看，"礼"的最重要的特征不是宗教性，而是"圣"与"俗"结合、"神圣性"与"人文性"结合的体系，是包容某种宗教性、带有某种神圣性的人文文化体系。[1]

在这种"结合"之中，我们再来看之前已经提及的天—礼—德的结构，则可以大致归纳出如下图示：

天—礼—德

自然—规范

宗教—理性

通过天—礼—德的结构，我们可以加深对"自然的规范化"的认识。在儒学的思维方式中，天既处于被祭祀的"敬"的位置，又被赋予了合理性源头的地位，从历史上来看，这可以视为从巫觋文化、祭祀文化到礼乐文化的文明发展进程。从更大的视域着眼，这又代表着在孔子之前的儒学思想中，已然经历了从原始宗教、自然宗教再到伦理宗教的演变。[2] 从除魅的角度出发，这种演变是从巫术之魅趋向规范之理的思想史上的"进步"，然而这种"进步"，是非线性而往复曲折的，又或者说，以礼乐文化为核心的儒家思想始终处于一种神圣和理性之间的维度。

1　陈来：《古代宗教与伦理：儒家思想的根源》，第257页。

2　陈来：《古代宗教与伦理：儒家思想的根源》，第16页。

（二）家国的一体化

从政治论而言，如果说"自然的规范化"是儒学展开的合法性基础，那么家国的一体化可以视为儒学对于理想的政治实践的理论展开。孟子所谓"老吾老以及人之老，幼吾幼以及人之幼，天下可运于掌"，很好地概括了儒学将个人及家族推广至"天下"的构想。如果从"天"这一视角引申，那么"自然的规范性"也可以置于"天命"的框架中得到理解。"天命之谓性"（《中庸》），也就是说，人的一切行动的合法性根源于天。接下来，人要展开行动，则要领会"天"之意，即仿效"天"来施展政治统治。这种与"天"相连的制度建设，可以在"天下"这一概念的视域中得到展现。应该说赵汀阳是国内系统提出以儒学的"天下"构建世界制度的代表性学者，而他选择这一概念的哲学基础如下：

> "天下"构成了中国哲学的真正基础，它直接规定了这样一种哲学视界：思想所能够思考的对象——世界——必须表达为一个饱满的或意义完备的概念。既然我们总是负担着制度而生活在世界上，所以，世界必须被理解为一个有制度的世界，否则就不可能说明生活。同时"天下"概念还意味着一种哲学方法论：如果任意一个生活事物都必须在它作为解释条件的"情景"（context）中才能被有效地理解和分析，那么，必定存在着一个最大的情景使得所有生活事物都必须在它之中被理解和分析。这个能够作为任何生活事物的解释条件的最大情景就是"天下"。只有当解释条件是个饱满的或意义完备的概念，才能够说拥有充分的世界观。[1]

1　赵汀阳：《天下体系：世界制度哲学导论》，江苏教育出版社，2005，第43页。

换言之，"天下"代表着中国哲学对"世界"的思考。从哲学的层面来看，"天下"意味着最为广阔的现实的抽象，也就具有了最大限度的包容性，这种"天下主义"带有很强的形而上色彩。它不仅具有地理学上整个"在天之下"的所有含义，还有"民心"和"四海一家"的指称，"得民心者得天下""圣人以天下为一家，中国为一人"都可以体现这种意涵。[1]通过对比西方的"帝国"模式，赵汀阳进一步说明了"天下"的"世界"性：

> 既然天下是个"有制度的世界"，那么，天下理想就可以理解为关于世界制度的哲学理论。它所想像的天下／帝国从本质上区别于西方的各种帝国模式，包括传统军事帝国如罗马帝国模式和现代帝国主义的民族／国家如大英帝国模式以及当代新帝国主义即美国模式。最突出的一点是，按照纯粹理论上的定位，天下／帝国根本上就不是个"国家"，尤其不是个民族／国家，而是一种政治／文化制度，或者说一个世界社会。正如梁漱溟所指出的，天下是个关于"世界"而不是"国家"的概念。天下理论的重要性在于它把"世界"看作是一个政治单位，一个最大并且最高的政治单位，同时也就成为一个思考所有社会／生活问题的思想分析单位，也就是最大的情景或解释条件。中国关于政治／社会各种单位的层次结构，即"家—国—天下"的结构，意味着一种比西方分析单位结构更广阔因此更有潜力的解释框架。在西方概念里，国家就已经是最大的政治单位了，世界就只是个地理性空间。不管是城邦国家，还是帝国，或者民族／国家，都只包含"国"的理念，没有"世界"的理念。[2]

---

1 赵汀阳：《天下体系：世界制度哲学导论》，第 41~42 页。

2 赵汀阳：《天下体系：世界制度哲学导论》，第 43~44 页。

近代以来，建立独立自主的民族国家一直是包括中国在内的很多后起国家的期许，然而长久存在于儒家理想中的是超越于此的"天下"观念。这一观念早在西周之时就已较为充分地表达出来，"西周国家（Western Zhou State）的基础建立在'天命'这样一个思想之上，它赋予周王一种受天之命而王天下的'天子'这一神圣角色"。[1]天赋予天子治理天下的职责，因此天子先验地承担了"天下"这一观念的所有意涵：

> 西周文化不断扩散，其文化的同化力也极为强大。任何文化体系本身若不具有普遍性和开放的"天下"观念，这个体系就难以接纳别的文化成分，也难以让别的文化体系分享其输出的文化成分。华夏文化在西周形成时，先就有超越部族的天命观念以及随着道德性天命而衍生的理性主义。为此，华夏文化不致有强烈的排他性。西周一代，周人文化的扩散，正由其不具排他性。[2]

这就将"天下"观念追溯到西周的文化。"天下"作为一个整体的政治单位，所看重的不是独立的个体，而是稳定的全体。这样的政治单位之所以必要，正可以用孟子的逻辑来说明："王曰'何以利吾国？'大夫曰'何以利吾家？'士庶人曰'何以利吾身？'上下交征利而国危矣。"（《孟子·梁惠王上》）孟子虽然仍以一国之安危劝诫梁惠王，然而他之所以有这样的眼光和境界，与其超越于一国之利益不无关系。与"天下"观念相伴的还有一个极为重要的原则，即"无外"，对此赵汀阳有非常精辟的分析：

---

1 李峰：《西周的灭亡：中国早期国家的地理和政治危机》，徐峰译，汤惠生校，上海古籍出版社，2007，第4页。

2 许倬云：《西周史》（增订本），三联书店，1994，第316~317页。

在天下/帝国的纯粹理论上，天子享有天下，所谓"君天下"或天下"莫非王土"，尽管实际上从来没有一个帝国拥有过整个世界，但"天下/帝国"是个理论，在理论上则完全可以设想天下一家的帝国。天子以天下为家，因此产生"无外"原则。天下为家而无外，这是个意味深长的观念，它非常可能是使得中国思想里不会产生类似西方的"异端"观念的原因，同样，它也不会产生西方那样界限清晰、斩钉截铁的民族主义。既然世界无外，它就只有内部而没有不可兼容的外部，也就只有内在结构上的远近亲疏关系。尽管和所有地域一样，中国也自然而然地会有以自己为中心的"地方主义"，但仅仅是地方主义，却缺乏清楚界定的划一不二的"他者"（the others）以及不共戴天的异端意识和与他者划清界线的民族主义（中国的民族主义是引进西方观念的现代产物，是建立了现代民族/国家以来形成的"新传统"）。于是，与本土不同的他乡只是陌生的、遥远的或疏远的，但并非对立的、不可容忍的和需要征服的，对于天下，所有地方都是内部，所有地方之间的关系都以远近亲疏来界定，这样一种关系界定模式保证了世界的先验完整性，同时又保证了历史性的多样性，这可能是惟一能够满足世界文化生态标准的世界制度。[1]

从以上分析来看，"天下"的概念虽然不曾在历史上实现，然而作为一种拥有无限容量的观念，因其没有边界性而充满无限的可能性。其大无外，所以不会有绝对的对立、异端以及他者，这就从理论上保证了多样性存在的合理以及完整世界的必要。在这样的"天下"之下，是家国一体的结构。孟子有言："人有恒言，皆曰'天下国家'。天下之本在国，国之本在家，家之本在身。"（《孟子·离娄

1　赵汀阳：《天下体系：世界制度哲学导论》，第51页。

上》) 这说明，"天下国家"的说法在孟子的时代已经比较常见。当
然更为系统地体现"天下国家"观念的是《大学》的"八条目"：
"古之欲明明德于天下者，先治其国；欲治其国者，先齐其家；欲
齐其家者，先修其身；欲修其身者，先正其心；欲正其心者，先诚
其意；欲诚其意者，先致其知；致知在格物。物格而后知至，知至
而后意诚，意诚而后心正，心正而后身修，身修而后家齐，家齐而
后国治，国治而后天下平。"(《礼记·大学》)《大学》阐述的正是
天下—家国—身心的环状结构。心、身、家、国以及天下之间的这
种对应关系，既体现出一种连续性思维，又内含着道德与政治关联
的逻辑，"儒家把修身作为根本的出发点，推衍至'家'、'国'、'天
下'，是想为'家国一体'的社会政治结构提供德行理论的支撑，
而并非漫无目的地构建空中楼阁。从这一点来说，儒家可以称为德
行决定论者，他们坚信良好的德行是良好的家庭关系的基础，而良
好的家庭关系则是良好的社会秩序的前提"。[1] 从逻辑上来看，这种
类推应该是一种必要非充分条件，其中呈现的家国一体观念，可以
借助"父家长制的家族国家观"[2] 得到更为充分的阐述。

　　关于中国父家长制的经典论述较早的代表是黑格尔，丸山真
男在《日本政治思想史研究》的开篇即引用了黑格尔对中国父家长
制的判断，而这一引用也见于尾形勇对中国古代家与国家关系的探
讨。[3] 黑格尔认为中国是神权专制的政治帝国，父家长制是整个帝国
的根基，专制君主则是帝国这个家族的大家长。黑格尔认为中国虽
然历经朝代更迭，然而处于根基的父家长制始终没有改变，这种持
续性本身即意味着停滞性，没能产生出自身的对立面，让中国即便

1　张丰乾：《"家""国"之间——"民之父母"说的社会基础与思想渊源》，《中山大学学报》(社
　　会科学版) 2008 年第 3 期。
2　〔日〕尾形勇：《中国古代的"家"与国家》，张鹤泉译，中华书局，2010，第 9 页。
3　关于黑格尔所论中国父家长制的影响，尾形勇通过考察，认为"由马克斯·韦伯和魏特夫继
　　承的正统化的'家族国家观'，尤其是对'父家长制'的重视，其结果可以说确定和限制了今
　　天欧美的中国国家观"。〔日〕尾形勇：《中国古代的"家"与国家》，第 13 页。

历史悠久也仍然处于"历史的幼年时期"。[1] 丸山以黑格尔的立论为前提，认为以儒学为代表的中国的学术思想在与西方碰撞之前，从未在内部产生过真正的思想对立，[2] 这一论断成为丸山展开日本儒学史论述的前提之一。反之，正因为日本的儒学之中产生了与从中国传来的朱子学相对立的"古学派"，所以日本的儒学在内部发展出自身的对立面。更进一步，如果朱子学代表着与封建的幕藩体制相适应的前近代思想，那么批判朱子学的古学，则具有了近代性的意义，由此日本的儒学也就不同于处于停滞状态的中国的儒学，是日本"自己的"儒学。换言之，作为外来的儒学已如层累的地理堆积一样，成为"日本"的原型、古层和执拗低音。不过，黑格尔的这一前提可能面临根据不足的问题，对此尾形勇分析如下：

> 这些"家族国家观"看上去似乎很好地说明了旧中国国家总体的特征。然而必须看到，其中仍然存在着以下问题。第一，从较为一般的情况上来看，西欧的"家族国家观"，是以试图理解中国这个奇异的世界，或"中国这个不可思议的官吏"的努力中产生出来的，因此，担心原原本本地接受具有这种特征的国家观，会引起把中国历史置于世界史中去理解，以至使这种认识角度扩散的危险性。第二，是关于实证侧面的问题。也即是，虽然"家"的秩序被原封不动地扩大反映为国家秩序，这正是"家族国家观"的特征。可是，其立论的背景，是以把政治和道德、君臣和父子，或者忠和孝看作各自等同的，或同性质的，乃至处于未分化的状态的认识为必要前提的。这些前提中，还能够加上"公＝私"一项。因为按照"家族国家观"的说法，如果家族内秩序＝国家秩序，乃至家族制

---

1 〔德〕黑格尔：《历史哲学》，王造时译，上海书店出版社，2006，第97页。
2 〔日〕丸山真男：《日本政治思想史研究》（修订译本），第5页。

度＝政治制度的话，理论上的必然归宿，即能够构成这样的图式：私的秩序＝公的秩序。这样，"家族国家观"本身不是作为结论，而是抽出来，被作为君臣＝父子，公＝私等事项的前提和论据。这些在"西欧人的"眼中，是一种奇异的状况。对此，作进一步的考虑时，就可以知道：在对"家族国家观"作出评价之前，需要对其中残留的问题一一进行具体的探讨。假如考察的结果和马克斯·韦伯的看法相反，臣民对官吏以及君主的服从关系，不是建立在子的虔诚基础之上的，或证明魏特夫的"家族被提高为公的制度"的言论，在理论上存在着相当的缺欠，换言之，存在着解释上的飞跃，那么，"家族国家观"的根据也就逐渐地丧失了。[1]

应该说，尾形勇的批判是深刻的，实际上，历史已经证明"中国停滞论"的荒谬。至于中国的思想中是否产生自身的对立面，岛田虔次、沟口雄三等学者已经作出了有益的探索，此处不作详论。至于第二点，家的秩序是如何被扩展到国家中去的，这才是家国一体论中最需要论证的逻辑环节。对此问题，尾形勇试图论证的是构成中国基础的秩序构造。在尾形勇看来，家族国家这种秩序构造的基础，是"从皇帝到一般庶民的所有的人，虽然有贵贱、贫富、大小的差别，都被组成性质上相同的各个'家'"。[2]其次，对于家族国家中最重要的君臣、父子关系，尾形勇认为皇帝与臣之间并不能类比于家族中的父子关系，"而是可以与'主奴'关系相比的隶属度极高的一种关系"。[3]由此进一步推论，所谓"忠孝一体"，"难以看作是史实"。[4]最后，尾形勇对古代帝国基础的秩序构造进行了归纳，

---

1 〔日〕尾形勇：《中国古代的"家"与国家》，第14页。
2 〔日〕尾形勇：《中国古代的"家"与国家》，第250页。
3 〔日〕尾形勇：《中国古代的"家"与国家》，第250页。
4 〔日〕尾形勇：《中国古代的"家"与国家》，第251页。

即"以受'家人之礼'这一家族秩序制约的'私'场域的'家的世界'为基础，在其上部矗立着被'君臣之礼'秩序化的'公'场域的'君臣'世界"。[1]引入公、私的维度对君臣、父子的关系进行分析，君臣的场域被划分为公的领域，而父子之间则属于私的范围。所谓的"天下一家"，实际上是私的领域被废弃的时候才得以建立的公的场域。而"天下"这样的家之所以能够成立，是因为"这个'家'不是别的，而是皇帝为把'天帝'和'君臣关系'结合起来作为基础而准备的，即'天子''出身'的'家'"。[2]从数口之家到天下之家，都被视为家，此可大可小、伸缩自如的"家"，正与费孝通的"差序格局"具有内在的一致性：

> 以"己"为中心，像石子一般投入水中，和别人所联系成的社会关系，不像团体中的分子一般大家立在一个平面上的，而是像水的波纹一般，一圈圈推出去，愈推愈远，也愈推愈薄。在这里我们遇到了中国社会结构的基本特性了。我们儒家最考究的是人伦，伦是什么呢？我的解释就是从自己推出去的和自己发生社会关系的那一群人里所发生的一轮轮波纹的差序（中略）伦重在分别，在《礼记·祭统》里所讲的十伦，鬼神、君臣、父子、贵贱、亲疏、爵赏、夫妇、政事、长幼、上下，都是指差等。"不失其伦"是在别父子、远近、亲疏。伦是有差等的次序。在我们现在读来，鬼神、君臣、父子、夫妇等具体的社会关系，怎能和贵贱、亲疏、远近、上下等抽象的相对地位相提并论？其实在我们传统的社会结构里最基本的概念，这个人和人往来所构成的网络中的纲纪，就是一个差序，也就是伦。《礼记·大传》里说："亲亲也，尊尊也，长长也，男女

1　〔日〕尾形勇：《中国古代的"家"与国家》，第251页。
2　〔日〕尾形勇：《中国古代的"家"与国家》，第252页。

有别，此其不可得与民变革者也。"意思是这个社会结构的架格是不能变的，变的只是利用这架格所做的事。[1]

这就是费孝通所描绘的乡土中国的基层社会结构，处于波纹最中心的是"己"，而一圈圈推出去的波纹，则是"从己到家，由家到国，由国到天下"的具有差等或者说差序的格局。[2]从"己"到"天下"，虽然可以视为由私到公的光谱，其中家和国以及其中包含的不同等级的社会团体，或公或私，却具有很大的相对性，"在差序格局里，公和私是相对而言的，站在任何一圈里，向内看也可以说是公的"。[3]

以上，我们以"天下"这一概念作为出发点，尝试对儒学思想中作为政治秩序构想的家国观念的典范研究进行分析。在"天下"的视域内，"无外"成为儒学思维方式的重要特征，此即不设置"异端"和"排外"的包容性。"天下"这一最大的论域之中内含的是家国一体的政治结构，然而这种"一体"并非完全的等质，居于一家之内的父子关系与一国之内的君臣关系，需要在公／私的不同场域分别视之。这种差别，用费孝通的理论概之即是"差序格局"，也就是儒家亲亲尊尊的差等之礼。由此可以说，家国的一体，是建立在差别之上的。所谓的"一体"，从最大的"天下"范围来看，因为"无外"，所以更显"一体"。然而从最小的"己"来看，则从己到家，再到国，以至天下，呈现层层推演的"差序格局"。在"一体"的前提之下更需要关注的是差等下的秩序，亲亲、仁民、爱物，对于亲属之"亲"，百姓之"仁"，万物之"爱"，表现的不仅是差等之爱，也呈现了对待方式的区别。

即以西周这一典型的封建制而言，通过宗法制而将王室后裔和

1　费孝通:《乡土中国》，北京出版社，2005，第34~35页。

2　费孝通:《乡土中国》，第36页。

3　费孝通:《乡土中国》，第39页。

近亲分封到所征服的辖地进行统治，"从而使王室血统在其政治版图内得到延伸。这些众多的诸侯国与周王室因奉祀共同的祖先而彼此紧密相连，而诸侯国为了在新的环境下生存，也亟需王室的支持，由此形成了西周国家的宏观地缘政治结构"。[1]西周初期的统治，从结构上讲，是将血缘之家扩展至所治之国的有效尝试，儒家思想从孔子以来就以西周为理想的建制，这从家国一体观念的推行实践中即可得到理解。这种结构上的"一体"所潜藏的差等，在"西周的灭亡"中也见得分明："西周国家所面临的问题在很大程度上是属于结构性的。西周国家的形成建立在周王与诸侯奉祀同一个祖先，并且后者臣服于前者这样一种原则之上。然而百年之后，血缘纽结的自然松弛，并且'封建'制度下授予地方封国的高度自治权也开始导致它们走向独立。"[2]这种说法源自李斯所论的"后属疏远"，[3]意指王朝建立之初赖以维系的血缘关系，会在后代血缘关系中自然松弛的现象。

　　"周人克殷以后，为求有效统治，乃以其宗法制度（血缘组织）推衍到政治上，成为封建制度。也即使宗教领袖跟政治领袖结合；把血缘组织的内聚力转化为政治组织上的向心力。族人透过对宗族领袖的信任及忠诚，同时再配合宗教信仰，使姬姓之族在政治组织上结合成为一个坚强的血缘命运共同体。"[4]以血缘关系为纽带的"家"就这样通过分封建制的形式，被推广到政治组织"国"之中，作为其象征，家国一体的结构就此诞生。然而当"后属疏远"的问题出现，亦即作为"国"之纽带的"家"的血缘关系逐渐淡薄

1　李峰：《西周的灭亡：中国早期国家的地理和政治危机》，第5页。

2　李峰：《西周的灭亡：中国早期国家的地理和政治危机》，第162页。

3　其论为："周文、武所封子弟同姓甚众，然后属疏远，相攻击如仇雠，诸侯更相诛伐，周天子弗能禁止。今海内赖陛下神灵一统，皆为郡县，诸侯功臣以公赋税重赏赐之，甚足，易制。天下无异意，则安宁之术也。置诸侯不便。"（《史记·秦始皇本纪》二十六年）

4　管东贵：《从宗法封建制到皇帝郡县制的演变——以血缘解纽为脉络》，中华书局，2010，第163页。

之后，以宗法制为基础的封建制会发生动摇。有鉴于周王室的衰微和地方诸侯的强大，李斯建议改封建为郡县制。"由周人宗法制度的解体导致封建制度的解体，使政治制度从血缘组织的束缚中分离了出来；而封建制（世袭）与郡县制（尚贤）的消长交替，遂能顺着社会渐趋开放（社会由纵的流动转变为横的流动）的潮流终底于成。"[1] 分封制和郡县制，大体而言可以区分为任人唯亲与任人唯贤的统治方略，其核心的目标都在于维护大一统的帝国。

如果说分封可以视为从历史的层面对家国一体这一观念的具现，那么"为民父母"（《礼记·祭统》）则可以视为儒家在此观念下对君主的要求，典型的施政纲领即是孟子首倡的"仁政"。当然，既然以君为父的思路可行，那么同样的，以父为君也并无不可，"家人有严君焉，父母之谓也"（《周易·家人·象》），这就是典型的以父母为君的表述。"儒家的思路正是提倡把家庭的、天然的情感升华为社会的、普遍的道义，以此为基础的秩序才是合理的、可行的。"[2] 从这个角度而言，"国"可以视为将以血缘关系为纽带的"家"进行普遍化的结果，这也可以视为"自然的规范化"的一个具体事例。当然我们也应该看到，"家"与"国"之间并不具有直接顺承的必然性，这可以说是源于"家"本身所具有的双重特征：

> 家族内部形成的血缘性、自然性的爱和关心要扩及他人。家族伦理其本身与其说是目的，倒不如说是实践社会伦理的方法。但是，这种爱若只停留在"老吾老、幼吾幼"的层次上，儒家的家族共同体主义就会沦落为家族利己主义，这是因为家族具有双重性。一方面家族是摆脱社会矛盾和人情疏远，保护家族成员精神和肉体的爱的空间。但另一方面，家族的内在

1　管东贵：《从宗法封建制到皇帝郡县制的演变——以血缘解纽为脉络》，第164页。

2　张丰乾：《"家""国"之间——"民之父母"说的社会基础与思想渊源》，《中山大学学报》（社会科学版）2008年第3期。

统合性也可能会阻碍社会全体的统合性，成为追求共同体的障碍。个人层面上的以家族为中心的态度和行动同时会带来社会层面上对其他家族的漠视态度，而且也会助长排他性的利己主义，招致与其他家族的矛盾，形成"反社会性"。[1]

如上引所论，我们在认识儒学中"家国一体"的观念时，应该对"家"所具有的两面性有清醒的认识。一方面，"老吾老以及人之老"，这种推己及人的思想是导向"家国一体"的基本逻辑；但另一方面，亲亲、仁民、爱物，对亲、民及物之间所采取的不同的爱的程度和方式，则可以视为"一体"的前提，即差等或者说"差序结构"。这种差等使得儒家始终不具备宗教意义上的平等观念，却在符合人性的基础之上具有了最大限度的包容性。

最后还需论及一点，处于家国之外、天下之内的存在，是与"中华"相对的"夷狄"。历史上的"华夷秩序"，虽然表露出对中心—边缘的二分，但是从"天下一家"的角度而言，"夷夏、远近更多是体现一个教化的顺序，而非高低贵贱的差异。也只有建立将世界和人类的整体看作是一个不可分裂的共同体的前提之下，修身齐家治国才能通向平天下这样一个整体性的目标"。[2]也就是说，将华夷之别置于"天下"的视域中，所谓的夷狄就处于家国的延长线上。虽然即便如此，也难逃"中华中心主义"的非难，然而这种"中心"是地缘和亲缘意义上的起点，而非政治意义上的霸权，"在原始的'天下一家'含义中，有家长式的等级意识，但是天下一家，最重要的一点是以一种亲情而不是敌意来看待不同地域和不同种族之间的关系，人和人之间的关系是'远近'而不是'敌友'，这与近代西方以利维坦式的敌对和利益冲突为基础的政治哲学截然

---

1 〔韩〕崔英辰：《韩国儒学思想研究》，第39~40页。
2 干春松：《重回王道——儒家与世界秩序》，华东师范大学出版社，2012，第47页。

不同"。[1] 儒家的这种"天下"思维，显得高远而不切实际，然而如果不将其视为道德的高标，而将其落实到现实生活中来，那么它或许就存在于一种"有朋自远方来，不亦乐乎"的人与人之间天然的亲近感之中。不过，这种"天然"，并非纯粹的自然，而是人为教化的结果，这就涉及家国之基础——个人身心之间的结构问题，也就是下节主要探讨的作为儒学思维方式的另一个重要问题，即身心关系的问题。

（三）身心的一元化

就认识论而言，在天—家国—己的同心圆中，居于圆心的正是"己"，借用费孝通"差序格局"的理论，"在这种富于伸缩性的网络里，随时随地是有一个'己'作中心的。这并不是个人主义，而是自我主义"。[2] 但是这个"自我"不是与周边截然区分开的独立的个体，而恰恰是身处各种环境中的具体的个人。在这里引入"身体"作为透视儒学思维的路径，与后现代哲学中所谓的"身体"转向不无关系。在后现代哲学的语境中，"身体"不再是西方哲学传统中常被贬低的堕落的"肉体"，而是灵魂的宿主，正如维特根斯坦所言"人的身体是人的灵魂的最好的图画"。[3]"在后现代主义者的口诛笔伐之下，笛卡尔的身心二元论成了现代性种种负面恶果在哲学上的'罪魁祸首'，克服现代性，在哲学上也就几乎意味着克服笛卡尔的二元论。在此背景下，一度被笛卡尔二元论驱逐到边缘的'身体'在当代学术之中成为一个'中心'，身体话语成为强势话语，实乃顺理成章之事。"[4] 在探讨儒学思维方式的身心一元化之前，我们不妨略述与笛卡尔的身心二元论相抗争的具有代表性的后现代身体理

1　干春松：《重回王道——儒家与世界秩序》，第144页。

2　费孝通：《乡土中国》，第36页。

3　〔德〕路德维希·维特根斯坦：《哲学研究》，陈嘉映译，上海人民出版社，2005，第214页。

4　陈立胜：《宋明儒学中的"身体"与"诠释"之维》，商务印书馆，2019，第10~11页。

论，以突出儒学思维方式的特点。将世界视为自我身体的延伸，可以从维柯的隐喻中见得分明：

值得注意的是在一切语种里大部分涉及无生命的事物的表达方式都是用人体及其各部分以及用人的感觉和情欲的隐喻来形成的。例如用"首"（头）来表达顶或开始，用"额"或"肩"来表达一座山的部位，针和土豆都可以有"眼"，杯或壶都可以有"嘴"，耙、锯或梳都可以有"齿"，任何空隙或洞都可叫作"口"，麦穗的"须"，鞋的"舌"，河的"咽喉"，地的"颈"，海的"手臂"，钟的"指针"叫作"手"，"心"代表中央，船帆的"腹部"，"脚"代表终点或底，果实的"肉"，岩石或矿的"脉"，"葡萄的血"代表酒，地的"腹部"，天或海"微笑"，风"吹"，波浪"呜咽"，物体在重压下"呻吟"，拉丁地区农民们常说田地"干渴"，"生产果实"，"让粮食肿胀"了，我们意大利乡下人说植物"在讲恋爱"，葡萄长得"欢"，流脂的树在"哭泣"，从任何语种里都可举出无数其他事例。这一切事例都是那条公理的后果：人在无知中就把他自己当作权衡世间一切事物的标准，在上述事例中人把自己变成整个世界了。因此，正如理性的玄学有一种教义，说人通过理解一切事物来变成一切事物，这种想象性的玄学都显示出人凭不了解一切事物而变成了一切事物。[1]

以身体作为一种观察的角度去将陌生的世界熟悉化，这样一种认识世界的过程实际上是将外部不断归入"身体"。以此类推，社会学家奥尼尔以"拟人"为视角，极具洞察力地分析了人类从身体延伸到世界的认知方式，提出了"世界身体"的构想：

[1] 〔法〕维柯：《新科学》上册，朱光潜译，商务印书馆，2017，第207~208页。

人类是通过其身体来构想自然和社会的。这也就是说，人类首先是将世界和社会构想为一个巨大的身体。以此出发，他们由身体的结构组成推衍出了世界、社会以及动物的种属类别。因此，原始的物种分类所遵循的是一种体现逻辑（an embodied logic），即按性别、亲属和繁衍范畴来区分，它们不仅不是非科学的或非理性的，而且是后来人文和自然科学领域内抽象的和理性化的范畴式样得以发展的基础。因此我们有理由认为，理性化的类属概念并非从初民的想象性文化简单地直线似地分阶段发展而来，毋宁说它们均是某个不可分割的历史和社会基型的结构性组成因素。[1]

作为"世界的身体"，构成了人类理解世界的原型。以身体作为组织的原型，并推广到天下国家的视域，其作为一种成体系的思维方式，典型地表现在王阳明的"拔本塞源论"中：

> 夫拔本塞源之论不明于天下，则天下之学圣人者，将日繁日难，斯人沦于禽兽、夷狄，而犹自以为圣人之学。吾之说虽或暂明于一时，终将冻解于西而冰坚于东，雾释于前而云滃于后，呶呶焉危困以死，而卒救无救于天下之分毫也已。夫圣人之心，以天地万物为一体，其视天下之人，无外内远近，凡有血气，皆其昆弟赤子之亲，莫不欲安全而教养之，以遂其万物一体之念。天下之人心，其始亦非有异于圣人也，特其间于有我之私，隔于物欲之蔽，大者以小，通者以塞，人各有心，至有视其父子兄弟如仇雠者。圣人有忧之，是以推其天地万物一体之仁以教天下，使之皆有以克其私，去其蔽，以复其心体之

1　〔美〕约翰·奥尼尔：《身体形态——现代社会的五种身体》，张旭春译，春风文艺出版社，1999，第17~18页。

同然。（中略）譬之一人之身，目视、耳听、手持、足行，以济一身之用。目不耻其无聪，而耳之所涉，目必营焉；足不耻其无执，而手之所探，足必前焉。盖其元气充周，血脉条畅，是以痒疴呼吸，感触神应，有不言而喻之妙。[1]

此"拔本塞源论"虽只是王阳明《答顾东桥书》的最后一部分，然而在儒学史上具有特殊的位置，孙奇逢以"拔本塞源之论，以宇宙为一家，天地为一身"概括之，[2] 正得其意境。陈立胜更是从身体的譬喻出发，非常深刻地指出了王阳明持论所蕴含的从身体到天下的思维方式：

> 这段文字本来就是一种政治的、社会的论说，其论域扩大及于人类之全体、及于人生一切知识与才能、及于人与人相异处、及于政治经济社会的一切问题上，亦属顺理成章之事。然而这种种的"相异处"均是建立在"一体"这个相同处上，"相异者"本身作为这个"一体"分支而紧密相关。这是一体之仁所能呈现出的最高的社会理想，在这幅乌托邦式的景观之中，每一个成员，各尽所能、各效其能。这种理想的分工思想是以身体各个器官的分工作为"原型"的，一方面说明分工者之间的紧密联系、彼此和洽无间，另一方面，这种功能之别并不存在等级之别。更重要的是各个功能承担者原本就是一体，这是基于"身体"原型的"乌托邦"模式。这种"天下一家"的理想与现实世界的"家天下"形成了鲜明的对照，实际上，它也成为儒士批评现实政治的有力武器，君主的职责就是"扩大公无我之仁"，于是格君心之非、一正君而国定便成了儒士不可

1　邓艾民注《传习录注疏》，上海古籍出版社，2016，第113~115页。
2　转引自陈荣捷《王阳明〈传习录〉详注集评》，华东师范大学出版社，2009，第118页。

推卸的责任。[1]

以"身体"为原型，意在指出身体各部分紧密无间的配合使得人可以协调地完成复杂的协作。从王阳明以耳目手足所做的譬喻可以看出，各安其"分"才是各器官支撑身体的关键所在，"朱子《大学章句序》里所说的'职分之所当为'，认为每个人都有其社会职业分工的本分，王阳明把这一思想更加以发挥，使安分思想成为此文的重点"。[2] 由此可见，王阳明的"拔本塞源论"，在一体之仁的视域之中，铺陈了从圣人到四民之"分"。需要指出的是，王阳明在身体之譬喻中所强调的不言而喻之妙，是就耳目手足的协作而论，其中暗示出不需要言语的沟通就可以尽各自之职分。那么，在具体的社会环境中，人们是如何实现这种不言而喻的沟通的呢？儒学给出的答案是"礼"。在儒学的思维方式中，人与人之间相处的秩序，即体现在"礼"的规范之中。从社会学的角度来追溯"礼"的起源，费孝通曾指出："如果我们在行为和目的之间的关系不加推究，只按着规定的方法做，而且对于规定的方法带着不这样做就会有不幸的信念时，这套行为也就成了我们普通所谓'仪式'了。礼是按着仪式做的意思。礼字本是从豊从示。豊是一种祭器，示是指一种仪式。"[3] 直言之，"礼是合式的路子，是经教化过程而成为主动性的服膺于传统的习惯"。[4] 这种"礼"发生作用的场域，即是"身体"：

> 人的社会性最明显的表现在身体与礼的关系上面。"礼者，体也"，此训诂确切地指点出人身与文化价值体系内在的

1　陈立胜：《王阳明"万物一体"论——从"身—体"的立场看》，华东师范大学出版社，2008，第69页。

2　陈来：《王阳明的拔本塞源论》，《学术界》2012年第11期。

3　费孝通：《乡土中国》，第73～74页。

4　费孝通：《乡土中国》，第75页。

本质性关联……"礼者，正身"这句话说的是礼的功用，"礼"与"身"一开始是初步的检束关系，"礼"是种权力。接着，礼"然而然，则是情安礼也"，此句话意指礼由外在的关系变为一种与身体相应相合的习惯（habit），此后，人身即可安居于（inhabit）此礼之中。礼安居于身，反过来，身亦安居于礼，身礼同化而一，此种模态的身体即变成了文化的承载体。承载文化价值体系的身体以后只要一展现，它即会因身体与世界早已有一种相应调整的构造，所以它自然而然地会带出一种意义的空间。换言之，身体的展现到那里，空间的意义也就到了那里，一种人文化、意义化的世界于焉形成。[1]

以人的身体为媒介，"礼"所处的是外部空间，而"心"则处于内部空间。所谓的"正身"，即是将外在的礼作用于身，使身合于礼。"礼并不是靠一个外在的权力来推行的，而是从教化中养成了个人的敬畏之感，使人服膺；人服礼是主动的。礼是可以为人所好的，所谓'富而好礼'。"[2]当然，这并不是说人对礼的主动服膺完全不需要外在的力量来推动。礼既然并非人所天生，那么何以人会主动"好礼"？芬格莱特用"神奇魅力"来解释礼的这种作用：

　　我所谓的"神奇魅力"（magic），是指一个具体的人通过礼仪（ritual）、姿态（gesture）和咒语（incantation），获得不可思议的力量，自然无为地直接实现他的意志。这种神奇魅力的施行者并不运用诱使神灵附体的策略和方式来作为达到其目的的手段；他也不使用强迫或物理的力量。在那种神奇魅力的施展中，并没有在实用性上经过发展和经过检验的策略。他只

1　杨儒宾：《儒家身体观》，台北，中研院中国文哲研究所筹备处，1996，第18页。
2　费孝通：《乡土中国》，第74页。

是在适宜的礼仪环境中、通过恰当的仪态和言词来希冀他的目标。对他来说，不需要作进一步的努力，这种行为就达成了。[1]

带来这种"神奇魅力"的就是礼，所谓的"不可思议的力量"，正是礼作用于人的难以言说的效果。作为外在于人身的礼，正是通过"习"来潜移默化地影响人，直至将原本外在于人的礼"刻入"人的身体。费孝通曾用日常生活的体验描述"习"对礼俗的效用：

> 熟悉是从时间里、多方面、经常的接触中所发生的亲密的感觉。这感觉是无数次的小磨擦里陶炼出来的结果。这过程是《论语》第一句里的"习"字。"学"是和陌生事物的最初接触，"习"字是陶炼，"不亦说乎"是描写熟悉之后的亲密感觉。在一个熟悉的社会中，我们会得到从心所欲而不逾规矩的自由。这和法律所保障的自由不同。规矩不是法律，规矩是"习"出来的礼俗。从俗即是从心。换一句话说，社会和个人在这里通了家。[2]

孔子言"性相近也，习相远也"，正是"习"使得差异变大。在儒学的范畴史中，相比于"性""道""天""命"等概念，"习"长久以来并没有作为独立的范畴列入学者的研究。在中国哲学史领域，虽然很多儒者（尤其是荀子）都提到"习"的重要性，却鲜有将其内涵和外延进行系统展开的论述。然而放眼东亚，日本江户时期的儒者荻生徂徕，不仅极为重视"习"之概念，而且对其进行了相当程度的阐释，应该说在他的思想中，"习"已然具备成为独立范畴的分量："大哉'习'乎！人之胜天者是已。其在天下国家，谓之

1　〔美〕赫伯特·芬格莱特：《孔子：即凡而圣》，彭国翔、张华译，江苏人民出版社，2002，第3页。

2　费孝通：《乡土中国》，第7页。

风俗；其在一身，谓之气象。故善观乎天下国家者，必于风俗；善观乎人者，必于气象。礼乐以为教，则风俗厚而气象盛矣。圣人之所以胜天者是已。"[1] 可以看出，徂徕论述"习"，正是从一身至一国者的图景。具体而言，作用于"身"的是学问，而作用于国家的是风俗。徂徕曾指出："风俗，习也；学问之道，习也。以习善则为善人，以为恶而成恶人；学问之道，习熟而成习惯也。"[2] 从一身之气象到一国之风俗，都可以通过"习"来彰显。而"习"之所以能发挥这样的效用，有其展开的逻辑结构，即习熟、习惯、习性和习俗四个维度。一言以蔽之，即通过习熟先王之诗书礼乐，习惯成自然，习以成安民长民之性，进而推至一国之风俗，此即徂徕以"习"之一字透视出的儒学构想。[3] 而在这一过程中，"习"将外在之礼内化于人性的方式尤其值得重视：

> 盖先王知言语之不足以教人也，故作礼乐以教之。知政刑之不足以安民也，故作礼乐以化之。礼之为体也，蟠于天地，极乎细微。物为之则，曲为之制，而道莫不在焉。君子学之，小人由之。学之方，习以熟之，默而识之。至于默而识之，则莫有所不知焉。岂言语所能及哉？由之则化。至于化，则不识不知，顺帝之则。岂有不善哉？是岂政刑所能及哉？夫人言则喻，不言则不喻。礼乐不言，何以胜于言语之教人也？化故也。习以熟之，虽未喻乎，其心志身体，既潜与之化，终不喻乎？[4]

"习"发生作用的空间即是"身体"，将外在的礼内化到人身

1　荻生徂徕「蘐園随筆」今中寛司・奈良本辰也編『荻生徂徕全集』第一巻、河出書房新社、1973、486 頁。

2　荻生徂徕「太平策」吉川幸次郎・丸山眞男等校注『日本思想大系 36　荻生徂徕』岩波書店、1973、473 頁。

3　详见刘莹《气象与风俗：荻生徂徕儒学思想研究》，中国社会科学出版社，2020。

4　荻生徂徕「弁名」吉川幸次郎・丸山眞男等校注『日本思想大系 36　荻生徂徕』、219 頁。

之中成为德，即是"习熟"的过程。将"礼"推行至一国，则是
"礼治"：

> 所谓礼治就是对传统规则的服膺。生活各方面，人和人的
> 关系，都有着一定的规则。行为者对于这些规则从小就熟习，
> 不问理由而认为是当然的。长期的教育已把外在的规则化成了
> 内在的习惯。维持礼俗的力量不在身外的权力，而是在身内的
> 良心。所以这种秩序注意修身，注重克己。理想的礼治是每个
> 人都自动地守规矩，不必有外的监督。但是理想的礼治秩序
> 并不常有的。一个人可以为了自私的动机，偷偷地越出规矩。
> 这种人在这种秩序里是败类无疑。每个人知礼是责任，社会
> 假定每个人是知礼的，至少社会有责任要使每个人知礼。所以
> "子不教"成了"父之过"。这也是乡土社会中通行"连坐"的
> 根据。儿子做了坏事情，父亲得受刑罚，甚至教师也不能辞其
> 咎。教得认真，子弟不会有坏的行为。打官司也成了一种可羞
> 之事，表示教化不够。[1]

这种"礼治"被费孝通描述为乡土社会中的传统，然而其中也
孕育着近代化的可能。以徂徕后学为例，徂徕对"习"的重视在其
后学水足博泉的思想中得到了进一步的发挥：

> 不知者谓中和无形，得与不得，何以知之？中与不中者，
> 定之以目，和与不和，定之以耳，是礼乐之道也。人之耳目有
> 聪明，有不聪明焉，能知中和与不中和乎哉？虽然，定之以天
> 下之目，则视亦公，定之以天下之耳，则听亦公。天下之目者
> 何？尺度之谓。天下之耳者何？律吕之谓也。中和之准，备于

1　费孝通：《乡土中国》，第 79~80 页。

> 两者，合与不合，人人得而辨之，不岂明乎？况朝暮所习，心
> 染体濡，声为律，身为度，何中和之难知乎？若欲求中和，不
> 由礼乐之教，则欲举手摘星也，非狂则妄也。[1]

　　"心染体濡"，此四字很好地点出了"习"作用于身心的方式。
"习"的对象是诗书礼乐无疑，然而博泉在这里强调的是尺度和律
吕所具有的"公"的性质。而这就关涉儒学式近代化的问题，因为
只有对"公"的领域有所限定，"私"的领域才能得到确认，"主体
性"的确立才能获得存在的正当性。不仅如此，从"习"的角度而
言，将善恶与否归于先天，这种预成式的先天人性论实际上取消了
人通过后天的努力趋善避恶的主动性。从这个意义上说，将善恶归
于后天之"习"，是一种后天养成式的人性论主张，这种判断一方
面督促国家层面养成善的习俗，另一方面又暗示了个人摆脱不善之
风俗的可能性，较之先天预成式人性论而言，其中无疑蕴含"主体
性"彰显的更多可能性。这就触及下一节的主题，即儒学式近代化
的展开问题。

二　儒学式近代化的双重结构

　　上一节分三个维度探讨了儒学中颇具代表性的思维方式，虽难
免挂一漏万，但整体而言，应该也在一定程度上显示出儒学对待宇
宙和世界的方式和价值取向。从自然到家国再到身心，视野从广袤
的宇宙逐步回向家国，及至身心，需要注意的是这三个维度之间始
终存在内在一致的连续性。当然，连续性并不意味着它们之间是没
有矛盾的，相反，落实在具体之中，国与国之间、家国之间、身心

1　水足博泉「太平策」武藤嚴南・宇野東風・古城貞吉編『肥後文獻叢書』第二卷、東京隆文
館藏、1910、346 頁。

之间都难以避免冲突。甚至可以说，冲突才是儒学思维方式作为一种理想状态始终长存的必要所在。当这种古老而日新的思维方式迈入近代之际，其自身也出现了有别于传统的变化。这种变化与近代化的过程交织缠绕，有奋进也有"挫折"，以下就以"挫折"为起点，展开儒学式近代化的探讨。

（一）近代化及其"挫折"

"近代"一词的来源，据宫嶋博史考证，是从 19 世纪末开始到 20 世纪，作为英语"modern"等词的翻译语使用的。而英语的"modern"词源是拉丁语的"modernus"，这一拉丁语初次使用是在 5 世纪最后的十年间，为了与曾经的罗马帝国时代相区别，专指基督教国教化之后的"当今的时代"。也就是说，"modern""近代"这样的词本义就是现在或与现在直接相关联的时代。[1] 换言之，"近代"一词原本是作为一个历史阶段的指称而出现的。然而，随着"近代"以后西方展开的对世界范围内"传统"的征服，"近代"已然成为西方先进生产力的代名词。一个比较明显的事实是，东亚诸国并未与西方国家一同步入"近代"，然而随着民族主义在各国的兴起，尝试探寻本土传统中自身孕育的"近代"发展脉络在中日的思想中都有所显现。在进入主题之前，先简要对此间学界的主要风潮进行梳理。

首先要提到的是 20 世纪五六十年代风靡一时的"冲击－回应"说。此论的代表无疑是费正清（John K. Fairbank）关于中国近代史的一系列研究。我们应该对所谓的"冲击"或"刺激"的表述保持清醒，因为它在更深的层面意味着西方先进国家对后进国家的侵略历史：

1　详见『（岩波講座）東アジア近現代通史1　東アジア世界の近代』岩波書店、2010、58 頁。

"冲击"是一个中性色彩的名词，所谓"西方的冲击"，实际上是指19世纪中期以后，西方列强对中国进行的一系列军事侵略、经济扩张以及随之而来的对政治体制、思想文化、生活方式等各方面的影响。其时，西方主要国家已经完成工业革命，资本主义经济正在蓬勃发展，某些西方国家在资本内在规律的驱动下疯狂地向东方、向中国扩张。英国作为首先完成工业革命的国家，当其以推动对华商业贸易为目的的使团（如马戛尔尼使团、阿美士德使团）无力完成其使命时，即以坚船利炮撞开中国的大门，闯入中国人的家园，并将其物质产品和社会规则强加于人。其他一些西方国家起而效尤，接踵而至。所谓"西方的冲击"，不过是掩饰近代西方列强这种充满着血与火的侵略扩张行径的一种修辞手段。随着时间的流逝，屈辱的记忆逐渐淡漠，国人也逐渐接受、使用这个词，以减轻对"挨打"情结的刺激，避免对旧日伤疤的触动。如此而已。[1]

以上引文用犀利的言辞揭示了所谓"西方的冲击"的本质。在此前提之下再来看"冲击－回应"的模式，容易给人一种印象，即包括中国在内的诸多后进国家，其"近代"的进程并非源于自身的发展，而是出于西方的"冲击"或者"刺激"。然而，即便是费正清的研究，也注意到了"西方"是作为一种外因刺激了传统发生蜕变，而非直接输送了"近代"：

中国人总喜欢用过去的办法应付当前的问题，而在19世纪的中国，这一特点可谓最为突出。从公元前213年秦始皇焚书坑儒起，中国历代君王都反复强化思想的正统性，于是思想

1　李学智：《冲击—回应模式与中国中心观——关于〈在中国发现历史〉的若干问题》，《史学月刊》2010年第7期。

传统得以长久延续，其维持者正是史官和谙熟经典的读书人。朝廷以思想灌输为手段，确保臣民的忠顺。其结果是，无论是非正统思想还是外来思想，都会对现政权构成潜在威胁。

在这里，我们看到了西方影响中国的一个渠道：西方思想可以用作中国内部权力斗争的武器。无论是1898年的维新派还是1911年的革命党，都证明了这一点。甚至1851年至1864年间的太平天国，也打起《圣经》的旗号作为支持。最近的也是最成功的革命，则求助于马克思和列宁。纵然如此，近代中国思想的转型还是始于对传统的再诠释，而非对传统的否认或排拒。[1]

虽然费正清强调了应该把对传统的再诠释作为近代中国思想转型的起点，然而实际上，认为正是在西方"近代"的冲击下东方社会才得以结束传统社会的生存样态，已然成为对"冲击－回应"的机械理解，并且至今仍在发挥影响。关于此，费正清在"冲击－回应"说的前提中已经设定了逻辑上的回护：

> "刺激"（或"冲击"）和"回应"的表述并不严谨。我们斗胆假设"西方冲击"曾发生在前，仅仅是因为我们称之为"中国回应"的行为发生在后。这种"中国回应"正是我们要研究的对象，但它显然只是中国整体行为的一个部分。换言之，"西方冲击"仅仅是中国多样图景中的元素之一。要解读这种回应是困难的，我们必须把它置于中国的总体历史中去考察。在我们设计出一个精准的分析框架之前，本书书名与其说是科学的，不如说是隐喻的。[2]

1　〔美〕费正清、邓嗣禹：《冲击与回应：从历史文献看近代中国》，陈少卿译，民主与建设出版社，2019，第12页。

2　〔美〕费正清、邓嗣禹：《冲击与回应：从历史文献看近代中国》，第9页。

这就是说，所谓的"冲击"和"回应"之间，与其说是因果的联系，不如说是一种顺序上的先后关联。这种看似有些勉强的逻辑回护，用意却值得推敲。在近代化的过程之中，西方明显呈现出主动性（侵略性），相对而言，中国则明显处于被动的弱势境地，即便如此，费正清依旧试图将叙述的重心置于中国，也就是尝试以中国为主体勾勒出整个过程中中国对西方的理解以及抗争的经过。对于这种模式所带来的问题，柯文（Paul A. Cohen）展开了较为全面的批判：

> 从最广泛的意义上说，冲击－回应取向的问题，在于它按照中西接触中产生的一整套问题来事先规定 19 世纪中国历史中哪些事物才算是重要的。更具体地说，它从几方面歪曲了历史：它阻碍人们去真正研究这一时期中与西方入侵没有关联（或最多只稍有关联）的历史侧面；它容易使人把 19 世纪中国与西方有关联的一些侧面单纯地解释为"中国对西方挑战的回应"，而实际上它们却部分地——在有些情况下主要地——是对本土力量作出的回应；最后，由于它把重点放在人们有意识的"回应"上，就自然会引导人们采用思想、文化和心理的解释方法，而削弱了采用社会、政治和经济的解释方法。[1]

柯文对西方"冲击"说反驳的有效性在于此说法作为一种理解中国近代化的模式，比起具体的内容，更具有假说式的理念意义。就此而言，作为费正清最优秀的学生之一，列文森（Joseph R.

---

[1] 〔美〕柯文：《在中国发现历史——中国中心观在美国的兴起》（增订本），林同奇译，中华书局，2002，第 41~42 页。

Levenson）的"现代化"[1]论也产生了殊为重要的影响。列文森通过
"词汇"和"语言"的"隐喻"，深化了其师的"冲击"论：

> 在20世纪之前西方对中国和日本的影响，以及历史上中
> 国和日本对西方的影响的所有事例中，都存在这样一个共同特
> 征：这些影响主要是思想上的，而不是社会上的。观念融合的
> 结果，新的思想环境的混乱程度，似乎并不取决于脱离实际的
> 抽象思想的性质，而取决于人们在多大程度上使他们生活于其
> 中的社会连同他们自己接受的外国影响。只要一个社会在根本
> 上没有被另一个社会所改变，那么，外国思想就会作为附加的
> 词汇，在国内思想的背景下被利用。但是，当由外国势力的侵
> 入而引起的社会瓦解开始后（这种情况在中国，而不是在西方
> 发生过，而且在中国也只发生在19世纪和19世纪之后），外
> 国思想便开始取代本国思想。一个社会的语言变化，从客观方
> 面看，它是在外国全面入侵而不仅仅是纯粹的思想渗透的背景
> 下作出的新的选择；从主观方面看，它是在日益增长的思想
> 紧张的背景下作出的新的选择，这是一种迫使外国思想本土
> 化和本土思想理性化的强大力量的努力所造成的紧张，一种
> 在普遍的理性要求和特殊的理性要求之间永远存在的背离所
> 造成的紧张。[2]

从列文森的逻辑来看，是丰富了词汇还是语言的变革，可以
衡量一个社会是否彻底被外来势力改变。在他看来，西方的思想对

1　"modern"一词，从英文直接译成中文时，通常翻译成"现代"，而在日语和韩语中，则常使
　　用"近代"。虽然内涵大体一致，但就本书的叙述方式而言，二者有微妙的差异："近代"往
　　往指称西方冲击之前传统内在的历史演进，而"现代"则侧重受到西方激烈冲击之后被迫卷
　　入的非自主的历史进程。

2　〔美〕约瑟夫·列文森：《儒教中国及其现代命运》，郑大华、任菁译，广西师范大学出版社，
　　2009，第134~135页。

于中国而言不是徒增词汇，从中国语言的变化中足以窥见传统的瓦解。也就是说，中国的近代与传统之间，有着决然的"断裂"，而带来这种"断裂"的正是西方的入侵。如此便会陷入一个美国研究中国近代史的常见怪圈，即"一个停滞不前、沉睡不醒的中国，等待着充满活力、满载历史变化的西方，把它从无历史变化的不幸状态中拯救出来"。[1] 当然，这场决裂的主角，除了入侵者之外，还有探索救亡图存的中国人自己的选择：

> 近代中国思想史的大部分时期，是一个使"天下"成为"国家"的过程。"天下"的观念实际上是与儒家的"道"，亦即中国自身的主要传统紧密地结合在一起的。出于某种原因，当近代中国人被迫求助于外国的"道"时，将国家置于文化亦即"天下"之上，也就成了他们的策略之一。他们说，如果文化的改变有利于国家，那它就应该被改变。这样一个新的标准，无论在理智上，还是在情感上，都是有益处的。依据这一标准，人们在号召与传统决裂时和看到它走向衰亡时，会觉得心安理得。[2]

无须具体的例证，只要稍微回想一些近代中国的反传统者，就可以在脑海中上映如上引文中与传统文化诀别的场景。西方社会呈现出的近代与中国的旧社会格格不入，于是在制造传统与近代之间的"断裂"时，往往也会给人一种传统即落后的印象。对此，柯文也作出了精彩的反驳：

> 总之，在李文森看来，体现为西方文化的近代社会，通过

1　〔美〕柯文：《在中国发现历史——中国中心观在美国的兴起》（增订本），第54页。
2　〔美〕约瑟夫·列文森：《儒教中国及其现代命运》，第84页。

两种途径同时作用于中国文化：一种是作为溶剂，中国的旧文化对之无力防卫；另一种是作为楷模，中国的新文化对之亦步亦趋。从这种观点出发，中国革命必然自始至终为近代西方向中国提出的问题所左右。用李文森自己的话说，中国革命是一种反对西方正是为了加入西方的革命。这样一幅中国革命的画面几乎无法容纳另一种看法，即把革命看成在很大程度上，是对年深日久的本土问题所作出的反应——这类问题可能由于西方人的入侵而加剧，但并不是西方单独造成，甚至也不是全部由西方主要造成的。李文森提供的这幅画面更加无法容纳一种看法，即中国过去文化包含着一些重要的特征，这些特征不仅绝不会阻碍中国向近代社会转化，实际上反而会帮助这种转化，并在指导转化中起重要作用。[1]

无论是溶剂还是楷模，西方以入侵的方式打断后进国家尤其是东亚诸国的发展历程，反倒具有了某种正面的意义，这种隐藏着的优越感是透过"冲击－回应"说更值得审视的"西方中心主义"。在此叙事占主导的背景下，柯文所倡导的"在中国发现历史"即可视为竭力弥补中国（韩国、日本的情况与此类似）与西方之间的断裂的尝试。而除了这种中西二元对立的格局，"冲击－回应"论中还显现着传统与近代之间的彻底断裂。于是，试图重新理解传统与近代的研究方式呼之欲出：

　　　　史华慈、鲁道夫夫妇和许多其他学者对于把传统与近代看成互相排斥、水火不容的两个体系的看法所发动的这场进攻，对于西方了解中国近世史产生了巨大深远的影响。从 19 世纪继承下来的一整套假设——认为中国是野蛮的，西方是文明

---

1 〔美〕柯文：《在中国发现历史——中国中心观在美国的兴起》（增订本），第 75 页。

的；中国是静态的，西方是动态的；中国无力自己产生变化，因此需要"外力"冲击，促使它产生巨变；而且只有西方才能带来这种外力；最后认为随着西方的入侵，"传统"中国社会必然会让位一个新的"近代"中国，一个按照西方形象塑造的中国——这一整套前提彻底动摇，一个新的，更加复杂的研究近代化进程中过去与现在之关系的模式被提出来了。[1]

以对传统与近代的重新认识为起点，"近代化"的研究路径随之发生了转变。一个明显的趋势是探讨西方"冲击"之前传统自身所孕育的近代化的发展脉络或者说"近代因素"。在这一我们姑且称作"前近代"的进程之中，东亚范围内或多或少都受到了某种西方的"刺激"，然而这种"刺激"或许还停留在"丰富词汇"而非"改变语言"的环节。在这种反思传统与近代关系的背景之下，墨子刻（Thomas A. Metzger）旗帜鲜明地指出了生活于传统与近代的转型期的人们的思想困境：

中国人不断发展着的实现现代化的决心，到本世纪之初并不简单地基于西方的某些方法要优于中国这样一种发现之上。我们毋宁认为，西方方法被证实是广泛需要的，正是因为它似乎对于解决儒家长期以来一直苦恼的问题，对于实现儒家一直追求的社会理想有帮助。这仅仅是说，正如拉尔夫·林顿指出的那样，文化传播是一条双轨线，它同时取决于输入的观念的有效性和促成这种输入的内部刺激的广泛性。二者中任何一方都不可或缺。中国人的头脑不是一块可以随意接受外部知识的白板。我的论点是，在相当程度上，正是一种持续了几个世纪之久，希冀从形而上学的、心理的、政治的和经济的困境中摆

―――――――――――
1　〔美〕柯文：《在中国发现历史——中国中心观在美国的兴起》（增订本），第77页。

脱出来的强烈愿望，引导许多中国人满腔热情地去献身于推翻他们原先所崇奉的制度而接受生疏的外国方式的事业。[1]

这里指出的"实现现代化的决心"，在传统社会中或许只是以一种"国泰民安"作为目标。在没有西方强势的入侵时，无论是清朝还是朝鲜和江户，都长时间地基本维持着自身的和平和稳定。这种稳定在受到彻底的否定之前，也曾受到西方哲人的赞颂。然而，西方在资本扩张的驱使下，终于彻底打破了东亚的宁静，挨打甚至殖民的处境迫使人们深刻地反思传统，甚至为了不挨打全面效法西方的器物、制度以至文化，以求实现如西方一样的近代化。墨子刻提醒我们的是，即便是在最激烈的反传统主义者那里，依旧残存着与生俱来的传统因素，这就像丸山所谓的"原型"、"古层"或者"执拗的低音"，即便是被新的地层全然覆盖，也会以某种方式存留于民族的记忆之中，作为一种"潜意识"一直跟随这个民族前行。而当中国（尤其是香港和台湾地区）、日本、韩国以及新加坡的现代化取得了举世瞩目的成就，终于"摆脱困境"之时，在经济腾飞的背后，近代以来饱受争议的儒家思想的价值也被人们重拾。狄百瑞（William Theodore de Bary）通过观察现代化转化后的广义上的儒学文化圈，指出了儒学对实现现代化的积极意义：

> 在西方的前进及其对各种传统社会的革命性的冲击面前，儒教——尤其是在新儒家阶段当它已深深卷入社会秩序之中的时候——也倾向于被各种传统体制的崩溃所牵连而大受鄙视。它既不能容身于学校和国家之中，同时在家庭中的影响也大为减小。大部分（有时候是错误地）被认同为新儒家家庭体系的

---

1 〔美〕墨子刻：《摆脱困境——新儒学与中国政治文化的演进》，颜世安、高华、黄东兰译，江苏人民出版社，1996，第16~17页。

东西，在 20 世纪初期自由和解放的历次运动中都严遭批判；许多古老的习惯都被抛弃了。尽管如此，家庭体系（或者至少是它的某些有生机的核心）对于近代生活的迅速变化和压力却表现出惊人的反弹能力，仿佛是它在强烈苛刻的考验时刻仍然能够提供一种没有任何其他东西所能具有的道德的、情感的和物质的支撑。[1]

我们很难衡量作为整体的儒家思想对于现有体制的维护或者变革究竟起到了多大的作用，然而当我们能够不再以西方式的近代化责令传统的时候，终于可以冷静地去思考，儒学作为传统社会中累积起来的最重要的生存经验之一，它究竟应该如何适应新时代的要求以期不断提供符合时宜的思想资源。

（二）政治的理性化与道德的内面化

上一节主要梳理出两种需要避免的研究范式，即西方中心主义以及割断传统与近代联系的研究路径。如此，将叙述的主体置于东亚的具体情境，"回归现场"，重新连接传统与近代则是逻辑上的必然归结。于是，这一问题就被具体化为如何在主体自身的发展中寻找近代因素。

这里所谓的"寻找近代"，本身隐含了两个前提：第一，承认近代的存在，无论是现实层面还是思维方式层面，总之承认了近代在可供探寻的范围之内必然存在落脚处或者说"挂搭处"；第二，既然是"寻找"，就意味着近代不是明显而静态地呈现在文献或者事件之中，而需要以某种标识对这种"存在"进行认证。对于第一点，如果将近代视为客观而普遍的历史阶段，那么无论谁先谁后、

---

1 〔美〕狄百瑞：《东亚文明——五个阶段的对话》，何兆武、何冰译，江苏人民出版社，1996，第 116~117 页。

无论东方西方，都应该有其必然的经历过程。至于第二点则相对复杂，虽然西方的近代已然展现在我们的面前，虽然主体性的觉醒已然成为常识性的"近代"的代名词，然而在具体的情境之中，学者的表达方式却不尽相同。以丸山真男寻找到的日本儒学史中的近代性的思维方式为例，丸山认为封建身份制的克服、政治制度的变革以及个人精神的解放可以作为"近代"思想成立与否的衡量标准。[1]而丸山以荻生徂徕为日本近代思维的先驱，这种近代性又以所谓的"五大斩断"呈现在文本之中，即"天人相分、政教相分、圣凡相分、公私相分、物我相分"。[2]对于这种"分"究竟在何种意义上体现出近代性，尾藤正英有精辟的论述：

　　　　第一，所谓朱子学的合理主义，是把道德的理法视为支配着自然界与人类社会全体的"道学的合理主义"，因此通过主观的、形而上学的说明来分割万事的倾向是很强的。这虽然是与追求客观的、自然科学的法则性的近代性合理主义异质的东西，但如果套用西欧思想史的话，可以看作与中世的经院哲学性质相当的合理主义。西欧从中世的合理主义到近代的合理主义的发展过程，并不是直线前行的，必须经过一次通过对前者的否定从而打开向着经验性、实证性的道路的阶段。而日本思想史上徂徕等古学派的出现，正是被认为与这一阶段相当的过程，尤其是徂徕分离了道德与政治，确立起可以说是政治世界中固有逻辑的客观性认识的方法，与《君主论》的作者马基雅维利同样，在"政治的发现"这一点上有极大的功绩。

　　　　第二，从制度观这一侧面来考察，朱子学的立场，也是社

1　唐利国：《两面性的日本近代化先驱——论吉田松阴思想的非近代性》，《世界历史》2016 年第4 期。

2　韩东育：《日本近世新法家研究》，中华书局，2003，第369 页。

会秩序在道德本性的基础上"自然"形成的，具有与西欧中世的自然法思想相似的性质；与此相对，徂徕的立场是把秩序的起源当作圣人之"作为"来追求。把圣人的活动限制为一般人不能通过合理判断窥测的这一点，虽然确实有非合理主义，但是在导入人作为主体能够变革社会秩序这种思维方式之时，作为打开以社会契约论等为代表的近代的制度观之道，确实应该评价为划时代的。[1]

第一点中强调的政治与道德的分离，这种马基雅维利式的"政治的发现"，被丸山冠于徂徕的思想之中。实际上在第二点中提到的人的主体性，侧重的也是主体在秩序建构中的作用。由此，丸山所寻找的近代性的标识，可以说集中在政治与道德的关系上。然而，徂徕的思想中即便确有"政治思维的优位"的特征，[2] 也不代表他无视儒学尤其是朱子学中强调的道德，这一点尤为清楚地体现在他的论学之中：

　　且学之道，仿效为本，故孟子曰"服尧之服，诵尧之言，行尧之行，是尧而已矣"，而不问其心与德何如者，学之道为尔。礼乐之教，左则左，右则右，宫则宫，商则商，必如其师，而不敢违以分。故孔子拱尚右，则门人亦拱尚右，孔子谓之嗜学，可以见已。习书者，必摸兰亭黄庭，岂求为赝乎？学之道为尔。谓吾既得其心，吾既得其理，不必拘其似不似者，庄禅之遗也。故方其始学也，谓之剽窃模拟，亦可耳。久而化

1　尾藤正英「国家主義の祖型としての徂徕」荻生徂徕著、尾藤正英編『日本の名著16　荻生徂徕』中央公論社、1974、15頁。

2　丸山真男「近世儒教の発展における徂徕学の特質並びにその国学との関連」『丸山眞男集』第一巻、岩波書店、1996、197頁。

之，习惯如天性，虽自外来，与我为一。[1]

在以往的研究中，"不问其心与德何如"常被视为徂徕不重道德的证据。如果道德为"内"，那么可以说徂徕重外而轻内，此即子安宣邦对徂徕思想的"外部性"解读：

> 宣扬"先王之道之制作"的徂徕，其言说的构成始终贯穿着"外部性"。所谓的"安天下"，在儒家这里，是在内面的德性涵养之上，寄望于为政者的外面的东西，在此，本来属于次要的课题，但是，徂徕反而把这个"安天下"的"外部"的课题作为承载着本质性的、第一义的课题的"先王之道"大加宣扬。他说："先王之道，安天下之道也。"但是，从这个命题中，不仅要看到徂徕的言语和思维的"政治性"的显现，还应看到他的思维中的"外部性"的表露。在 18 世纪的思想空间中的徂徕言说的"事件性"，相较于"政治性"，更在于"外部性"的显现。[2]

虽然子安提出"外部性"本意在批判丸山对徂徕的政治性解读，然而无论是丸山提出的"政治优位"还是子安强调的"外部性"，在认为徂徕忽视了内在的道德这一点上无疑是有共识的。那么，"不问其心与德何如"是否一定意味着内在的心与德不重要？除了这种表面的解释，还可以解释为如果真能做到言行举止均如尧一样，其"内"在之德性本就可以自然而然形成，因此所谓的"内"不是不重要，而是做到"外"之后水到渠成的结果。试看徂徕所言"方其始学也，谓之剿窃模拟，亦可耳"，"剿窃模拟"当然不是

1　荻生徂徕「徂徕集・答屈景山」第一书、吉川幸次郎・丸山眞男等校注『日本思想大系 36　荻生徂徕』、531 頁。

2　〔日〕子安宣邦：《江户思想史讲义》，丁国旗译，三联书店，2017，第 159 页。

"学"的目的，就像模仿《兰亭集序》当然不是以某天能做赝品为目的。也就是说，"外"在的礼乐当然不是目的，徂徕不断地强调的"仿效"，最终是要实现"久而化之，习惯如天性，虽自外来，与我为一"。这种将外在的礼乐内化于身体，最终形成的是什么呢？正是内在于心之德。从这个意义上还能说徂徕不重视"内"吗？答案当然是否定的。换言之，徂徕并非不重视"内"。既然如此，以重"外"而轻"内"批判徂徕就显得有失公允。

如果说马基雅维利式的近代是以政治通过压倒性优势取代道德换来的，那么徂徕思想中的"政治"并不具有这种力量。丸山以政治和道德的这种断裂为前提剖析日本儒学史，忽视的正是我们之前提到的传统与近代之间的连续性。又或者说，在以儒学为代表的东亚文化圈，道德作为一种习惯法根植于深受伦理教化的东亚乡土。如果说道德对应着习俗的生存模式，那么政治则与理性或者说契约的精神联系在一起。当然这并非意味着道德本身缺乏理性，而是未能独立于习俗之道德的政治很容易被"道德绑架"；同时这也不意味着脱离道德的政治就一定"不道德"。政治与道德的矛盾，在"赤穗事件"[1]中可见一端，丸山以为徂徕的意见是就公而舍私，要政治而非道德（传统的武士道精神）。的确，徂徕因为浪士不顾国法而私自报仇建议德川公仪予其剖腹，就结果而言，公相对于私、政治相对于道德的优先性是可以得证的。然而我们也必须看到，徂徕建议给予他们武士最有尊严的死法，这又是对他们忠于主君之德的嘉奖。因此，徂徕并非不重视德，而是将政治与道德区别视之。徂徕思想的近代性并非由于重政治而废道德，而在于将政治和道德各

1　元禄十五年（1703），五代将军德川纲吉之时，在日本江户发生了 46 名赤穗浪人秘密斩杀吉良义央以为其藩主浅野长矩复仇的事件。事件的详细经过可参阅室鸠巢『赤穗義人錄』。赤穗事件的相关著述很多，可参考田原嗣郎『赤穗四十六士論　幕藩制の精神構造』（吉川弘文館、2006）、小島康敬「赤穗浪士討ち入り事件をめぐる論争」（今井淳・小澤富夫編『日本思想論争史』ぺりかん社、1979）。

自安放。

就结论而言，本书的基本主张是政治和道德的分离确实可以视作近代思维的标识，然而需要注意的不仅是其中的断裂，在儒学式的近代化中，政治并非取代道德，而是各安其位。简言之，政治脱离道德，才可以理性化，而道德摆脱政治，才可以内面化。

关于政治与道德关系的问题，常被置于政治哲学[1]的论域加以探讨，也是政治哲学探讨的核心问题之一。但如果将视域扩展至整个社会科学的发展，尤其在实证主义的方法论盛行的当下，政治哲学中所追求的好的秩序的价值本身就是一个伪命题，这是因为"实证主义的社会科学是'价值无涉的'或'伦理中立的'：无论善与恶得到怎样的理解，它在善与恶的冲突中保持中立。这意味着，所有社会科学共同的基础，他们进行研究和商讨的基础，只能通过摆脱道德判断或者抽取掉道德判断的过程来达到：道德迟钝是科学分析的必要条件"。[2]施特劳斯是以批判的口吻叙述了道德与科学的关系，换句话说，道德时常处于非合理的位置，相反，科学则是合理与理性的代名词。康德更为直接地表述了政治与道德之间的矛盾：

> 政治说："你们要聪明如蛇"；道德则（作为限制性条件）补充说，"且要真诚如鸽"。如果二者不能在一个命令中共存，那么，实际上就有政治与道德的一种冲突；但是，如果二者绝对应当统一起来，那么，关于对立的概念就是荒谬的，而且应

1　学界对政治哲学的界定、研究对象和研究方法莫衷一是，比较有影响力和解释效力的是施特劳斯的"尝试"性定义："政治哲学是一种尝试，旨在真正了解政治事物的本性以及正当的或好的政治秩序。"〔美〕列奥·施特劳斯：《什么是政治哲学》，李世祥等译，华夏出版社，2014，第3页。

2　〔美〕列奥·施特劳斯：《什么是政治哲学》，第10页。

当如何调停那种冲突的问题也就根本不能当作课题提出。[1]

康德无疑既看到了政治与道德之间的冲突，又试图将二者进行统一，这就是"道德的政治家"的设想："我虽然能够设想一个道德的政治家，也就是说，一个将治国术的原则看得能够与道德共存的政治家，但却无法设想一个政治的道德家，让他去锻造一种对政治家的利益有所助益的道德。"[2]在康德看来，道德的政治家可能带来永久的和平，而政治的道德家却不可以，这就把政治置于道德之上，然而又为道德保留了内面的位置："但无论如何，作为国家权力代理人的政治家需要有道德，他需要考虑具有普遍性的问题，而非以自己的私利为目的。就此而言，政治与道德并不冲突。但是，道德不应该是政治家行事的依据：因为这潜在的乃是对法权自身的侵犯。这是康德区分'道德的政治家'和'政治的道德家'的原因。前者是必要的，而后者的存在既败坏了政治，也败坏了道德。"[3]这种优先级的序列与康德所主张的"公法"的力量具有一致性，而这种力量甚至可以教化有理智的魔鬼民族：

　　　　这个课题要求知道的，并不是人在道德上的改善，而只是自然的机械作用，即人们如何能够在人身上利用这种机械作用，以便在一个民族中如此调整人的不和的意念之冲突，使得他们不得不互相强迫对方接受强制性法律，并这样来产生法律在其中有效力的和平状态。人们也能够在实际现存的、组织得还很不完善的国家里看到这一点，即他们毕竟在外在举止上已

1　〔德〕康德:《论永久和平——一个哲学策划》，李秋零主编《康德著作全集》第 8 卷，中国人民大学出版社，2013，第 376 页。
2　〔德〕康德:《论永久和平——一个哲学策划》，李秋零主编《康德著作全集》第 8 卷，第 378 页。
3　尚文华:《道德与政治的分野与互动》，《哲学研究》2017 年第 2 期。

经非常接近法权理念所规定的东西，尽管其原因肯定不是道德性的内核（就像也不能指望道德性来产生好的国家宪政，反倒是要指望好的国家宪政来产生一个民族的良好道德教养），所以自然的机械作用就能够通过自然而然地即便在外部也互相对抗的自私偏好而被理性当作一种手段来使用，为理性自己的目的即法权规范创造空间，并借此也就国家本身力所能及而言，促成和确保内部的和外部的和平。[1]

在康德永久和平的理想国之中，在理性政治的主导下，可以驯化出整个民族的良好道德。不事先预设道德的门槛，即便是对于魔鬼民族，也可以通过理性的政治获得永久和平并养成良好道德。从政治和道德的关系而言，这样的哲学策划是以理性的政治诱导个人道德的养成。以内、外的视角言之，则是以外在的政治养成内在之道德。而这样的思维方式，在东亚的儒者中也真切地出现过，这也可以视为近世后期东亚儒学中出现的新动向。

以上论及的理想政治养成良好道德的思维方式，用儒学的概念加以描述则是通过外在之"器"习以成人性之善。且以被丸山真男誉为日本近代思维先驱的荻生徂徕和被侯外庐视为"开启中国近代的思维活动"的王船山的思想为例。徂徕主张的是人性善移、习善则善，此为外在之政治影响内在之德（或善或恶）的前提："人之性万品，刚柔、轻重、迟疾、动静，不可得而变矣，然皆以善移为其性，习善则善，习恶则恶，故圣人率人之性以建教，俾学以习之，及其成德也，刚柔轻重，迟疾动静，亦各随其性殊。"[2] 外在的政治作为一种"器"，影响内在之德的机制即在于"仿

1 〔德〕康德：《论永久和平——一个哲学策划》，李秋零主编《康德著作全集》第 8 卷，第 372 页。
2 荻生徂徕「弁名」吉川幸次郎·丸山眞男等校注『日本思想大系 36 荻生徂徕』、240 頁。

效"，这也是我们多次提到的徂徕强调的"且学之道，仿效为本"。[1]
如果说康德设想的"法"带有一种强制意味，致使无人敢于为恶，
那么作为儒者的徂徕则更看重"礼"对人所施加的自然而不加勉
强的作用。

　　船山也讲过类似的"习"的逻辑，即"习与性成"。[2]正因深切
地了解"习"对于塑造人性的作用，船山讲："故圣人所以化成天
下者，'习'而已矣。"[3]要以"习"化成天下，则需要靠政治。船山
尤其强调了法的作用，这与徂徕有所差异："治国推教而必有恒政，
故既以孝弟慈为教本，而尤必通其意于法制，以旁行于理财用人之
中，而纳民于清明公正之道。故教与养有兼成，而政与教无殊理。"[4]
船山所言的"法制"，是取其"清明公正"的内涵，船山甚至直言
以"法"治国的必要，这无疑与现代国家中倡导的"公"有着天然
的联系。

　　如果将近世东亚这种尚"器"重"习"的倾向用政治和道德的
表述加以转化，那么政治的理性化和道德的内面化才应该视为儒学
式近代化的题中应有之义。丸山从徂徕的思想中见出政治与道德分
离的趋势，并以之作为近代思维的显现，应该说是极具洞察力的。
然而丸山并没有进一步指出这种分离之后的理想状态，就此而言康
德所论的永久和平或许可以给予我们有益的启示。康德以理性的政
治培养良好的道德作为永久和平的哲学方案，本质上是一种对政治
向理性化同时道德向内面化发展的期许。以此作为近代思维展开的
标志，或可视为儒学式近代化的双重结构。

1　荻生徂徕「徂徕集・答屈景山」第一書、吉川幸次郎・丸山眞男等校注『日本思想大系
　　36　荻生徂徕」、531頁。
2　王夫之：《读通鉴论》，《船山全书》编辑委员会编校《船山全书》第10册，岳麓书社，1996，
　　第375页。
3　王夫之：《俟解》，《船山全书》第12册，第494页。
4　王夫之：《读四书大全说》，《船山全书》第6册，第436页。

（三）作为方法的儒学式近代化

作为对江户时期京学派研究的综述，本书的序章或许稍显冗长。然而考虑到京学派的发展直接关涉整个日本儒学的发展动向，那么颇费笔墨为其铺陈出较为广阔的时空脉络，则未必无益。只是论证的过程不免枝蔓，因此有必要再提纲挈领地串联一下以上各节的要点。

从先行研究来看，丸山以来的日本思想史研究，都在一定程度上超越了井上哲次郎开辟的静态的日本儒学史学案式研究。无论是近代性还是民族主义、国家主义，这些将传统与近代相接续的做法，或者说从日本思想史中发掘自身的近代性的尝试，都是值得肯定的。然而这种近代性并不局限在"日本"之中，如果放眼儒学所及之圈层，那么至少在东亚的视域内，这种近代思维的展开有着不易察觉的普遍性。这种不易察觉，不仅根源于"东亚"在近代以来受到列强的侵略，也在于日本对周边各国发动的战争。

儒学式近代化要成为一种研究方法，则应该对儒学及近代有所界定，为此本书归纳了自然的规范化、家国的一体化以及身心的一元化作为儒学思维方式的特点。有别于西方汉学中居于主流的冲击－回应式的东亚近代，本书拟以政治的理性化和道德的内面化作为儒学式近代化展开的两个面相。

最后还需强调一点，从康德所主张的道德的政治家而非政治的道德家中，还可以看出近代以来政治优先于道德的思维模式。政治只有与道德分离，才能将理性主义贯彻到底，而道德只有内面化，才不会成为绑架政治的假道学。然而这种分离绝不是政治对于道德的抛弃，以理性的政治引导良好的道德，在"制作"的概念中即是以外在的礼乐（器）习成人之善性，这种由外向内、以善政养善德的思路，既彰显出对"公"的秩序的尊重，也给予了主体"私"的空间。

第四节　京学派概观：定义、分类及特点

平石直昭曾将"近代化"和"日本化"的统一作为新的德川思想史像可能的路径，[1]这本质上是一个将普遍性的原理和特殊性的内容相统一的过程，无论是"近代化"还是"日本化"，在历史上都有过"不光彩"的扩张的一面，但是并不能由此而忽视其作为学术思想尤其是思维方式的理论创见。平石提出的将"日本化"与"近代化"相统一的研究策略，同"儒学式近代"具有内在的一致性，即一方面承认近代化作为一种原理的普遍性，另一方面注重发掘本国以至于东亚内在的儒学自身的发展理路。

从思想史的角度通过概念的演变探讨东亚自身的近代理路，既需要考虑到"近代"的普遍性，也需要考虑到"东亚"的特殊性，这就需要在"断裂"的前提下思考其中的"连续性"，"正如日本将欧洲近代思想巧妙地吸收进了日本前近代以来的思想构造中，实现了日本独特的自我革新一样，中国也是在其前近代以来的思想构造中逐渐接受欧洲，实现了中国独特的自我变革"。[2]从这个意义上说，沟口雄三的研究视角考虑到了欧洲意义上的"近代"与中国、日本的"连续性"和"独特性"之间的关系，然而其将中国和日本之间的儒学视为"异质"的儒学，尤其表现在"公"与"私"的概念上，这又造成了儒学在东亚展开的新一轮的"断裂"。

为了弥合中日儒学之间的这种"断裂"，有必要在一定程度上超越政治意义上的国境线，而以儒学自身的发展趋势为指引。当然，这并不意味着要抹杀儒学在具体国境（语境）下的特殊性，毕竟所有的普遍性都是蕴含在特殊性之中的。因此在进入具体的人

1　平石直昭「徳川思想史像の総合的構成──『日本化』と『近代化』の統一をめざして」『平成6~7年度科学研究費補助金（総合研究A）研究成果報告書』、1996年3月。

2　〔日〕沟口雄三：《作为方法的中国》，孙军悦译，三联书店，2011，第24页。

物思想研究之前，我们有必要对本书的主要研究对象即"京学派"进行概观式的定义、分类，并对其整体发展趋势和特点作一简单勾勒。

一 "京学派"的定义

虽然"京学派"作为儒学研究史上的专有名词在本书中已经反复出现，但是我们还是应该对这一核心词语作出一定的界定。虽然相比于历史的丰富性，定义往往显得抽象而单调，但是不可否认在建立初步的印象以及彰显本质方面，定义的方式还是非常有效的，而且有助于进一步分类的展开。对此崔英辰曾论述说：

> 为了体系性地理解和叙述思想史的发展脉络，我们必须对其发展作一定方式的分类（中略）若将特定的思想体系分为某种学派、理论或主义，那么这种学派、理论或主义所具有的基本性质和内容就规定了思想体系的本质，而且最终也会带来对这种体系在思想史上的地位的评价。因此要想正确地对思想史进行分类，必须首先要对作为分类范畴的学派、理论以及主义的倾向、性质和内容下一个明确的定义。[1]

如上引所论，在进入正式的论述之前，我们应先通过辞典的定义来建立一个对"京学派"的整体印象。所谓的"京学派"，是指"江户时代，以京都为中心兴起的朱子学派儒学中的一派。以藤原惺窝为始祖，林罗山、菅得庵、堀杏庵、松永尺五、那波活所等继之而起，从尺五门下的木下顺庵一门，又出新井白石、室鸠巢。与汉代古注学相对，京学派采取了宋代新注学，以朱子学为经学之正

---

1 〔韩〕崔英辰：《韩国儒学思想研究》，第102页。

路，与南学一起，构成了朱子学派的两大系统"。¹ 通过这一简明的
定义可以了解，"京学派"作为日本朱子学的主流之一，是以京都为
中心、以朱子新注为正宗的儒学流派。该学派奉藤原惺窝为始祖，
门下人杰辈出，不仅是整个江户思想史的开端，亦对后来各种思
想流派的兴起产生了颇为重大的影响。然而，通观日本儒学史的相
关著作，虽然对江户初期的儒学定位甚高，但是在言及其中的思想
时，又总是寥寥数语无甚可取。这种名实之间的错位根源于对此阶
段的研究还不够深入，缺乏细致而周密的文献爬梳和统观全局的整
体把握。因此，我们不得不回到江户思想史研究的起点，从最初重
新起步。首先需要认识一下京学派以至江户初期儒学的发展边界：

> 　　德川时代的儒学史、思想史往往从朱子学开始叙述。这是
> 理所当然的，确实林罗山是朱子学者。藤树、素行、仁斋、徂
> 徕，都是从朱子学出发的。但是，藤树之后的各个主要的思
> 想家从朱子学出发的事实，并不意味着：（一）即便是限于一
> 般还有武士身份的内部，朱子学以及更为广泛意义上的宋学
> 已经普及和容受；（二）朱子学与幕府权力结合成为"体制教
> 学""正统意识形态"等。而且，（三）在思想的内容和构造
> 上，也很难认为其与德川初期的政治和社会的存在方式特别
> 对应。²

　　这可以说是我们在探讨京学派的学问时不容忽视的历史背景。
所谓的"并不意味"，实际上是从否定的层面批判或者提醒，对于
江户初期朱子学的影响范围应当保持清醒的边界感。我们也可以反
过来看这一问题，渡边浩的这种警惕可以说是为朱子学在江户初期

1　近藤春雄『日本漢文学大事典』明治書院、1985、176 頁。
2　渡辺浩『近世日本社会と宋学』東京大学出版会、1985、6 頁。

的发展情况设定了一个并不高的起点。换言之，正因为在德川初期的日本，朱子学还没有普及，没有成为德川政权的"体制教学"，甚至还没能找到与德川初期的政治和社会相适应的存在方式，这一时期的日本儒者才需要想方设法促进以朱子学为代表的新儒学广泛而深入地渗入日本的政治以及社会生活。

如果以上渡边浩的论述是从"否定"的角度为近世儒学的发展境况设定了一个边界，那么从"肯定"的角度而言，对整个近世儒学的发展走势奠定基调的，至少有以下两大具体问题。

其一，"偃武"之后日本社会虽然从战乱进入了相对和平稳定的时期，但是人们的意识依旧处于战争随时可能爆发的戒备状态。也就是说，处于德川初期的人们对于"武"始终抱有不能放松的态度，相比而言，"文"则显得不受重视。在这样的思想风气中，要推广以"文"为属性的儒学，势必遭遇诸多阻碍。而要推动以儒学为代表的"文"治，自上而下调动政治资源无疑是一个便捷的手段。而且实际上，无论是中国还是朝鲜，儒学都借助了其作为官方意识形态的地位，逐步占据了思想界的主流。因此对于日本的儒者而言，在没有引进科举的情况之下，如何推动儒学在日本的官学化，是需要首先思考的问题。

其二，诞生于中国的儒学，对于日本而言属于"外来"的学问，虽然日本很早就以汉字为原型创制了假名，但是儒学的文本对于绝大部分日本人来说，显得过于晦涩难懂。因此从逻辑上来说，儒学要想渗入日本社会，必然需要日本儒者的重新解读和诠释。如何在不失儒学本义的情况之下，让儒学为更多的日本人接受，是京学派的儒者所面临的第二个大问题。

相信儒学的人们，埋头于难解的文本，时常品尝孤立和顶撞，一边烦恼一边思考，一边思考一边写作，一边写作一边教学，然后有时会决心刊行著作。恐怕，正是经过这样的先驱者、开拓者有意识和无意识地修正、接受宋学，儒学才更为容易地被当时的日本人接受，从而浸透并在日本社会固定下来。即便是有意识地批判宋学，但也在当时的日本努力地咀嚼、消化儒学从而吸取营养。因此，德川时代的儒学史，很难说是作为体制正统思想的朱子学的崩坏过程，而应该是一方面以外来思想与既存思想（这往往与社会制度相结合）的亲和性为基础，另一方面解除、解决其非亲和性、不适合性，不断进行新的尝试的过程。[1]

渡边浩所描述的"孤立和顶撞"与"难解的文本"，正可与以上阐述的两个问题相对应，而这也几乎决定了京学派的儒者需要开启自上而下与自下而上的双重传播路径，才能使儒学在日本社会真正立足。应该说，无论选择怎样的路径，都是以此为最终目的；而不同的路径选择，又决定了京学派内部的不同走向。

二 京学派的两种分类法

如果说我们在上一节叙述的问题可以视为德川初期日本朱子学者所面临的最迫切的学术生态，那么京学派的朱子学者即是以此现状为逻辑起点，在德川政权建立之初就登上了思想史的舞台。以此为问题意识，京学派传播儒学的方式从大目上说，可以分为促使朱子学成为官方的正统意识形态，以及让其广泛渗入百姓生活这两个方向。如果以藤原惺窝为京学派的始祖，那么以林罗山为首的林家一系无疑属于前者，而以松永尺五为首的尺五一系则属于后者。

惺窝不仅是京学派的创始人，其思想也时常被作为整个江户儒学的开端。他之所以具有如此的地位，并非源自其朱子学思想本

---

1 渡辺浩『近世日本社会と宋学』、190 頁。

身，而在于以他为分界，日本朱子学颇具象征性地从依附于禅宗的境地解脱出来。这一分离通过惺窝“深衣道服”谒见将军事件而鲜明地呈现出来。不过这一过程并非一蹴而就，而且惺窝的立场是“脱佛入儒”，至于与佛教彻底决裂，则是林罗山的立场。

从罗山不得不以僧人之面目出仕，至第三代大学头林凤冈终于得到将军的许可束发，“儒者”终于不需再以学问僧身份的样态出现在政治的中心。而儒学真正成为“体制教学”，还需要等到宽政异学之禁时废异学而立朱子学为正统学问。总之，林家一系从罗山开始，在学术上不断排斥各种非朱子学，在政治上竭力促成汤岛圣堂的建立，可以说是推动朱子学官学化最为重要的力量。

相比于林家的赫赫声名，松永尺五一系则较少受到学者关注。当然，经过尺五和木下顺庵的过渡，到了所谓的“木门十哲”时代，就出现了日本史上的新井白石、室鸠巢、雨森芳洲等著名人物。他们虽然各有成就，却同出尺五一系，这是时常被忽视的学统渊源。而这种忽视，颇为严重的后果是难以给京学派的初期儒者合理的定位。

“朱子的精神奴隶”，[1]这可以视为井上哲次郎以来学界对江户初期的朱子学的主流评价。的确，在京学派之外的崎门，或许山崎暗斋不会以此评价为耻，反而以之为荣。这是因为暗斋本就追求完完全全地尊崇朱子的教说。然而，正如前文已经提到的，京学派所面临的最主要的任务是让以朱子学为代表的新儒学在日本社会生根。尺五上承其师，不愿直接出仕德川政权，于他而言，如何在惺窝准备好的和训文本之上进一步解决作为外来学问的朱子学体系本身的艰涩问题，才是更为迫切的要务，就此而言，尺五曾自述其著述缘由：“《彝伦抄》之为作也，叨以世俗之俚语肤说纲常之大猷。何也者？为童蒙书生困倦于佶屈聱牙者之易悟，贩夫鬻徒无暇于占毕勉

1　井上哲次郎『日本朱子學派之哲學』、598 頁。

学者之易读，俾庸夫迷异教顽夫陷妖术者，知有天叙天秩之典礼性命道德之名教，更匪为博闻宏才之士也。"[1]这就是要以日本普通民众皆可明白的话语为其讲述儒家的伦理纲常，以使童蒙书生、贩夫走卒甚至迷于异教的人能够易读易悟。尺五非常明确地指出，他著书并不是为已经具备知识基础的"博闻宏才之士"。这就为尺五一系的朱子学传播奠定了基调，即用通俗的话语让最普通的百姓也可以了解儒学的梗要。

再进一步，这种意识还可以从"文体"的角度呈现，此即以"抄"和"训"为代表的"文体"。除了尺五的《彝伦抄》，贝原益轩还有安东省庵都写作了大量的"训"体著作。这种看似简易的"文体"，实际上反映出的是尺五一系在促进儒学在日本社会广泛传播上作出的努力，而探究他们"简化"儒学的方式，则可以从一个侧面折射出儒学真正深入日本的发生原理。

以上从"问题意识"以及解决路径的角度对京学派的传承进行了分类。除此之外，还可以从思想类别的角度进行划分，而这就涉及了对朱子学本身的认识。就此而言，阿部吉雄较早使用"主理"和"主气"二分的方法对朝鲜儒学与日本儒学进行了研究：

> 朱子学者的思想，如果仔细考量，大体上可以见出如下两种倾向，即：
>
> （1）主知博学派（主气派、知识主义派）
>
> （2）体认自得派（主理派、精神主义派）
>
> 以上两种倾向的区分，与如何思考朱子的根本思想——理气，以及所谓的穷理是要穷怎样的理，有密切的关系。而且，这两种倾向是内在于朱子思想的两个侧面，这种两面性在后世

1　松永尺五「彝倫抄・跋」石田一良・金谷治校注『日本思想大系 28　藤原惺窩　林羅山』岩波書店、1975、330 頁。

逐渐分解并显著地呈现出来。[1]

高桥亨所提出的主理、主气的分类方式遭到许多韩国儒学研究者的批判。但是如果除去其中殖民史观的成分，那么无论"主理"还是"主气"，皆根源于宋明以来关于理气关系的讨论。若将对于理气关系的讨论涂成一片光谱，那么整体来看，从理学建立之初的宋代到趋于成熟的明代，光谱会呈现出理的由浓变淡和气的由淡变浓。也就是说，随着理的色泽逐渐褪去，气的浓度不断增强。这一过程从理的角度而言，即是陈来所说的"理学思维去实体化的路向"："存在论上的理的条理说必然引导到只能承认气质之性说，而否定本然之性说。事实上，朱子以后，元明理学的理气论正是循着这样一条内在的理路走过来的。"[2]陈来进一步指出：

> 在经历了明中期以来的在"理"的理解方面的"去实体化"的转向以后，儒学思想家大都走向了这种气质之性（条理之性）的人性一元论。元明的这种人性论虽然多非自然人性论，仍然主张存理遏欲，但这种人性论往往不再坚持性善论，使得孟子的性善论在儒学中的地位受到挑战，从而形成了儒学发展及其经典诠释的新课题。清代思想家如陈确、颜元乃至戴震无不受此影响。[3]

理之"去实体化"的反面，即从气的角度而论，则可以称之为"理之气化"。理的不断"去实体化"本身即意味着理对于气的依附性不断增强，最后甚至仅作为气的属性而存在。在京学派之中，室鸠巢具有比较典型的"主理"倾向，而贝原益轩则属于典型的"主

1　阿部吉雄『日本朱子学と朝鮮』東京大学出版会、1978、493 頁。
2　陈来：《诠释与重建——王船山的哲学精神》，北京大学出版社，2013，第 383 页。
3　陈来：《诠释与重建——王船山的哲学精神》，第 406 页。

气"一脉。"主理"或者"主气"的分类本质上取决于思想家本身的主张。相比之下，上文提及的以发展儒学的主要方式来区分京学派的思想家，则更为注重学派内部的传承。两种分类方式及其具体人物的归属，大体可以表序 -3 呈现：

表序 -3　京学派的代表人物及其分类方式

	传播方式	理气观
藤原惺窝	○	主理
林罗山（林门）	官化	主气
松永尺五	俗化	○
木下顺庵	俗化	○
雨森芳洲	俗化	主理
室鸠巢	俗化	主理
新井白石	俗化	主气
贝原益轩	俗化	主气
安东省庵	俗化	主气

注：圆圈代表分类倾向不太明显或者由于相关文献不足暂付阙如。

从表序 -3 可以看出，林家占据着促进朱子学官学化的主线，而真正承继惺窝衣钵的尺五及其门下，则担当起自下而上传播儒学的任务。当然，即便是在"俗化"或"主理"阵营的内部，也存在或多或少的个体区别，尤其是在理气比例所呈现的光谱之中，具体的思想都充满浓淡的差别，但是这并不妨碍整体上的划分。在此分类的基础之上，我们需要进一步探究每一类型的归属会呈现怎样的特点。

三　京学派的特点

通过前文对于京学派定义和类别的分析，我们应该对京学派有了一个大致的了解。这里还需注意的一点是中日思想史中对于"学派"这一概念的理解差异。相较于以《明儒学案》为代表的"学案体"所呈现的较为严谨的学派划分，日本的所谓"学派"表现出较为松散的特点。[1]我们在梳理先行研究的过程中提到井上哲次郎和朱谦之对于日本朱子学的派别有不同的划分，具体参见表序–1与表序–2。

在前文我们已经较为仔细地比较过二人分类的长短，这里不再赘述。综合起来看，井上的"京学及惺窝系统"以及朱谦之的"京师朱子学派"，具有比较清楚的师承关系，而且人物活动的轨迹主要集中于京都。而井上所谓的"惺窝系统以外的朱子学派"或朱谦之的"海西朱子学派"，虽然人物生活的轨迹主要集中在非京都的"海西"地区，但是都有京都求学的经历，都或多或少受教于"正统"的京学一脉，因此从广义上来说，他们都可以归入京学派，本书即采取了广义上的分类。而且，从思想渊源和体系上来说，看似另类的贝原益轩、安东省庵诸人，实际上也都呈现出京学派的重要特征，因此接下来，我们需要归纳京学派的主体特征。

大体而言，京学派处于江户初期这一时间节点上，因此整体上表现出较为明显的"转型期"或"过渡期"的特征。这种"转型"至少表现在诠释文本的转换和日本儒者自身定位转换这两个方面。

就诠释文本而言，主要是从汉唐五经的训诂儒学转化为以宋明理学为代表的义理之学。需要注意的是，义理之学并非不重视训诂，宋明理学家阐释义理也会从字词的训诂着手。但是宋明理学对于字词的训诂更为简明扼要，因为此时探讨字义并非着力探讨其本义，而在于对经义的发挥。这种诠释方式的转变也意味着儒学"门

1　井上哲次郎的日本儒学史"三部曲"将整个日本的儒学分为朱子学派、阳明学派和古学派三
　　大类。虽然从京学派在内的朱子学派之中可以找出师承的序列，但阳明学派之中除了中江藤
　　树与熊泽蕃山之间有明显的师承关系，后来的所谓阳明学者多为私淑，而古学派从山鹿素行、
　　伊藤仁斋到荻生徂徕，根本没有前后相序的师承。因此我们在理解日本的所谓"学派"之时，
　　需要认识到这种结构上的差异，这样才能更好地理解学派之间的边界问题。

槛"的降低，极言之，训诂之学以五经为载体，皓首难穷一经，而义理之学转以四书为框架，烦琐程度大大降低，这就为儒学从贵族走向庶民阶层打通了道路。

就儒者自身定位而言，主要体现在从以儒佛兼习的儒僧为主体转变为以儒者自居的独立的儒者群体。早期传入日本的儒学主要寄居在博士家族之中，无论是传播者还是受众都非常有限。而宋明理学是随着禅僧进驻日本本土的，因此新儒学在日本诞生之初就注定与佛教"习合"在一起。不过，随着儒学从依附佛教逐步独立出来，儒者的身份也从儒佛一体的禅僧转为以儒者自居的群体。

除了这两层"转换"之外，上一节中已经提到，京学派的内部可以从传播儒学的方式以及思想倾向两条路径进行划分，因此关于其中的具体特点，我们也可以通过这两条路径来呈现。

从传播方式而言，以林家为代表的官传一系，表现出非常明显的促进儒学正统意识形态化的特点。早在罗山追随德川家康打天下之时，其就试图以儒学的方式为家康夺权的合法性进行论证。[1] 当然，朱子学要在真正意义上确立起官学的地位，还需等到宽政异学之禁时，老中松平定信立朱子学为正学。在此之前，从林罗山虽然激烈排佛却仍不得不以僧人的面目出仕，到林家第三代凤冈时，终于可以以儒者的身份担任大学头一职，这一过程正可以视为儒学与德川政权的体制相适应的过程。尺五一系则把精力主要放在将程朱理学通俗化的目标上，这由尺五以佛教诠释儒学义理的"逆格义"方法较为清晰地呈现出来。[2] 等到幕末之时，曾经需要借助佛教来诠释自身的儒学已然成为诠释西学的思想资源，这一变化本身就足以说明儒学已经实现本土化。

1　详见本书第二章第二节。

2　详见本书第二章第一节。

　　至于"主理"和"主气"的倾向所具有的特点，在理气关系中更倾向于"主气"的儒者，表现出更多的向外格物致知，而"主理"的儒者，则更偏于向内的诚意正心。后文会不断提到，"主气"实际上反映的是理学气化这一儒学内部自身的逻辑发展理路，而"主理"则更多地走向了宗教的一面，尤其是与日本神道相结合，形成了有别于东亚其他地域的"儒家神道"。

第一章 "儒学日本化"进路之一：
儒学的官学化

对于日本儒者而言，作为"他者"的外来儒学如何才能迅速实现在地化或者本土化？与"官方"合作当然是不二选择。儒学虽然很早就传入日本，但是其广泛传播是在江户开幕以后的事，尤以宽政异学之禁为其标识。然而，立以朱子学为代表的儒学为正学并非一蹴而就的偶然"事件"，在此之前，以藤原惺窝、林罗山为首的京学派朱子学者均在此延长线上作出了卓有成效的铺垫，本章即以他们为中心勾勒儒学日本化的官学进路。

第一节　日本朱子学之独立：藤原惺窝 "脱佛入儒"

　　追溯日本近世儒学尤其是朱子学的开端，常常会以藤原惺窝[1] 或林罗山为起点。这是因为虽然儒学东传日本可以上溯至更早的时代，但是真正将儒学作为官方 "正统" 思想的是在江户时期，而推动这一过程的关键人物正是林罗山。这样说来，或许将此殊荣归于林罗山理所应当。但问题在于，林罗山所倡导的被立为官方意识形态的儒学，是朱子学，如果放在当时的思想史语境更为常见的表述是 "道学"。"道学" 之 "道" 固有天命率性之意味，但置于三教关系之中则更有对 "道统" 的强调。林罗山被德川家康任命为 "大学头"，他的授业恩师自然也就成为德川儒学的 "东土初祖"，更何况德川家康本来也同意授予惺窝 "大学头" 的教席，只因大阪冬之战而未果。因此，这样的系谱似乎顺理成章。但也不乏学者对此提出质疑，不妨以下面两种观点为例：

　　　　惺窝的最大贡献，在摆脱禅学的束缚，使儒学走向独立的

1　藤原惺窝（1561~1619），姓藤原，讳肃，字敛夫，惺窝为其号，除此之外，还有北肉山人、柴立子、广胖窝等号。日本战国中期的永禄四年，惺窝作为其父为纯的第三子，生于播磨国三木郡细河庄。其母通称瑞室大夫人。惺窝的家系可以上溯至藤原道长，为中纳言定家十二世孙。惺窝七八岁时，入龙野景明寺师事东明昊和尚。先祖代代相传的领地在惺窝18岁时被土豪夺去，其父及长兄也在此战中不幸战死。惺窝求助于羽柴秀吉未果后，上洛并入当时学问之中心相国寺学习佛典，所居曰妙寿院。在与朝鲜通信使的交往中，惺窝开始倾心儒学。33岁时谒见德川家康，讲释《贞观政要》。36岁欲渡船前往中国，遇疾风而未果。38岁于京都伏见与朝鲜俘虏姜沆相遇，二人多有来往问答，沆称惺窝所居为 "广胖窝"，惺窝亦取上蔡所谓 "常惺惺" 而自号曰 "惺窝"。44岁与林罗山初见。54岁依罗山之见，欲在京都建学校，得家康应允，却遇大阪冬之战未果。后将军秀忠欲聘惺窝为大学头，然惺窝病重未能应召。享年59。关于藤原惺窝生平，可参考国民精神文化研究所编『藤原惺窩集』思文閣出版、1941；石田一良·金谷治校注『日本思想大系 28　藤原惺窩　林羅山』；太田青丘『藤原惺窩』吉川弘文館、1985；相良亨『近世日本儒教運動の系譜』弘文堂、1955。

路上去。儒学已不是训诂章句的旧套，而是向着伦理方面的转化；儒学不是什么禅僧倡导的绯流文学，而是万人所依据的道学；就这一点惺窝遂成为日本近世儒学史上的开山人物。[1]

我们往往容易认为日本对中国思想的接受与中国思想史的时间顺序是一致的，但事实不一定如此。虽然惺窝表彰了朱子学，却残留着五山的风气，同时摄取了林兆恩等明末的思想，显现出诸学派融合的姿态。惺窝之后，如山崎暗斋那样以朱子学的纯粹理解为目标，追溯学派渊源的倾向出现，由此才展开日本独立的新思想的序列。[2]

以上两种观点可以说代表了对惺窝思想的不同定位。第一种观点显然把惺窝视为一个彻底与汉唐训诂儒学和佛学分道扬镳的坚定的朱子学者；第二种观点则在惺窝的思想中找出了延续和融合的因素。而对惺窝的不同定位，又涉及如何看待日本儒学史的起点和性质这一范围更大的讨论：

近世日本的儒学思想研究的第一个问题在于，其源流究竟是何时从谁开始的。通常的说法认为，和近世同样也是从德川幕府的开创开始，其开祖应该是与日本朱子学相关的藤原惺窝和林罗山。与此相对，战后今中宽司与和岛芳男两人持不同的意见，提出新说，即认为应该从镰仓时代开始徐徐发展、从室町时代末期一直延续到战国时代的清原博士家学中，寻求近世儒学的源流。这之后直到现在也没什么发展。对此应该如何评价呢？第二个问题在于，丸山真男曾断言近世初期的朱

1　朱谦之:《日本的朱子学》，第 176 页。
2　土田健次郎『江戸の朱子学』筑摩選書、2014、52 頁。

子学不过是纯粹忠实地介绍朱子的言说而已，这样的论断属实吗？[1]

对于第一点，如果反过来思考，可以提出，将惺窝定位为朱子学的首倡者是否合理？惺窝其人的主要生平记载都出自其高弟林罗山之手，罗山描绘出的惺窝，虽然有"先生虽读佛书志在儒学"[2]"先生深衣道服谒"[3]这一似乎"排佛归儒"的立场，但能否据此就断定惺窝彻底站在儒学阵营之中，从此与佛教势不两立？而第二点则更深入惺窝的思想内部及德川初期日本儒学的整体概观。惺窝倡导朱子学是事实，但这不足以说明他就是一个纯粹的朱子学者，而且惺窝很推崇晚明颇有名气的主张三教合一的林兆恩的思想，这是否又意味着惺窝并非"忠实地介绍朱子学"的"醇儒"？这些问题无一不关涉惺窝本人的思想历程，而其中的关节点，就在于记述惺窝生平主要的参考文献《惺窝先生行状》（以下简称《行状》）。因此本节主要以《行状》记载的时间顺序为基轴，系统梳理惺窝的思想历程，以期在林罗山的"惺窝像"之外摸索一个更为贴近史实的惺窝。

一　林罗山之"排佛"的惺窝像

对于后世而言，提起惺窝，脑海中就容易联想起他以儒者的形象现身为将军释讲的场景，这一场景很容易给我们一种鲜明地表明惺窝已经"排佛归儒"的印象。而这一记载，出自其高足林罗山之手。罗山在惺窝逝世的翌年（元和六年，1620）完成

1　澤大洋「近世儒学政治思想の成立——藤原惺窩と林羅山、及びその門流」『東海大学政治経済学部紀要』第 31 号、1999 年 9 月、59 頁。
2　林羅山「惺窩先生行状」国民精神文化研究所編『藤原惺窩集』巻上、6 頁。
3　林羅山「惺窩先生行状」国民精神文化研究所編『藤原惺窩集』巻上、8 頁。

了《行状》，由于记述惺窝生平的文献不多，这篇文献就成为了解惺窝事迹和思想的主要来源："不管怎样，对日本近世思想史上的'惺窝'赋予革新的重大意义，并确定了其定位，这就是林罗山撰《惺窝先生行状》的贡献。在此意义上说，《行状》的意味是极大的。以后，不知不觉地围绕藤原惺窝的形象就被连着林罗山在其《行状》中描绘出的'惺窝'像了。"[1]引文所谓的《行状》赋予惺窝革新的形象，实际上就是指"排佛归儒"的形象设定，而通过这一设定，惺窝在日本近世思想史上被赋予近世儒学尤其是朱子学"开山"的定位。而且，由于《行状》在惺窝研究史上不可取代的位置，通常对惺窝的理解都建立在其基础之上。那么罗山在《行状》中是如何勾勒出这一"惺窝像"的呢？既然罗山的"惺窝像"以"排佛归儒"为特点，那么我们不妨将其一分为二，分别讨论。

首先来看罗山笔下"排佛"的形象设定。《行状》一开始介绍了惺窝自小随东明长老诵《心经》《法华经》而能暗记，人称为"神童"；后上洛入相国寺，投靠叔父普光院泉和尚，他叔父虽以"强记"闻名，面对惺窝却"难开口"。如此种种，一方面主要的意图是塑造出一个开创者必然不凡的"天才"神话，当然另一方面也展示出惺窝在佛学方面的积淀，但是这第二个方面是罗山要着力对抗的。所以在此记录之后，罗山笔锋一转，强调惺窝之志不在佛而在儒。这样一来问题就出现了，自小佛学起家的惺窝为什么志不在此呢？换句话说，是什么促使惺窝"排佛"呢？

罗山设置了一个事件作为转折点，那就是惺窝在30岁时与朝鲜通信使的会面："先生虽读佛书，志在儒学。天正十八年庚寅，朝鲜国使通政大夫黄允吉、金诚一、许箴之[2]来贡，丰臣秀吉公命馆

---

1 〔日〕铃木章伯：《藤原惺窝研究》，博士学位论文，武汉大学，2014，第38页。

2 关于《行状》中记载的"许箴之"其人，阿部吉雄考证当为"许箴"，字功彦，号岳麓、山前、荷蒉翁，"箴"当为笔误。参见阿部吉雄『日本朱子学と朝鲜』、43~45页。

之紫野大德寺。先生往见三使，互为笔语，且酬和诗。时先生自号‘柴立子’，许篆之为之说以呈焉。”[1] 其中提到了许山前呈书惺窝一事，而“为之说”，即《柴立子说赠蓉上人》一文。许山前在此文中记下了当时与惺窝问答的情形：“又躐然而至曰：‘贫道以柴立，自号柴立，蒙庄之说无心而立之，固是其义也。盍为我演其说以贻诸俺，以为他日面目，虽别后犹在是也，况贫道因子说而有发焉。其耿耿于心目间者，又不待书之披也，夫岂浅浅而已哉？’”[2] 惺窝自号“柴立”，典出《庄子·达生篇》：“仲尼曰：‘无入而藏，无出而阳，柴立其中央。三者若得，其名必极。’”郭象注“柴立”为“若槁木之无心而中适”。[3] 惺窝这里提到的“蒙庄之说无心而立之”，即是敷衍此意。但是惺窝似乎并不满意这种解释，希望许山前能敷衍其义以启发自己。许山前为朝鲜朱子学者李退溪门下三杰之一柳希春的高足，惺窝向他讨教自然很清楚他会采取的立场，这样看来惺窝确实是想向他讨教儒学的见解，而山前的回答也如他所愿：

　　吾之说非所发于子之道，若夫面目之云，则吾亦乌能无是哉？虽然余尝见佛者之说，曰任心自在，莫作观行。行住坐卧，任意纵横，总是佛之妙用。然则何事于立？而亦何用固哉？上人方将超空空入无相，而跨马驹沿曹溪，以上契于拈花之一笑，而胶于观行之伎俩。不彼妙用之希，而甘滞一隅，自号曰柴立，是固何哉？佛氏之道吾未之学，请以吾家之说明之。孔子曰“可与立”，孟子曰“先立其大者”，夫适道者未始不由于“立”，欲养其体当“先立其大者”，是固入道之路脉。而道之浩浩，何处下手？立志以定其向，立脚以固其基，是实

1　林羅山「惺窩先生行状」国民精神文化研究所編『藤原惺窩集』卷上、6頁。
2　許山前「柴立子說贈蓉上人」国民精神文化研究所編『藤原惺窩集』卷上、287頁。
3　陈鼓应注译《庄子今注今译》，中华书局，1983，第477页。

入道之大方。[1]

惺窝以自己的号"柴立"来设问,许山前即以"立"字做文章。释之道讲妙用,讲"空",正与惺窝以"无心"来解"柴立"相通,然而以此空、无为基,又如何能"立"、能"固"呢?许山前紧扣"立",以孔子的"可与立"、孟子的"先立乎其大"为入道之法门。他虽然谦虚地说未曾学佛释之道,却对儒佛关系有自己的理解:

> 儒释之道所造虽异,用力之功亦应不殊。至于真积力久,造一朝豁然之境,则吾儒之所谓知至,而佛者之所谓契悟也。磨砖固非作镜之道,而其所以获镜之明者,亦固磨者之功也。夫所谓言下领悟者,非彼之言徒使吾悟,皆吾立志立脚之功真积力久,而彼之言适触吾心之愤悱也。启发之缘亦应相值,而自立之功固不可诬也。不然上堂者不啻数十百众,而听言而符契者仅一二而止,若果尽在于法师之机发,而都不干我事,在法会者皆可以得道而有契,不契者庸非先立其在我者哉?然则妙用者未始不由于自立,而自立者固所以为妙用之地也。是岂非吾子有取于立之之义乎?[2]

之前的研究往往将许山前此书定性为批判佛教劝导惺窝入儒之信:"在《柴立子说》中,许山前巧妙地以儒教思想来说明'柴立'的意义,循循善诱地论述儒教与老佛断不可相容。可以说暗藏着严厉批判老佛的底色来阐述儒教本来的立场。"[3]然而仔细推敲文字,"儒释之道所造虽异,用力之功亦应不殊",此为异中求同,

---

1 許山前「柴立子説贈蕣上人」国民精神文化研究所編『藤原惺窩集』卷上、287頁。

2 許山前「柴立子説贈蕣上人」国民精神文化研究所編『藤原惺窩集』卷上、287~288頁。

3 阿部吉雄『日本朱子学と朝鮮』、47頁。

也就是说许山前不但没有排斥佛教的意图，反而试图在二者之中找到调和的方式，吾儒所谓"知至"，佛者所谓"契悟"，虽然名称不同，却都指向最终的"豁然之境"，这不正是殊途同归吗？"真积力久"与"豁然之境"，很明显是化用了朱子的"至于用力之久而一旦豁然贯通"，虽然朱子的"补格物致知传"并没有调和儒释的目的，但许山前巧妙地将其一分为二，如果用"真积力久"的立志立脚来代表儒学的用功的话，那么"豁然之境"的契悟则是佛教的追求。禅宗以拈花一笑的迦叶为心心相印之初始，六祖慧能也以"本来无一物，何处惹尘埃"的顿悟胜过神秀"时时勤拂拭，莫使惹尘埃"的渐修。但是在许山前看来，堂下众人之中何以独迦叶能会心？如果佛祖的动作于每个人而言并无差别，那么差别只能在每个弟子自身之上，带来这种差别的，不正是立志用力之功吗？所以一直以来众人关注的都是作为结果的"一笑"，却不知这"一笑"需要多少积累，许山前就这样以儒之立志之功融会佛之契悟之境。这样一来，儒释之间似乎就没有了分明的界限，这必定不符合道学"排佛"之旨，因此许山前自己也感叹说，道不同不相为谋，惺窝与自己，虽一僧一儒，然赠人以言当为仁者之事，即便自己之说不能发明释道之旨，也足以慰相思之意。从许山前的文字中，很难找出坚决排斥佛教的主张，反而不难发现他折中儒释的意图。

　　清楚了这一点，再回到我们之前讨论的《行状》，林罗山曾以会见朝鲜通信使一事表明惺窝"虽读佛书，志在儒学"的立场，然而通过我们的分析，在给予惺窝关键性影响的许山前的文字之中，并没有着力于排佛的文字，此为一疑。当然，这些文字虽然没有给惺窝排佛的暗示，其劝惺窝"立志"的意图应该给他留下了深刻的印象。同样在《行状》之中，罗山记载了自己与惺窝初见的场景。罗山指出自己对《论语》的疑惑之处，惺窝一一辨析后，告诉罗山自己十余年前也曾有这些疑问，接着说道："我非翅嘉其利智，只嘉其志而已，伶俐者世多有，而立志者寡矣。"[1] 惺窝看重的并非罗山的聪明伶俐，而是他的立志，这不正是年轻时许山前教导惺窝的入道之方吗？从这个意义上我们可以说，与朝鲜通信使尤其是许山前的交往，让惺窝了解了儒门的入道之方，从而立下学儒之志。

除此之外，学界一般把天正十九年（1591）惺窝拒绝二次出席与五山诗僧的联诗作为他排佛的标志性事件："秀次诗会这一戏剧性的场面到底是否属实另当别论，但天正十九年这一《行状》的记载在以后成为惺窝排佛的划时期的节点。"[2] 这一划时期事件的原委详细记载于《行状》之中："十九年辛卯，博陆侯丰臣秀次令长老周保，聚五山诗僧于相国寺，题诗联句。先生初一会，而后不复赴。众强之不肯，或诿秀次旨，而诘先生。先生掉头曰：'夫物以类聚，如韩孟相若，而后联句可也。若否则如只脚着木屐，只脚着草鞋与。其不耦也必矣。吾不欲耦于俑也。'"[3] 惺窝以"物以类聚"为由拒绝再次与五山诗僧联句，很容易让人推测惺窝自认为与五山诗僧不是一类人，而如果五山诗僧代表的是佛教，那么惺窝不愿与之为伍不就能看出他排佛的明确态度吗？实际上这也是学界将此事作为惺窝"转向"的标志性事件的原因。但是如果再仔细推敲，如果惺窝不愿再次赴会的原因真的是不愿再与佛教之人同流，那么以他胆敢得罪权贵的性格，为什么不更为直接地放弃他相国寺首座的身份？此种矛盾，今中宽司已然发现：

> 罗山在惺窝没后翌年即元和六年（1620）撰写了《惺窝先生行状》，该书虽然有着极高的可信度，但是惺窝排佛归儒这一点，却看不到惺窝直接的相关文字。而且天正十九年以后，惺窝作为舜首座来往于世俗，他自身并没有否定这一身份。惺

1　林羅山「惺窩先生行状」国民精神文化研究所編『藤原惺窩集』卷上、9頁。

2　今中寛司『近世日本政治思想の成立──惺窩学と羅山学』創文社、1972、137頁。

3　林羅山「惺窩先生行状」国民精神文化研究所編『藤原惺窩集』卷上、6~7頁。

窝的儒癖是与许山前相会时形成的，这虽然是事实，但这是自己的主义、主张与学问上的事，在世俗中，他保持着儒佛兼习的禅僧身份，并没有想要进一步放弃这重身份。而且《行状》的记事是林罗山在成为幕府的儒官之后，在与商人气质的黑衣宰相崇传和天海对抗的情形下，制造惺窝排佛归儒的传说，来使自己儒官的身份正当化，其政治策略的味道是很强的。总之，我反对以天正十九年作为惺窝排佛归儒之年这一学界迄今为止的定说。[1]

也就是说，在惺窝的现存文献中，并没有能直接证明他本人有排佛归儒倾向的文本。而他自己在此后保持着相国寺高僧首座的身份也很难让人相信他已经处于排佛的立场。虽然以罗山写作《行状》的处境作为论据并非直接的论证，但是以上引文中提到的惺窝的"儒癖"来源于与许山前的相会一事，我们已经探讨过。虽然没有惺窝对许山前的直接回信，我们难以看出惺窝究竟在多大程度上受到他的影响，但是至少通过分析许山前的文本可以清楚地知道，许山前本来就没有排斥佛教之意，试问调和儒释的内容怎么会给惺窝带来排佛的影响呢？由此可以说，今中宽司认为惺窝受到许山前影响不过是学问上的事，在世俗层面惺窝并没有作出此种决断，而经过对许山前的文本分析之后，我们可以进一步推断，即便在学问层面，许山前应该也没有给惺窝带来排佛的影响。只是这样一来，惺窝又是在何种意义上认为自己与五山诗僧非同类？这里首先需要澄清惺窝所面对的五山诗僧这一群体的基本诉求。

本来，宋王朝的君主专制政治，是通过让地方的商业资本家和有教养之人参加科举这一高等文官考试来选拔录用高级官

1　今中寛司『近世日本政治思想の成立——惺窩学と羅山学』、25 頁。

僚，而这些所谓的地方读书人是包括了禅僧与儒者的学者。因此禅僧与儒者都有商业气质，禅僧兼习儒学，儒者兼习禅。禅在十三世纪初传入日本后也有同样的倾向，尤其是进入室町时代后的京都、镰仓五山禅僧的五山文学，以儒佛兼习为传统。惺窝在三十岁左右出任了相国寺首座，首座是担当禅寺修行方面的西班的头领，因为是住持的第一候补，所以理应作为精通禅儒两者的硕学而闻名。而且这个时候，禅僧要想获得大名和将军的认可，那么出席这些人举办的诗会，在其间得到才能的认可是最为便捷的出仕机会。[1]

五山禅僧是僧人，所代表的自然是佛教，再加上罗山对惺窝"虽读佛书志在儒学"的预设，因此惺窝排斥这些僧人很容易让人先入为主地认为惺窝已经开始了排佛的进程。但是五山禅僧除了修习佛教，还兼修儒学，惺窝自己也是在这样的传统中修习儒学的，他并没有放弃这样的身份，表明他并没有对兼习儒佛表现出不满。如上文所言，这个诗会还有一个很重要的功能，即得到大名或者将军的认可而出仕，惺窝不愿再次赴会，会不会是厌恶这种诗会本身的"求职"性质或者说讨厌这群人带有的功利习气呢？惺窝在给罗山的信中曾自述："顾我孑孑然无友，孤陋寡闻，其故如何。方今世降俗薄，而物论不公，呫呫然动其喙，高者入空虚，卑者入功利。有惰窳者，有夸毗者，有突梯卷脔者。故交乎人者，炎而附，寒而弃，朝而真，暮而伪，甚者仅有间，则挥舌上之龙泉，而刺人于背后，不见血。悲夫矣！夫是所以无友寡闻也。"[2]惺窝长期生活在寺院之中，那么与他接触最多的人自然是寺中的僧人。僧人本来应该是超脱于世俗功利之外的，然而在惺窝看来，身边之人，"高者入空虚，卑者入功利"。不难想象，所谓高者应该是佛门中一心向道不

1　今中宽司『近世日本政治思想の成立——惺窝学と羅山学』、24 頁。

2　藤原惺窝「答林秀才」国民精神文化研究所編『藤原惺窩集』卷上、137 頁。

问世俗之人，卑者则是身穿玄衣却不离功利之人，而那些参加诗会
的僧人，既以受到大名或者将军赏识出仕为目的，那么当然是第二
类人。而这些人趋炎附势、阳奉阴违，在惺窝看来是极其可悲而不
愿与之为友的，也许正是因为这样，惺窝才不愿再去参加那种以联
诗为名实际却待价却沽的诗会。而且，惺窝本来就不愿意把学问当
成仕途的敲门砖。罗山写道："先生谓余曰：'汝谓何以为学，若求
名思利，非为己者也。若又以此欲售于世，不若不学之愈也。'余
闻而铭于心。"[1] 在惺窝看来，如果要自己兜售生平所学，那还不如根
本不学，而那些参加诗会的僧人不就是在做这样的事吗？再有，实
际上在与许山前同为朝鲜通信使的金诚一的和诗中，也可以看到
"忽袖琼诗勤访我，爱君高出俗流尘"的文字，[2] 从旁人的评价中也可
以看出惺窝其人的出尘脱俗。惺窝自述不赴会之缘由在于"物以类
聚"，正可与给罗山信中的"无友""寡闻"相呼应。

　　与朝鲜通信使会晤和拒赴诗会，实际上并不能证明他和弟子
罗山一样有着排佛的立场。我们只能说，惺窝确实想要归儒，但
此时并未见其排佛。"惺窝师事的东明禅师的师傅，是出身于纪传
道大江家的九峰宗成，惺窝的文凤老师的师傅是当代首屈一指的
儒僧仁如集尧。惺窝从幼时开始，就像这样跟随有深厚儒学学统
的师傅学习，这是应该注意的。"[3] 如此，排佛和归儒，看似矛盾，[4]

1　藤原惺窩「惺窩問答」国民精神文化研究所編『藤原惺窩集』卷下、391 頁。
2　阿部吉雄『日本朱子学と朝鮮』、46 頁。
3　阿部吉雄『日本朱子学と朝鮮』、41 頁。
4　归儒与排佛在很多时候被视为一体两面的过程："惺窝把'道统'的承继和发扬作为自己安身
　立命的大任，企图在日本如同朱熹在中国一般要为世人开拓一片新天地。正因为如此，理论
　的转向和认识的偏移必然使藤原惺窝把批判的矛头指向了佛教。之所以敢做如是的判断是因
　为，惺窝尊信程朱，而程朱辟禅，惺窝对理学思想的容受必将诱发他对佛教的猛击乃至驱逐。
　理学与佛教之冰碳不容，前驱韩愈、李翱激烈性的言论和行为自不待言，仅就二程的批判而
　论，目力已是相当峻切而深刻，而朱熹对佛教的批判则几乎是摧毁性的。"（王明兵：《江户初
　期禅僧对"朱子学"的皈依与"脱佛入儒"》,《东北师范大学学报》2008 年第 1 期）以上推
　理可以说是很具代表性的，接受程朱理学必然带来猛烈的排佛，但是这一逻辑是否必然成立，
　尚需斟酌。

但是如果置于五山文化绵延以来儒佛习合的语境中，则不难发现，惺窝自小接受的本来就是儒释兼习的教育，而且许山前引导他的也是调和儒释的门径，因此惺窝有归儒而不排佛的立场应该在情理之中。但是，在罗山笔下惺窝排佛的过程中，还有一件更为张扬的事件，这就是惺窝深衣道服谒见家康一事。对于这件事又该怎样看待？这件事如果标志着惺窝以"儒者"自居，那么他要如何处理儒释之间的关系？这就是我们接下来要探讨的问题，即惺窝的儒学观。

二 林罗山之"归儒"的惺窝像

《行状》颇为戏剧性地记载了惺窝身着儒服面见家康并应对众僧的场面：

> 秋九月，幕下入洛，先生深衣道服谒，幕下欲听其言。时有浮屠和尚承兑，及灵三者，与先生旧相识，颇自负文字，尝侍秀吉公，公殁仕于幕下。时兑为僧录司，谓先生曰："有真有俗，今足下弃真还俗，我不唯惜执拂拈锤手而已，又为丛林惜之。"先生曰："自佛者言之，有真谛有俗谛，有世间有出世，若以我观之，则人伦皆真也，未闻呼君子为俗也。我恐僧徒乃是俗也，圣人何废人间世哉？"[1]

这件事发生在庆长五年（1600）惺窝 40 岁之时，虽然从上一节讨论的惺窝与朝鲜儒者会面及其不赴诗会的事件中看不出惺窝排佛的动向，却不难看出他有立志从儒之意。此次觐见，惺窝身着儒服自是以儒者自居，然而如果考虑到这并非惺窝与家康的第一次会

1　林羅山「惺窩先生行状」国民精神文化研究所編『藤原惺窩集』卷上、8 頁。

面，早在文禄二年（1593）惺窝 33 岁之时，他就曾为家康讲授《贞观政要》："文禄二年癸巳，赴武州之江户，执谒于源君，命令读《贞观政要》。"[1] 而在第一次谒见中惺窝并没有把自己打扮成一个儒者，也就意味着并没有刻意表明自己的儒者立场。同样是拜见这个国家的实际统治者，惺窝前后表现的差异让我们有理由推测他的思想在这期间发生了某些重要的变化。

"《贞观政要》是镰仓幕府以来在武将之间流传的读物，惺窝也延续着五山以来的风习，作为学僧来讲解释义，此时惺窝应该并没有对朱子学有特别的理解。然而从他在此前后所作的诗文来看，佛教用语的影子逐渐消失，而儒教的用语却多了起来。"[2] 也就是说，虽然此时的惺窝并未深入朱子学，却已在诗文中显露出归儒的意向："光风和蔼满身春，一日岁新心亦新。消尽寒威如克己，迎来阳气似归仁。"[3] 诚如阿部吉雄所言，"完全是儒者的口吻"。[4] 在这一时期前后，惺窝还明确地表示"金吾求禅语，予性不好佛，故辞不可"，[5] "金吾"是指金吾中纳言丰臣秀俊，惺窝承叔父寿泉的介绍，曾为秀俊的"御伽众"[6] 之一。"不好佛"的惺窝，在其父之忌日所赋诗的序言（文禄三年，1594）之中明确写道："空吾翁一生之本志，失吾家万代之道统，是可忍哉？"[7] 不忍失去"道统"，换言之也就是要接续道统，这几乎是每个道学家的最高理想，从这个意义上而言，惺窝已经立志从儒无疑。除了诗文，惺窝在事实上也表明

1 林羅山「惺窩先生行状」国民精神文化研究所編『藤原惺窩集』巻上、7 頁。

2 阿部吉雄『日本朱子学と朝鮮』、55 頁。

3 藤原惺窩「文禄癸巳試筆」国民精神文化研究所編『藤原惺窩集』巻上、54 頁。

4 阿部吉雄『日本朱子学と朝鮮』、55 頁。

5 藤原惺窩「以二美人献登徒子」国民精神文化研究所編『藤原惺窩集』巻上、46 頁。

6 根据今中宽司的考察，"所谓御伽众，最初的意义来源于战国时代到江户时代初期，夜里陪伴在将军和战国大名身边度过漫漫长夜的僧伽众，后来意义有所扩大，也指讲释处事谈、夜话、修养谈、世事谈、武边谈、军物语等，提供广泛的教养和知识的御咄众、御相伴、谈伴"。今中宽司『近世日本政治思想的成立——惺窩学と羅山学』、26 頁。

7 藤原惺窩「家君忌日詩三首」国民精神文化研究所編『藤原惺窩集』巻上、65 頁。

了他归儒的决心。这一年的六月,他与相国寺的叔父寿泉断绝了关系,从而取消了自己作为广谱院后嗣的身份。日本学界一般把文禄三年前后(34岁)作为惺窝"确立儒者信念"的时期,[1]与此应该也有很大关系。如果事实如此的话,又是什么促使惺窝的思想彻底偏向儒学?

惺窝在初次会见家康之时并未刻意穿儒服,然而,"在姜沆归国后不久,(惺窝)首次身着深衣道服出现在德川家康面前,与家康身边的学僧进行儒佛的论争"。[2]身为朝鲜俘虏的姜沆,是惺窝奔赴儒学历程中的核心人物之一。虽然在姜沆出现之前,惺窝在某种程度上已经倾心于宋明理学,[3]然而正是姜沆引导惺窝以"和训"的方式整理理学文本并消化理学思想。关于惺窝与姜沆的邂逅,《行状》中记载道:

> 朝鲜刑部员外郎姜沆来在赤松氏家,沆见先生,而喜曰日本国有斯人。俱谈有日矣。沆曰:"朝鲜国三百年以来有如此人,吾未之闻也。吾不幸虽落于日本,而遇斯人,不亦大幸乎?"沆称先生所居为"广胖窝",先生自称曰"惺窝",取诸上蔡所谓惺惺法也。本朝儒者博士,自古唯读汉唐注疏,点经传加倭训。然而至于程朱书,未知什一,故性理之学,识者鲜矣。由是先生劝赤松氏,使姜沆等十数辈,净书四书五经。先生自据程朱之意,为之训点,其功为大。[4]

引文中提到的赤松氏即赤松广通,是播磨国龙野城主,爱好学

---

1 太田青丘『藤原惺窩』、180 頁。
2 阿部吉雄『日本朱子学と朝鮮』、62~63 頁。
3 从"惺斋敛夫肃"的署名中可以窥见这种变化,可参考阿部吉雄的《小学的阅读与名号的由来》。阿部吉雄『日本朱子学と朝鮮』、58~60 頁。
4 林羅山「惺窩先生行状」国民精神文化研究所編『藤原惺窩集』卷上、7 頁。

问，与惺窝的生涯和学术有很深的关联。可惜广通受谗言诬陷被命令自裁，死时年仅 39。在广通短暂的一生中，不但援助惺窝训点新注四书五经[1]、编纂文献，还笃好儒学之礼。儒家的丧礼在日本并未普及，广通本人却曾守孝三年。《行状》中记载了广通和惺窝试图在日本施行释奠之礼一事："又劝别构一室，安圣牌以拟大成殿，试使贞顺等诸生，肄释奠礼。此礼既绝久矣，庶几以微渐而后遂大行也。"[2] "释奠"之礼，是尊孔子之教化之礼，换言之，是儒家之礼。广通和惺窝此举，是试图在日本推尊儒学无疑。从罗山的记载来看，惺窝此举在江户时代实有复兴之意义，到后来也被罗山继承并发展下去。虽然释奠之礼在江户时代的肇兴，有桂庵玄树说、玄脩轩说等说法，但是"至少制作祭服祭冠、以儒礼祭祀惺窝是最早的"。[3] 惺窝依礼制作了祭服，我们多次提到的"深衣道服"即出于他之手，那么惺窝自己是如何看待此举的？

　　　且夫儒服之制，以余为滥觞者亦奚为？本邦居东海之表，太阳之地，朝暾晨霞之所辉焕，洪涛层澜之所荡漼，其清明纯粹之气，钟以成人才。故昔气运隆盛之日，文物伟器，与中华抗衡，诸儒居大学寮者，砥节砺行，孜孜不倦，屹屹不怠。释奠之礼，试科之制，昭昭乎菅右相遗录。当此时，若诸儒不服儒服，不行儒行，不讲儒礼者，何以妄称儒哉？抑亦儒名而墨行乎？墨名而儒行乎？呜呼！猿而服周公之服，鹤而乘大夫之

1　关于惺窝之训点为盗用的说法，日本学界已经给予有力的批判："认为惺窝等加训点的事业是他在立志渡明而赴萨摩之时，盗用了文之点的这种说法，自伊知地季安《汉学纪源》、西村天囚《日本宋学史》、井上哲次郎《日本朱子学派之哲学》以来被普遍接受。甚至有这样的评价：惺窝盗用文之点还吹嘘为自己的功绩是'他一生的过失'。但是，这种说法完全是错误的，这已经被大江文城氏等证明（『本邦儒学史论考』第二篇第三章），成为学界的定论。"阿部吉雄『日本朱子学と朝鮮』、69 頁。

2　林羅山「惺窝先生行状」国民精神文化研究所編『藤原惺窩集』卷上、8 頁。

3　阿部吉雄『日本朱子学と朝鮮』、77 頁。

轩，余第恐其服不称其身，何暇论他衣服哉？若又礼义不误，
何忧人言！[1]

罗山以为儒服之制，惺窝为滥觞，但是惺窝自己并不在意"滥
觞"的标签，他只是担心"其服不称其身"，也就是名实不符的问
题，如果自己的礼义无误的话，何必在意别人的言论。惺窝亲自参
与制作儒服、行释奠之礼，已然证明他从儒之心，但是儒学中讲孝
道，身体发肤不敢毁伤，这似乎与惺窝曾为僧人的形象相矛盾，惺
窝又要如何处理呢？

> 先生曰："我衣深衣，朝鲜人或诘之曰'其衣深衣可也，奈
> 其剃发何？'我对曰'此姑从俗耳，泰伯之亡荆蛮也，断发文
> 身而圣人不许之至德乎？'诘者颔之。"时余请贺氏，借深衣欲
> 制之，先生听之，翌日深衣道服到，余乃令针工以法裁素布而
> 制深衣。[2]

身着"深衣"即为儒门之徒，然而剃发又与儒学之旨不符，
惺窝以泰伯处荆蛮而断发文身回应对自己的攻讦。这里的"从俗"
实际上表明了他的态度，即没有如罗山一样采取蓄发还俗的坚决
方式来摒弃佛教的身份。实际上罗山曾以排佛一事询问惺窝，惺
窝回信如下："来书所谓排佛之言，更不待劳颊舌。唐有傅大士、

---

1 藤原惺窝「答林秀才」国民精神文化研究所编『藤原惺窝集』卷上、138 頁。引文中的文字，
　如若断章取义，很容易被错当成日本的"民族主义"，由此而进一步设论把惺窝置于日本江户
　时期"民族主义"（或者"日本主义"）之首，"我们可以发现藤原惺窝还有着要与中国争'道
　统'的巨大文化民族主义野心"（王明兵：《藤原惺窝研究》，博士学位论文，东北师范大学，
　2010，第51页）。铃木章伯博士在其博士论文中已经有过非常仔细的检讨，兹不赘述（参考
　〔日〕铃木章伯《藤原惺窝研究》，第17~23页）。只想强调一点，引文中"与中华抗衡"，实
　际上并没有与中华为敌的意思，此处的"抗衡"当作"匹敌"解，即惺窝认为古代的日本也
　曾与中华文明不相上下的阶段。
2 藤原惺窝「惺窝問答」国民精神文化研究所编『藤原惺窝集』卷下、394 頁。

韩吏部，宋有欧阳子，余子不可胜计焉。程朱已往，诸儒先皆有成说，足下之所讲，余无斯意哉。虽然上有治统之君，下有道统之师，则渠何妨我？若其无则奈渠何？且如余者，坚白未足，而妄试磨涅，还为渠所议，可愧莫甚焉。唯自警自勤而已。"[1] 罗山曾通过惺窝的门人素庵呈书惺窝，在罗山看来，佛与儒是水火不容的关系："儒之胜佛也，犹水胜火。今之为儒者，犹以一杯之水救一车薪之火也，不熄则谓之水不胜火，此又兴于佛之甚者也，是以至于佛火之燎原。世俗之惑也，不异池中鱼，是亦为火灾故也。"[2] 在势不两立的对抗中，胜负的关键似乎关乎量的大小，纵然水能胜火，杯水是无法救车薪的，而日本之儒学就处于这样一种被佛教燎原之火包围的困境中。在罗山看来岌岌可危的困境，惺窝却以"更不待劳颊舌"回应，也就是说，对于排佛之事是没有必要多费口舌的。这不仅是因为先儒已经有许多可资借鉴的成说，更是因为佛教"渠何妨我"，即根本没有妨碍到我。罗山以如此激烈之言语渲染儒佛之间的对立关系，却盼来惺窝"渠何妨我"的回信，可见二人对儒佛关系的看法的确不一。"渠何妨我"，是一种"渠"与"我"各自平行、各自无碍的关系，既然本来无碍，又何必要多此一举去排佛呢？

第一部分已经阐释与朝鲜使者交流和拒绝赴会的事件并不能证明惺窝有排佛的动向，而罗山此信中将惺窝着"深衣"之事附诸笔端，则此次书信往来发生在谒见家康之后。惺窝既然依旧没有排佛的意图，就说明他即便是身着儒服参见家康，也没有排佛之意，他只不过是想像一个儒者那样去生活，而见家康只是这样的生活的一部分而已，与平常穿儒服没有本质的区别："惺窝与姜沆分别的那一年，庆长五年九月，谒见家康的时候，穿着非僧服非和服的一种异

1　藤原惺窩「答林秀才」国民精神文化研究所編『藤原惺窩集』巻上、138 頁。

2　林羅山「寄田玄之」京都史蹟會編『羅山先生文集』巻第二、平安考古學會、1918、12 頁。

样的深衣道服，抑或就是当时这种生活的延长，是理所当然之事。"[1]
这种儒者的生活也许是广通和姜沆带给惺窝的，在他们的援助下，
惺窝开始以一个独立于佛教的儒者自居。那么，已经身归儒者的惺
窝，究竟归的是怎样的儒学呢？

三 惺窝之"定于一"的儒学观

惺窝对于儒学的渴求，应该源于他对中华文明的向往。按照
《行状》的记载，惺窝因为自学性理之书无良师解惑而感到烦恼，
所以在他36岁（庆长元年，1596）之时，下定决心要渡海赴明："又
旋洛侨居，环堵萧然，读圣贤性理之书，思当世无善师，而忽奋发
欲入大明国，直到筑阳泛溟渤，逢风涛，漂着鬼海岛。"[2] 那么惺窝对
当时的明朝有着怎样的期许？"先生常慕中华之风，欲见其文物"，[3]
在罗山的笔下，惺窝非常仰慕中华文明。

惺窝不仅在思想上向往明王朝，也付出了实际行动，只是由于
自然因素而未能成行，他对此怀有深深的遗憾："惜乎，吾不能生大
唐，又不得生朝鲜，而生日本此时也。吾于辛卯（1591，天正一九）
年三月下萨摩，随船欲渡大唐，而患瘵疾还京，待病少愈，欲渡朝
鲜，而继有师旅，恐不相容，故遂不敢越海，其不得观光上国亦命
也。"[4] 从惺窝的惋惜中，我们似乎可以排出一个惺窝理想国度的序
列：大唐—朝鲜—日本。不难看出，惺窝不仅在地域上作出排序，
还在时代上表现出好恶。"大唐"虽然可以代指当时中国的明王朝，
但与"日本此时"对照来看，可以推测惺窝还有一个昔胜于今的史
观。罗山记载了他与惺窝的一段对答：

1　阿部吉雄『日本朱子学と朝鮮』、81 頁。
2　林羅山「惺窩先生行状」国民精神文化研究所編『藤原惺窩集』巻上、7 頁。
3　林羅山「惺窩先生行状」国民精神文化研究所編『藤原惺窩集』巻上、7 頁。
4　姜沆著、朴鐘鳴訳『看羊録——朝鮮儒者の日本抑留記』平凡社、1984、183 頁。

　　先生谓余曰："呜呼！不生于中国，又不生于此邦上世，而
生于当世，可谓不遇时也。虽然，孔子不生于唐虞之际，而生
于春秋侵伐之间，孟子不生于文武之时，而生于列国战乱之
代。由此观之，志道者不可论时，然则不生于上世，而生于当
世，亦奚嗟焉。"余对曰："时有远近，道无高下，盖夫子贤于
唐虞之意乎？"先生曰："然。"[1]

　　"此邦"自然是指日本，从"上世"与"当世"的划分中，确
实可以看出惺窝在空间和时间上同时否定了自己之所处。从某种意
义上说，惺窝赴明之举实是想要改变这样的处境，然而非人力所能
抗拒的"命运"让他无法重新选择生活的环境。在出身和所处无法
选择的情况下，还能有怎样的应对？罗山回答的"时有远近，道无
高下"很有深意，从用典来说，这一回答应该是套用了《坛经》中
慧能初见五祖的应答"人虽有南北，佛性本无南北"，其中"佛性"
无差别的观念应该说对宋明理学中"理一"的思想有很大影响，而
这个"一"也可以说是把握惺窝思想的关键，我们不仅可以在惺窝
处理中国、朝鲜、日本的关系中发现这个"一"，也可以在他处理
儒学思想内部程朱与阳明的关系中发现这个"一"。我们先从文献
中看看惺窝如何将不同地域"一之"。惺窝早在 32 岁时（文禄二年
夏，1593），跟随丰臣俊秀巡游肥前名护屋，并在那里见到了大明
的信使：

　　癸巳之仲夏，大明国信使奉国命来，盖其意欲讲和议致太
平，岂凡庸谫才之所能堪哉？所谓使四方不辱君者也耶。遴
选之至当，不言可知而已。窃自顾以蕞尔之至陋，对高明之豪

1　藤原惺窩「惺窩問答」国民精神文化研究所編『藤原惺窩集』巻下、391 頁。

英，语脉不同，礼容不同，似慢非慢，俯冀恕容，更缀小诗抒下情。

四海一家非远方，大明高客忽梯航。休言语韵翻还苦，中有赏音同故乡。[1]

学界一般会把这段文字作为惺窝崇拜明王朝的史料来解读："如果看现在《藤原惺窝集》中收入的《邂逅大明国使》或者《对明国讲和使质询草稿》，就可以明白惺窝当时对大陆的文化如何憧憬，对明的国使如何尊敬，还有如何从内心反对秀吉远征朝鲜。"[2]诚如阿部吉雄所言，惺窝在这里显示出难能可贵的和平主义的"四海一家"，即便是"语脉不同""礼容不同"的国度，在惺窝的眼中依然可以成为"一家"甚至"同乡"。这对于只能生于"本邦此时"的惺窝来说不只是一种精神上的慰藉，他还找到了理论上的依据："先生曰：'理之在也，如天之无不帱，似地之无不载。此邦亦然，朝鲜亦然，安南亦然，中国亦然。东海之东，西海之西，此言合，此理同也，南北亦若然。是岂非至公至大至正至明哉？若有私之者，我不信也。'"[3]惺窝之所以认为本邦、朝鲜、安南、中国"亦然"，根源即在于"理同"，而这一理论，我们自不陌生："东海有圣人出焉，此心同也，此理同也。西海有圣人出焉，此心同也，此理同也。南海北海有圣人出焉，此心同也，此理同也。千百世之上有圣人出焉，此心同也，此理同也。千百世之下有圣人出焉，此心同也，此理同也。"[4]象山之"心同理同"，将时空中所有的偶然条件一律否定，从而确立起"同"的必然性和绝对性。"理同"的基础，在于"心同"，这一逻辑的贯穿需要以"心"作为连通的条件："读圣贤之经

---

1 藤原惺窩「邂逅大明國使」国民精神文化研究所編『藤原惺窩集』卷上、63 頁。

2 阿部吉雄『日本朱子学と朝鮮』、53 頁。

3 藤原惺窩「惺窩問答」国民精神文化研究所編『藤原惺窩集』卷下、394 頁。

4 陆九渊：《象山先生行状》，钟哲点校《陆九渊集》，中华书局，1980，第 388 页。

书，以经书证我心，以我心证经书，经书与我心通融可也。故读书
之法，莫近于此矣。"[1] 这是惺窝教给罗山的读书之法，而这里讲到的
读圣贤之经书，正是儒学之经典，"先生以为圣人无常师，吾求之六
经足矣"，[2] 惺窝以儒教六经为圣贤之经书明矣，或许正是因为惺窝无
常师，所以也只能用经书与己心相"通融"之法。而这一"通融"，
可以说正是惺窝儒学思想的特点之一。

　　惺窝常被奉为日本近世朱子学之祖，然而他并不似崎门一般
排斥陆王之心学。惺窝的"东海西海理同""以我心证经书"都
流露出私淑心学的痕迹，他本人也非常强调程朱、陆王之间的
定于"一"："问：'致知格物，郑玄注于前，温公解于后，到乎
程朱又更作之传，粲然明白，又至阳明别出意见，如何？'先生
曰：'此处未易言也。汝唯熟读玩味，涵泳从容可也，要在默而识
之也，至一旦豁然贯通，则诸儒之同异定于一。'"[3] 罗山不同于其
师，有着非常明确的朱子学立场，可以说是"排佛""排王"都
不遗余力，从此提问中也可以看出罗山不喜阳明的倾向，而惺窝
指点弟子之处正在于"贯通"，从而能将诸儒所谓之"同异"定
于"一"。

　　惺窝非常强调这种贯通后的"一"："先生曰：'阳明出而后皇明
之学大乱矣，必又有可畏之君子者出焉而一之。'惺窝批曰：'非以
阳明为乱，以天下学者为乱。'"[4]《惺窝问答》本为罗山对与其师问
答所作的笔录，惺窝在此条记录后明确批示，阳明学出而思想界似
乎陷入混乱的场景，此非阳明之罪，罪在天下学者，而且坚信一定
会有后生可畏之君子将这种混乱"一之"。虽然惺窝并未指出自己
就是能"一之"之人，但是可以由此推测他的学问是朝着这种"贯

1　藤原惺窩「惺窩問答」国民精神文化研究所編『藤原惺窩集』巻下、391 頁。

2　林羅山「惺窩先生行状」国民精神文化研究所編『藤原惺窩集』巻上、7 頁。

3　藤原惺窩「惺窩問答」国民精神文化研究所編『藤原惺窩集』巻下、393 頁。

4　藤原惺窩「惺窩問答」国民精神文化研究所編『藤原惺窩集』巻下、393 頁。

通""融通"从而"一之"的方向去努力的。对惺窝而言，很大程度上这并不是一种经过仔细甄别后取各家之所长的融会贯通，考虑到惺窝之前在日本占主流思想的并非宋学，所以当宋学在日本还属于"稀缺"的阶段之时，无论是程朱还是陆王，只要是迥异于汉唐训诂之学的都是"圣学"：

> 日本诸家言儒者，自古至今，唯传汉儒之学，而未知宋儒之理。四百年来，不能改其旧习之弊，却是汉儒非宋儒，实可悯笑。盖越犬之吠雪也，非雪之不清，以不见为怪。蜀犬之吠日也，非日之不明，以不知为异而已。予自幼无师，独读书自谓汉唐儒者，不过记诵词章之间，才注释音训，标题事迹耳，决无圣学诚实之见识矣。唐唯有韩子之卓立，然非无失，若无宋儒，岂续圣学之绝绪哉？虽然日本阖国既如此，一人不得回狂澜于既倒，返斜阳于已坠，悱悱愤愤，而独抱瑟不吹竽。故赤松公今新书四书五经之经文，请予欲以宋儒之意加倭训于字傍，以便后学日本唱宋儒之义者。[1]

日本自古流行的是汉唐训诂之学，而这种学问在惺窝看来不过是记诵词章、注释音训、标题事迹罢了，完全没有圣学（指宋学）"诚实"的见识。惺窝清楚地意识到要改变整个日本儒学的风气并非易事，从这个意义上说，在广通和姜沆的帮助下，和训宋学视域下的四书五经即是便于后学之作。诠释文本的预备是诠释思想转化的起步，惺窝不仅在佛教笼罩的时代鲜明地表明自己的儒者身份，更为后来日本儒学者进一步消化和吸收宋学准备了文本，正是在这个意义上，我们可以将近世儒学"先驱者"的殊荣给予惺窝。我们可以从姜沆对惺窝的评价中窥探其学的渊薮："其为学也，不局

---

1 藤原惺窝「問姜沆」国民精神文化研究所編『藤原惺窩集』卷上、135~136 頁。

小道，不因师传，因千载之遗经，绎千载之绝绪，深造独诣，旁搜远绍，自结绳所替，龙马所载，神龟所负，孔壁所藏，迄濂、洛、关、闽、紫阳、金溪、北许、南吴、敬轩、敬斋、白沙、阳明等性理诸书，靡不贯穿驰骋洞念晓析。一切以扩天理收放心为学问根本。"[1] 虽不免溢美之嫌，但惺窝不拘派系而"全盘接收"宋学的态度确有其实。由此可以说，惺窝的"定于一"之"一"，本质上是一种将程朱、陆王等"一视同仁"为宋学之"一"。而惺窝正是试图用这个"一"，即同为宋学来改变日本被佛教和传统训诂儒学"霸占"的局面。

四　小结

　　以《行状》中描绘的"排佛归儒"的惺窝像为主线，通过对一连串的排佛事件进行一一辨析，我们可以了解到惺窝是如何从一个儒佛兼习的禅僧蜕变为一个独立的儒者。许山前对惺窝的入门指导与其说是以排佛的立场来宣扬儒学，不若说是异中求同地为惺窝指出了儒者的定位。同样，惺窝拒绝再次赴会并不是因为他已经下定决心与佛教决裂，而是讨厌诗会本身求仕的目的。惺窝确实在一步步"脱佛"而"归儒"，但是这一过程中并没有如他弟子林罗山那般激烈，惺窝是怀着一种异样的宽容对待佛教的。"深衣道服"谒见家康，实际上是他受到姜沆和广通的影响，过着行儒礼着儒服的儒者生活的延续。惺窝以在充满佛教和汉唐训诂儒学气息的日本传播宋学为志，所以于他而言更重要的是做好文本诠释的转换，从而为宋学在近世日本的思想界立足打下基础。

　　王明兵在对藤原惺窝作出历史评价时提出了一个悖论，即一

1　姜沆「文章達德綱領敘」国民精神文化研究所編『藤原惺窩集』卷下、1 頁。

方面"自江户初期始，但凡言及藤原惺窝者，无一不给予其积极而正面的评价，且评价甚高"，但另一方面，日本思想史以及近世思想史的教材及专著中又几乎没有关于藤原惺窝思想的论述。王明兵经过研究得出的结论是："藤原惺窝的学术和思想，极端一点地讲，几乎就从没有走出过宋明理学的范围和论域，而且亦无峥嵘个性和鲜明特质。一言以蔽之，藤原惺窝的学术和思想没有创新性，所以也就没有什么生命力可言。如果能将'内容庞杂、综合折中'算作一个学者的学术特点的话，那么这也即是对藤原惺窝的学术与思想特点的最合身概括和最确切表达了。"[1]如果从理学的发源地中国来看，惺窝所处的阶段确实属于草创之期，以上的评价虽显严苛但并不失实。然而如果从朱子学的传播而言，惺窝所处的时代，五山文化亦即佛教文化依旧兴盛，而日本本土的儒学不过是掌握在少数经学博士手中的家学而已。惺窝本人有着良好的儒佛兼习的修养，但他放弃了身为相国寺名僧的仕途，也不接受将军给予的厚禄，不仅旗帜鲜明地表明自己的儒者身份，而且心甘情愿、苦心孤诣地为四书五经加以宋明理学视域下的和训。他的信念在接续"道统"，而他确实把宋学之道统接续到江户日本，并且培养出优秀的门生，在他们的不懈努力下，儒学最终获得了德川政权的认可。如此业绩若溯其源，则以"近世儒学的先驱者"名之于惺窝实不为过。

既然惺窝开启了江户儒学尤其是京学派的篇章，那么他的思想特征必然会或多或少地影响到后来的儒学者。惺窝这种对宋学不拘学派的"拿来主义"，让后来的儒学者即便是号称纯粹的朱子学者亦可在其思想中找到所谓"习合"的成分。再有，实际上儒者的理

---

1 王明兵：《藤原惺窝研究》，第147~148页。

想首先在于"接续"，而非"创新"，[1] 今日看来的"创新"对于昔日的儒者来说或许反而是没能"正确而原本"地进行传承的诋毁。惺窝本意在于将宋学引入日本，他无意作出新解，又怎能全以创新与否来衡量他的思想？对于以惺窝为原点发出的日本宋学之射线，不同的思想史学者有不同的把握方式：

> 江户时代的儒学以修得中国儒教古典的注解与汉诗文为本业，儒者表明自己的儒教哲学不过是余业。但是，儒学本来就是政治和人生的实践哲学，其成为政治和社会生活的伦理是理所当然的。明治三十年代的井上哲次郎，把江户时代的儒学作为与中世佛教思想相对的现世生活伦理，而对其历史意义的规定，成为儒学思想史研究的起始。最近丸山真男追求讨论儒学作为近世社会的指导理念的意义，石田一良进一步把朱子学作为"使还俗的宗教"来把握，且规定了我国近代的思想史的母胎。[2]

石田一良以"使还俗的宗教"来把握日本的朱子学，以此特点来反观惺窝的思想历程确实极为贴切。惺窝身上确实有着深厚的五山思想的渊源，这或许让他即便是以一个坚定的儒者自居也不愿排佛，但是宋学尤其是朱子学让他意识到佛教的"脱俗"而终于"还俗"，这种选择本身也让日本的朱子学有了

---

[1] 惺窝与其弟子罗山所处的时期，总体而言都还在全力引进和宣传宋学，如果简单以"创新"与否来衡量他们的思想，很容易将其功绩抹杀。事实上，日本思想史研究从最开始就已经认识到这一点，所以对于著作等身、恪守朱子学的林罗山，井上哲次郎评价道："罗山所著有一百四十七种，加之文集、诗集等有一百五十余种，真可谓著作等身。然而可以作为多年研究的精粹而示之于世的著书基本没有，大多是粗杂的作品。因此到今天虽然也应该参考，却没有于学者研究必不可缺的部分。即便如此，罗山仍然是德川时代的巨儒，这是任何人都不会否定的。"井上哲次郎『日本朱子學派之哲學』、57 頁。

[2] 石田一良『日本思想史概論』吉川弘文館、1963、175 頁。

某种"去形而上"的特点，这在以后的儒学展开中会有越发充分的表现。

第二节 官学化的起点：林罗山与"制作"的逻辑

提起日本儒学，尤其是日本朱子学，林罗山[1]或许是大部分研究者脑海中首先浮现的人物。相较于其师藤原惺窝，罗山无论是政治地位还是学术成果都有过之而无不及，而且作为将朱子学推向德川政府"官学"的功臣，似乎称之为江户时代朱子学的开山亦不为过。[2]然而，关于他的研究在很长一段时间并没有开展起来，堀勇雄

---

1 林罗山（1583~1657），名忠，一名信胜，字子信，称又三郎，幼名菊松麻吕，剃发之后称道春，因其师惺窝语"古人读《春秋》于罗浮，罗浮者是不在罗浮，而在足下明窗净几之上。得古人罗浮之意，则随处有罗浮而已"［原念斋『先哲叢談』第一卷（林羅山條）、江戸書林慶元堂・擁萬堂、文化十三年（1816）］，遂以"罗山"为其号，别号罗浮、浮山、罗洞、四维山长等，私谥文敏。其先为藤原氏支流，加贺士族，林氏本为乡村地主，后没落为中流商家。父林信时，母田中氏。罗山出生不久即成为父兄吉胜的养子，吉胜似乎为贩米商人。罗山自幼聪明，肩负着振兴中流町家一族的期望。罗山13岁入建仁寺大统庵跟随长老古涧慈稽学习，14岁因拒绝剃发出家而归家。罗山18岁读朱子集注，聚众讲释。22岁入惺窝门下，业大进。翌年通过惺窝的推荐得以谒见家康，并由此展开了仕途，历仕家康、秀忠、家光、家纲四代将军。75岁时，遇江户明历大火，延及罗山所藏书库，致使多年费心藏书多有损毁，罗山因此郁郁，5日后长逝。关于林罗山生平，可参考林鵝峰「羅山林先生年譜」・林守勝「羅山林先生行状」京都史蹟會編『羅山先生詩集・羅山林先生集附錄』平安考古學會、1921；原念斎『先哲叢談』；石田一良・金谷治校注『日本思想大系28 藤原惺窩 林羅山』；鈴木健一『林羅山年譜稿』ぺりかん社、1999；鈴木健一『林羅山：書を読みて未だ倦まず』ミネルヴァ書房、2012；相良亨『近世日本儒教運動の系譜』；等等。

2 关于藤原惺窝和林罗山孰为近世朱子学的开山，学界尚无定论。惺窝与罗山虽为师徒且同倡宋学，然而在具体的路径上表现出较大的差异，这除了与二人的经历密切相关，也与当时的时代变化密不可分。泽井启一曾结合时代背景的微妙差异对二人作出比较恰切的区分："不是去还原二人的性格与个性等问题，而是应该理解为，惺窝是在佛教的延长线上认可朱子学的新意义的，而罗山是把朱子学作为与佛教完全不同的新的'学知'体系来发现的。"澤井啓一「林羅山と朱子学」鈴木健一編『形成される教養——十七世紀日本の〈知〉』勉誠出版社、2015、133頁。

很早就发现了这一不对称的现象："在概说近世日本的思想史、儒学史、史学史、宗教史、神道史、博物（本草）学史等时，林罗山都会作为主要人物而登场，尽管如此，有关罗山的传记以及思想学说的单行本却一本也没有。"[1] 关于其理由，有大的政治环境因素："战前、战中皇室中心主义、国粹思想、皇国史观横行，罗山的学说并不符合这种标准；而战后儒学被视为落后于时代的旧思想，因此罗山又不足以引起重视。"[2] 除此之外，也有罗山研究本身开展的困难：罗山留下的文献庞杂；他本人涉猎广泛，难以归纳其主要思想；等等。而在这些客观原因外，还有一个看似"非学术"的主观原因，即"他的人品和他持有的政治性意识形态无法给研究者带来好感"。[3] 的确，相较于有宋以来的道学先生而言，光风霁月的洒落人格可以说是每个儒者"戒慎恐惧""常惺惺"孜孜以求的道德信念，因此被评价为"曲学阿世"[4] 的"御用学者"罗山，几乎难以自立于"道学"之林："全文都是清韩的吹毛求疵，把'右仆射源朝臣'读作'射源朝臣（家康）'，把君臣丰乐、子孙殷昌读作'丰臣为君，乐子孙殷昌'等，这些恶智慧（简直不能称之为学识），真是连五山那些奉承的僧人们也望尘莫及的牵强附会的珍品，可以称得上是曲学阿世之魁。"[5]"曲学阿世"的"罗山像"至今仍占据着日本思想史研究的主流。也有学者试图为罗山"翻案"，他们认为罗山并非如此不堪之人，罗山的选择背后其实有更为深层和内在的原因：

　　　　确实如此，在把握思想史的脉络之时，单纯形式的"学问之志"的内核也许可以说不存在于罗山之中。但是，在与那

1　堀勇雄『林羅山』吉川弘文館、1990、1 頁。

2　堀勇雄『林羅山』、1 頁。

3　源了圓『近世初期実学思想の研究』創文社、1980、202 頁。

4　虽然堀勇雄所著林罗山之传记至今依旧评价甚高，但是罗山的"曲学阿世"之名也正是出自其书，仍是学界对罗山的主流评价。

5　堀勇雄『林羅山』、197 頁。

个时代的状况相结合的时候，我认为罗山有他自己的"学问之志"。[1]

　　林罗山被一部分人评价为御用学者，也有人说他一味读书却不求甚解。在反抗权力即是正义的世道里，他总是遭受白眼，而作为朱子学的信奉者、封建制的拥护者，即便是在现代其形象也是不好的。但是，这些不过都是标签，我们应该知道他的内在。虽然侍奉幕府，然而罗山既没有自始至终阿谀奉承，也没有无为徒食，即便是在艰难的处境中也为着理想的实现而努力。[2]

以上"辩护"，着意强调的是罗山在政治现实背后有着不易察觉的"内在"的坚持，而这类解释的方案，实际上延续着石田一良在解读罗山思想时提出的"三重世界"的思路。石田曾将罗山的思想分为"不易经常的世界""损益通义的世界""从俗的世界"，[3]试图通过这"三重构造说"将罗山的内在坚持和外在选择加以区分和解释，从而突出罗山内在的"忍辱负重"。关于石田的方法论，龚颖的分析值得参考：

　　石田一良在此着力阐明两点：一是，他认为林罗山思想的核心是由"不易经常之世界"和"损益通义之世界"两部分构成的，而这个核心部分的实质内容就是朱子的思想；二是，林罗山为了将这一理想的世界扩展至周围广大的普通人群，他迫不得已地暂时采取了在外形上遵从旧俗、实际在心中坚守朱子

1　鈴木健一『林羅山：書を読みて未だ倦まず』ミネルヴァ書房、2012、2頁。

2　宇野茂彦『林羅山・（附）林鵞峰』明德出版社、1992、「序」、1頁。

3　石田一良「林羅山の思想」石田一良・金谷治校注『日本思想大系 28　藤原惺窩　林羅山』、480~487頁。

学理想的做法。在石田看来，这种举动是林罗山的一种策略性选择，是为了达到教化目的而采取的貌似"从俗"的做法。[1]

所谓"从俗的逻辑"，是指林罗山"身处于俗的世界，即便是从俗，也并不意味着变成俗的内心，外在虽然随顺着俗习之形，内在却保持着儒之心"。[2]"从俗"一词如果意味着表面上对现实的妥协，那么其反面除了石田提出的保持内在对朱子学所坚守的"不易经常的世界"，是否还有别的可能？换言之，实际上石田的解释方案可以追溯到传统儒学中"经"与"权"的关系，所谓"不易经常的世界"即与"经"相对应，而所谓"从俗的逻辑"正可对应于"权"。"经"和"权"的关系确实可以用于描述理想与现实之间的张力，然而能否在这一大框架下找出更为具体而适用的诠释范畴？

"从俗"之"俗"应指"风俗"，从儒家的政治语脉来看，即"移风易俗"。将"风俗"这一概念进一步分解，"上之所化谓之风，下之所习谓之俗"，[3]如果将其与日本儒学史的思维方式相对应，那么在"下"之人所"习"之"俗"即可适用于石田所提出的"从俗"的逻辑，将"从俗的逻辑"置于日本政治思想史的脉络之中，则"制作（作为）的逻辑"正可与之相对。

这样一来问题就出现了。"制作"是丸山真男用以论证荻生徂徕具有"近代的先驱"的标识概念之一，而与"制作"同样为人所熟知的是其对徂徕"反朱子学"的定位。然而，以上推理的有意思之处正是在于，从石田提出的"从俗的逻辑"出发，找出了一个看似截然相反的"制作的逻辑"。而如果"制作的逻辑"可以作为

1　龚颖：《"似而非"的日本朱子学——林罗山思想研究》，学苑出版社，2008，第10页。

2　石田一良「林羅山の思想」石田一良・金谷治校注『日本思想大系 28　藤原惺窩　林羅山』、485 頁。

3　新井白石『武家諸法度　新令句解』日本国立公文書館内閣文庫蔵、天保九年（1838）写本。

"不易经常的世界"的替换项，也就是说，把"制作的逻辑"置于罗山精神世界的中心会如何？虽然"制作"与"从俗"是作为对立的双方而置于同一框架之中的，但是"制作"放在实际的政治环境中即意味着在某种程度上新制度的创设或改革，而这些新制度，又往往需要因时因地制宜，此即为"从俗"。也就是说，原本处于对立的"制作"和"从俗"在理论上是可能实现调和或者说折中的，甚至可以说，"从俗"只是暂时而表面的，"制作"才是终极的旨归所在。那这一解释的方案是否可以将罗山的精神世界与现实的政治选择合二为一呢？

当然这一切都是从逻辑分析出发作出的假设，问题是所谓"制作的逻辑"不是一直以来都被视为"反朱子学"的徂徕的口号吗？如果"制作的逻辑"在罗山的思想中不仅是成立的还可以置于其精神世界的中心位置，那么是否应该对井上哲次郎以来把林家和"古学派"作为相互对立的学派的划分方式予以重新审视呢？[1]

本节即是以如上假设为前提，在石田一良"从俗的逻辑"之上加入"制作的逻辑"，将罗山的生平与思想置于"制作"与"从俗"的框架中加以重新审视，以期为罗山"两面性"的难题提供一个新的诠释思路。

一 "曲学阿世"的可能性与"制作逻辑"的三进程

朱子学在传入日本之初，主要是作为禅僧的汉学修养科目而存在的，这也就意味着朱子学在日本并非作为官方正式引入的学问存在。虽然宋学宋诗在五山文化之中颇为流行，但当时日本博士家的

---

1 井上哲次郎以《日本阳明学派之哲学》(1900)、《日本古学派之哲学》(1902)、《日本朱子学派之哲学》(1905)描绘出了德川思想史全体像，"即便是现在，日本史教科书也是分朱子学、古学、阳明学三类来介绍德川时代的思想，就是其影响至今的证据"。苅部直『日本思想史への道案内』、144 頁。

主流儒学依旧是汉唐的训诂学。如果把罗山之师藤原惺窝作为近世儒学的开端，那么惺窝所做的一系列和训新儒学的工作，只是完成了诠释文本转化的第一步。那么接下来，朱子学要如何才能在日本本土站稳脚跟从而获得更大的影响力？惺窝本人以"为己之学"为志，所以并不热衷传播儒学，"此时惺窝藤敛矢虽为儒宗，避世不接人，先生独教徒弟讲宋儒之书。本朝道学之兴，权舆于此"。[1] 由此可以看出，虽然惺窝和罗山都倾心于宋学，然而二人努力的方向不尽相同，而这种不同也正体现出二人所处时代的些许差距。但问题是，罗山为什么会立志以传播朱子学为己任呢？

如果真如堀勇雄所言罗山是"曲学阿世之魁"，那么他这样做应该是为了给自己开创一条仕途，而且确实有这种说法，认为罗山逃离建仁寺并非因为他以儒学为志，而是因为他料定了自己无法通过禅僧的身份获得远大前程。这种印象，就连始终致力于为罗山"翻案"的学者也挥之不去："少年时代就聪明过人的罗山，承担着整个家族的期待。而且，为了实现一族的复兴，除了在学问世界的成功之外别无他法。十三岁入建仁寺，还有之后通过儒学获得在德川幕府中的地位，都源于其根底背负着家族上升的志向。"[2] 从罗山后来进入惺窝门下并且通过其师得以出仕德川政权的结果来看，这样的揣测似乎是顺理成章的。但问题是这样的人生规划在罗山时代的日本是否合理且现实呢？也就是说，如果罗山真是个汲汲于名利的"阴谋家"，那么他必须在 15 岁甚至更早就预见到自己作为禅僧是没有前途的，同时必须非常确定新儒学也就是朱子学可以带给他超过作为一介禅僧的名利，甚至还要深谋远虑地考虑到自己必须投靠一个受到政府信赖的朱子学者作为政治投机的后台，等等。这一系列的步骤必须切实可行，才能保证这位"野心家"最终能够通过

1　林鵞峰「年譜上」京都史蹟會編『羅山先生詩集・羅山林先生集附録』卷第一、3~4 頁。
2　鈴木健一『林羅山：書を読みて未だ倦まず』、13~14 頁。

传播朱子学而青云直上。然而在当时的日本社会，这样的"职业规划"可能吗？换句话说，在当时的日本，儒学作为一种学问占据着怎样的位置呢？

> 在这个家职国家之中，学问有着怎样的意义，而学者又占据着怎样的社会地位呢？众所周知对于近世的人们而言，是需要有一定的读写能力的。这是因为在文书主义的近世国家，为了充分地发挥家职，读写是必须的。武士自不用说，百姓与町人也同样如此。但是，超出读写能力以上的学问，只有在不妨碍家职的前提下才能被容忍，仅仅是业余爱好。[1]

日本作为一个崇尚"家职"的国家，学问不过是业余爱好，如果过于投入则有可能妨碍家业的继承，因此需要谨慎。即便是后来成为知名大儒的伊藤仁斋，也曾因为"沉迷"儒学不能继承家业而与家人关系恶化。在德川政权稳定的江户中期尚且如此，而在罗山所处的近世初期的转换期中，儒者的社会地位在战乱之时不过是作为需要召集的处理文字的诸"役"者之一，与医者、木匠等役人并无本质的区别。对此渡边浩有精彩的表述："'泰平'到来了。但是，当时谁也不知道这会在之后的二百五十年间一直持续。因此无论是大名还是家来，他们的意识都没能马上改变，这是不争的事实。毋宁说，他们被要求'居治不忘乱'（《武家诸法度》，庆长二十年），即应该保持等待下一次战争的状态。"[2]也就是说，在德川时代初期，日本的社会仍保持着一种类似"战备"的状态，在这样的状态之下，不难想象儒学是难以有一席之地的。尤其是当武士们都以武事为常态的时候，儒者的生存境遇会是怎样的呢？

---

1 〔日〕前田勉:《儒学·国学·洋学》，刘莹译，刘丽校，《儒家典籍与思想研究》第12辑，北京大学出版社，2000，第320~321页。

2 渡边浩『近世日本社会と宋学』、10页。

　　对于充斥着尚武的社会来说，学儒之人才是"异端"，无怪乎
与罗山几乎同时的中江藤树（1608~1648）因为学儒而不得不忍受周
遭的"诽谤"。[1]即便后来进入安定期之后，也因为日本没有如中国
和朝鲜一样的科举，所以儒者并没有通过儒学而出仕的制度保障，
这样的现实与儒者群体本身希冀的"助人君，顺阴阳，明教化"的
理想相去甚远。那么日本的儒者从事儒学的动力在哪里呢？

　　林凤冈在为其父林鹅峰的著作全集所作之序中，引曹丕之"不
朽"开篇："夫文章者，经国之大业，不朽之盛事也。岂其易能
哉？"[2]耐人寻味的是，此序还以"不朽"结尾："先生昔尝撰父之集，
自序卷端，乃率旧例，辩语上方。唯期贻大业于后昆，垂盛事于不
朽。"[3]更有意思的是，后林家四代家主林信充在为其父凤冈之全集作
序时又提到了"不朽"："古曰必有非常之人，然后有非常之事，有
非常之事，然后有非常之功。呜呼！谓之非常则不朽，不朽者竖儒
能道之矣，而其人奚可多得？况非身遇圣明才练典章，则非常之事
功岂易举哉？"[4]这种强烈地追求"不朽"的志愿，究竟是"通过学
习作为文化的崇敬对象的中国古典来获得自身的满足"，[5]抑或是"通
过学问来拒绝自己被埋没在家职国家之中"？[6]从整体来看，学儒不
过是很小一部分人即儒者的个人选择，很难说成为一种普遍的现
象。虽然因为难以与通往名利的仕途直接挂钩，德川时代的日本儒
学在大部分时候（宽政异学之禁以前）而言并不具有普遍性的基
础，但也正因如此，日本的儒学才更接近宗教意味上的"儒教"的

1　尾藤正英校注「藤樹先生年譜」『日本思想大系 29　中江藤樹』岩波書店、1974、287 頁。

2　林鵝峰著、林鳳岡編『鵞峯林學士全集・序目錄』日本国立公文書館内閣文庫蔵、元禄二年
　　（1689）写本、「序」、1 頁表。

3　林鵝峰著、林鳳岡編『鵞峯林學士全集・序目錄』日本国立公文書館内閣文庫蔵、元禄二年
　　（1689）写本、「序」、6 頁表 ~6 頁里。

4　林鳳岡著、林信充編『鳳岡林先生全集・序凡例』日本国立公文書館内閣文庫蔵、延享元年
　　（1744）写本、「序」、1 頁表 ~2 頁表。

5　渡辺浩『近世日本社会と宋学』、13 頁。

6　〔日〕前田勉：《儒学・国学・洋学》，《儒家典籍与思想研究》第 12 辑，第 322 页。

性质。

在这样的背景之下再来反观罗山以朱子学为志的选择，就不得不对"曲学阿世"的"罗山像"产生怀疑。如果罗山之世是以朱子学为显学，则罗山因之为业以求功名利禄则可，但是罗山所处的时空并不具备这样的条件，也就是说在尚不具备朱子学根基的日本，要想凭借朱子学来出人头地，近乎天方夜谭。即便是后来罗山得以出仕家康，也并非靠朱子学来取得家康的认可，甚至可以说，家康在初见罗山之时根本没有表现出对朱子学的任何兴趣：

> 家康对奉行圣人之道的儒学者罗山，并没有抱以人生导师的敬意。光武的世系、汉武的返魂香、屈原所爱兰之品种，这些故事的出典，应该说都是与儒学本质无关的蠢问题，家康是在试验罗山博学的程度。这种难问题或者说蠢问题表征了之后家康与罗山的关系——并非求圣贤之道的师徒关系，而是兜售学问知识的雇佣关系。家康任用罗山，虽然最终成为幕府奉朱子学为官学的机缘，然而此时家康并没有认可朱子学为正统的学问，也没有对其进行奖励。罗山是僧侣还是儒者，是古注派还是朱子学者、阳明学者，其思想无论是怎样的都可以，于家康而言，只不过是为了施行掌握天下霸权的政治而利用了罗山渊博的知识而已（对家康来说，他并没有辨别古注派与新注派、朱子学者和阳明学者的学识），换句话说，罗山不过是代替百科辞典而置于家康侧近。[1]

当时的日本，从德川政权到武士直至庶民，并没任何朱子学的传统。毋宁说罗山选择的课题正是要在当时的日本建立起以朱子学为宗的儒教，此即是符合罗山历史定位的"制作的逻辑"。以建

---

1 堀勇雄『林羅山』、91~92頁。

朱子学之教的"制作的逻辑"来观照罗山的生涯，可以大致梳理出三个关节点，即传播朱子学之志、排斥非朱子学以及建立朱子学之教。传播朱子学之志可以说是通过罗山擅自传播朱子学切实地反映出来的，这是表明罗山坚定地选择传播朱子学立场的标志性事件。罗山排斥非朱子学也是非常明显的，从首次致信惺窝开始，他就对惺窝的宋学立场发出了质疑和挑战，而罗山的不满，正是基于惺窝在维护朱子学立场上表现出来的不够纯粹。罗山对自己的求学之师采取的批判态度，不仅不是"曲学"，甚至可以说带有某种藐视权威的精神。至于建立朱子学之教也很好理解，当罗山终于得到家康的认可进入德川政权之后，虽然他于权力中心的意义而言主要的作用也许与朱子学无关，[1]但是罗山从没有忘记自己的使命。是他一直在努力试图使朱子学得到官方的认可，即便遭遇家康的不悦以及战事导致的波折，依旧矢志不渝，最终得偿所愿奠定了朱子学走向"官学化"的基础。从这三个关节点来梳理罗山的生平与思想，我们可以约略看出罗山在当时的日本建立起朱子学之教的整个过程，而这一建立的过程，即是在他的思想中占据最核心地位的"制作的逻辑"。在"制作的逻辑"中，罗山的姿态不仅不是"曲学阿世"，反而带有开创性的气魄和不惧权威的挑战精神。以下对上述三个节点逐一展开分析。

二　传播朱子学之志

在进入罗山擅自传播朱子学的讨论之前，有必要对他的学习经历稍作回顾。罗山 13 岁（文禄四年，1595）时进入东山建仁禅寺跟

1　关于此已有不少学者论述过，比如"罗山除了负责编纂史书，起草《武家诸法度》（幕府的基本法）或外交文书等幕府的文书公务外，罗山的儒学并没有对幕府的基本政策发挥影响。幕府的政治并非基于儒学"。〔日〕辻本雅史：《日本德川时代的教育思想与媒体》，张崑将、田世民译，台北，台湾大学出版中心，2005，第 216 页。

随大统庵古涧慈稽长老学习，博闻强记，时人多有称之："十如院永雄长老者大统庵接邻也，先生时时往游焉，雄多藏书，先生粗就观之，雄稽每考故事故语，未得其出处，则问先生，得之者数矣。"[1] 从后来罗山被家康称为"行秘书"（会动的辞典）来看，罗山博闻强识的能力无疑是超群的。

从年谱的记载来看，在罗山 15 岁（庆长二年，1597）时，寺庙的僧众曾试图把他长留寺中，"此儿不可置于俗间，使之为禅僧则为丛林之翘楚"，[2] 他们甚至主动与其父商议劝罗山出家，而罗山却"潜出"寺庙，态度坚决地与禅僧之途一刀两断。罗山在返回家后发出的誓言是耐人寻味的："余何入释氏弃父母之恩哉！且无后者不孝之大也，必不为之。"[3] 如果视这里以"孝"为代表的思想为儒学的立场，那么罗山在 15 岁之际已然把儒学和佛教视作对立的两个阵营，并且以实际行动表明了自己的选择。也正是从这个意义上，石田一良把罗山思想的整个原点设置在了排佛论上："在思考罗山的思想之时，最重要的一点就是他的思想史是以佛教批判开始的。而且，在概观日本的精神史时容易察觉出，覆盖从奈良时期到德川时代的信仰思想是佛教（教、净、禅）。与此相对，在德川时代，儒教才是时代的指导性意识形态。把这两个方面合在一起的话，就应该可以理解罗山排斥佛教的巨大历史意义。"[4] 虽然关于能否将儒学作为德川时代的意识形态这一点日本学界依然存在较大的争议，但是如石田指出的，罗山的思想确实体现出日本儒学试图摆脱佛教而独立发展的趋势。但问题是，罗山本人曾以古涧慈溪禅僧为师，即便是在拒绝出家之后，依然跟随其师就学，那么是什么促使罗山如此坚决地

1 林鵝峰「年譜上」京都史蹟會編『羅山先生詩集·羅山林先生集附録』卷第一、2頁。

2 林鵝峰「年譜上」京都史蹟會編『羅山先生詩集·羅山林先生集附録』卷第一、2頁。

3 林鵝峰「年譜上」京都史蹟會編『羅山先生詩集·羅山林先生集附録』卷第一、3頁。

4 石田一良「林羅山の思想」石田一良·金谷治校注『日本思想大系 28 藤原惺窩 林羅山』、471頁。

"排佛入儒"？

　　罗山系统地通读以朱子学为主的宋学是在 18 岁（庆长五年，1600）之际，如果把 21 岁（庆长八年，1603）开塾公开讲授朱子的《论语集注》这一事件视为他以传播朱子学为己志的标志，那么在此之前，也就是 20 岁（庆长七年，1602）时写作的一系列排佛文章，应该可以被视为罗山"排佛入儒"的先导。那么，罗山"排佛入儒"的理由什么呢？

　　　　是以推之二氏所云道者，果虚无而无，寂灭而灭，非吾所
　　云道也。古贤以易、中庸合而言之，喜怒哀乐未发之中者，寂
　　然不动也，发而中节者，感而遂通天下之故也。夫道者，教人
　　伦而已，伦理之外何别有道？彼云出世间云游方外，然则舍
　　人伦而求虚无寂灭，实是无此理。故尧舜设司徒之官，曰人伦
　　之教者，父子有亲，君臣有义，夫妇有别，兄弟有序，朋友有
　　信，谓之五典，又谓之五达道。古今不易之道也。故曰，圣人
　　无他，只人伦之至也。不可不思焉。[1]

　　"罗山批判佛教的最大理由是佛教视现实为空的彼岸主义这一点。"[2] 以往的学者通常将罗山置于朱子学的系谱之中，因而更加关注罗山反对佛教的空无寂灭，这应该是没有争议的。然而，如果把罗山的思想置于日本思想史的序列中，则上述引文中不仅有朱子学式的对佛教寂灭的排斥，更有对儒学作为"人伦"之教的认可。而"人伦"的概念，在后来伊藤仁斋的儒学思想中处于非常核心的位置，荻生徂徕对于"人情"的关注也可以说肇源于此。也就是说，罗山不是简单地沿袭了朱子学的一般理论来否定佛教，而是以"人

1　林羅山「釈老」京都史蹟會編『羅山先生文集』卷第五十六、226~227 頁。

2　本山幸彦『近世儒者の思想挑戦』、22 頁。

伦"之教的儒学主张作出了对佛教的批判。换言之，虽然朱子学也
"排佛"，但是宋明理学排佛护儒的方式与罗山立足"人伦"的排佛
论有着微妙的差异。[1]朱子的"道"涵盖了人道以及作为人道之依据
的天道："道，犹路也。人物各循其性之自然，则其日用事物之间，
莫不各有当行之路，是则所谓道也。"[2]性之自然为天道，人受天命而
有当行之路，此即为人道。从"天命之谓性，率性之谓道"的逻辑
序列来看，天—性—道之间，天占据着不可逾越的制高点，可以说
是所有合理性的来源。然而在以上的引文中，罗山认为道即是"教
人伦"，明确将"道"限定在人伦的范围之内，人伦成为道的载体
和表现，而所谓人伦，也就是儒家讲的"五伦"。以此前提再来反
观罗山离开禅寺的誓言，即认为佛教抛弃了父母之恩，还有无后者
不孝之大，其实都是在以人伦的名义来批判佛教。如此看来，石田
一良把罗山思想的起点置于排佛上，然而罗山排佛的方式是以人伦
之教为根本，因此沿着石田的结论再进一步往前推，罗山思想的原
点应该可以置于儒学的人伦之教上。

　　罗山从朱子学的天道和人道之中选取了作为人道的人伦，这也
是由他当时所面临的课题决定的："在近世初期从武力主义向文治
主义的社会过渡期中，事实上，难以顺利适应新社会的武士大量存
在。社会秩序的安定，才是当时儒教的最大使命。罗山的朱子学，
淡化了思辨性的存在论色彩，而强化了道学的色彩，可以说是时代
的要求。"[3]从中世以来日本的佛教社会背景来看，罗山此举是试图以
儒学的人伦之教替代日本中世以来盛行的佛教对彼岸世界的信仰，
而此即是罗山"制作的逻辑"的中心。

　　就这样，以儒学的人伦之教为起点，罗山开始排佛，并且愤然

1　关于朱子与罗山排佛论的同异，详见龚颖《林罗山和朱熹的排佛论比较》，《哲学研究》2000
　　年第 9 期。

2　朱熹：《四书章句集注·中庸章句》，中华书局，2012，第 17 页。

3　本山幸彦『近世儒者の思想挑戦』、46 頁。

离开禅寺，归家开始了朱子学的学习。按照年谱的记载，实际上罗
山在公开讲《论语集注》之前，在 18 岁之际，已然开始聚众讲学，
只不过讲授的对象是他的朋友，但是这种讲学已经突破日本中世以
来博士家秘传且教授对象只局限在贵族之中的学问形式。"罗山的
讲学并非清原家秘传的讲说，也没有对秀贤作为明经博士的学问的
权威或者作为公卿的社会地位抱有特别的敬意，因此可以说是意气
风发地推进了文化的启蒙运动。"[1] 罗山此举已然表现出传播朱子学的
勇气，堀勇雄称之为"文化的启蒙运动"正是看到这种学问的普及
形式对之后的江户社会产生的巨大影响。即便此时罗山羽翼未丰，
这种尝试显示出的转折意义也是不容忽视的。

　　三年之后，罗山 21 岁时，终于将讲授的对象扩大到一般町众：
"先生二十一岁聚徒弟开筵讲《论语集注》，来闻者满席，外史清原
秀贤忌其才奏曰：'自古无敕许则不能讲书，廷臣犹然，况于俗士
乎？请罪之。'遂闻达于大神君。大君莞尔曰：'讲者可谓奇也，诉
者其志隘矣。'于是秀贤缄口自是。先生讲书不休，加训点于四书
章句集注，专以程朱之说为主。"[2] 关于清原秀贤是否"打小报告"一
事学界尚有争论，[3] 但"来闻者满席"的影响力还是不容忽视的。从
罗山毕生努力的结果来看，他的确一直朝着推动朱子学传播的目标
而努力，而传播朱子学的尝试，是罗山在归入惺窝之门以前就开始

1　堀勇雄『林羅山』、53 頁。

2　林鵞峰「年譜上」京都史蹟會編『羅山先生詩集・羅山林先生集附録』卷第一、4 頁。

3　比如有学者认为此事虚构的成分较重："这件事应该是基于后来林家通过朱子学出仕幕府的事
实加以润色的。"（和島芳男『昌平校と藩学』至文堂、1962、10 頁）堀勇雄则通过对《野槌》
以及惺窝给罗山的书信等资料进行绵密的分析，认为此事应当属实，只是应该发生在罗山与
清原秀贤交恶之后："综合以上《野槌》《庆长日件录》以及惺窝的书简来分析，首先，虽然
罗山从庆长八年开始讲解朱注的《论语》讲义，但是那时因为罗山对秀贤执以前辈之礼交往，
所以并没有出现纠纷。但是庆长九年四月七日以后，二人的交往中断，随着罗山的讲习不断
发展盛大，秀贤以罗山的讲义未得到朝廷的许可为由，对其进行了控告，然而朝廷并没有进
行处理。"（堀勇雄『林羅山』、44~45 頁）不过无论清原秀贤告发罗山一事是否属实，有两点
应该是毋庸置疑的，一是私自讲学并不合法，二是罗山之时应该尚无先例。顺带一提，也许
惺窝始终保持"为己之学"的姿态也有这个原因。

的。这就说明，罗山此种面向大众传播朱子学的使命感并非从惺窝那里继承而来，从这个意义上说，罗山的立教非常符合后来徂徕不断强调的"制作"的意味。如果将"专以程朱之学为主"视为罗山选定的阵营，那么"讲书不休"则是他传播程朱之学的方式。需要注意的是，这种传播在当时是被禁止的，因此就连称罗山为"曲学阿世之魁"的堀勇雄也给予此事极高的评价：

> 罗山讲说宋儒之书，第一，否定了明经家传统的权威，开启了经学的自由研究；第二，将重视汉唐古注的训诂学，转换为新注的格物致知之学（穷理之学）；第三，通过公开讲说经书，将儒学从朝廷、寺院解放出来，为向武士阶级普及准备了基础；第四，儒学从佛教中分离出来，成为独立的思想和学问，出现了非儒僧非明经的儒学新职业人。[1]

容易令人疑惑的是，为什么罗山讲解朱子的新注开启的是"经学的自由研究"呢？宋代的理学较之汉唐烦琐的训诂学无疑更重视义理的发挥，但这不过是诠释方式的转换，朱子解经（包括四书）的体例首先都是字义的训诂。罗山虽然重视新注，但是在他的儒学思想中五经仍旧占据根本的地位："先生谓常览群书，其言皆有所由来，唯五经不然，则历代载籍无不本于五经者，当世学者窥其末，不知其本也。初余在东山读唐宋诗文，归家读三史文选，而后知其皆本于五经也。自是专志于经学。"[2] 此事记载于罗山17岁之时，"自是专志于经学"之后的一年，罗山就开始了小范围的讲解宋儒之书，到21岁时公开聚众讲新注《论语集注》，可见于罗山而言，经学本身和新注之间并无龃龉。毋宁说，在罗山看来，朱子学可以说

---

1 堀勇雄『林羅山』、30~31頁。

2 林鵝峰「年譜上」京都史蹟會編『羅山先生詩集・羅山林先生集附錄』卷第一、3頁。

是通往经书的门径，"夫子之道在六经，解经莫粹于紫阳氏"，"唯是学四书而后言道，亦不晚也"。[1] 此即为罗山对于宋学和经学的看法，新注可以说是通往经书的阶梯，即便后来罗山专以传播朱子学为事，也并没有减弱对五经的重视。因此其子在为罗山文集作序时评价其学说曰："先生之学以经为主，以程朱之书为辅翼，而考诸历史参诸子类，网罗百家收拾今古而该通。"[2] 经学为主而程朱之学为辅，这才是罗山思想中经与注的地位和顺序。摆正经学和程朱之学在罗山思想中的位置，对于我们重新梳理朱子学与"反朱子学"的框架非常有益，对此后文将进一步分析。

三　排斥非朱子之学

罗山在22岁时（庆长九年，1604）通过惺窝之门人吉田玄之，致书惺窝讨教学问。此时的惺窝已经"深衣道服谒"见了家康，"如今先生乃衣深衣而讲儒学"。[3] 深衣为儒者之"法服"，正如"缁衣"之于僧人的意义，惺窝依《礼记》而制作深衣，而且衣之以谒家康，在罗山看来是具有"滥觞"即"制作"意义的重大事件：

> 日本自钦明，佛法初行，譬如燎火不消炽燎原之炎，不可乡迩也，岂可扑灭乎？悲夫！恶之易也，善之难也，善不可失，恶不可长。乌呼！何恶之易长也！先生生长于叔世，志儒学，是善之不失者乎？儒之胜佛也，犹水胜火。今之为儒者，犹以一杯之水救一车薪之火也，不熄，则谓之水不胜火，此又与于佛之甚者也，是以至于佛火之燎原。世俗之惑也，不异池

1　林羅山「寄田玄之」京都史蹟會編『羅山先生文集』卷第二、14頁。

2　林鵞峰「羅山林先生集序」京都史蹟會編『羅山先生文集』卷第二、2頁。

3　林羅山「寄田玄之」京都史蹟會編『羅山先生文集』卷第二、12頁。

中鱼，是亦为火灾故也。[1]

惺窝衣儒服觐见家康，被罗山解读为以儒学对抗佛教的重大事件，甚至可以说是一种公然的宣战。于罗山而言，儒在根本上是可以胜佛的，但是日本佛教在量上独占了优势。日本自中世以来，大体而言是佛教占据社会的主流，从上至下习熟的都是佛教的仪轨，因此不难想象惺窝此举可能招致的不满。这一点罗山在信中也有提到："或曰：'先生今衣深衣于儒可也，奈人之疑何？'"[2] 对此疑虑，罗山自己作出了回答，人所疑者，正如蜀犬吠日，不过是少见多怪罢了："今夫深衣者，儒者之法服乎，为儒服，儒服何所怪也哉？观夫佛者秃其头也缁其服也，是异类也，何不疑彼而疑此乎？不疑与疑，何也？多也，多故。"[3] 这里提到的"多"，表面上看起来应该是指信众的多寡。佛教传入日本后大行其道，所谓的"多"，从更深层面来理解应当是佛教在日本社会的"习以成俗"。罗山对佛教在日本社会的渗透抱有强烈的危机感，因此把儒佛置于绝对的对立面："佛常厌儒，是余所以水火之譬作也，其异类之不疑而随之，是余所以日雪之论出也。问者不言而退。是为先生不可不言，故以书于此。"[4] 儒佛势如水火，则是言儒佛之势不两立，而"先生不可不言"，实际上表达出罗山对惺窝的期望，即辟佛。

辟佛如果是在划定儒学的圈里圈外，那么在排斥儒学圈之外的佛教后，还需要解决儒学内部的分歧。因此接下来，罗山可以说是非常"直接"地指出了惺窝在朱子学研究中的"问题"所在："且又有二事请扬榷言之。向者，先生专言陆氏之学。陆氏之于朱子，如

1　林羅山「寄田玄之」京都史蹟會編『羅山先生文集』卷第二、12頁。

2　林羅山「寄田玄之」京都史蹟會編『羅山先生文集』卷第二、13頁。

3　林羅山「寄田玄之」京都史蹟會編『羅山先生文集』卷第二、13頁。

4　林羅山「寄田玄之」京都史蹟會編『羅山先生文集』卷第二、13頁。

薰莸冰炭之相反，岂同器乎？同炉乎？"[1]字里行间流露出明显的质疑。罗山身为晚辈，此举自然显得非常"无礼"，不过惺窝对此并未生气，反倒非常理解："是足下生平素蕴，而所以问言责善而已矣。"[2]就商榷的内容而言，罗山不满的是惺窝对象山的态度。无极太极之争已成无解的公案，反倒是参与争论者的立场成为饶有兴味的话题。罗山给出的辩白，很值得咀嚼：

> 若夫论太极，则有周子之志可也，有陆氏之志不可也。古者夫子没而千有余岁逢掖之者几多，独濂溪擅兴继之美，于是乎依《易·大传》以作《太极图》以授之程子，朱子之于程子，犹如孟子之于子思。陆氏却以老庄之见测之，岂可也乎？陆氏知围棋之出于河图而不知其之太极，知无极二字出于老子书，而不知其身之入于老也。[3]

濂溪先生《太极图说》以"无极"开篇，此语诱发了后来有名的"朱陆之辩"。象山言："易大传曰：'易有太极'。圣人言有，今人言无，何也？"[4]甚至直接表明"若于太极上加无极二字，乃是蔽于老氏之学"。[5]以经为据，似乎言之凿凿，里面蕴藏一个经书或者说经书中的文字实际上代表着真理的逻辑。这放在中国思想史的传统中可以说是有效的论证，然而罗山的辩护实际上跳出了这种思维。即便"无极"二字的确出自老子之书，也不见得其身即入于老子，反之，在罗山看来，象山即便未用老子之字眼，其身却已入老子。也就是说，表面上的文字不一定能对应其思想实质，而这一逻

1　林羅山「寄田玄之」京都史蹟會編『羅山先生文集』卷第二、13 頁。

2　藤原惺窩「答林秀才」国民精神文化研究所編『藤原惺窩集』卷上、137 頁。

3　林羅山「寄田玄之」京都史蹟會編『羅山先生文集』卷第二、13 頁。

4　《与朱元晦》，钟哲点校《陆九渊集》，第 23 頁。

5　《与陶赞仲》，钟哲点校《陆九渊集》，第 192 頁。

辑，暗合了石田氏提出的"从俗的逻辑"。那么究竟如何才能对令
人困惑的表象进行辨认呢？罗山给出的方式是认清内在，即象山和
周子的真正差别在"志"。罗山虽然读书量惊人且记忆力卓绝，但
是惺窝所看重的是其"志"，"我非翅嘉其利智，只嘉其志而已，伶
俐者世多有，而立志者寡矣"。[1]罗山之"志"，即是上文已经谈到
的传播朱子学，或者说以朱子学立教。能够反映其"志"的文献在
他出仕家康的时候依旧可以见到，年谱罗山24岁时（庆长十一年，
1606），有记如下：

> 先生屡赴伏见拜谒，及大君归骏府时，有命曰："明年可来
> 骏府直到江户谒。"将军由是促东行之装。先生告理斋信时曰：
> "父母在不远游者，孝子之常也。然普天之下无非官土，则无
> 奈之何所谓游必有方，是所以韩子论欧阳詹也。今将离膝下以
> 行千里，非素志则方寸乱矣。"两翁皆曰："立身扬名以显父母，
> 孝之终也。汝其念兹勖哉！我期其远大可以祝之。"[2]

罗山曾以儒家思想中的"孝"为由拒绝出家，在不得不离开父
母赴任之时，他依旧不忘"孝"之初心，"非素志则方寸乱"，这里
再一次提到自己之"志"，而且是"素志"，即一直以来不曾改变之
志，其父以"立身扬名孝之终也"来宽慰罗山，确是儒家之大孝。
"立身扬名"似乎容易让人联想到罗山此行的目的会不会是追名逐
利，然而扬"名"本来就是儒者的理想，只不过君子之扬名，必以
"仁"为基础："君子去仁，恶乎成名？君子无终食之间违仁，造次
必于是，颠沛必于是。"（《论语·里仁》）因此"扬名"本身无可厚
非，更何况罗山立朱子学之教，是于儒学本身大有功者，以此立志

1　林罗山「惺窩先生行状」国民精神文化研究所編『藤原惺窩集』卷上、9頁。

2　林鵞峰「年譜上」京都史蹟會編『羅山先生詩集·羅山林先生集附録』卷第一、14頁。

立身，在德川日本可谓是前无古人的功业，而扬名自然是水到渠成的事。

通过以上的讨论，罗山之"志"应该给我们留下了一个比较深刻的印象。再回到罗山与惺窝之间书信往来，从罗山的辞气来看，虽然他确实对惺窝身衣儒服的胆识深表赞赏，但他也依旧执着地想要指出惺窝在朱子学思想中的"偏差"。这是因为罗山试图坚守的是纯粹意义上的朱子学，他除了排斥陆王心学，还排斥一切非朱子之学：

> 罗山为纯粹的朱子学者，虽然师事藤原惺窝，却不像惺窝那般连陆象山也一并崇敬，更何况是属于其他异端的学说。（中略）既然崇奉了朱子学，那么就全心全意崇奉朱子学，并不厌其烦地对所有与朱子学不同的学说加以排斥，也就是排斥陆象山、排斥王阳明、排斥道教、排斥佛教、排斥耶稣教，以此来主张自己所选择的朱子学。[1]

从以上罗山关于"无极"的论说中可以见出其对心学一系的排斥。从罗山批判象山的过程中，也约略可见其对道教和佛教的态度："朱子之于程子，犹如孟子之于子思。陆氏却以老庄之见测之，岂可也乎？""老子曰弃智，庄子曰黜聪明，陆氏若信之，则五千言三十三篇，是非文字乎？若信禅，则不立文字四字何也？祖师语录何也？""象山似庄周，朱子似孟子，若使庄周一见孟子，则闻道也必矣。"[2]罗山非常强调朱子之于程子，孟子之于子思的这种对应关系，自然是"道统"的意识无疑。之前引文中提到的"独濂溪擅兴继之美"，所谓的"兴继"，即是宋明理学接续道统的信念，而以

1　井上哲次郎『日本朱子學派之哲學』、61~62頁。
2　林羅山「寄田玄之」京都史蹟會編『羅山先生文集』卷第二、13~14頁。

濂溪为宗，也是宋明理学的传统。只是这种道统要如何在日本"兴继"呢？这可以说是罗山视为己任的课题。

综上所述，罗山在给惺窝的第一封信中就非常清楚地表达了自己坚信朱子学为儒学的正统且排斥所有非朱子学的立场。而信中的态度，则表现出罗山作为一个朱子学者的坚守。"罗山从朱子学的立场，向大先达惺窝堂堂正正地发起了挑战。之前公然私自讲授朱子学也好，对惺窝的论争也好，会见家康以前的罗山的态度，非常明显是学究之徒。"[1] 所谓"学究之徒"，应该是指罗山俨然是一副纯道学先生的姿态，他的胆大和直言不讳明显不符合一直以来罗山研究主流的"曲学阿世"之形象。即便如此，也许仍可以反驳说，这些不过是罗山在会见家康之前的经历，此时的罗山不过是一介书生罢了，能否经得起权势的挑战才是考验人品的关键。因此接下来，我们将讨论罗山进入权力中心之后的情形，而这一阶段也是罗山不断推进朱子学"官学化"的进程。

四　立朱子学之教

在惺窝的帮助下，罗山在 23 岁时（庆长十年，1605）得以初见家康。从此次会面之后家康对罗山的嘱咐"自今可履来焉"推测，[2] 罗山应该给家康留下了不错的印象。就在此会面后不久，罗山第二次谒见家康，上文提到的家康给罗山的面试就发生在此次会面之时。罗山以自己渊博的学识成功地通过面试，并得到了家康的认可，得以参与公仪职务。因此此次会面可以说是罗山的"求职"水平测试。本节讨论的第三进程是罗山后来招致争议的主要时段，而争议的要点主要表现在两件事上：一为"剃发事件"，一为"方广

1　本山幸彦『近世儒者の思想挑戦』、24 頁。

2　林鵞峰「年譜上」京都史蹟會編『羅山先生詩集・羅山林先生集附録』卷第一、14 頁。

寺钟铭事件"。

"剃发事件"发生在罗山25岁之时（庆长十二年，1607）。这
一年罗山拜谒了继任的将军德川秀忠，为其进讲数日后，秀忠赐予
罗山正式的官职。据年谱记载，"其后赐官，暇归京，且蒙命不能
辞，而祝发改名道春"。[1]所谓"蒙命"，应该就是指"祝发"的命令。
"祝发"代表削发为僧，学问僧作为御僧伽为主君侍讲的传统从日本
的战国时期开始就一直延续。但是如上文所述，罗山年幼时便决心
与佛教势不两立，因此削发为僧于罗山而言应该是一个极为痛苦的
抉择。他曾在写给惺窝的信中谈到自己的煎熬与自责：

> 始余之心有虞于国家，有待于君上，今则已矣。八刻迟矣，
> 自悔自咲。余若御人以口给则有辞矣，必曰隐忍之如此，待期
> 之如此。曰俟河之清，人寿几何。亦必曰，有道则不共与易也。
> 公之见人心若见肺肝然。必曰，疾夫佞者，无情者何能尽其辞
> 乎？余之自悔自咲而因循姑息者亦有罪于天地之间耶？（中略）
> 欲言之事，愤愤悱悱非终日侍侧之时，岂能展曼乙哉？[2]

罗山在出仕之初，"有待于君上"，也就是对家康以至秀忠充满
期待。家康曾以《中庸》的"道其不行矣"设问，罗山回答说："道
可行矣。《中庸》所云者，盖孔子叹时君之暗而道之不行而言者也，
非道者实不可行者之谓也。"[3]其中明显饱含对家康担当起"明君"的
期盼。然而出仕才一年，罗山的这种期待"今则已矣"。于罗山本
人而言，他的仕途才刚刚开始，因此让他心灰意冷的，应该不是自
己的前途。削发为僧本身的"不可辞"，意味着公仪不能认可"儒
者"这一形式的任职。罗山应该也清楚地意识到，无论是家康还是

1　林鹅峰「年譜上」京都史蹟會編『羅山先生詩集・羅山林先生集附録』卷第一、15頁。

2　林羅山「呈惺窩先生（慶長十二年作）」京都史蹟會編『羅山先生文集』卷第二、24~25頁。

3　林羅山「對幕府問」京都史蹟會編『羅山先生文集』卷第三十一、342頁。

秀忠，信奉的都是佛教，而自己根本无法改变这一事实，因此他不得不放弃这种期待。家康虽然表现出对学问以至儒学的关心，但是这种关心的程度非常有限，而且目的性非常明显，这一点已为学界所共识："家康是一个热心的佛教徒，应该是不可能向儒教全面倾倒的。"[1] 因此通过强令"祝发"一事，罗山应该清醒地意识到"有待于君上"，即试图以将军为主导来传播儒教之事并不现实。罗山的这种判断，与思想史的实际发展轨迹也是吻合的：

> 传记中记载着，成为幕府职员的罗山，侍奉了（家康、）秀忠、家光以至家纲四代将军，以备"顾问"，或者说来应对执政者们的"咨询"。这种表达如果用今天的常识来解释，非常模糊，但是如果依据《年谱》等来具体考察其顾问或者咨询的内容，就可以明白不过是继承以上的承兑那些人的职务罢了。有关于政策方针的方面，完全看不出征求其意见的事实。即便是出任"棠阴之厅"即法庭，也不过是担任类似书记的职务，从多次记载的有关僧侣或者神官的诉讼这一点来判断，也许主要就是应对这些方面的裁判。无论怎样都没有幕府政治的"顾问"应有的地位，因此其思想性的立场如何，也在幕府当局的关心之外。[2]

成为公仪的"顾问"或"咨询"，这或许是学问僧最合理的期待，但是罗山并不甘于这样的待遇，他有自己明确的志向即"素志"：从年轻时代开始，他就勇敢地传播新儒学。此次"剃发事件"磨灭了他寄托在将军身上的期望。但问题是，如果不能依靠将军，还能有什么别的指望呢？要理清这一问题，还需要明了儒学主要的两种传播路径。儒学的理想，是通过人君来施行儒学式的教化，这

1　鈴木健一『林羅山：書を読みて未だ倦まず』、44頁。
2　尾藤正英『日本封建思想史研究——幕藩体制の原理と朱子学の思維』、30頁。

种由来已久的传统，可以说是"自上而下"的方式，然而并不是唯一的方式。尤其在明代以后，"自上而下"的教化方式逐渐"下行"，商品经济的发展促进了"知"的平民化，这种思想史的转化在王阳明的思想中非常明显：

> 宋代理学家念兹在兹的是重建一个合乎"道"的人间秩序，其下手处是"治道"，因此必须以"得君"或"致君"为先决条件。阳明一方面通过切身体验，认识到"得君行道"在当时是一条走不通的路，另一方面却仍然坚持"以道自任"的儒家精神；宋儒的秩序重建也仍然是他的中心价值。龙场顿悟终使他脱出了这一进退两难的困境，发现在"仕"途之外另有一条"平治天下"的大道。[1]

如果说"得君行道"是每一个儒者出仕的首选方案，那么当这种方案在现实中宣告失败之后，另一条路我们可以称之为"觉民传道"。对阳明来说，如果廷杖一事标志着他"得君行道"的梦想完全破灭，那么龙场顿悟就可以作为他"觉民传道"的起点。从某种意义上说，孔子的一生也可以划分为致力于"得君行道"的阶段和宣告失败之后教导弟子的"觉民传道"的阶段。德川政权的建立标志着文治时代的到来，同时也意味着"知"的商品化时代的开启，这在江户时期发达的出版业上表现得尤为突出。从思想史的角度而言，"知"的商品化即意味着"知"的普及，而置于儒学的视域中，此即意味着朱子学的"俗"化。而这种"俗"化的关键，就可以上溯到罗山对于"得君行道"的放弃，而这种放弃同时标志着另一种路径的觉醒。

罗山以传播朱子学、立朱子学之教为志，本质上就是要推进朱

1　余英时：《宋明理学与政治文化》，吉林出版集团出版，2008，第189页。

子学在日本的本土化，即"俗"化。而推进朱子学在日本的"俗"化，一方面是一个"制作"的过程，另一方面也必然是一个"从俗"的过程。这是因为，在罗山以前，包括惺窝在内，朱子学被视为修身养性的为己之学，因此可以说，罗山是第一个试图公开传播普及朱子学之人，这本身就是一个"制作"即创立朱子学之教的过程。同时，也正因为朱子学在日本尚未普及，其传播的方式必然要与当时日本的本土文化相适应，这就意味着建立朱子学之教也必须考虑"从俗"的现实。罗山"从俗"的一面，即石田一良所谓的"从俗的逻辑"，在解释罗山本人为亲人选择佛教葬仪及其以上提到的剃发一事上都很有说服力。当同样的经历发生在罗山之弟身上时，他曾写信宽慰道：

> 除夕蒙台命，赐余兄弟法印位，何荣幸加之哉！鸡日共服法服，执拜谒于殿中，献雄剑龙蹄，而乃稽首趋进，跪饮觞沥，且受御衣一袭，何意？此身为青云之士也。原夫法印者，沙门位也，而配僧正官。今余兄弟元是儒也，然祝发者久随国俗，与太伯之断发、孔子之乡服何以异哉？复何伤焉？有说于此。寺官舍也，借为梵宇，精舍本黉也，亦借为兰若名，典常也，经亦常也。圣人之言，万世宜常行之，故以为其名。然浮屠假托之号修多罗为典经，则盍反其本哉！先王有法服，有法言，四书六经有读法，其皆见于笔墨，垂于不朽，故墨以传万古文章之印，是吾所取之法印也。谓之心印，亦可矣。是此授位非吾兄弟所曾期望也。而今自上裁之，则恩睐不亦厚乎？所谓自天命之者乎？[1]

1　林羅山「林公叙法印詩并序」藤樹書院編『藤樹先生全集』第一冊卷之三、岩波書店、1940、122頁。

"今余兄弟元是儒"，罗山与其弟无疑都极为分明地划定了儒佛之间的界限，并且以儒者自居。从"伤"之一字可以看出以僧人之形式出仕公仪于他们而言的不得已，然而比起僧人这一外在的形式，让罗山振奋的是公仪赐予法印一事实际上代表着他们都有机会接近将军这件事本身，"是此授位非吾兄弟所曾期望也"表明此种地位对于他们而言原是不敢奢望的，上授命本身在罗山看来就是一种"自天命之"的象征。当然，就结果而言，罗山选择的"妥协"无疑招致了同时代的儒者如中江藤树等非常激烈的指责：

> 林道春记性颖敏，而博物洽闻也。而说儒者之道，徒饰其口，效佛氏之法，妄剃其发，旷安宅而弗居，舍正路而不由。朱子所谓能言鹦鹉也，而自称真儒也。倭国圣人不作，而异端之教日新月盛，邪诞妖妄之说竞起。涂生民之耳目，溺天下于污浊，是以知德者鲜矣。故推之以为倭国之儒宗，而信其言效其行者多。彼居之不疑，施施骄其门人，出而仕于江户，以其形类沙门也。己巳之除夕赐之以沙门之位。林氏兄弟者，受之以为荣幸也。而虑世之毁笑也，作文以饰其非，而成其恶，听者懵然不察，同然从之，故举世以为儒者之道，唯如彼而已，而不知有明德亲民之实学。噫！后之人虽欲闻实学，其孰从而听之？实正路之蓁芜，圣门之蔽塞也。[1]

罗山以"法服""法言""读法"来比之"法印"之"法"，在藤树看来不过是追求名利的文过饰非。事实上，其子出仕时亦遭遇了"强使祝发"，[2]此一"强"与罗山受命时的"不可辞"，都表露出在德川政府建立之初身为儒者却不得以僧人形式出仕的无奈。罗

1　中江藤樹「林氏剃髮受位辨」藤樹書院編『藤樹先生全集』第一册卷之三、122~123 頁。

2　林羅山「与男靖七篇」京都史蹟會編『羅山先生文集』卷第六十四、327 頁。

山劝诫其子道："夫薙发者，本朝中古以来之习俗也。（中略）故学者要知时，若夫伯成子高杨朱拔一毛利天下不为之何？知时与？我圣人之从周即是从今也。"[1]所谓"薙发"即是祝发，在罗山看来这就是当今之"俗"，不得不从之。有意思的是，罗山把孔子之从周理解为从今，即是认为圣人也要从俗。然而，"从俗"只是形式上的权宜，或者说，"从俗"是"制作"不可或缺的手段。正如佛教初传中土时不得不借助本土的儒家和道家的思想来方便传播一样（比如格义），日本的情形，是以佛教为俗，因此以朱子学为代表的儒教要深入日本社会，也不得不借助佛教的形式，罗山身为儒者亦不得不以僧人的形式出仕，原因即在此。"从俗"是为了更好地"制作"，罗山之祝发，代表他放弃了"得君行道"的路线，这就是罗山在信中提到的"有待于君上，今则已矣"，然而，他并没有放弃传播朱子学之志，因此他不能放弃这个入仕的机会。如罗山所说，自己的理想是需要通过"侍侧"于将军才能施展的，从后来罗山的行动来看，可以推测罗山在信中所谓的"欲言之事"，即是指得到将军认可从而推进朱子学"官学化"的使命。为了留在将军身边，罗山不得不接受僧人的形式。而这只不过是他"自污其身"的开始，接下来发生的事件，他更难辞其咎。

　　庆长十九年（1614），罗山32岁。"方广寺钟铭事件"，[2]可以说使罗山"曲学阿世之魁"的非议彻底坐实，一直以来都是罗山难以洗刷的"黑锅"，也是对试图重新定位罗山的研究者而言最难解释的问题。然而也正是在这一年，罗山还做了一件看似没有结果的事，那就是向家康建言修建学校。这两件事情都记载在了年谱里："丰臣秀赖使东福寺僧清韩长老作大佛殿钟铭，其词中有不协大神君之御旨者。使先生议之，清韩被罪，因兹大阪兵革起。先

1　林羅山「与男靖七篇」京都史蹟會編『羅山先生文集』卷第六十四、328 頁。

2　关于整个事件的经过，可参考揖斐高『江戸幕府と儒学者——林羅山・鵞峰・鳳岡三代の闘い』中公新書、2014。

是，先生请建庠序于洛，教授生徒，有旨可之，将相攸择胜，依兵革不果。此冬遂有大阪之役，先生奉从于军旅之间，此行也讲和，班师。"[1] 先行研究中比较有代表性的"翻案"，有揖斐高氏通过降低罗山在整个"方广寺钟铭事件"中所起到的作用从而淡化罗山之"罪"的方案，也有本山幸彦等人通过举出罗山整体之功来对比此事之"瑕"的方案。这些尝试不得不说对重新审视罗山起到了引路的作用，然而它们始终无法弥合罗山的道德理念和实践之间的"偏差"。

如果我们换一种视角，将罗山与之后徂徕的思想关联起来，也许可以发现另一种诠释的方式。徂徕的思想中极具代表性的特征即是丸山真男命名的"政治优越"，这种可以称为特质的实践标准突出体现在"赤穗事件"和"道入事件"中。在这两个案例中，徂徕的主张一则以死，一则以生：为了主君不怕牺牲的赤穗义士被徂徕判处"死刑"，而抛弃了自己的老母的道入却被徂徕放过。这是为什么呢？在这里处于矛盾对立的概念既有"公"与"私"，也有"政治"与"道德"。赤穗义士不顾国法只为一己之主，故而该死；而道入在万分不得已的情况下弃母反映出的是藩主治理的不善，故而罪不至死。在公私之间，徂徕以公为上，在政治与道德之间，徂徕以政治为先，这种思想和实践的理念被丸山誉为"政治的发现"，徂徕也因此被贴上了"近代先驱"的标签。

暂且不论徂徕与近代化的关系问题。这种"政治优位"的思维方式是否可以追溯到徂徕之前呢？换句话说，这种诠释的方式是否可以成为罗山行动的理由呢？家康试图发动大阪之战的野心昭然若揭，那么罗山对于此战持什么态度呢？在大阪冬之战前的庆长十七年（1612），家康曾以"汤武放伐论"为题询问罗山，此问很明显暗指罗山对于即将发动的战争的正当性的看法，而罗山亦以《孟

1　林鵞峰「年譜上」京都史蹟會編『羅山先生詩集・羅山林先生集附録』卷第一、16頁。

子》为依据给予了肯定的回答："对于罗山而言，大御所家康是作为通过儒教理想的德化来实现王道政治的为政者而存在的。"[1] 从这个角度而言，发动讨伐丰臣氏的战争实际上是符合"平天下"的儒家理想的，而罗山的任务即是给予这场一触即发的战争合理的"借口"。之前已有学者指出罗山此举是为了更长远的和平与国家的安定，从"政治优位"的实践准则来看，罗山也应该为家康寻找出开战的理由。以往的学者难以忍受的，是罗山对钟铭的"曲解"，然而这种类似谶纬的解释，在儒家的典故中并不少见。在"道德"和"政治"之间，罗山明显选择的是"政治"，这种行事风格与后来的徂徕如出一辙。这种选择，以往都被视为罗山为了一己之私而笼络公仪。然而，如果从"政治优位"的视角来看，这种选择反而具有"公"的性质。出于自己身为德川一系幕僚的立场，罗山应该如此，出于早日实现天下一统的理想，罗山也应该如此。因此，单就此来评判罗山的人品是"曲学阿世"，实在是过于表面化，如此也为走近罗山的思想内部设置了巨大的"道德"屏障。

如果将此次"钟铭事件"置于罗山的整个生涯，不过是一个很小的插曲。罗山真正矢志不渝的，却是因为大阪之战而"不果"的设立学校一事。开设学校才能传播儒教的思想，而日本在此之前从未有过这样的学校，因此罗山此举的"制作"性质亦非常明显。罗山对于此事近乎"固执"："谓道春曰：'方今大明亦有道耶？卿以为如何？'曰：'有之。春虽目未见之，于书知之。夫道者非窈窈冥冥，而在君臣父子男女长幼交友之间。今也大明自闾巷自郡县至州府无处不有学校，皆所以教人伦而以正人心善风俗为要，然则果有道乎！'于是幕下变乎色而言他，春亦不言。"[2] 上文已经提到石田一良曾以批判佛教作为罗山思想之出发点，而罗山批判佛教的利器，

1　揖斐高『江戸幕府と儒学者——林羅山・鵞峰・鳳岡三代の闘い』、24頁。

2　林羅山「對幕府問」京都史蹟會編『羅山先生文集』卷第三十一、341頁。

则是儒家的人伦。此段引文中，公仪以相邻的强国大明是否有道设问，从"方今大明亦有道耶"的"亦"来看，想与大明类比的自然是德川政权一统下的日本。如果对当时家康的心理作一推测，他希望听到的回答应该是目下大明国安定统一，自是有道，而这正如家康所统领的日本一样，如此一来，日本自然亦是有道之国。罗山应该是能读出家康的此种心理预期的，然而他虽然肯定了大明有道，有道的原因却不是家康所要的回答，毋宁说，人伦之教在当时甚至之前的日本并不存在，这不就是在指责眼下之日本虽然实现了一统，却仍处于无道的状态吗？家康无疑明白了这层话外之音，"变乎色"可见其对罗山带着劝诫的回答并不满意。然而罗山之"不言"，也表明他并没有对此僵局做任何挽回的打算，或者说，这正是他要的效果。即便是令家康不满，他也要为人伦之教在日本的生根发芽开出一条路来。罗山不过是公仪的一介"顾问"，以此态度来回应家康足见他本人试图建立儒学学校的决心。此次"顶撞"的结果如罗山所愿，家康后来同意了在京都创设学校的建议，罗山甚至劝服其师惺窝出任大学头。可惜好事多磨，此事因大阪之战未果。

此后，罗山并未死心，不如说，他在等待下一次机会。一般看来，家康和秀忠时期，是罗山的"雌伏期"，直到家光上任，罗山对公仪的影响力才真正发挥出来。在此期间，罗山逐步参与公仪的政治事务，多次与朝鲜通信使酬唱应和，参与了重要的法令《武家诸法度》的改订与《诸士法度》的草拟，还编纂了《宽永诸家系图传》等，这些都表明罗山的政治地位在逐渐上升。然而即便如此，罗山也从未忘记自己的"素志"，终于在宽永七年（1630），由将军家光下赐了上野忍冈的别邸及二百两金，作为筹措学校之用。两年之后，在罗山 50 岁之际（宽永九年，1632），终于在此建立起学寮，在尾张藩主德川义直的资助下，学校中还建立了先圣殿。翌年，就在先圣殿中，初次施行了释菜之礼。更重要的是，将军家光拜谒了先圣殿，罗山在此为其进讲了《书经》之尧典。以此事为标志，罗山在年过半百之际终于得偿凤愿，在日本建立起得到官方认可的传播儒学的学校。以此，儒学终于迈出了成为日本"官学"的第一步，罗山也终于完成了自己之"素志"——立朱子学之教。

五 小结

在此，有必要将罗山所建之大学寮置于日本思想史中，给予其恰切的定位。对此，苅部直曾有中肯的评论：

> 林罗山受到的重用，不过是与僧侣们同样作为知识人之一。汤岛圣堂在罗山设立之初，也不过是上野忍冈的林家宅邸内安置的先圣殿（孔庙）和学寮，并不是公仪的直辖机关。从属于公仪或大名家的町儒者们开设私塾，朱子学正是在聚集在那里的人中普及开来的，也就是作为民间的学问逐渐在日本社会推广开来的。[1]

的确，如上文屡次提到的，罗山在公仪中无论外形还是实际的政治工作都与之前的学问僧毫无二致。但不同的是，罗山费尽心力地建立起获得公仪认可的传播儒学的学校。在罗山之时，这里虽然不是直接从属于公仪的机关，但从这里走出了许多后来鼎鼎有名的大儒。如苅部直所言，朱子学正是在这群聚集在罗山所建之学府的儒者中逐渐普及开来的，这也正是我们在前文中所分析的罗山所选择的"觉民传道"路线，而罗山在日本儒学史上具有开山之意义的原因也即在此。

值得一提的是，在江户时期的儒学者中，罗山的求知欲和读书

1　苅部直『日本思想史への道案内』、135 頁。

量是惊人的，为人所熟知的是他在 58 岁时（宽永十七年，1640）劝诫门人多读书的教诲："今兹腊月，谓门生等曰：'吾虽老衰，然读书未倦，自今春至岁末所阅者，殆七百册，汝辈勉焉。'"[1] 暂且不论他是以怎样的方式去"阅"这 700 册书的，罗山这种孜孜不倦的求知欲从他年轻时代开始就一直如此：

> 《既读书目》这篇文章记录下了罗山年轻时的勤学。这虽然被记载在他儿子鹅峰整理的《罗山先生年谱》庆长九年的条目中，却是那个时候罗山自己整理的记录。这是从离开建仁寺之后在家勤学，到与惺窝会面并决意师事时期，中间七八年的记录。其中除了儒家相关的书，还有老庄等先秦诸子，《文选》或者李白、杜甫等的诗文集，《史记》《汉书》等史书，还有佛教相关的书以及日本本国的书，列举的书名有四百四十多部。从鹅峰的记载来看，并不是所有的都熟读了，也包含部分阅读的书，即便如此，也是惊人的"求知欲"。[2]

对知识的渴求使罗山留给后人手不释卷的印象，这或许是除开所有标签之后剩下的最原始的作为知识人的"罗山像"。而罗山如此致力于传播儒学，与整个日本社会当时的"商业化"即"町人化"的大环境也是分不开的。不过需要注意的是，罗山这种读书破万卷的精神还停留在对知识的纯粹吸收阶段。换句话说，日本的宋学才刚刚起步，罗山对于其中的各种义理充满疑问：

> 天下古今期知于圣人而止矣，圣人无所不知之故也。而孔子曰："知之为知之，不知为不知。"又曰："吾有知乎？无知

1　林鵝峰「年譜下」京都史蹟會編『羅山先生詩集・羅山林先生集附錄』卷第一、25 頁。
2　澤井啓一「林羅山と朱子学」鈴木健一編『形成される教養——十七世紀日本の〈知〉』、135 頁。

也。"《中庸》曰："虽圣人亦有所不知。"其所知至于何所？其所不知至于何所耶？想其所至之有所宜至者耶？当有所可止之处，知之所止不知之所止？盍告于我。今学者之致知亦是学圣人，圣人虽生知亦复致其知与？盍告于我。[1]

"盍告于我"常出现在罗山笔下，可见罗山确实希望有人能为他解惑，这就是"读书家"罗山的常态。因此，对于罗山的评价，应该将着眼点置于其对于儒学的传播之功，而非其对经典是否作出新的诠释上。还应该注意到的是，罗山之时，虽然三代将军家光拜谒先圣殿并请罗山释讲儒家经典，此事确实可以视为朱子学受到官方认可的标志性事件，然而这并不意味着儒学尤其是朱子学已经融入日本社会。此时朱子学在日本的发展尚处于起步阶段，而其真正成为御用的学问，与后来的宽政异学之禁有莫大的关联。

> 到了十八世纪后半期，大名家开始设立学问所（藩校），于是武士学习儒学之事登场，并作为武士或者对学问感兴趣的庶民的基础教养而固定下来。其结果是，到了十八世纪末，公仪也在汤岛圣堂内设立昌平坂学问所，并进行直接指导和监督。在那里，朱子学作为讲义被固定下来，到此时，朱子学才成为公仪的"官学"。[2]

还有一点，本节在诠释罗山的思想与生平之时，多次提到后来的荻生徂徕。到徂徕所处的时代，日本儒学已经不再是一味吸收的阶段，日本的儒学者也开始了自己的儒学体系建构。石田以

1　林羅山「聖人有所不知」京都史蹟會編『羅山先生文集』卷三十四、381 頁。
2　苅部直『日本思想史への道案内』、136 頁。

"从俗的逻辑"解释了罗山的很多"不得不为之"的行为，然而在"不得不"之外，罗山还有自己矢志不渝的"素志"，这就是"制作的逻辑"。罗山之"制作"，是从 20 岁出头开始毫无畏惧地传播宋学，30 岁出仕就建言创立儒学学校，50 岁之际终于在德川日本建立起传朱子学之教的学校。徂徕之"制作"，是讲道为圣人之制作。而于罗山而言，道即是人伦的实现，因此代表人伦之教兴起的学校的创立，就是道之制作。除此之外，在解释罗山人生的"污点"——"方广寺钟铭事件"之时，我们亦用了徂徕思想中极具特色的"政治优位"的思路，在"道德"和"政治"之间，罗山选择了"政治"，这并不是一己之"私"，反而具有"公"的性质。如此种种，都传达出罗山与后来的徂徕之间有着千丝万缕的联系。

由此来看，罗山与徂徕的关系未必是朱子学者与反朱子学者的关系。在罗山的思想中，五经才是终极的追求，然而世远言迁，所以需要借助注解才能明白经书之义，因此罗山的努力就是跳过汉唐的训诂而以新注走近五经。而徂徕可以说是沿着这条路更进一步地想要跳过所有的旧注新注直达经典本身，这种直达的模式，是在伊藤仁斋时就开启了的尝试。从这个角度而言，我们似乎可以看到林家之学与所谓的"古学派"之间的某种连续性。实际上，徂徕不仅曾师从当时的林家大学头林凤冈，而且从徂徕在 40 多岁所作之《蘐园随笔》中，也可以很明显地看出徂徕是站在全然维护朱子学的立场来批判仁斋的。不可否认，徂徕在 50 岁之后受到李攀龙、王世贞的影响而终于找到了超越朱子学的武器——古文辞学，即可以跳过罗山所信奉的朱子学而直接回到五经中去，所以在此之后，徂徕的作品中多见其以"不识古文辞"为由对朱子学展开的较为全面的批判。但是这本质上只是方法论上的差异带来的对经典的不同诠释方案，而且这种跳脱宋学直达汉唐以前的诠释方式，在木下顺庵那里早就有了体现。如果说在罗山的时代日本儒学还处在以朱子学对抗

汉唐训诂的阶段，那么到了徂徕的时代，德川儒学已然孕育出即将
要占据儒学新诠释舞台的古学的思维方式。

第三节　官学化的前奏：室鸠巢与日本"义士"

室鸠巢[1]，虽为"木门十哲"之一，并曾担任幕府的儒官，然其
文辞不如徂徕，政绩不若白石，即便从维护朱子学的角度而言，亦
没有山崎暗斋谨持朱法，故在日本儒学史上多见对其"护教""守
成"的评价。"尝著《大学新疏》《义人录》《骏台杂话》等书，盖
莫非提起经义、维持名教者也。"[2]《骏台杂话》五卷（中略）研穷理
义，藻鉴人物，或往事之可感，或当世之可警，莫非守正学而扶名
教之意也。"[3]如果从思想史的角度出发，将鸠巢与之后的宽政异学之
禁相联系，则有一种长期被忽视的观点值得重视："一说宽政异学之
禁实际上是以鸠巢此书为本。"[4]井上哲次郎所谓的"此书"是指鸠巢
的《骏台杂话》。虽为"一说"，但足以提示我们，从诠释朱子学的
角度而言，或许鸠巢的注经少有开创，然而如果从确立"正学"以
护持名教的角度来看，鸠巢的思想或可具有开启后来独尊朱子学的

1　室鸠巢（1658~1734），字师礼、汝玉，名直清，号鸠巢，别号沧浪、英贺。于万治元年
　　（1658）二月二十六日，生于日本武州谷中村（今东京都台东区西北）。父玄朴（号草庵，
　　1616~1683），因性格刚直而不遇，以医为业。正德元年（1711），由新井白石举荐，与同门三
　　宅观澜一起征召为幕府儒者。吉宗继任八代将军后，白石失宠，而鸠巢受命讲朱子学于高仓
　　屋敷，并负责后来九代将军家重的教育。享保十三年（1728）致仕，享保十九年（1734）八
　　月十二日，卒于骏台的家宅中。鸠巢的代表作，从45岁著《大学章句新疏》到最后的著作
　　《太极图述》，始终贯彻着朱子学的立场，学界多以此为由，认为鸠巢的思想缺少独创性，难
　　以自成一派。
2　江村北海「日本詩史卷之四」『日本詩史　五山堂詩話』岩波書店、1991、111 頁。
3　藤原明遠「新刊駿臺雑話序」井上哲次郎・蟹江義丸編『日本倫理彙編卷之七　朱子學派の
　　部（上）』育成會、1902、74 頁。
4　井上哲次郎『日本朱子學派之哲學』、184 頁。

重要作用。[1] 那么，鸠巢是如何建立起独尊程朱之学的思想体系的？又是如何以之为矛展开对包括神道在内的非朱子之学的攻击的？更为重要的是，这种思想为什么能为后来作为日本儒学官学化标志性事件的宽政异学之禁张本？以此为问题意识，本节拟从体系化、排他化、教学化以及世俗化四个维度探讨鸠巢的儒学思想。

一　朱子学的体系化

　　鸠巢于宽文十二年（15 岁，1672）出仕加贺藩的前田家，为藩主前田纲纪侍讲《大学》，据说义理明畅，得到主君褒奖，于是受命游学于京师，入木下顺庵门下。这说明在入木门之前，鸠巢已然接触了儒学，但很可能是传统的汉唐训诂之学而非程朱理学："直清自幼年时始知读书，不幸为俗学之所误，以记诵词章为业。及弱冠后，始悟前日之非，稍稍厌弃浮华，将沿伊洛之流以溯洙泗之源，其布帛之文，菽粟之味，衣被咀嚼之久，然后断然自信，幡然改

---

[1]　关于室鸠巢的先行研究总体而言为数不多，中村安宏曾将其分为两大类，一类认为鸠巢保持了纯粹的朱子学（铃木直治、荒木见悟），另一类认为鸠巢对朱子学进行了某种程度的改变（相良亨、衣笠安喜、高桥博巳），中村安宏自己则立足于后者，认为鸠巢显示出一种"近世日本中通俗的朱子学者的姿态"（中村安宏「室鳩巣の朱子学変容」『日本思想史学』30 号、1998 年、121 頁）。和田充宏沿着中村强调鸠巢思想中通俗化和具体实践的侧面，从教育学的视角出发，较为深入地挖掘了鸠巢思想中的"教化主体论"（和田充弘「室鳩巣の教化主体論——『帰嬰俗解』を手掛かり」『関西教育学会紀要』23 号、1999 年、91~95 頁）。和田还以《骏台杂话》为文献依据，较为深入地剖析了鸠巢排斥"异学"以立"正学"的思想过程（和田充弘「室鳩巣における正学と異学——『駿台雑話』の思想」『文化史學』第 54 号、1998 年、171~193 頁）。除了从与朱子学的关系出发进行的研究，多田显以享保时期的社会经济论为视角，着重阐述了鸠巢的社会观与政策论（多田顕「室鳩巣の社会思想——享保期経済思想研究の一掬」『文化科学紀要』第 6 輯、1964 年、101~135 頁）。中村安宏通过挖掘新史料《藏版伺御用留抄录》，以"检阅"为视角，考察了幕府儒者与天保改革文教政策之间的关系（中村安宏「検閲と幕府儒者：天保改革の文教政策」『歴史』第 130 輯、2018 年、26~49 頁）。

曰，圣贤之学果在此乎？"[1] 通过鸠巢的自述可知，在接触程朱之学以前，鸠巢曾以"记诵词章为业"，所谓"词章"之学，正与朱子学传入日本之后的"义理"之学相对。木下顺庵为日本朱子学始祖藤原惺窝的二传弟子，因此鸠巢所入之木门可谓日本朱子学的正宗之一（林罗山一脉亦出于惺窝之门）。

既入顺庵门下，那么学习朱子学是理所当然之事："清少有志于圣贤为己之学。窃谓六经之道至程朱，发明之殆无余蕴，学者不求圣贤之道则已，苟求圣贤之道，则程朱之书，不可以一日而不读。"[2] 除了接触朱子学，鸠巢在京师之时，受到山崎暗斋门下羽黑养潜（牧野左平次，1629~1702）的影响，甚至以之为义理上的知己，还有说法认为鸠巢作为朱子学者的保守性格实源于养潜。[3] 鸠巢曾在晚年自述其思想历程："某少时习于俗儒，学记诵词章，年月多旷，或时忽悟往日之非，始志古人为己之学，不幸无良师益友，眩惑于诸儒纷纷之说，于程朱亦半信半疑，无定见，空度岁月。年近四十，深入程朱之学，终不易之，自此日夜读程朱之书，潜心覃思，至今三十年，仰之弥高，钻之弥坚，不高远不卑近，圣人复出必从其言无疑。"[4] 也就是说，鸠巢早年入木门之时，虽然接触了程朱之学，却采取了半信半疑的态度。实际上，其师木下顺庵，被鸠巢视为"文辞"而非"义理"上的知己："清自幼好学，有略得古人遗意者，所见闻士大夫亦颇多，然于义理则必得高明之许可以自信，于文辞则必经木翁之品题以自足，私心自谓二公天下之知己也。故平生以今

1　室鳩巣「答遊佐次郎左衛門第一書」荒木見悟・井上忠校注『日本思想大系 34　貝原益軒　室鳩巣」、407 頁。

2　室鳩巣「与安部仲謙書」荒木見悟・井上忠校注『日本思想大系 34　貝原益軒　室鳩巣」、407 頁。

3　荒木見悟认为真正使鸠巢的朱子学思想觉醒的正是羽黑养潜。参见荒木見悟「室鳩巣の思想」荒木見悟・井上忠校注『日本思想大系 34　貝原益軒　室鳩巣」、517 頁。

4　室鳩巣「駿臺雑話卷一　老學自叙」井上哲次郎・蟹江義丸編『日本倫理彙編卷之七　朱子學派の部（上）」、82~83 頁。

世有二公为乐耳。"[1] 由此可见，木下顺庵一脉虽可上溯至日本朱子学的开山藤原惺窝，然而对于鸠巢而言，其所受的义理之学，毋宁说受羽黑养潜即暗斋一门影响更大。

除了养潜之外，鸠巢还与崎门的另一弟子游佐木斋多有书信往来。当然，这并不是说鸠巢之朱子学更类于暗斋一门之学，相反，鸠巢非常明确地批判过山崎暗斋之学：

> 直清闻，君子取师之道，亦多端矣。有以道德师之者，所谓人师是也。有以术业师之者，所谓经师是也。其余有一事之师，有一行之师，虽其所得有浅深不同，然谓之非师则不可也。今足下所言，始从操轩与惕斋而游，其所得者未深，及其后得山崎氏师之，道德耶？术业耶？观其所以褒扬之实，亦不过谓讲论经典修缉简编，则是术业而已，遂以此推尊之至，以为朱子之后一人而已，则其视朱子何如哉？[2]

将山崎暗斋视为"术业之师"，而且以"讲论经典修缉简编"概括崎门之学的内容，无疑是一种贬低。如果说山崎暗斋之朱子学更为注重近乎苛刻地保持朱子学的原貌，那么鸠巢则希望通过自己的发挥彰显出朱子学的本义："《章句》《或问》之说虽平正洞达，不烦解释，然其立言之源委，用意之深浅，犹有待于后人发挥而讲明之，但近世义疏之书，不失于穿凿，则伤于繁杂，使读者不得其要而无所适从，此余之《新疏》所为作也。"[3] 鸠巢在 45 岁时（元禄十五年，1702）完成《大学章句新疏》，此时正值伊藤仁斋《大学

1　室鸠巣「前編鳩巣先生文集巻之十　答羽黑先生第二書」杉下元明編『近世儒家文集集成第十三巻　鳩巣先生文集』ぺりかん社、1991、127 頁。

2　室鸠巣「答遊佐次郎左衛門第二書」荒木見悟・井上忠校注『日本思想大系 34　貝原益軒　室鳩巣』、408 頁。

3　室鸠巣「前編鳩巣先生文集巻之十三　大學章句新疏序」杉下元明編『近世儒家文集集成第十三巻　鳩巣先生文集』、165 頁。

非孔氏之遗书辨》流行于世,鸠巢在此时为《大学章句》作新疏的用意,应是重新"发挥而讲明"朱子之意。也即是说,在仁斋、徂徕等"异端"之学纷起之际,他赋予自己的使命是重新讲明朱子学的本义。从这个角度而论,鸠巢的出发点是以当时的日本人能够理解的方式理清朱子学的体系,从而有效地维护进而更为深入地传播朱子学。鸠巢的儒学思想颇为繁杂,然就思想史的角度而论,其注疏具有颇为重要的两个特征,以下分论之。

第一,对朱子学进行简明扼要的体系化。在《大学章句新疏》中,鸠巢归纳了所谓"圣人之学"的体系,即"圣人之学,以明明德为体,新民为用,止于至善为体用之极,而博文约礼为进修之法"。[1]这就对原本复杂而抽象的圣人之学作了一个明确化的处理,并且落实了修学的具体目标。他还对《大学》的三纲八条目进行了总论:

> 大人之学,所以学修己治人之道也。以其修己者言之,则曰明明德,以其治人者言之,则曰新民,以其修己治人之极言之,则曰止于至善。故以明明德为纲,而其目五,曰格物,曰致知,曰诚意,曰正心,曰修身是也。以新民为纲,而其目三,曰齐家,曰治国,曰平天下是也。以止于至善为纲,而其目八,自格物至平天下,各至其极而不迁是也。然八者约而言之,格物以下,知也,止于至善之始也。诚意以下,行也,止于至善之终也。[2]

由以上总论可知,鸠巢以"大人之学"释"大学"之义,并

---

1 室鳩巣「答遊佐次郎左衛門第二書」荒木見悟・井上忠校注『日本思想大系34 貝原益軒 室鳩巣』、408 頁。
2 室鳩巣「補遺鳩巣先生文集卷之二 大學三綱八條新疏總論」杉下元明編『近世儒家文集集成第十三卷 鳩巣先生文集』、197 頁。

具体归为"修己"和"治人"两个层面；将八条目分别与三纲具体对应，以知行的关系作为最后的落脚点。这就提纲挈领地把《大学》中重要范畴之间的逻辑关系较为清晰地勾勒出来。以往对鸠巢的评价往往停留在其并未超出朱子学注解的层面，忽视了鸠巢对朱子学进行删繁就简的体系化这一"事件"本身对之后朱子学实现官学化的意义。从内容上看，鸠巢的所有阐述虽然都没有超出传统理学的范畴，然而从教学实践的角度观之，鸠巢的疏解试图对驳杂的理学思想进行简明而系统的归纳，这对于将朱子学立为官学并使之世俗化大有裨益。换言之，从鸠巢对《大学》的新疏中我们可以看出其对朱子学进行体系化的尝试，所谓的"新疏"重点不是超越朱子的注解，而是将朱子学的本来面目以更为清晰而系统的方式呈现出来。

第二，确立正学的边界。与仁斋质疑《大学》在儒学经典中的地位相反，鸠巢认为此书乃"王教之大经，孔门之实学"。[1] 鸠巢以《大学》为孔门之"实学"，这种"实"的精神贯穿他的著述之中，《太极图述》即很好地体现了这一特点。周濂溪所著《太极图说》原本体系性就比较强，鸠巢在其《太极图述》中除了继续对朱子所作注解进行体系化，还将其思想中"实"的底色铺陈其中。"无极太极之辨"是理学中非常有名的论争之一，象山对"无极"的攻讦，比较集中地体现在关于"无"的分歧上。"然其所谓无极云者，岂虚无之谓哉？亦不过为实理之极耳。"[2] 鸠巢以"实"解"无极"并贯穿于"阴阳"的概念中："阳为物之始，实理之至而向于有也。阴为物之终，实理之尽而向于无也。"[3] 朱子以"诚"之"通"和"复"解释阴阳的动静，鸠巢将其"实"进一步贯彻其中："通者流行之

1　室鳩巣「補遺鳩巣先生文集卷之二　大學三綱八條新疏總論」杉下元明編『近世儒家文集集成第十三卷　鳩巣先生文集』、199 頁。

2　室鳩巣「太極圖述」関儀一郎編『日本儒林叢書』第八卷、鳳出版、1978、10 頁。

3　室鳩巣「太極圖述」関儀一郎編『日本儒林叢書』第八卷、11 頁。

始，实理□□所发达。复者赋予之后，实理有所归藏。"[1] 还有"善者，实理之发□□□者，实理之具体"，[2] 等等。不难看出，鸠巢强调的"实"，正□□□相对，以"实"贯穿理学诸概念，自然是要与所有的不"□□□之学□□开来。如果说上述鸠巢对朱子学的体系化尝试可以视为□朱子学□□□进行"朱子学正学化"的准备，那么这种与所有□□□学相区别□□□力，则可以视为寻找直至确立正学与异学边界的□□力。如此，经□□立正学、确立边际，从逻辑上说，下一步就应该□排斥异学了。

二 朱子学□排他化

日本□□儒学呈现出较为明□□的"儒佛习合"现象。从藤原惺窝开始□儒学已然开启脱离佛□□进程，不过在其后学那里，对于如何看□儒学与神道、佛教□□系，以及儒学内部朱子学与其他学派的□□，意见纷呈。其中□□著名的当属林罗山的"排佛排耶论"，然□即便是林罗山，也□□排斥神道。除了惺窝门下，山崎暗斋是最□□□纯化朱子学的□□，然而包括其本人在内的崎门始终承认神道的□□。从这个角□□言，鸠巢站在朱子学的立场反对神道，在日本儒学□□□□尤为重要。鸠巢论神道较为集中的文本是《室直清议神道书》，他在此文开篇即表明了自己的立场："神道为高明所信，而直清窃尝疑之。"[3] 既疑之，则有自己本来坚持的主张，鸠巢主要的依据有如下几点。

首先，在鸠巢看来，那些神道论者之所以高举神道的大旗，最根本的原因在于神道是日本本土的宗教。也就是说，神道的合法性

---

1 室鳩巣「太極圖述」関儀一郎編『日本儒林叢書』第八卷、11頁。

2 室鳩巣「太極圖述」関儀一郎編『日本儒林叢書』第八卷、12頁。

3 室鳩巣「室直清議神道書」荒木見悟・井上忠校注『日本思想大系34 貝原益軒 室鳩巣』、411頁。

并非源于其自身理论上的优越，而仅仅在于是日本本国之物：

> 足下以神道为我国之道，而直清从而议之，恐区区之论，遂为高明之所讳也。然道天下之公，非我国之所私，又非如法令政事有不可议，窃谓为国讳之义，非所以施于此也。故略论之，盖"道之大原出于天"，是道一本者也。惟我圣人为能继天立极，以为教于天下后世，则天下后世，由之以为圣人之道，是道一统者也。[1]

> 尝闻为神道者言，曰："道一而已，我国有神人者，独不由中国之传而先得之，故谓之神道，不得使中国专此道之统。"今观高明之意，得无亦出于此乎？呜呼！此为"我国"二字所局耳。[2]

这里的"为国讳"，是指神道家出于高扬本国的目的，强调必须维护神道的立场。鸠巢以董仲舒之原道为据，认为不应该囿于"我国"二字，道是超乎一国之私的天下之公，因此只能是一本、一统。下一步，鸠巢更为深入地剖析了这种局限性实际上根源于日本尚武的风俗："欲以抗衡中国，而不相下，以与夫无奉正朔受号令者比焉，此恐我国俗好勇尚气，得小自足之习，虽贤者亦有不免者。"[3] 然而正如后来的日本国学者所宣扬的，日本拥有万世一系之神统，这也往往被视为日本优于中国的最重要的原因。对此，鸠巢从理学的立场进行了批判："以直清所闻，则不然。凡物有始必有终，此天地之常理也。君子创业垂统，为可继而已，未尝以不亡为

1　室鳩巣「室直清議神道書」荒木見悟・井上忠校注『日本思想大系 34　貝原益軒　室鳩巣』、411 頁。

2　室鳩巣「室直清議神道書」荒木見悟・井上忠校注『日本思想大系 34　貝原益軒　室鳩巣』、411 頁。

3　室鳩巣「室直清議神道書」荒木見悟・井上忠校注『日本思想大系 34　貝原益軒　室鳩巣』、412 頁。

荣也。保生谨疾，为可寿而已，未尝以不死为贵也。何则？永祚引年者，理所有也，不亡不死者，理所无也。故国无兴而不亡，人无生而不死，虽三代之盛，更世必亡，虽大德之寿，终年必死。"[1]鸠巢以"常理"的视角论述了有始必有终、有生必有死的道理。他还从风俗论的角度，解释了所谓的"万世一系"：

> 惟我国有一王之统，神仙有不死之道，岂天无故而然乎？我国以壤地偏小，民俗倥侗，而有尚鬼崇神之教以诱之，民化其教二千余岁，常以天子为神孙而不敢亵，虽强主迭起，国柄递移，亦敬而远之，置诸度外，使无轻重于天下，其所自来者渐矣。向使上世有礼乐刑政，以开阳阴之化，而变好鬼之俗，则其享国亦当如三代之久耳。由是观之，所谓一王之统者，谓是我国风化之所致则可也，若夸此以为盛德之报，至道之应，则恐使中国之人闻之，反生讥议之。[2]

鸠巢非常深刻地指出，所谓"万世一系"的天皇一族，之所以能在日本长盛不衰，既有日本地处偏僻不利于交流开化的地理原因，也有民风尚鬼的习俗原因。除了这些历史因素的积淀，鸠巢还指出，到了日本的战国之世，天皇一系虽然一息尚存，实际上却被"置诸度外"而无足于天下。如此，鸠巢比较明确地区分出由风俗和由盛德所带来的长存的区别。除了分析崇尚神道的心理机制，鸠巢还指出儒学具有神道无可比拟的优越性：

> 道之大宗，在神耶？在圣耶？直清于神道未之学焉，不知

1　室鳩巣「室直清議神道書」荒木見悟・井上忠校注『日本思想大系 34　貝原益軒　室鳩巣』、413 頁。
2　室鳩巣「室直清議神道書」荒木見悟・井上忠校注『日本思想大系 34　貝原益軒　室鳩巣』、413 頁。

其所谓传授者，亦有开物成务如上古圣人否？亦有礼乐刑政、典章文物如唐虞三代否？亦有立言垂训明白深切如四书六经否？今皆不闻此，而其他天文、历数、卜筮、医药、兵术之类，凡资民生而不可无者，亦莫不待中国圣人之法，虽使其所谓传授者，有契于道焉，亦不过至要之义至约之言而已，有体而无用者也，自成而不成物者也，安得与圣人之道相为统哉！[1]

在鸠巢看来，儒学自唐虞三代开始就有较为完备的礼乐刑政、典章文物，三代之后又有四书五经作为经典一直流传。更为重要的是，儒学可资民生，它涉及天文、历数、卜筮、医药、兵术等方方面面，是于民有"用"之物。如此，通过深入挖掘神道存在的根源以及儒学的优越性，儒学在鸠巢的思想中彻底与神道分道扬镳。除了神道，鸠巢还对儒学与佛、老之间的界限作了区分：

杨墨之害，今久已矣，其害世道者，惟老佛为然。盖老子之道，主气者也，佛氏之道，主心者也，吾儒之道，主性以治心者也，此其所异也。然三者之于人，当相因不相离，而二家之说，与我所谓存心养气者，其相去毫发之间耳，非至明不能察也，非至刚不能决也。但佛氏绝灭伦理，离外国家，此一事，大与圣人之道背驰。（中略）惟以吾儒本于性，老子本于气，其所以为言者，有公私之不同，故谓老子为异端，其旨微矣。[2]

鸠巢认为，老子主气，佛教主心，而儒学主性以治心，这是三

1　室鳩巣「室直清議神道書」荒木見悟・井上忠校注『日本思想大系 34　貝原益軒　室鳩巣』、411 頁。

2　室鳩巣「室直清議神道書」荒木見悟・井上忠校注『日本思想大系 34　貝原益軒　室鳩巣』、412 頁。

者之间幽微的区别。另外，佛教弃绝人伦更与尤为强调伦常的儒学格格不入。而儒学与老子之间有公私层面的差异，这在道教的求仙方面表现得更为突出，因此鸠巢特别指出道教神仙之说的荒诞："神仙之道，亦殆类之，弃民彝废事业，专心啬神练气，以致不死，使其修身以俟命，处顺而受正，则其何由得之？然生理已尽，徒然以存，其死也久矣。故君子谓，神仙窃造化之机，又谓，其逆天理而偷生矣，何足尚哉？且终始之理，物莫能遁，自古神仙终于无闻焉，则虽其徒存者亦亡耳。"[1]大体而言，这是从废公就私的层面对神仙之道展开的批判。"终始之理"即上文提到的鸠巢有始必有终的观点，在他看来，此理具有广泛的实用性，这也是神仙之道不合理的根本原因。除了进行理论上的推导，鸠巢还用经验的事实来进一步推论，既然神仙自古以来从没有真实生活于我们的存在环境，那么这种存在于我们而言就是一种"亡"。这种思维方式应该来源于"寂然不动，感而遂通"，如果说阳明的岩中花树着意在"感而遂通"从而"心外无物"，那么可以说鸠巢在这里则是反其道而行之，既然无感，则归之于寂，即是一种无，也就是鸠巢所谓的"亡"。

除了神、佛、老，鸠巢还对儒学内部的非朱子学，主要是心学一脉展开了批判：

> 独象山陆氏之学，宗易简，尚超悟，自与《大学》之道背驰，而其门人慈湖杨氏，大肆其说，遂却此篇以为非圣人之言，则其无忌惮亦已甚矣。然宋元之间，去朱子未远，风教所被，私淑者众，而彼之邪说，犹未行于天下。及明中叶之时，阳明王氏、甘泉湛氏，皆祖陆氏之意，力诋朱子格物之说，而直以支离目之。然其欲自托《大学》之书，而取信

1　室鸠巢「室直清議神道書」荒木見悟・井上忠校注『日本思想大系34　貝原益軒　室鸠巢』、413頁。

于世也，饰以经传之言，杂以老佛之意，分而解之，合而通之，伯仲埙篪，迭相唱和，而其高妙阻绝之论，有以眩耀人之耳目，而中其好径欲速之心，则虽世之高才明智，亦不得不自败成范，相率而归之。或有独守朱子之说者，众视以为陋儒之陈言。[1]

在日本，仁斋认为《大学》非孔氏遗书，曾引起震动，上引的"遂却此篇以为非圣人之言"，应该是在追溯仁斋此说的缘由，由此看来，鸠巢之护教应该与此事有深刻的关联。与直接批判神、佛、老的教理不同，鸠巢在这里更多的是在描述朱子学所面临的困境。心学之尚简易正与人心之好捷径求速成相适应，从象山开始，经慈湖等门人宣扬，到明代甘泉、阳明之后大行于世，于是朱子之说反被视为"陋儒之陈言"。如此不难推测，"犹有待于后人发挥而讲明之"[2]即是鸠巢自觉的使命。如果说讲明发挥朱子之意是鸠巢注释解经的出发点，那么为了能真正守护朱子之学，鸠巢还进行了从教育方法到理想人格的理论设计。应该说这种教学化的理论铺垫才是实现朱子学官学化的关键尝试，以下详述之。

三　朱子学的教学化

相较于宽政异学之禁的主阵地汤岛圣堂而言，"高仓屋敷"是一个较少为学者所触及的地域。它是在享保四年（1719）九月，由德川吉宗设立的区别于汤岛圣堂的学馆。在其中担任释讲的主要是包括鸠巢在内的木下一门的儒者（荻生徂徕之弟荻生北溪也在其中）。

1　室鸠巢「前編鳩巣先生文集卷之十三　大學章句新疏序」杉下元明編『近世儒家文集集成第十三卷　鳩巣先生文集』、165 頁。

2　室鸠巢「前編鳩巣先生文集卷之十三　大學章句新疏序」杉下元明編『近世儒家文集集成第十三卷　鳩巣先生文集』、165 頁。

吉宗设立此馆的目的，应该是试图改变圣堂讲师众多，听者却寥寥的局面。这种局面本身即意味着包括朱子学在内的儒学并未深入日本社会，因此并未引起广泛关注。面对如此窘境，先来看看徂徕的应对策略：

> 在"学文"方面，在将军的直接关照下建立了昌平坂和高仓公馆用于儒官的讲学，但是，旗本层的武士根本不去听讲，只有诸大名的家臣和医生、町人等少数人来听讲，单纯靠将军去关照这些学者解决不了什么问题。因为采取的这种方式不合适，所以就达不到将军期望的结果。首先，人们对作为公差的学习操练很不积极。（中略）应当在江户城各处多安置一些儒官，让人们能自由地去学习听讲。让讲课的人和学习的人都比较随意自由才好。学问与职务分内的公务不同，这终究是个私事，所以，没有自由是学不成的。[1]

徂徕直接将昌平坂和高仓屋敷并举，由此可以推测高仓屋敷在当时俨然具有与昌平坂学问所比肩的地位。然而即便受到德川吉宗的特别关照，听讲之人仍然甚少，这一问题也引起了徂徕的重视。徂徕认为之所以出现这样的局面，是教学方式出了问题。人们不积极参与听讲，是因为听讲对于他们而言是"公差"，也就是将军布置的任务，因此无论是讲课之人还是听课之人都处于不自由的状态。在徂徕看来，正是这种不自由导致了人们听课不积极的现状。所以徂徕的观点是，学问是个人的"私"事，而非职分内之公务。

鸠巢的观点，可以说与徂徕正好相反：

> 总之，我想说的是，即便成为讲堂之师的儒者不断增加，

---

1 〔日〕荻生徂徕：《政谈》，龚颖译，中央编译出版社，2004，第222页。

这种状况也不会改变。证据就是，有着大学头的圣堂，虽然讲师的人数已经很多了，但也仍旧如此。本来就应该用权力来强迫学文，但是大家都没有考虑过，这恐怕才是最严重的问题所在。在如今的风俗之中，自然而然就相信并且朝着学问之道努力的人，基本是不存在的。所以首先，暂且用威势来强迫学文，使之逐渐流行于世，如此大家应该就会自然地朝向学问之道，父亲教导孩子致力于学问也就可以实现。对于讨厌学问之人，最初责备、强迫他，后来他自己也会得之于心。如果只是一味迁就孩子的心情，那么他们是不可能喜好学问的。总之，我认为不严厉的话，教育是无法进行的。我反复强调的即是这一点。[1]

鸠巢在这里反复强调的，是必须以强制的手段来推进学文也就是学习朱子学的风气。包括徂徕在内的许多人都认为，人们不愿去圣堂听讲，是由于圣堂本身带有的强制性意味会让他们对学问产生反感情绪。鸠巢的意见则正好相反："圣堂讲授的失败，并非由于权威的强迫，反而在于过于宽松。在这种反省的基础之上，（鸠巢）主张以更为有力的国家权力来奖励学问，从而养成自然好学之势。"[2]依靠个人兴趣是无法推行朱子学的，必须以强有力的国家为后盾才能保障朱子学的传播。这与当时所流行的主张学问为"私"的徂徕之学大相径庭。鸠巢已然将朱子学置于超越一己之私而达至天下之公的视域之内。也就是说，学问的事不仅关乎个人兴趣，更与社会风气紧密关联。尤其是在当时的背景下，徂徕学风行于世，崇尚自由包容本来是其优势，然而从反面而论，这也可能导致散漫和混乱。"本来，在鸠巢看来，徂徕之流的学问论与教育法所能带来的结局，

1　室鳩巣「兼山秘策」瀧本誠一編『日本経済叢書』巻 2、日本経済叢書刊行會、1914、435 頁。
2　荒木見悟「室鳩巣の思想」荒木見悟・井上忠校注『日本思想大系 34　貝原益軒　室鳩巣』、509 頁。

大概只有滔滔不绝的自由放纵的风潮以及社会道德的堕落和混乱。那么在学问于现实无能为力的眼下，朱子学应该如何自处？对此问题，鸠巢的回答应该是这样："不是让朱子学去适应世人，而应该让世人去适应朱子学。"[1]荒木的这个观察极具洞察力，鸠巢的主张应该是让当时的日本人去适应朱子学，而非相反。如果更进一步阐释，这就涉及日本儒学史研究的进路问题。以往考察儒学在日本的容受，往往以日本的本土文化为主位，于是讨论的议题往往偏重于儒学的日本化，这当然是行之有效的。然而就逻辑而论，与儒学的日本化相伴生的应该还有另一个过程，即日本的儒学化。相较于儒学日本化的讨论，日本儒学化的过程并未引起学者足够的重视，从鸠巢的思想来看，这无疑是一个有待深入挖掘的议题。从教育方法而言，鸠巢试图以国家强制力来改变当时自由散漫的学风，这种强制性推行朱子学教学的主张在当时的思想空气中绝不多见。当然，光有强力的态度是不够的，如果说鸠巢让世人适应朱子学是日本儒学化的体现，那么鸠巢以义士为教育的理想人格，则可以视为儒学日本化的侧面。

学以致圣可以说是整个宋明理学的中心议题之一，通过学习圣人之道，"人皆可以为尧舜""涂之人可以为禹"，这几乎已经成为理学家们的共识。在日本却并非如此，除了徂徕坚决地阻断成圣之路，鸠巢似乎也觉得"圣人"之目标有些遥远，故而为日本的朱子学者们在"圣人"之前设立了另一个目标"士"："君子之行，始于为士，终于为圣。为士之道何先？曰立志。何以立志？曰知自别于商贾，立志之始也。"[2]"立志"之说，当然不是鸠巢的首创，然而鸠巢的特点在于，他要立的志首先是要自觉士、商之别，在他看来

1　荒木見悟「室鳩巣の思想」荒木見悟・井上忠校注『日本思想大系 34　貝原益軒　室鳩巣』、510 頁。

2　室鳩巣「後編鳩巣先生文集巻之十四　士説上」杉下元明編『近世儒家文集集成第十三巻　鳩巣先生文集』、450 頁。

"士以义为职，商贾以利为职，义利之间，士商判焉。是故士之所重者，义也。商贾所重者，利也"。[1] 这是将义利之辨与立志结合起来，换言之，所谓立志就是要认清义利之辨从而舍利取义。这当然也与江户时期日本商品经济繁荣发展的背景有关，武士町人所求，非名即利，而利又是最难却之的诱惑。"十八世纪，已经觉醒的个人，拒绝埋没于家职国家之中，拒绝与草木同朽，他们之所以能够经常在会读的场所相互'讨论'，其背景是君臣、父子、夫妇之间的情谊、情爱淡薄，人际关系稀薄化的社会现象。"[2] 由此可见，有志于朱子学之儒者，首先应该明确自身与商贾的界限，才不至湮没于人情已被商品经济稀释化的家职国家之中。鸠巢进一步论述说："仁义、忠信，士之质也，威仪、辞令，士之文也。古之所谓士者，先治其质也，而文从之。"[3] 这就明确与徂徕学派区别开来。徂徕之学又称"古文辞学"，讲究文辞之"文"无疑是其学派的特色，可以推测，鸠巢正是要与之对抗，故强调先质而后文。对鸠巢而言，这种"质"最突出的体现就是"不自由"：

　　　　士大夫见其持身自由与不自由，然后一生成就可卜矣。（中略）士大夫不欲为好人则已，苟欲为好人，凡言行动静须要从规矩绳墨中过，常如有所畏忌乃善，久则处之安矣。不然，从未至犯科招咎而陷于大恶，亦终为一无状小人乃已。譬如匠人制器，不由规矩，方不成方，圆不成圆，不过为无名无用器物耳。况目之欲色，耳之欲声，四肢之欲安佚，苟无以制之，则其陷于大恶也亦不难矣。但要其始，在自由与不自由而

1　室鳩巣「後編鳩巣先生文集卷之十四　士説上」杉下元明編『近世儒家文集集成第十三
　　巻　鳩巣先生文集』、451 頁。
2　〔日〕前田勉：《儒学・国学・洋学》，《儒家典籍与思想研究》第 12 辑，第 328 頁。
3　室鳩巣「後編鳩巣先生文集卷之十四　士説下」杉下元明編『近世儒家文集集成第十三
　　巻　鳩巣先生文集』、451 頁。

已矣。一、自由者，为凶人之端也。一、不自由者，为吉人之端也。可不戒乎？可不惧乎？[1]

强调"规矩绳墨""畏忌乃善"，这可以说脱胎于朱子学的"主敬"，而节制耳目四肢之欲，则源于朱子学"存天理，遏人欲"的主张。然而鸠巢的特点在于，他近乎露骨地指出，"不自由"才是于士而言希冀成就的保障。无论是程子还是朱子，都特别讲求"活泼泼"的生气，因此即便是在理学的教条中，也罕见直接强调"不自由"的文本。这种对于"不自由"的主张，与上文提到的鸠巢主张以强制力推进学文如出一辙。所谓的"不自由"，具体而言，就是要尽己之职分。鸠巢曾为自己立下十一条"自警条目"，其中最后一条是"毕竟不过尽己职分以终一生，则修行之间，不可有功利之念"。[2]这一条目很好地把鸠巢的理想人格呈现出来，不能有功利之念，即是要求自己谨记与商贾之别，而终其一生尽己之职分，则是以"不自由"的规矩鞭策自己。除了律己的要求，这种"士"的理想人格还突出体现在赤穗义士的典范之中，以下从传播朱子学的角度来讨论这一"事件"。

四 朱子学的世俗化

赤穗事件之后，对于如何处理犯事的浪人，各方意见纷纭。即便在儒学内部，主张也颇为不同。大体言之，这些意见可以归于以义（德）与法为边界的光谱之中。虽然幕府最后的决定是以切腹之刑处理此事，然而此后各派儒者依旧为此事争论不止。鸠巢详述赤

---

1 室鳩巢「後編鳩巢先生文集卷之二十 示諸生二條」杉下元明編『近世儒家文集集成第十三卷 鳩巢先生文集』、503頁。

2 室鳩巢「補遺鳩巢先生文集卷之十 祈菅神自警文」杉下元明編『近世儒家文集集成第十三卷 鳩巢先生文集』、244頁。

穗浪士复仇始末，出版《赤穗义人录》，以"义士"颂之。在其自作序言中，记下了颇具代表性的石慎微的批判："赤穗诸士，朝廷致之于法。而室子乃张皇其事，显扬其行，并以义人称之。其志则善矣，得非立私议非公法乎？"[1]这就是说，既然幕府已然对此事作出赐死的最终裁决，那就是判定了浪士有罪，如此鸠巢为此等有罪之人歌功颂德，不就与幕府的处置相矛盾了吗？

石慎微对鸠巢的非议正与徂徕对于赤穗事件的看法一致。徂徕以为："义是洁己之道，法乃天下规矩。以礼制心，以义制事。今四十六士为其主报仇，是武士知其耻也。洁己之道，其事可谓义也，然限于一党之事，毕竟私论也。（中略）若以私论害公论，则此后天下之法无以立也。"[2]报仇之事，不过是一藩之私，违法之事，才是一国之公，徂徕以公与私作为道德与法的边界，其不能以私害公的主张从事实上来说不仅得到了柳泽吉保的认可，其理论也被后来的丸山真男评论为"政治优位"从而具有了近代性。相比之下，包括鸠巢在内的日本朱子学者的主张则往往被视为陈旧的道德之论，甚至与德川的幕藩体制存在矛盾：

> 以林凤冈为代表的朱子学之"礼义"论与幕府"以法治国"原则相冲突，暴露出日本朱子学者陷入了礼法之辨的逻辑矛盾中。幕府最终无法采纳朱子学者的意见，从一个侧面说明了正统儒学（朱子学）在近世日本面临的困境。从这一过程来看，浪人们的行为符合复仇之义却不合法，朱子学的伦理本位思想与幕藩体制法治原理的龃龉从一个侧面证明了正统儒家思想在江户日本的水土不服，加之幕藩体制构造的二元性质使得本来就复杂的礼法关系在朱子学者这里更加混淆不清。因此他

1　室鳩巢「赤穗義人錄序」石井紫郎編『日本思想大系 27　近世武家思想』岩波書店、1974、343 頁。

2　荻生徂徠「徂徠擬律書」鍋田三善輯『赤穗義人纂書補遺』国書刊行會、1911、150 頁。

们对案件的解决近乎束手无策，山崎暗斋派朱子学者佐藤直方也因过分注重法律本身的权威而被学者认为"接近法家立场"。[1]

　　自丸山真男通过徂徕对赤穗事件的看法解读徂徕思想中的"政治优位"以来，朱子学与徂徕思想之间的对立就被无限地放大。在此视角之下，徂徕学如果是"近代的先驱"，那么与之相对的日本朱子学者群体则自然是封建守旧的。然而实际上，日本的朱子学从大的分类来说，至少可以区分出不同的三系。除了暗斋一门之外，林家之学与木门之学虽然同出于藤原惺窝，然而罗山在入惺窝门下之前，就已有比较成形的朱子学思想，到三代大学头林凤冈之时，与木门一系差别更大，吉宗别立以木门之徒为首的高仓屋敷一事，本身就说明木门有别于林门。因此一直以来将木门的室鸠巢与林门之凤冈视作"正统的朱子学"归为一类的做法，着实需要重新探讨。即就赤穗事件一事而言，"事件刚结束，林凤冈著《复仇论》、室鸠巢著《赤穗义人录》以赞美浪士"。[2]然而如此简单归类确实略显粗糙，重归文本，凤冈在《复仇论》中虽然承认复仇之义多见于儒家之经典，然而他并没有由此就采取单纯"赞美"的态度。《复仇论》采用问答的形式，回答的正是对于幕府决议的质疑："记礼者曰：'君父之仇，不与共戴天。'则发不能自已之固情，而非专出于一己之私也。苟不详复仇，则乖先王之典，伤忠臣孝子之心。"[3]对此，凤冈的辩解是：

　　　　偷生忍耻，非士之道也。据法律论之，则仇法者必诛。彼

1　杨立影：《日本近世幕藩体制的矛盾与困境——以赤穗事件为中心的考察》，《世界历史》2019年第 3 期。

2　小岛康敬「赤穂浪士討ち入り事件をめぐる論争」今井淳・小澤富夫編『日本思想論争史』ぺりかん社、1979、259 頁。

3　林鳳岡「復讎論」石井紫郎編『日本思想大系 27　近世武家思想』、374 頁。

虽继亡君之遗志，不免仇天下之法，是悖骜而凌上也。执而诛
之，示天下后世，所以明国家之典也。二者虽不同，并行而不
相悖。上有仁君贤臣，以明法下令，下有忠臣义士，以摅愤遂
志，为法伏诛，于彼心岂有悔哉？[1]

由上可知，凤冈虽然将士之道与法律进行了区分，却认为二
者即便不同，也可以并行不悖。这种"不悖"就意味着，凤冈除了
肯定浪士的复仇行为，还赞扬了幕府处罚的决策。至少在他的文辞
中，幕府是人君贤臣，而浪士们是忠臣义士，甚至可以说在二者的
共同努力下，既保证了国家律法的尊严，同时又保全了武士道的精
神。可以说，凤冈对幕府此举采取了绝对的肯定态度："古人所谓
治世久，则民心怠。幸今遇唐虞之世，民享利乐生，未有盛于此
时也。是以天下之士，沐浴膏泽，而怠惰之心生，游谈聚议，习为
软熟。及彼一举，奋发兴起。以向义之心起，君知信臣，臣知忠君
也。"[2]由此可见，凤冈对当世的歌功颂德与其作为汤岛圣堂大学头的
立场颇为匹配。

如果说凤冈之论是在响应政府的决策，那么鸠巢的出发点则完
全不同："江户旧腊十四日，浅野氏旧臣等讨伐主君仇敌上野介。前
代未闻，忠义之气凛凛，吾以为此行为有助于儒教之教义。"[3]也就是
说，鸠巢采取与幕府决策相反的立场，是为了宣扬朱子学，而且，
从后来的影响来看，鸠巢的目的也达到了：

夷山氏曰：顾我邦醇于洛闽之学者，皆推山崎暗斋、中村
惕斋二老，而暗斋乏从容涵泳之功，惕斋少苦心力索之务，独
先生彬彬善集其成。当时徂徕之徒辈出，异说炽起，先生卓然

1　林鳳岡「復讐論」石井紫郎編『日本思想大系 27　近世武家思想』、374 頁。

2　林鳳岡「復讐論」石井紫郎編『日本思想大系 27　近世武家思想』、374 頁。

3　田原嗣郎『赤穂四十六士論　幕藩制の精神構造』、64 頁。

力排异端，以扶圣道，使学者知所归向。斯道之所以不坠于地者，实先生之力也。在时恰有赤穗遗臣复仇之举，儒生学士，论义不义，纷纭不决。先生慨然著《义人录》，记其事实，称赞之。于是议论始定焉，至今义士之名，儿童走卒尚能知之者。先生自非记其事迹，恶能至于此？呜呼！先生于学问、于事业，共有大功如此，岂不伟哉！[1]

的确如此，鸠巢身为朱子学的醇儒却时常被忽略，这与之前的研究往往偏重于其对朱子学的阐发是否有新意不无关系。然而其所著《赤穗义人录》，详细记述了事件发展的全部经过，其中不乏当事人的一手书稿，言辞恳切，感人肺腑。鸠巢著述既不是为了给幕府出谋划策，也没有响应的幕府最终决策，而是从朱子学的立场出发，重新肯定并强调赤穗诸人的行为是"重君臣之义"。[2]甚至他本人也清楚地知道此举无法改变赤穗诸人受刑的决议，"室子空谈于家，而不能使诸士免法家之议"，[3]但他仍然要以"义士"称之，详述其事，以宣扬儒教的忠义。如他记述了大石良雄对其子良金的教诲：

人道莫大于义，义莫重于君臣。汝父受国恩至厚，义当为先君死。汝虽未仕于国，亲受君禄，然其生长于家，有衣食之裕，有仆隶之从，自享奉养之安，优游岁月之间，汝之私国恩也，亦已大矣。汝独不念以此时捐生，而有以报先君于地下。吾劝汝死，父子之情，非不自伤。顾人谁不死，苟以不义生，

---

1 杉原夷山「室鳩巣先生傳」室鳩巣著、杉原夷山補正『補正赤穂義人録』扶桑文社、1910、6~7頁。
2 室鳩巣「赤穂義人録序」石井紫郎編『日本思想大系 27 近世武家思想』、343頁。
3 室鳩巣「赤穂義人録序」石井紫郎編『日本思想大系 27 近世武家思想』、343頁。

遗臭千载，孰若以义死，流芳百世。此吾所以爱汝之深也。[1]

　　良金死时，年仅十六。在此段或许是虚构的父子对话之中，鸠巢表现出他对"义"的推崇，君臣之义在鸠巢的思想中已然超越父子之伦，被置于最高的地位。有为父之义，也有为人子之义，义士们虽然感念君恩抱定必死之心，然也会因为父母无依而痛心："身死固不足惜也，顾念供养无主，以贻母忧，忧悸逼中，心神惘然。然使某偷生苟免，上负国恩，下辱父母之名，其于忠孝之道，两失之矣，愿大人缓哀自爱。"[2]鸠巢还不遗余力地描写其母之尚节："吾老矣，且暮且死。幸闻我子死节，能与古人齐名，在我深以为喜，亦何悲？"[3]在鸠巢的笔下，义士们不是徒知义而不知国法的莽夫，在处决的决议下达之时，义士们没有怨愤，而是感戴幕府的恩德："良雄等皆顿首再拜曰：'朝廷不以极刑大戮，处亡虏臣，而待以杀士之礼，于臣等亦荣矣。'""臣等乱政犯法，自分朝廷处之极刑，以惩天下后世，而辱赐剑以自裁，亦朝廷之仁也。"[4]总之，鸠巢费心地搜集义士所遗留的书信和诗作，加上自己的修改和想象，使得赤穗"义士"之名深入人心，至今依旧是日本"忠臣"的范本。由此可见，鸠巢与凤冈在赤穗事件上的立场确然不同，鸠巢费尽心思将赤穗诸士塑造成忠义的典范，此举不仅为其"义士论"寻找到现实依据，还成功地促进了朱子学在民间的传播。

五　小结

　　以上分别从体系化、排他化、教学化以及世俗化的角度探讨了

1　室鳩巣「赤穂義人録」石井紫郎編『日本思想大系 27　近世武家思想』、361 頁。

2　室鳩巣「赤穂義人録」石井紫郎編『日本思想大系 27　近世武家思想』、368 頁。

3　室鳩巣「赤穂義人録」石井紫郎編『日本思想大系 27　近世武家思想』、368 頁。

4　室鳩巣「赤穂義人録」石井紫郎編『日本思想大系 27　近世武家思想』、358 頁。

鸠巢的朱子学思想，而所有的这些，在与之后的宽政异学之禁相联系时，就可以整合出鸠巢思想在日本儒学史上的定位，即以学问的方式推进了朱子学的官学化。

鸠巢在推进朱子学时，对于个人修养，主张"不自由"的规范性，而教学实践，则非常强调政治力量的强制性，这与徂徕将学问视为一己之私的立场迥异："人与天地万物，本为一理，只为自私，其见道理，皆从自家躯壳上起意，所以一生读书，未免俗习，不可与入圣人之道，是大患也。"[1]在鸠巢看来，读书绝不是为了个人之"私"，而是为了天下之"公"，具体体现在职分之上："盖自乾父坤母观之，天下一家，中国一人。自是正当道理如此，天命当奉而守之，天理当循而行之，不过共为子职而已，亦是本分正当道理，亦见个个吻合，无往不定，何高远之有？圣人但尽其本分尔，此所谓天下之正道定理者。"[2]所谓圣人，也不过就是尽其本分。需要注意的是，鸠巢强调的职分论，有其明确的政治指向。鸠巢曾援引《六韬》所论"天下非一人之天下，乃天下之天下也"来为德川政权正名。[3]在他看来，"东照宫栉风沐雨，尽一生之力，拨乱反正，及今百有余年，干戈不动，四海浪静，天下浴泰平之化"。[4]换言之，是德川政权结束了日本长时间的战乱，带来长久的太平之世，因此天下归之自然是名正言顺，"他的革命之说也好，名教之说也好，都是为江户幕府的政权服务的"。[5]鸠巢或许会赞赏孟子关于武王伐纣的革命论，[6]但他也极为重视君臣之间的大义名分，正因为如此，他才

1 室鳩巣「西銘詳義」関儀一郎編『日本儒林叢書』第十一巻、鳳出版、1978、2頁。

2 室鳩巣「西銘詳義」関儀一郎編『日本儒林叢書』第十一巻、3頁。

3 室鳩巣「駿臺雑話巻三 天下は天下の天下」井上哲次郎・蟹江義丸編『日本倫理彙編巻之七 朱子學派の部（上）』、171頁。

4 室鳩巣「駿臺雑話巻三 天下は天下の天下」井上哲次郎・蟹江義丸編『日本倫理彙編巻之七 朱子學派の部（上）』、170頁。

5 朱谦之：《日本的朱子学》，第212页。

6 关于鸠巢的革命论，主要依据的文献为《不亡钞》，然此本真伪存疑，故暂不论。

会肯定文王对纣王的隐忍："纣，君也，文王，臣也，以臣得罪于君，义在自责而已。文王之心，惟知有君臣之分，无复较量是非之念。"[1] 因此，相较于是否维护德川政权的视角，从推进朱子学的视角出发，应该更能呈现鸠巢思想在日本儒学史上的位置。

　　从三代将军家光亲自拜谒林罗山所建儒学的先圣殿开始，朱子学就在一定程度上获得了德川政权的认可。然而朱子学在日本真正实现官学化，应该是通过异学之禁而取得官方唯一"正学"地位之后。这是一个较为漫长的过程，就鸠巢而言，除了本节已经较为详述的他在思想上所做的种种推进之外，他本人亦受到德川吉宗的重视，而后来着力推行宽政异学之禁的老中松平定信，正是以其祖父吉宗的改革为蓝本。不仅如此，直接推进异学之禁的宽政三博士之一柴野栗山，是鸠巢的孙弟子，其经术还曾受到鸠巢的称赞。[2] 从这个意义上来看，说鸠巢的思想推动了朱子学官学化的进程，实不为过。

1　室鸠巢「補遺鳩巣先生文集卷之十　讀韓愈〈拘幽操〉」杉下元明編『近世儒家文集集成第十三卷　鳩巣先生文集」、250 頁。

2　柴野栗山曾著《论学弊》一文批判近世各种所谓"新说"之弊，文末特别引用鸠巢之言以示尊崇："善哉鸠巢室氏曰：'如与醉人言，不可与辩是矣。'"（柴野栗山「論学弊」中村幸彦等校注『日本思想大系 47　近世後期儒家集」岩波書店、1972、332 頁）较之鸠巢在理论上对尊崇朱学排斥异学的铺垫，栗山与林家大学头、古贺精里、尾藤二洲等人一起"勠力振饰学政"（松村操「古賀精里」『近世先哲叢談　正編」上卷、文永堂藏版、1898、5 頁表），可以说将鸠巢之主张进行了较为彻底的实践。

第二章 "儒学日本化"进路之二：儒学的庶民化

儒学日本化的展开不仅有自上而下的官学路线，同属京学派的儒者松永尺五[1]也开启了一条使儒学面向日本社会民众的庶民化路线。就其结果而言，继承了惺窝衣钵的尺五一脉，通过援佛释儒、回向五经等方式，让儒学在充分利用日本特殊环境的前提下，逐步在日本社会传播开来。

1　松永尺五（1592~1657），字遐年，名昌三，松永贞德之子，生于京都。8 岁（1599）始读书，11 岁（1602）入惺窝之门，13 岁（1604）召入大阪城，为丰臣秀赖讲《书经》。42 岁（1633）奉父贞德之命入建仁寺，通览《大藏经》，翌年三月中旬览毕而归。46 岁（1637）在京都二条城之东作讲习堂。66 岁（1657）辞世，有诗："六十六年残梦中，不疑天命有身终。生涯欢乐从心欲，何羡彭乔过则同。"松永尺五「辞世詩」德田武編『近世儒家文集集成第十一卷　尺五堂先生全集』ぺりかん社、2000、225 頁。

第一节　援佛释儒：松永尺五之"逆格义"

　　一种外来文化在实现本土化之前，往往需要借助本土固有的语言和思想文化进行阐释和传播，这在佛教本土化的过程中，尤为明显地体现在"格义"[1]的方法上。如果说"格义"主要是借助中国本土的儒道思想来解释佛教义理以促进佛教深入中土思想文化，那么儒学在东传日本的过程中，则出现了凭借已然实现日本本土化的佛教来助其自身传播的现象，因为这一过程与"格义"的思维方式大有相反之势，故暂且名之为"逆格义"[2]。应该说，无论是"格义"还

1　一般而言，"格义"有狭义和广义之分，狭义的"格义"特指佛教初传中国时中国僧人所使用的解经方法："'格义'是用原本中国的观念对比〔外来〕佛教的观念、让弟子们以熟习的中国〔固有的〕概念去达到充分理解〔外来〕印度的学说〔的一种方法〕。"（汤用彤：《论"格义"——最早一种融合印度佛教和中国思想的方法》，《理学·佛学·玄学》，石峻译，北京大学出版社，1991，第283页）广义而言，"它不是简单地、宽泛的、一般的中国和印度思想的比较，而是一种很琐碎的处理，用不同地区的每一个观念或名词作分别的对比或等同。'格'在这里，联系上下文来看，有'比配'的或'度量'的意思，'义'的含义是'名称'、'项目'或'概念'；'格义'则是比配观念（或项目）的一种方法或方案，或者是〔不同〕观念〔之间〕的对等"（汤用彤：《论"格义"——最早一种融合印度佛教和中国思想的方法》，《理学·佛学·玄学》，第284页）。"格义"的概念如果放到最大，那么"我们可以将所有运用新旧概念的类比来达到对新学说之领悟的方法都称之为'格义'；甚至每一个从一种文字向另一种文字的翻译在这个意义上都是'格义'"（倪梁康：《交互文化理解中的"格义"现象——一个交互文化史的和现象学的分析》，《浙江学刊》1998年第2期）。为了讨论的集中和便宜，本书所谓"格义"主要使用狭义的指称，而所谓"逆格义"，也是针对狭义的"格义"而言。

2　刘笑敢曾定义"反向格义"的概念："自觉地以西方哲学的理论方法和思维框架来研究中国哲学的方法称为'反向格义'，将自觉地用现成的西方哲学概念来对应、定义中国哲学观念、术语的方法称为狭义的反向格义。"（刘笑敢：《反向格义与中国哲学方法论反思》，《哲学研究》2006年第4期）对于传统意义上的"格义"与"反向格义"的区别，刘笑敢归纳说："传统的格义借用本土的概念来解释外来佛学的术语，近代的反向格义是以西方的哲学概念解释中国本土的术语。传统的格义是普及性、启蒙性、工具性的，是权宜之计；而近代反向格义却是研究性、专业性的，是主流的或正统的方法。"〔刘笑敢：《"反向格义"与中国哲学研究的困境——以老子之道的诠释为例》，《南京大学学报》（哲学·人文科学·社会科学）2006年第2期〕"逆格义"与"反向格义"的概念具有内在一致性，但二者的实践主体一为江户的日本儒者，一为近代的中国思想家，而且面临的处境和表现出的主动性程度皆有差异，故名之为"逆格义"以示区别。

是"逆格义"，都根源于异文化在相互融合的过程中克服"陌生化"或者说逐步实现"本土化"的需要，"'格义'在占取、融合外来文化的过程中是一个必然的、无例外的出发点，它是不同文化之间交遇、对话的本质性开端"。[1]与佛教初传时采取"格义"的主动和自觉相比，"逆格义"在日本儒者思想中的呈现则较为隐微而不彰，且因为缺少系统和规模，一直以来并未引起学界的关注和研究。实际上，这一现象在江户初期的日本并不少见，而在松永尺五的《彝伦抄》中则表现得较为充分。因此本节以尺五借助佛教教义传播儒学的著作《彝伦抄》为主要文本依据，通过挖掘儒学日本化进程中"逆格义"的维度，呈现日本儒学尤其是日本朱子学在江户初期这一"过渡"时期的阶段性特征。

一 承继道统

松永尺五，日本江户初期京学派的儒者，与林罗山、堀杏庵、那波活所并称"藤门四天王"，且被视为惺窝所传道统的唯一继承人："自八岁读书勤敦笃，日夜不倦，出父之歌海，入师之儒林，从事于妙寿院惺窝公。惺窝公知其少年诚实简默，必成儒者之名显父母，而授与先生以自所着深衣幅巾。是继道统之传，此其证也。"[2]尺五出身名门，其父松永贞德不仅是贞门俳谐之祖，还是日本朱子学始祖藤原惺窝的从堂兄弟，因此尺五从小便得以跟随惺窝学习朱子学，"三十而请惺窝公传《周易》、《河图》、《洛书》、《先天后天卜筮九图》、《太极图》及《书·洪范》九畴、《春秋》奥义。是有一子相

---

1 倪梁康：《交互文化理解中的"格义"现象——一个交互文化史的和现象学的分析》，《浙江学刊》1998 年第 2 期。

2 滝川昌楽「尺五堂恭倹先生行状」徳田武編『近世儒家文集集成第十一卷 尺五堂先生全集』、240 頁。

传之誓盟。不漏他子矣"。[1] 虽难验其真假，然这种秘传之法有很重的禅宗印记，至少从文献记载不难推出，尺五所受之儒学当为惺窝真传。不仅如此，尺五还以教授儒学为业，据说门下弟子逾五千，而木下顺庵、贝原益轩、安东省庵是其中的佼佼者。如此看来，尺五上承惺窝，下启诸子，实是日本儒学道统的传承者。

　　然而，相较于尺五之名，其在研究史中的分量却明显不足，究其原因："尽管其遗留文字有《尺五堂先生全集》和《彝伦抄》，但是大部分为诗文之作，所以很难从中概括和提炼出能反映他系统学术思想和代表性观点的学说来。"[2] 除了文献本身的困难，更重要的原因在于"尺五叙述的《彝伦抄》，在一些情况下，相当程度上可以说是对《性理字义》的剽窃"。[3] 这里的"剽窃"并不带有现代学术研究中的贬低意味，相反玉悬博之要表达的正是尺五对《性理字义》的继承。但是同时，由于尺五的儒学思想并无超越朱子学之处，井上哲次郎以来的主流研究不仅否定了尺五思想可能具有的意义，甚至否定了其作为研究对象的价值。

　　这两点无疑形成了影响尺五儒学思想研究展开的双重"壁垒"。从某种意义上说，这种"壁垒"的出现本身即在暗示我们，应当转换研究的视角。实际上，"缺乏新意"或"肤浅"的标签大量存在于对江户初期日本朱子学的评价之中，井上评价他们"只不过是朱子的精神奴隶"，[4] 丸山真男也认为"日本德川初期的朱子学则特别纯粹"，[5] 所谓的"纯粹"与井上的评价并无龃龉。这样的看法不仅占据了日本学界对江户初期朱子学定位的主流，而且深刻影响了中国学

1　滝川昌楽「尺五堂恭倹先生行状」徳田武編『近世儒家文集集成第十一巻　尺五堂先生全集』、240 頁。

2　王明兵：《松永尺五伦理思想之形成及其儒教实践》，《外国问题研究》2016 年第 1 期。

3　玉懸博之「松永尺五の思想と小瀬甫庵の思想」石田一良・金谷治校注『日本思想大系28　藤原惺窩　林羅山』、508 頁。

4　井上哲次郎『日本朱子學派之哲學』、598 頁。

5　〔日〕丸山真男：《日本政治思想史研究》（修订译本），第 27 页。

者对日本朱子学的判断。

如果跳出与中国的宋明理学"一争高下"的僵局，而将尺五的思想置于江户初期日本儒学的转型之中加以考量，则可以透过尺五的思想重新审视朱子学在江户日本容受的过程。这一过程虽自惺窝始，然而惺窝对朱子学的贡献主要在于完成了诠释文本的转换，即对舶来的朱子学经典进行和训，至于进一步归纳朱子学的要点并开展广泛的传播，则是尺五自觉的使命。因此，如果将尺五的思想置于日本儒学从中世到近世的转型之中加以考察，通过探讨尺五在承继道统、援佛释儒以及排斥异教三个方面的努力，则可以在初步建构尺五儒学思想框架的基础之上，归纳出日本传统儒学过渡到江户朱子学这一转型期的儒学特征。

具体而言，尺五的儒学主张集中体现在其所著的《彝伦抄》之中。需要注意的是，《彝伦抄》的书写并非为了阐述尺五自身对朱子学内部教理、教义的精研，而是为了促进朱子学在日本的广泛传播：

> 《彝伦抄》之为作也，叨以世俗之俚语肤说纲常之大猷。何也者？为童蒙书生困倦于佶屈聱牙者之易悟，贩夫鬻徒无暇于占毕勉学者之易读，俾庸夫迷异教顽夫陷妖术者，知有天叙天秩之典礼性命道德之名教，更匪为博闻宏才之士也。[1]

尺五在撰写《彝伦抄》之时已经清醒地设定该书的受众：不是知识阶层或者已具备一定儒学教养的人，而是童蒙书生、贩夫鬻徒还有"沉迷于异教陷溺于妖术者"这三类人。对于这些人而言，儒学的文本，既不易读更不易悟。也就是说，即便朱子学的主

---

1 松永尺五「彝倫抄・跋」石田一良・金谷治校注『日本思想大系 28 藤原惺窩 林羅山』、330 頁。

要文献已有和训的文本，儒学的文本对于广大日本武士及民众而言还是过于难懂。实际上，读懂儒学经典对于日本的读书人而言也并非易事："日本人字义不通，故读书虽久，识义理终浅。"[1] 这种困难内含了言语不通和内容不解两个方面，可以说是儒学久传日本却一直局限于博士一家之学，甚至朱子学的传入也是依托于禅僧的主要原因。从这个意义上说，朱子学在日本必然要经历一个脱佛而自立的过程。但是这一过程不可能一蹴而就，惺窝穿着儒服拜谒家康的事件虽然可以视为惺窝个人"脱佛入儒"的关节点，但是朱子学要真正融入日本的武士甚至庶民阶层的生活，还需要一个较为漫长的过程。

要窥探在这一转型期中日本儒者的作为，尺五的《彝伦抄》可以提供有益的线索。就解决难懂难悟这一问题的思路而言，尺五主要从三个方面进行了探索：一是"以世俗之俚语肤说纲常之大猷"，也就是用日本普通民众都能够明白的"俚语"，并且用"切肤"也就是切近老百姓家常的道理来叙述儒家纲常的大道；二是借助佛教来传播儒学的思想；三是排斥异教。这三点既可以视为解读《彝伦抄》的三条主线，也可以视为江户初期以京学派为主的朱子学派推进儒学发展的主要方向。

需要注意的是，尺五所谓的"俚语"和"肤说"的路径，应该是他的儒学往往被学者视为粗浅而缺少新意的根源所在。然而如果类比佛教初传中土之时颇为盛行的"格义"方法，那么儒学要真正渗入日本社会，这或许是一条必经之路。也就是说，对于来自"异域"的儒学文本，要了解其中的深意，文字和语言的障碍是首先需要解决的问题。这也是"逆格义"的关键所在，即以日本本土的语言，也就是尺五所谓的"俚语"重新叙述儒学的义理结构，这在某种意义上也可视为一个"转译"的过程。日本的假名文

1　雨森芳洲「橘牕茶話」『芳洲文集　雨森芳洲全書』二、关西大学出版、1980、182 頁。

字本就依照汉字创生，而且儒家的词汇早已存在于日语的文献之中，然而这些并不代表儒学的思想已然渗入日本社会。换言之，只有经过本土语言重新阐释的儒学，才是真正日本化了的儒学。因此，在以是否具有创新性下定论之前，更为重要的是考察日本儒者如何取材并转化中国儒学，才能剪辑出儒学在日本容受与发展的光谱。

二 作为方法的"逆格义"

尺五在《彝伦抄》中将儒学归纳为以三纲五常五伦为核心的系统。然而，要切实传播儒学，不仅需要提炼出儒学的核心思想，还需要以普通日本人能够明白的方式加以"转译"，而这就是"逆格义"登场的契机。从"逆格义"的角度来看,《彝伦抄》的叙述结构比较固定：首先提炼朱子学的核心概念，其次借助佛教教义加以解释说明即"逆格义"。我们可以将其归纳为"下定义—逆格义"的叙述模式。接下来我们不妨也以这样的逻辑展开分析。

首先是三纲五常。"儒道者，先以三纲五常为肝要也。所谓三纲者，善为君臣、父子、夫妇之道，善行于身者也。"[1]对比三纲的原意可知，尺五所谓的三纲，多了"善为"与"善行于身"两个要求。"善为"是"做好"的含义，而"善行于身"，则是将这种外在的规则"身体化"的体现。这就不仅要将儒学的理念实践出来，更要通过不断地实践将形而上的理念刻入形而下的身体。如果与后来荻生徂徕讲的通过"习熟"而"习以成性"联系起来，那么尺五对三纲的理解可以说开启了后来日本儒者实践儒学和身体化儒学的开端。

不过，这样的说明对于普通的日本百姓依旧难懂，因此尺五紧

---

1 松永尺五「彝倫抄」石田一良・金谷治校注『日本思想大系 28 藤原惺窩 林羅山』、305 頁。

接着采用了"逆格义"的方法，即以佛教的观点对儒学概念加以阐释。之所以选择佛教的观念作为媒介，是因为"今此国佛法繁昌，以佛法为教，则儒道易渐行"，[1] 也就是说，在当时，作为外来文化的佛教已经深入日本社会，如果以佛教的教理类比儒学的思想，应该就可以解决百姓难以理解儒学义理的现实困难。

从这个思路出发，尺五以佛陀的生平说明三纲："释尊也是净饭王之子，在宫中长大，此为君臣之道。从罗获罗而言，则是父子之道。在耶轮陀罗女，则是夫妇之道。不离三纲之道。"[2] 尺五巧妙地截取了佛陀在家时的生活场景，认为身为王子的佛陀不离君臣、父子、夫妇之道。这不仅拉近了儒学与佛教之间的距离，在某种意义上还利用了人们对佛陀的敬仰对儒学进行了神化。

至于作为五常的仁义礼智信，尺五则分而论之："所谓仁者，云'心之德，爱之理'之心也。出生之顷而具足本心也。显于外之时，见物而哀痛之心也。"[3] 从对"仁"的定义来看，原原本本地保留"心之德，爱之理"的训义，表现了尺五对朱子学的坚守，而所谓"见物而哀痛"的表述，与后来本居宣长的"物哀"有类似之处，应该可以视为日本人独特而细腻的心绪表达。出生之时便全然具足的思想，很容易让人联想到佛性的问题，这一点也确实是尺五着力使用"逆格义"的方法之处："比如与佛法中的'人人具足，个个圆成'，'直指人心，见性成佛'粗相似。如此，本心之仁既与圣人同，则学问何为？此仁心虽存，或拘于欲心，或受气质之蔽，萌邪念恶心，当哀怜而不哀怜，当悲痛而不悲痛，以至侮君背亲。儒之教正为治之。"[4] 尺五明白地用了"粗相似"的表述，这说明他本人很清楚儒学和佛教之间存在差异，只是为了教授儒学的方便才退而求其次

1　松永尺五「彝倫抄」石田一良・金谷治校注『日本思想大系 28　藤原惺窩　林羅山』、305 頁。
2　松永尺五「彝倫抄」石田一良・金谷治校注『日本思想大系 28　藤原惺窩　林羅山』、305 頁。
3　松永尺五「彝倫抄」石田一良・金谷治校注『日本思想大系 28　藤原惺窩　林羅山』、305 頁。
4　松永尺五「彝倫抄」石田一良・金谷治校注『日本思想大系 28　藤原惺窩　林羅山』、305 頁。

地使用了"逆格义"的方法。

　　同样的叙述模式也见于尺五对其他概念的论述。他讲："义者，云'心之制，事之宜'，生于本心，为决断物之心，显于外之时，使万事万物随道之宜而行。所谓宜者，为义理也，不为义理则畜生也。"[1] 这个定义无疑在理学的射程之内，然而为了理解的方便，尺五将谨守义理视为"守偷盗戒"，[2] 这又是对儒学中"义"的概念的一种"逆格义"。还有，尺五认为"果善行礼，则邪淫戒何为？"[3] 而不守"信"则可与佛教的"妄语、绮语、恶口、两舌"进行"逆格义"。[4] "大体而言，表面之教为如上之心得，若自守佛法之五戒，则可渐成细微之道理。"[5] 这就是用佛教的五戒"逆格义"儒学的五常。需要说明的是，将五常与五戒进行类比且突出二者之间的一致性并非尺五的创举，这种儒佛一致的主张无论在更早的契嵩还是吉备真备的思想中都可以见到，当然最早在日本讲授《四书集注》的五山禅僧岐阳方秀也持有禅儒合一之论。由此也可以说，尺五的思想中有着延续中世禅林思想的侧面。[6]

　　接下来，尺五对儒学中的五伦也进行了"逆格义"。五伦涉及君臣、父子、夫妇、兄弟、朋友这五组对应的关系，尺五尤其对君臣之间作了分殊："君者，称天子、诸侯，诸使人之主君。治天下国家之政者，其心之中积仁义礼智之德，外行王道之法。"[7] 尺五既以古代圣王大禹、汤王为例讲述王道之治，同时"逆格义"说："为君之人，以慈悲怜悯施于臣下万民。果行仁义之道，则亦成就佛法。佛

1　松永尺五「彝倫抄」石田一良・金谷治校注『日本思想大系 28　藤原惺窩　林羅山』、306 頁。

2　松永尺五「彝倫抄」石田一良・金谷治校注『日本思想大系 28　藤原惺窩　林羅山』、306 頁。

3　松永尺五「彝倫抄」石田一良・金谷治校注『日本思想大系 28　藤原惺窩　林羅山』、306 頁。

4　松永尺五「彝倫抄」石田一良・金谷治校注『日本思想大系 28　藤原惺窩　林羅山』、307 頁。

5　松永尺五「彝倫抄」石田一良・金谷治校注『日本思想大系 28　藤原惺窩　林羅山』、307 頁。

6　石田一良「前期幕藩体制のイデオロギーと朱子学派の思想」石田一良・金谷治校注『日本思想大系 28　藤原惺窩　林羅山』、411~448 頁。

7　松永尺五「彝倫抄」石田一良・金谷治校注『日本思想大系 28　藤原惺窩　林羅山』、314 頁。

亦以慈悲满行之念行菩萨行，济度一切众生，愿不成就则难成妙觉
果满之佛。然今生不行仁义之道而苦臣下万民，亦违佛法。"[1]这就
把为君应行之仁义与成佛必施之菩萨行对应起来。对于臣，尺五尤
其突出其"职分"之义："臣下不论大小，尽诸职分为要义。"[2]而且
除了列举古代名臣以勾勒贤臣的形象，尺五还以佛教的报恩思想对
臣之义进行了"逆格义"：食君之禄则受君之大恩，因此臣子应该
时刻奉公以报君之大恩，"内无二心，外无时不谨慎奉公，亦可成就
佛法。四恩之中专列报国王之恩，何况昼夜受主君之恩尤应报"。[3]
如此，尺五用佛法的知恩图报阐述了作为臣子为主君效忠的正当
性，并且以"一切众生，悉可知恩"的教理赋予为臣即应尽忠的普
遍性。[4]

　　对于父子之道，最简洁的表述当然是父慈子孝，不过尺五对
父之慈的看法比较特别："慈者，云使子为艺能、习善道而育于身
也。孔子之'爱焉能勿劳乎'之意也。"[5]这就是说，尺五认为让孩
子具有一技之长是谓父之慈，而且可以与佛教的慈悲进行"逆格
义"。对于"孝"，尺五叙述了很多故事，包括耳熟能详的舜、曾
子、申生，甚至二十四孝里的董永等。从尺五的叙述中可以看出，
他特别重视举出典型的例子，以讲故事的方式树立起典型的人物形
象，让原本抽象的概念具体化为生动的实例，这样应该更容易为普
通百姓所接受。除了树立典型的榜样，尺五还以佛教报恩的思想
鼓励行孝，并引《阿严经》给予证明："孝行之人，其人命终，当
生极乐。"[6]甚至连夫妇之道，尺五也以佛教的在家之菩萨拟之。总

1　松永尺五「彝倫抄」石田一良・金谷治校注『日本思想大系 28　藤原惺窩　林羅山』、316 頁。

2　松永尺五「彝倫抄」石田一良・金谷治校注『日本思想大系 28　藤原惺窩　林羅山』、317 頁。

3　松永尺五「彝倫抄」石田一良・金谷治校注『日本思想大系 28　藤原惺窩　林羅山』、318 頁。

4　松永尺五「彝倫抄」石田一良・金谷治校注『日本思想大系 28　藤原惺窩　林羅山』、319 頁。

5　松永尺五「彝倫抄」石田一良・金谷治校注『日本思想大系 28　藤原惺窩　林羅山』、319 頁。

6　松永尺五「彝倫抄」石田一良・金谷治校注『日本思想大系 28　藤原惺窩　林羅山』、321~
　　322 頁。

之，为了说明五伦五常的重要性，尺五一方面引述朱子学的原意以下定义，另一方面举出历史上的例子以作典型，还尽量配以佛教的教义加以解释和论证，以此帮助人们理解儒学的内容，促进儒学的传播。

三 排斥异教

通过以上叙述可知，三纲五常五伦为《彝伦抄》的主体结构，其中有两个问题值得留意：一是尺五究竟如何看待儒学与佛教之间的关系，二是究竟应该如何看待尺五的朱子学思想。对于儒佛之间的关系，尺五在《彝伦抄》的开篇即开宗明义地论述了三教关系：

> 夫天地之间，大道有三，儒、释、道也。儒者，孔子之道也。释者，释迦之道也。道者，老子之道也。我朝释迦之道繁昌，上下尽归依。儒道虽存，不过文字言句，或读书，或作诗，思为儒道，无以理学广示之人。由此，三纲五常之行绝矣，孝悌忠信礼义廉耻之法废矣。然读四书五经，不知文字，则难入儒道。熟读熟记四书五经，通晓义理，如大唐之法，八岁不入小学则难矣。[1]

从表面上看，尺五肯定了儒、释、道三者皆为天地间之大道，并且较为客观地陈述了日本佛教兴盛的现状。对于神道，尺五以为："日本为神国，昔修神道。然神道衰而众法废，武士只昼夜奉公，农仅耕作，工唯勉于诸职，商不过买卖之心，皆无暇学文。如何学

1　松永尺五「彝倫抄」石田一良・金谷治校注『日本思想大系 28　藤原惺窩　林羅山』、304 頁。

儒道、详问仁义、行圣人之教哉？此为国无硕儒之故。"[1]就其叙述的
方式来看，无论是三教还是神道，尺五最后关注的都是儒学的传播
和发展，因此玉悬博之指出："要言之，尺五的立场可以说不过是以
儒教为主且不排斥佛教、道教。必须指出，这是与中世禅林所谓的
三教一致不同的思想。"[2]从"逆格义"的结构也可以论证这一观点的
合理性：佛教始终是作为解明儒学义理的手段而发挥效用的，因此
儒学是目的，而佛教只是方便的教法而已。由此我们可以说，在尺
五的思想中，佛教对于儒学思想的传播有工具性意义。正因为江户
初期的日本佛教昌盛而儒学不兴，儒学要获得自身的发展才不得不
借助佛教的力量。至于道教，虽然尺五也肯定了其作为道之一端的
地位，然而并未详述，可以推测其在尺五思想中的地位尚在佛教之
下。由此而论，尺五虽然表面上并不排斥佛教和道教，然而儒学当
居其首则是毋庸置疑的。

　　虽然如此，尺五既然选择以"逆格义"的方式援佛释儒，就说
明为了更好地传播儒学思想，佛教是不可或缺的。尺五对佛教采取
的宽容态度明显不同于朱子学本身批判佛教的态度。这不仅源于其
师惺窝包容佛教的熏陶，也与尺五自身的成长有紧密的联系："松
永氏父祖辈历来为日莲宗的信徒，尤其是其父贞德与伯父日阳，皆
皈依不受不施的一派，尺五就在热心于宗门的家风之中成长，加之
史实明白显示，已然成为硕儒而名声显赫的他在四十二岁之际，顺
从了父亲的指示入建仁寺，一年数月阅读庞大的《大藏经》。"[3]从此
家学背景出发，我们也不难理解尺五的思想中为何会形成"调和儒
佛"的立场。

　　当然这种"调和"并不是一种对等，在《彝伦抄》的结尾部

1　松永尺五「彝倫抄」石田一良・金谷治校注『日本思想大系 28　藤原惺窩　林羅山』、304 頁。

2　玉懸博之「松永尺五の思想と小瀬甫庵の思想」石田一良・金谷治校注『日本思想大系 28　藤原惺窩　林羅山』、508 頁。

3　猪口篤志・俁野太郎『日本の思想家①　藤原惺窩・松永尺五』明德出版社、1982、185 頁。

分，尺五已然流露出对佛教的批判之意。我们知道在佛教对彼岸世界的推崇之下，此岸的种种不过是六道之间周而复始的轮回而已，然而尺五在讲完儒学的三纲五常五伦之后，以儒学中对鬼神、生死和礼的叙述作为全文的总结，这就可以视为给儒学的彝伦世界铺叙了一个形而上的归属。换言之，以阴阳二气解释所谓"鬼神"，逻辑上直接关联着在生死问题上的气聚气散，这也是宋明儒者批判佛教轮回之说的有力理论。在最末尺五感叹因葬祭之礼不存于日本，所以只能依照佛法施行，"这是否可以暗自解读为对除了从事葬祭之业别无生产活动的僧侣与佛寺生活的嘲讽呢？"[1]

　　接下来的问题是，尺五的朱子学是否只是朱子论述的翻版甚或"抄袭"陈淳《性理字义》之作呢？虽然以现在的学术标准要求古人，无疑是一种苛责，但是如果约略涉足这一问题，我们至少应该注意到以下三个侧面。

　　其一，这不是尺五个人的问题，对尺五"抄袭"的定位，实际上反映了江户初期日本朱子学的发展尚处于对作为"他者"的朱子学全然吸收而未消化的阶段。如果能对此背景采取同情之理解的态度，那么与其苛责日本朱子学在江户的"千篇一律"，不如换一个视角，考察他们是如何接受并传播儒学的。从这个意义出发，"逆格义"的现象才能进入研究者的视域。毕竟，儒学作为传统中国的主流文化之一，源远流长，其烦琐困难不唯日本人甚觉吃力，对于大部分中国人而言也并非易事。中国人尚需寒窗十载以破万卷，皓首且难穷经，可想而知对于语言尚且不通的日本人来说其间的困难之巨。因此，儒学要真正深入日本社会，必然需要借助日本民众能明了的方式进行传播。就此而言，惺窝准备好和训文本只是儒学在日本传播的第一步，而儒学思想的传播还需要经过包括尺五在内的众多弟子的"转译"、消化甚至批判才能逐

1　猪口篤志・俣野太郎『日本の思想家①　藤原惺窩・松永尺五』、223頁。

步实现。

当然，在传播朱子学的过程中，林罗山因为推动了朱子学的官学化而广为人知，相比之下，放弃仕途而教书育贤的尺五却鲜受关注。虽然罗山和尺五的出处进退选择不同，但他们在传播朱子学的动向上可谓别无二致。就目前可考的版本研究来看，罗山的《性理字义谚解》是日本最早的新儒学文本之一。它保证了所有那些读得懂假名和少量汉字的日本人，能有机会了解北溪对新儒家的解释"。[1] 由此看来，罗山为《性理字义》作谚解的初衷，或许与尺五并无不同，二者的差异在于罗山坚决排斥佛教，而尺五却使用了"逆格义"的方式援佛释儒，也因此尺五才是真正意义上继承了惺窝学风之衣钵的弟子："松永尺五是藤原惺窝的高弟。惺窝主朱子学，并取陆王学，对佛教亦宽容的包罗的学风，与其说被林罗山，不如说由尺五继承了下来。"[2]

其二，尺五使用"逆格义"的方法援佛释儒，这毕竟是权宜之法，佛教与儒学的概念之间必然存在的差异在"逆格义"的过程中被"故意"缩小甚至忽略，当然这并不代表尺五本人的儒学修养不高或者他的思想还停留在没有完全脱离佛教影响的阶段。当儒学思想在日本的本土获得一定的普及之后，"逆格义"的方法也会随着人们对儒学理念熟悉程度的加深而逐渐消失。如果从文化交涉的角度来看，身为"日本"儒者的尺五，能够自觉以更具普遍性的佛教教理诠释儒学义理，使其为更多的日本人所熟知，这对尺五的儒学和佛教的修养都提出了很高的要求，而这一实践，也确实促进了儒学尤其是朱子学在日本的传播和发展。尺五教授儒学，门下名儒辈出，这本身就证明了这种实践的有效性。

1　〔美〕约翰·艾伦·塔克：《北溪〈字义〉与日本十七世纪哲学辞典的兴起》，张加才编译，周祖城校，《福建论坛》（文史哲版）1997 年第 3 期。

2　玉懸博之「彝倫抄·導言」石田一良·金谷治校注『日本思想大系 28　藤原惺窩　林羅山』、303 頁。

其三，如果说以上更多是从大的思想史背景考察尺五思想的意义，那么尚需再深入尺五的思想构图内部进行考察。尺五并非如山崎暗斋一般死守朱子学的教条，《彝伦抄》之中本身就暗含他对朱子学的"取舍"。上文已经提到，《彝伦抄》的整体结构是三纲五常五伦，这些思想属于较为传统的儒学思想，并非朱子学的特色。在《彝伦抄》之中集中体现朱子学特点的是被尺五视为"工夫"的七个概念：命、性、心、情、意、诚、敬。这七个概念在朱子学中确实极为重要，然而朱子学的系统中还有除此之外的许多重要概念，那么尺五的选择依据是什么？

玉悬博之曾将《理性字义》的条目与尺五诠释的七个概念进行比较，从尺五"未选择"的条目来分析二者的差别："首先从存在论的方面来说，《字义》的太极、理这些条目在《彝伦抄》之中并未以独立的条目呈现出来。可以推测这是因为朱子学的存在论＝理气说乃至太极说，甚至理乃至太极这样的词在《彝伦抄》之中都并非着力解说之处，《彝伦抄》在实际的叙述中正是如此。"[1]对于其理由，玉悬博之认为这一方面是由于尺五此书意在人伦的日用道德，因此舍弃了朱子学中的抽象议论；另一方面，或许更重要的理由在于"《彝伦抄》的成书是在宽永十七年（1640）之际"，"此时对天的言说仍被视为一种禁忌"。[2]这就涉及尺五写作《彝伦抄》的另一个目的，即排斥天主教："今也不眷谄陋之谤者，或迷异教者，舍近求远敬信赝师陵辱君父、陷妖术者，损躯殒命眩服邪魅瓓败国俗，斯坐使人伦陷禽兽，不亦伤乎？"[3]为了救治迷于天主教之徒，尺五以墨子的所染为喻，阐明了传播儒学在日本独特的效用：

---

1 玉縣博之「松永尺五の思想と小瀬甫庵の思想」石田一良・金谷治校注『日本思想大系28 藤原惺窩 林羅山』、509頁。

2 玉縣博之「松永尺五の思想と小瀬甫庵の思想」石田一良・金谷治校注『日本思想大系28 藤原惺窩 林羅山』、509頁。

3 松永尺五「彝倫抄・跋」石田一良・金谷治校注『日本思想大系28 藤原惺窩 林羅山』、330頁。

　　近年迷于天主教，数万人丧命，可怜。昔者墨子，见
染丝而悲。其心为白时，染何色便是何色。已染之后，不再
变化。若幼时染于圣人之道，无论邪法如何来染，又怎能
染上？[1]

　　这段引文显示出尺五传播儒学的对立面，即天主教。林罗山也
曾写作《排耶论》抗击天主教。这就说明在江户初期，天主教被视
为"异端""异教"而成为儒学阵营的"敌方"。从某种意义上可以
说，罗山是以儒学为阵营拉拢神道以抗击天主教，而尺五选择的队
友则是佛教。总之，这确实显示出儒学在日本江户初期尚未独立发
展的状况，也展示出日本儒者为了促进儒学深入日本社会所作出的
不懈努力。

四　小结

　　本节探讨的内容，在一定程度上可以视为探讨"儒学日本化"
的关节处。儒学的日本化，并非以往所论变成了"日本"的儒学
（待终章详论），日本儒者会因地制宜地选择研习或传播儒学的方
式，但是他们并不会将儒学彻底改造成与中国不同的"日本"独有
的儒学。借助尺五的思想我们可以了解到他要传播的儒学依旧是三
纲五常五伦，只是传播的方式借助了佛教而已。因此儒学日本化的
过程，就是日本儒者理解、消化、传播儒学的过程，而随着儒学不
断浸入日本，日本社会也会或多或少地被"儒学化"，即"日本儒
学化"，这本就是一体两面的过程，只是后者需要更长的时间才得

1　松永尺五「彝倫抄」石田一良・金谷治校注『日本思想大系 28　藤原惺窩　林羅山』、304~
　　305 頁。

以显现（18 世纪后期以后）。虽然儒学的日本化也许可以上溯到更早，然而从江户初期开始，在京学派的朱子学群体的思想中，这种进程得以明显地呈现出来。此时的日本儒学羽翼未丰，尚需借助外力以促进其自身的本土化，"逆格义"的方法在这期间就发挥了重要的作用。我们可以用渡边浩描绘的幕末儒学的状况作为"日本儒学化"之后的样态："实际上在最初，正因为出于最'内面的'儒学价值基准，西洋的社会和政治成为共感和尊敬的对象。并不是说'仁'而'公'就是'民主'，但是，至少在德川时代末期，对'公议''公论'的要求已经成为很高的呼声，这是进入明治以后，不论政府内外都把建设和确立'公议政体'作为目标的一个重要的背景。"[1]略作类比，如果说"逆格义"的现象体现出江户初期儒学的发轫以及佛教的主体地位，那么当儒学足以成为"转译"西方文化的基体词语之时，本身就在相当程度上代表了"日本儒学化"的实现。儒学在近代日本还将以更多的维度展现其本土化之后的姿态，而这就需要在厘清儒学日本化的发展进程之后再作深入分析，这也是今后值得关注和深入探讨的方向。

第二节 "古学"开山：木下顺庵与儒学转型

木下顺庵[2]被视为"江户初期文艺复兴的代表性学者"，[3]然而顺

---

1 〔日〕渡边浩：《东亚的王权与思想》，第 157 页。

2 木下顺庵（1621~1699），姓平，氏木下，讳贞幹，字直夫，号顺庵、锦里、敏慎斋、蔷薇洞，死后私谥"恭靖先生"。其先为平家忠臣弥平兵卫宗清之裔，子孙世代住在伊贺。四世祖因故移居京都，改木下氏。顺庵作为浪人之子，元和七年（1621）六月四日生于京都的锦小路新町宅。13 岁作《太平颂》经大纳言乌丸光广上呈明正天皇，据传大受赞赏。授业于藤原惺窝门下松永尺五，与同门贝原益轩、安东省庵相友善。先受加贺藩主前田纲纪厚遇，后为将军德川纲吉侍讲。深受后乐园德川光圀信赖，与朱舜水亦多有书信往来。遗言以《孝经》一卷、《小学》两篇为殉，门下名儒众多。

3 木下一雄「錦里文集序」木下順庵著、木下一雄校訳『錦里文集』国書刊行会、1982、I 頁。

庵在研究史上的地位几乎与其师松永尺五一样，即虽然在提及日本
儒学史时不可回避，却鲜见对其的专门研究。木门人杰辈出，然而
顺庵自己并没有专门的儒学著作或者注书问世，想要探讨其思想，
主要依据的文献目前只有《锦里文集》。此书在顺庵去世后由其子
木下寅亮整理而成，亦是研究顺庵思想唯一直接相关的材料。全书
共 19 卷，主体部分为诗歌，主题分散，故难以从中整理出其思想体
系，只有最后 3 卷包含序、记、论、说等诸多文体，以此为依据庶
几可以对顺庵的思想作一番大致的梳理。

一　以"实学"为基底和会朱陆

从木下寅亮所作《锦里文集》之序来看，顺庵之学是"以道德
性命之学为根本，以博闻多识为枝叶，其如诗赋文章，残膏剩馥而
已。是以上溯洙泗之渊源，下挹濂洛之波澜，傍至于天经地志、释
老韬钤、稗官小说之类，无不读焉。故积年之工夫，翕而为德业，
散而为文章，所谓和顺积内，而英华显外者，未有如先君之本末始
终相备者也"。[1]顺庵之学可谓博杂，但是在寅亮看来，其父之学的
根本在"道德性命之学"，而且接续的是洙泗、濂洛之学。顺庵在
回应其学生榊原篁洲时，对自己的一生作了简短的评述：

> 平生履历，尺寸短长。四十从仕，迟暮类扬。六十被征，
> 晚达似唐。古稀既过，来者可悝。北溟奋翮，东海望洋。富贵
> 贫贱，用舍行藏。因遇因运，焉有焉亡。唯学之好，至老不
> 忘。几上笔研，架头缥缃。照萤聚雪，数墨寻行。既无新得，
> 岂牵旧章。悔溺博杂，终失苍黄。（《篁洲生为余写肖像求言为

1　木下寅亮「錦里先生全集序」木下順庵著、木下寅亮編『錦里先生文集一』内閣文庫蔵写本、
　　1頁表～1頁里。

题赠》）[1]

从顺庵自己的记述来看，"四十从仕"是指万治三年（1660）顺庵40岁时受聘于加贺藩主前田纲纪，"六十被征"是指天和二年（1682）62岁时应五代将军德川纲吉之召成为幕府的儒官，"（他）后半生近二十年间一直是幕府的儒官，对当时的学者来说这是有着最高名誉和地位的官职，因此应该可以说顺庵是非常幸福的人"。[2]成为幕府的儒官，对于一般日本儒者而言应该说是梦寐以求的仕途，然而于顺庵而言所好唯学，"唯学之好，至老不忘"。那么其学问生涯是如何展开的呢？

顺庵少负才学，13岁即凭《太平颂》获得乌丸亚相公（乌丸光广，1579~1638）的赏识。顺庵不仅作诗属文于公卿之间，还与五岳僧侣有方外之交。不过如果要追溯其儒学思想之源应该从他十七八岁就学于松永尺五开始："厥后受业于惺窝先生之门人尺五先生，先生有避出一头之叹。门友如贝原损轩、安东省庵、宇都宫遯庵，皆英豪也，推为先达以矜式焉。夙兴夜寐，勤苦磨砻，学业大进。"[3]顺庵求学于尺五门下十四五年光景，其间庆安元年（1648）源京兆请一亩地使尺五先生构筑讲堂，"五典时习，六艺日讲"，顺庵以之为"继绝兴废之举"，并作颂祷诗言：

> 讲堂拟作上都庠，故使先生振纪纲。长者往来门外辙，诸从教诲鬓边霜。半帘空卷东山志，一亩真分北阙光。京兆儒风谁发起？杏坛要欲种甘棠。地邻禁省绝尘埃，况又高论豁眼开。鹿谷窗晴云影过，鸭河夜静水声来。芸编何载三十乘，藻思无惭八斗才。今日荣名稽古力，诸生侍立读书台。（《尺五松

1　木下顺庵著、木下寅亮编『锦里先生文集十』卷十八、11页里~12页表。

2　竹内弘行・上野日出刀『日本の思想家⑦　木下顺庵・雨森芳洲』明德出版社、1991、10页。

3　木下寅亮「锦里先生小传」木下顺庵著、木下寅亮编『锦里先生文集一』、1页表~1页里。

先生筑讲堂颂祷诗》）[1]

从诗中可以看出，顺庵以为尺五先生开设讲堂有发起京都儒风之功，"也就是说，把尺五堂的出现定位为日本史上儒学再兴的契机"，[2]他自己也在这样的新儒风之中逐渐成长起来。从顺庵所作的诗序中可见其在尺五的门下所受新儒学的熏染：

> 高者为山，卑者为川。草木禽兽，虫豸鳞介。万象森然，各得其所。仁人所乐，逝者如斯。得诸物觉诸理者，学道者之心也。今先生率诸生，诸生从先生，将安居乎？果能得此心之理于登临观望之间，则为词客文人也可，为隐士逸侣也可，而况从先生于斯道者乎？彼浴乎沂风乎舞雩之乐，岂又出此心之外者哉？（《暮春陪尺五先生游吉田东冈诗序》）[3]

顺庵笔下的山川之景，所化用的正是伊川先生所讲的"冲漠无朕，万象森然已具"，"曾点之乐"正是理学家们极力推崇的境界，字里行间描绘出的是顺庵安然于仁者之道的心境。"只是如果以中国的'朱子学'为基准，尺五和顺庵的朱子学就不能说是'纯粹'。以上的序文中'心之理'这样的表述，明白显示出明代王阳明'心学'的影响，因此与其说顺庵是在追求朱子学那种严密的本性之理，不如说他是乐天地肯定了心中之理。"[4]诗中最后一句的反问"彼浴乎沂风乎舞雩之乐，岂又出此心之外者哉"，化用了阳明"心外无物"的意境，此即是说无论是万象森然之理还是仁者之所乐，实际上都不在吾心之外，这确实显示出融会心学与理学的

1　木下一雄『木下順庵評伝』国書刊行会、1982、51頁。
2　竹内弘行・上野日出刀『日本の思想家⑦　木下順庵・雨森芳洲』、35頁。
3　木下順庵著、木下寅亮編『錦里先生文集八』卷十六、5頁表～5頁里。
4　竹内弘行・上野日出刀『日本の思想家⑦　木下順庵・雨森芳洲』、43頁。

倾向。

顺庵曾作诗呈其师尺五先生："小筑新成聊复宜，巨公觞咏倚书帷。学分朱陆道同在，诗等黄陈才百之。张屈嘉宾何足侑，欲庚赓险韵恐无奇。儒流千古濂溪月，尚借余光积德基。"[1] "学分朱陆道同在"，不仅透露出顺庵对理学的倾心，亦表露出和会朱陆的主张。这种主张如果追溯源头，在藤原惺窝那里就可以找到端倪。惺窝的这种倾向受到尺五的推崇，在尺五看来惺窝不仅脱佛入儒，而且为日本新儒学的发轫准备好了诠释的文本，"脱却嵩山少林之禅机，接得濂溪伊洛之道脉，解法衣，着司马之深衣，抛贝叶，讲晦庵之集注，始点和训于六籍，新极工夫于圣言"。[2] 不仅如此，在尺五纪念惺窝的文字之中，还有"世无古今，地无远近，其心同，其理同，则圣圣一揆，何有异论乎？我国真儒之鼻祖，道学之滥觞，舍公其谁欤？伟哉！开来学之功，岂谤谢哉？"[3] 心同理同，很明显是陆象山的主张，尺五以此来阐述其师惺窝之功绩，可见他非但不似同门林罗山那样激烈地排斥"非朱子学"，反而表现出一种继承其师和会朱陆的志向。不仅尺五如此，惺窝以来和会朱陆的主张在顺庵这里亦得到传承，在他看来，"天下之理一者，人心之所同然也"。[4] 理一分殊，自是程朱之学的命题，而人心之同然，又有心学的影子。如果说顺庵浸润于尺五门下所习得的思想是和会朱陆以后的朱子学，那么还有一人对顺庵的思想成形起到了非常大的影响，那就是流亡到日本的朱舜水。朱舜水受到德川光圀的赏识，而顺庵亦多与德川光圀相交，因此得以在江户问学于朱舜水。从顺庵与朱舜水来往的书信中，可以见出顺庵对就学于舜水的向往：

1　木下一雄『木下顺庵評伝』、51 頁。

2　松永尺五「惺窝先生三十三回忌日拈香并叙」徳田武編『近世儒家文集集成第十一巻　尺五堂先生全集』、22 頁。

3　松永尺五「惺窝先生三十三回忌日拈香并叙」徳田武編『近世儒家文集集成第十一巻　尺五堂先生全集』、22 頁。

4　木下顺庵著、木下寅亮編『錦里先生文集八』巻十六、7 頁表。

　　幹向在东武，私自计敝寓与贵馆，邻近咫尺，须当日候左右，饱聆玄论。何意宦途忽扰，千绪万端，左牵右缠，不得朝夕继见。世事巧违，匪今斯今，振古如兹，歎杀歎杀。虽然或逾月，或浃旬，苟有间暇，则未尝不趋门墙。苟趋门墙，则未尝不倾倒心肠，开示底蕴。幹何幸得眷爱宠荣如斯之隆！感刻之深，至今犹见于梦寐心目之间。况又临行之日，辱枉玉趾，赐以健笔，重以训诲："夫敏慎为学之要，敏而不失于躁，慎而不失于葸。"此乃君子之全德，幹何敢望于万一？《传》曰："仁人之言，其利溥哉。"今乃以赠言之训，颜之座右，仰观俯察，昼诵夜思，孜孜勉勉，若有所得者焉。则其利幹之溥，复将何如也？（《与朱舜水书》）[1]

　　顺庵感念舜水对自己的教海，尤其提到作为为学之要的"敏慎"。顺庵以之为座右铭，甚至将其作为自己的号（顺庵有号曰"敏慎斋"），可见舜水对其的影响之深。"夫以先生学纯德粹，传中华之道脉，激东海之儒流，闻风兴起者，比比皆是"，[2]顺庵自己应该就是这比比皆是而闻风兴起者中的一员。当顺庵得知舜水要求返回中国受阻时，曾去信劝慰：

　　夫执政之心，则公之心耳。公欲留之，故执政留之，公之留者岂徒乎？盖其志欲依先生相与有为，以兴斯道于东方而已。凡事之不成，以志之不立，苟志之有立，未有事之不成者，此幹所以知其终必有成矣。古之人有悬车致事之义，钟鸣漏尽之戒，此为寻常仕者而发耳，至于大贤君子，则未必拘拘

1　木下顺庵著、木下寅亮编『锦里先生文集九』卷十七、19 頁表～19 頁里。

2　木下顺庵著、木下寅亮编『锦里先生文集九』卷十七、22 頁里。

于此。若太公之佐周，百里之相秦，在耋老之后，成不朽之大勋。幹之所期先生其在兹，奚翅幹而已哉？世之所望先生亦复在兹而已。(《与朱舜水书》)[1]

"兴斯道于东方"，即是在日本传播儒学，这不仅是顺庵对舜水的期望，也可以说是顺庵对自己的期许。舜水先生之学为"实学"，他讲"学问之道，贵在实行"，[2]这种对"实"的重视也确乎成为顺庵思想的底色：

> 夫人不可以弗实也。言不忠信，言之无实也，行不笃敬，行之无实也，实之不存，名将安施？平君倚衡氏需其斋名，余应之以"实"。夫名者实之宾，有宾必有主，有主而后宾者有归。平君勉哉！因实之名，求名之主，而日夕惕厉，乾乾匪懈，念念不忘，参于前，倚于衡，则言而必忠信，行而必笃敬，余知其实之为实已。(《实斋说》)[3]

因其重"实"，故有学者评价"顺庵学问的第一义就是'实'"。[4]从亲炙尺五和会朱陆之理学，到问学舜水之实学，顺庵本人也在经历一个从学习到传播新儒学的过程。这种以实学为底色的和会朱陆，应该可以视为理解顺庵思想的大方向。以下我们将进入其思想中的理学部分，探讨其思想内部的具体思维框架。

1　木下顺庵著、木下寅亮编『錦里先生文集九』卷十七、24 頁表~24 頁里。

2　朱谦之整理《朱舜水集》，中华书局，1981，第 369 页。

3　木下顺庵著、木下一雄校訳『錦里文集』、569 頁。

4　木下一雄『木下顺庵評伝』、88 頁。

二　道、身、心之思维结构

宋明理学在中国哲学史上一般被视为"新儒学"，其"新"可以说主要体现在两个方面：一为诠释文本的转换，一为诠释方法的更新。从诠释文本来说，汉唐以来重视五经的传统逐步被四书取代；就诠释方法而言，则融入了三教合一的视域。从这个意义上来说，所谓"江户儒学"兴起的正是一种有别于汉唐训诂之学的"新儒学"。顺庵对理学所要对待的文本，已经有比较清晰的认识：

> 夫《大学》者古人为学之次第，而自格致诚正、修身为本，以至家国天下，则举而措之，规模之大、节目之详，此学者之所以成己也。《鲁论》则经世之大训，诲人之微言，此又仁人之所以成物也。而成己成物，合内外之道，会其极于《中庸》，而性命道教之微，中和位育之妙，至诚无息，对越不二，暗修笃恭，至于无声无臭，而圣神功化，于是乎至矣。所谓穷理尽性，以至于命者也。然则三书道学之要，而志于道者，沉潜玩索，夙夜不可懈也，成定其勉乎哉！羽林公成物之盛心，家大人成己之实功，敬之信之，孜孜汲汲，身行心得，则庶几乎不负忠孝之义矣。[1]

顺庵主要探讨的是"三书"，这自然与《孟子》在日本的特殊际遇相关。在探讨江户初期的儒学时，很容易出现将当时日本儒学的整体状况与中国宋明理学发展的盛况直接相对比的做法，由此则容易产生日本儒学并未超出过中国理学的研究范畴之感。如果能搁

---

[1]　木下一雄『木下順庵評伝』、91頁。

置这种"傲慢"而细品儒学在日本的容受、发展与演变的过程，则能于同中窥见其异。就顺庵的儒学思想而言，应该说受明儒薛瑄思想的影响是比较明显的，顺庵自己就表达过对薛瑄思想的认可："夫六经古也，有宋以来，于元于明，诸儒先正，传道之书，家家具在。予窃爱河东薛子《读书录》者，诚心之纯，敬身之笃，言言皆实，淡而不厌，质而有文，如布帛菽粟之不可一日无，吾敬之信之，以为书之善者，濂洛关闽之后，其类几希，此书之不可不读者也。"(《读书拔尤录序》)[1]就薛瑄本人的思想而言，"明初大儒，曹端之后有薛瑄。薛瑄之学，全自细读精思程朱著作而来。他的特色，在体会程朱学说而躬行践履，理论上较少发展创造"。[2]顺庵推崇薛瑄之思想，原因之一也在其践履之"实"而不在其对程朱理学的发挥。上文也探讨过舜水之"实学"对顺庵的影响，整体而言，如果"实学"可以作为明代的一种思潮，那么其对江户儒学的各个流派都产生了一定的影响，不仅是日本朱子学，在阳明学和古学之中亦多有体现，这也可以视为明代儒学与日本儒学之间连续性的体现。

　　抛开具体的文本，可以将顺庵思想基本的内在理路概括为：志于道—行于身—得于心。简言之，顺庵所志之道，是和会朱陆之"理学"，其所行于身的是"敬"，而其所得于心的则是"德"。

　　具体而言，顺庵之学以理学为宗，而他的理学，是和会朱陆之后的理学，在他看来，"理"是一以贯之的心法："天下之事，万有不同，而天下之理一也。天下之理一者，人心之所同然也。若能心一于理，则事之万有不同，莫不一以贯之矣。心之理于天下也，大哉，要哉！"(《御法一贯集序》)[3]理一而心同，这种表述本身就带有很强的和会朱陆之色彩，而这种折中的方式，与薛瑄所

1　木下顺庵著、木下寅亮编『錦里先生文集八』卷十六、10 頁里。

2　张学智：《明代哲学史》，北京大学出版社，2000，第 12 页。

3　木下顺庵著、木下寅亮编『錦里先生文集八』卷十六、7 頁表。

论"心一收而万理咸至，至非自外来也，盖常在是而心存，有以识其妙耳；心一放而万理皆失，失非向外驰也，盖虽在是而心亡，无以察其妙耳"，[1]具有内在的一致性。当然，虽然二人都尝试以心学折中理学，采取的方式却有细微的差异。简言之，按薛瑄的说法，心不仅是可以存放理的"腔子"，更因其"识"而具有"察其妙"的能动性，而在顺庵的思想中，心实际上成为理一的终极依据。

其次，薛瑄继承了程朱"主敬"的思想，以为"人不持敬，则心无顿放处。人不主敬，则此心一息之间驰骛出入，莫知所止也。人不主敬，则嗜欲无涯，驰骛不止，真病疯狂惑之人耳"。[2]这也正是顺庵一贯的主张。顺庵以"敬"为行于身之根本：

> 有物有则，莫不伦理。然人之有生也，气质拘于内，物欲诱于外，颠倒错乱，不能复其初也。必有君师之治教，渐磨匡直，而民彝物则，各得其所，箕范所谓彝伦攸叙，此人君所以建极也。夫箕范之所陈，其畴有九，而其要在五事，五事之要在乎敬，而人君中主乎敬，则聪明睿智，皆自此出。而貌言视听，作肃作又，作哲作谋，动容周旋，皆循其则也。五事既修，则五行八政，五纪三德，稽疑之明，庶征之念，福极之向，莫不施而得其宜也。然则彝伦之叙，实系人君之一身，而其本在乎敬也，可不思乎？[3]

世间万物皆有其则有其理，人生而后为气质所拘，外欲所诱，因此不复人初生之善性，这是比较传统的理学主张。强调必有君师之治教以为民彝之极，又以主敬为本，这既是程朱之学的要点，也

1　孙玄常等点校《薛瑄全集》（下），山西人民出版社，1990，第1120页。

2　孙玄常等点校《薛瑄全集》（下），第1085页。

3　木下一雄『木下顺庵評伝』、93页。

是顺庵终身服行的守则。顺庵还将"敬"视作为学之要："有得于敬，收敛其心，洞洞属属，从事于主一。则操觚之际，一纵一横，莫不出于正，一点一画，莫不在于学，此乃敬之一字，为学之要，而德之成者，实基于兹焉。"（《宸翰敬字说》）[1]

以敬行于身既是为学之要，也是成德之基。这也意味着外在之行事最终要落实到心之德上，此为其三："德者，得也，有得于心也。育者，养也，生也，涵养于己，而生长天物也。养己知也，生物仁也，仁静知动，动者如水，静者如山，故曰：'山下出泉，蒙。'水必盈而后进，蓄而后流，为川为渎，汇为河海，蒸为云雨，此君子所以取象于育德也。"（《育德园记》）[2]在顺庵看来，这种"德"体现为一种"生"之德，落实在现实中，就是"育"。其实顺庵从舜水处习得的除了"实学"的主张，还有一个值得重视的方面，即对教育的重视："建国君民，教学为先，非欲其文辞遒畅，黼黻皇猷而已，诚欲兴道致治，移风而易俗也。自非然者，经纶草昧之初，日给不遑，何贤圣之君必以学校为先务哉？《礼》曰：'学则善人多，而不善人少。'夫善人多所以兴道；不善人少所以致治。"[3]舜水认为教学当为立国治民之先，对顺庵而言，兴儒学正中此题中之意。以此观之，元禄元年（1688），将军纲吉拜谒上野忍冈的孔庙之时，顺庵内心的喜悦也是可想而知的："大驾亲临典礼成，儒林荣茂气峥嵘。周时俎豆权文庙，鲁国弦歌闻武城。德配乾坤渐被远，道辉今古日星明。黄钟吹起阳春化，四海仁风颂太平。"（《元禄纪元仲冬庚寅大驾谒大成殿，亲行拜礼，恭纪一律，呈弘文学士》）[4]顺庵重视人才的培养，日本儒学史上多有关于顺庵之门人杰众多的记载，室鸠巢、新井白石、雨森芳洲等江户

1　木下顺庵著、木下寅亮编『锦里先生文集九』卷十七、6頁表~6頁里。

2　木下顺庵著、木下一雄校訳『锦里文集』、560頁。

3　朱谦之整理《朱舜水集》，第201~202頁。

4　木下一雄『木下顺庵評伝』、65頁。

时期著名儒者，均出自其门下，无怪乎"宽政三博士"之一的柴野栗山感叹木门人才辈出：

> 盛矣哉，锦里先生门之得人也！参谋大政则源君美在中、室直清师礼，应对外国则雨森东伯阳、松浦仪祯卿，文章则祇园瑜伯玉、西山顺泰健甫、南部景衡思聪，博该则榊原玄辅希翊，皆瑰奇绝伦之材矣。其冈岛达之至性，冈田文之谨厚，堀山辅之志操，向井三省之气节，石原学鲁之静退，亦不易得者。而师礼之经术，在中之典刑，实旷古之伟器，一代之通儒也。夫以若数子之资而终身奉遵服膺先生之训，不敢一辞有异同焉，则先生之德与学可想矣。[1]

顺庵的确培养出大批优秀的儒者，"新井在中、室师礼、雨森伯阳、祇园伯玉、榊原希翊，世谓之'木门五先生'。加之南部思聪、松浦祯卿、三宅用晦、服部绍乡、向井鲁甫，为'十哲'"。[2]以往的研究从师承的角度出发，往往以其高弟众多反推顺庵必为一代大儒，上引柴野栗山之文即是此种论证方式的典型。然而"倒推"的论证方式本身即具有不周延性，那么如果从"顺推"的角度来思考，顺庵的儒学思想在日本儒学史应该占据怎样的位置呢？

三　古学之祖

实际上荻生徂徕一脉很早就意识到顺庵与自己门派所倡导的"古学"之间的联系：

1　柴野栗山「錦里文集序」木下順庵著、木下寅亮編『錦里先生文集一』、1頁表~1頁里。

2　原念斎『先哲叢談』卷之三、16頁表。

> 物徂徕曰："锦里先生者出，而扶桑之诗皆唐矣。"服南郭
> 曰："锦里先生实为文运之嚆矢。虽其诗不甚工首唱唐。"又闻
> 先生恒言"非熟读十三经注疏，则不可谓通经矣"，由此观之，
> 所谓古学亦先生为之开祖。[1]

自井上哲次郎以来，徂徕一直被视为"古学派"的中坚力量而且被贴上了"反朱子学"的标签，但是如此一来将顺庵视为古学之祖不就显得很矛盾了吗？而且囿于上述井上划分门派的限制，以往的研究往往故意否定顺庵与后来名噪一时的徂徕学之间的联系："读《木门十四家诗集》知顺庵于日本文运的开辟，有助成之功。惟称其为古学之祖，则与物徂徕、太宰纯等纯古文辞之学，却大有区别。即顺庵为笃信朱子学的人，他的兼重古训，并不和他的尊信孔孟程朱之说冲突。"[2]这里虽然强调顺庵与徂徕学派所倡导的古文辞学"大有区别"，但是除了以顺庵笃信朱子学为由，并没有提供任何实质性的文献依据。如果抛开这种门户之见，顺庵何以成为古学之祖呢？

上文已经提到，顺庵13岁即因所作《太平颂》得到乌丸亚相公赏识，据学者考证，"顺庵所写《太平颂》，是以唐代韩愈《元和圣德诗》的风格为模板"。[3]韩愈在中国哲学史上被视为"道统"的首倡者，其实他更为人所熟知的身份应该是"古文运动"的倡导者。以上研究至少证明顺庵在13岁之前就受到了韩愈"尚古"的影响，不仅如此，在其留下的诗歌中更是多能发现韩愈的影子。顺庵曾有诗感叹韩愈排佛之艰辛：

1　原念斋『先哲叢談』卷之三、15 頁表。

2　朱谦之：《日本的朱子学》，第 200 页。

3　竹内弘行・上野日出刀『日本の思想家⑦　木下順庵・雨森芳洲』、20 頁。

昌黎关雪

一韩催佛万人看，雪满蓝关孤影寒。

莫道班如乘不进，天门更有九重难。[1]

此诗正与韩愈之《左迁至蓝关示侄孙湘》相呼应：

一封朝奏九重天，夕贬潮阳路八千。

欲为圣明除弊事，肯将衰朽惜残年！

云横秦岭家何在？雪拥蓝关马不前。

知汝远来应有意，好收吾骨瘴江边。

韩愈因排佛而遭贬，顺庵借此事表达了对韩愈兴儒排佛的赞美，同时也透露出儒学与佛教抗争的艰难。除了直接描写韩愈的诗歌，在其诗中也常见化用韩愈之典故。顺庵曾有诗颂其师松永尺五："先生何为者？谆谆说典常。董帷春昼静，韩檠秋夜长。白鹿近仙洞，三鳣落讲堂。游戏或诗赋，余波溢文章。岂只诸生福，真是大明祥。大哉贤哲志，百世可流芳。小子又何述，执笔向彼苍。"[2]"董帷"是指董仲舒"下帷讲诵"，而"韩檠"则是指韩愈的《短灯檠歌》，顺庵诗中所言的"韩檠秋夜长"，正与韩愈诗中的"夜书细字缀语言，两目眵昏头雪白。此时提携当案前，看书到晓那能眠"相对应，意在赞颂尺五先生勉励以学。顺庵还有诗"闻其风流文雅，颇有识韩之怀"，[3]虽然素未谋面，但顺庵听闻奥竹亭主有"识韩之怀"故怀有好感并以诗相赠，可见韩愈在其心中的分量。还有一些小诗如"门过昌黎轩，座对濂溪月"（《十八夜得月字》），[4]"昌黎"即

1　木下顺庵著、木下寅亮编『锦里先生文集三』卷五、15 页里～16 页表。

2　木下顺庵著、木下寅亮编『锦里先生文集一』卷一、2 页表～2 页里。

3　木下顺庵著、木下寅亮编『锦里先生文集四』卷六、12 页表。

4　木下顺庵著、木下寅亮编『锦里先生文集一』卷一、7 页里。

指韩愈，与"濂溪"相对，一者首倡古学，一者被奉为理学之先，如此并列，顺庵对韩愈的推崇溢于言表。顺庵对韩愈之喜爱或许感染了其门下诸弟子，"白石、沧浪、蜕岩、南海大抵与徂徕同时，并非买萱园之余勇者，而其诗虽曰宗唐，亦唯明诗声格"。[1] 这就明确指出了顺庵一门"宗唐"的倾向。梁田蜕岩甚至认为顺庵门下之白石为早于徂徕而倡导明七子者："元禄中，白石先生出于江户，专祖述唐诗，其之入门，学万历七才子，自是世上之诗风，渐渐移之，继而徂徕先生变前之诗风，是又主七才子，其门派出三四厉害之人。"[2] 徂徕之古学无疑受益于明七子，顺庵一门却早于徂徕显现出这种倾向，这就暗示我们日本朱子学与古学之间并没有截然对立，反而呈现出多重的关联性。

从以上例证中可以得出顺庵宗唐亦即好"古"之倾向，当然这种对韩愈的好感在薛瑄亦有之："性理之学，经周、程、张、朱诸君子发挥如此明白。当时亲炙者尚失其意，而韩子生于道术坏烂之余，无所从游质正，乃能卓然有见，排斥异端，扶翼正道，遂有立于天下后世，直可谓豪杰之才矣！"[3] 一般而言，宗韩或宗唐代表好"古"的立场。实际上，顺庵推崇备至的舜水亦主张"古学"："（安积澹泊）文恭（朱舜水）务为古学，不甚尊信宋儒，议论往往有不合者，载在文集，可征也。"[4] 之前已有学者意识到舜水对后来古学发展的影响，"朱舜水思想对徂徕甚至整个日本'古学派'的影响，恐怕还是根本性的"。[5] 如果舜水可以影响到后来的徂徕之学，那么可以推测亲炙其旁的顺庵所受的影响概不会小。然而这毕竟是学理

1 江村北海ほか著、清水茂等編『日本詩史 五山堂詩話』岩波書店、1991、508頁。

2 梁田蜕岩「蜕巖先生答問書」池田四郎次郎編『日本芸林叢書』第2巻、六合館、1928、32頁。

3 孙玄常等点校《薛瑄全集》（下），第1085页。

4 朱谦之整理《朱舜水集》附录五《友人弟子传记资料》，第819~820页。

5 韩东育：《日本近世学界对中国经典结构的改变——兼涉朱舜水的相关影响》，《社会科学战线》2010年第11期。

上的推测，从论证的角度而言，顺庵的思想中是否已经显示出"古学"的思维方式呢？

第二部分大体归纳了顺庵的儒学在思维方式上呈现出的结构，实际上无论是志于道，还是行于身、得于心，应该说都带有非常明显的宋明理学的印记，想要兴儒学于日本，理论上应当尽量忠实于中国本土的儒学。从这个意义上说，包括顺庵在内的日本儒学很长一段时间都处于自觉"模仿"的阶段，这一点通过顺庵之论"染"可以窥见：

> 一染为縓，再染为赬，三染为纁。物固不可不染也，而在染之善与不善，择之精与不精耳矣。人之相交也亦然。丹之所藏者赤，漆之所藏者黑，兰室鲍肆，择之不可不精者也。夫物之染也，其必一染浓于一染。善之染也，其可不数染乎？古之人一言相知，倾盖如故，其所得不为不多，若夫能再而三之，则染之深化之成，其将何如也？（《与朱舜水书》）[1]

"染于苍则苍，染于黄则黄。所入者变，其色亦变。五入必，而已则为五色矣。故染不可不慎也。"（《墨子·所染》）墨子之所染，是以丝之染类比国之染、士之染。顺庵在深刻领会墨子之"慎"染后，将"染"之对象区别为"善与不善"，并进一步区分了染之层次，即"数染"。这就把"染"提升为一种学习的方法论，即通过"再而三之"地"染"，可以达到"染之深化之成"的效果。这虽然只是顺庵表达就学于舜水的渴望，却透露出此时的日本儒学正处于积极吸收甚至全然"模仿"的阶段。

顺庵之"数染"，徂徕表述为"习熟"，顺庵已经意识到"染"有善有不善，在徂徕则发展为"习善则善，习恶则恶"，而顺庵提

1　木下顺庵著、木下寅亮编『錦里先生文集九』卷十七、20 页表~20 页里。

及的"染之深化之成"，则进一步被徂徕表述为"习以性成"。由此可见这种"习染"的方法论意识在顺庵那里已经有比较清楚的萌芽，这一方法论实际上是贯穿顺庵至徂徕思想的暗线。如果说"志于道"是儒者的基本共识，那么如何行于身、得于心才是顺庵思想的内核。外在于身之行何以能得之于心并且成为内在之德，这实际上是身心二元论始终面临的难题。而"习染"即为身心之间的连接提供了关键的桥梁，这也就是徂徕讲的"久而化之，习惯如天性，虽自外来，与我为一"，[1] 从习熟到习惯再到习性，就是一个由外而内化以至与我浑然一体的过程。从方法论的角度而言，徂徕对"习"之概念的深化，可以追溯到顺庵的方法论意识。

再次，诠释文本的差异往往可以体现出不同的主张和倾向。大体而言，古学之重六经可与理学之重四书相区别。一直以来被视为朱子学者的顺庵，除了重视四书，还意识到了六经的重要性：

> 或曰："人之所宝者，世之所稀也。六经四子之书，学士大夫家家有之，人人诵之，如是其多也，何宝之谓乎？"此不然。黄金白璧，饥不可食，寒不可衣，至如布帛谷粟，家家人人，不可一日而无者也。由此观之，黄金白璧，一人之私宝，而布帛谷粟，天下之公宝也。人之为生，饱食暖衣，逸居而无教，则近于禽兽。教者莫切于人伦，人伦之道，莫备于六经四子焉。然则六经四子不可一日而无，犹如谷粟不可一日而无焉。（《赐五经四子记　为门人井君美》）[2]

1　荻生徂徕「徂徕集・答屈景山」第一書、吉川幸次郎・丸山眞男等校注『日本思想大系36　荻生徂徕』、531頁。

2　木下順庵著、木下寅亮編『錦里先生文集八』巻十六、21頁里~22頁表。

六经和四书往往可以代表诠释文本的某种转化，朱子学者往往宗四书，顺庵在提携后进之时，除了四书，还赐予弟子六经（五经），这就透露出了顺庵在文本选择上并不拘泥于道学主要的文本四书，还有意识地让后学熟读六经，这就表现出与古学相同的文本选择。

综上所述，顺庵在文学倾向上对韩愈的偏爱暗示出其尚"古"意识，而其所论之"染"则表现出模仿、习熟的思维方式。不仅如此，顺庵以六经与四书并列，本身就涵盖了古学所选定的诠释文本。由此可以说，虽然被视为正统的朱子学者，然而无论从尚古意识还是从方法论、诠释文本上而言，顺庵都无愧为古学之祖。

四 小结

本节主要探讨了顺庵儒学思想中的理学渊源、儒学结构以及与后来的古学之间的关系。对于顺庵之儒学的评价，试以室鸠巢祭奠其师之文论之：

> 其学之博也，天下之书，无所不读，古今之言，无所不记。若天文历数，礼乐名器，《尔雅》训诂之说，职方人物之志，世之学者得其一焉，犹可以见异，而先生乃俱收并蓄，以待天下之用而无遗。故学士大夫游其门者，始而目眩胆落恍若自失，终则各自得其所欲，以为有余，莫不厌足充满欣跃而出。（《祭恭靖先生文》）[1]

顺庵于书无所不读，于言无所不记，表面看来其学确有"博"而"杂"的特点。但如果放在思想史的发展脉络中来审视，从惺

---

[1]　木下顺庵著、木下寅亮编『锦里先生文集·附录』卷十九、1頁里~2頁表。

窝、尺五到顺庵，整体而言，一方面尚处于对新儒学的全面吸收和消化的阶段，所以顺庵的思想中具有元明以后折中朱陆崇尚实学的风格，这是其与中国哲学之间的连续；另一方面，顺庵的思想中无论从对唐代尚古文体的推崇还是从其思维方式、诠释文本，均可以找出后来古学的影子，这又是日本朱子学与古学之间的连续。当然由于顺庵留下的资料太少，这种连续性或许并不清晰，但是在其所培育的诸后学英才之中，可以不断发现这种被遮蔽的连续性，这就是接下来需要继续研究的课题。

第三节 安东省庵与武士转型

儒学虽然很早就传入日本，但是其流通的范围，长时间局限在博士家和贵族阶层，对于大部分中下层武士以及广大庶民阶层而言，儒学甚至汉字都是相当晦涩且极难掌握的。这当然也与儒学自身的发展有关，汉唐的训诂儒学对于深入挖掘经义当然有益，然而其艰深也直接导致当时的研究者主要集中于精英阶层。宋明理学相较于汉唐经学，在简化注释、更为注重义理阐释等诸多方面都更加有利于儒学传播范围的扩大。以理学传入日本为契机，儒学在日本也开启了本土化的进程，而主导这一进程的即是江户初期的京学派。应该说，日本中世的禅僧在引入作为新儒学的宋学以及培育儒佛兼修的僧人这一点上贡献重大，京学派的儒者大多有学佛的经历即肇源于此。不过，儒学要真正在日本生根、发芽，还须逐步摆脱佛教的影响而走向独立，而这也可以说是京学派最为重要的历史任务。

一般而言，由于中日两国地理上并不直接相连，中国儒者和日本儒者之间很少有直接交流的机会，尤其是两国均进入"锁国"的状态之后，直接的学问切磋变得更加困难。因此京学派的朱子学者群体，大都并非直接学习中国的儒学，而是主要通过朝鲜的朱子学者，间接地开启了日本朱子学的端绪。经过藤原惺窝、松永尺五初步传播的日本朱子学，虽然在井上哲次郎看来不过是"千篇一律"，[1]但当时的日本朱子学究竟发展到一个什么阶段，是否可以通过同时期的中国儒者作出一个更为合宜的判断？明儒朱舜水在日本的滞留及其与安东省庵[2]的深入交往，使得这种尝试在理论上成为可能。而且，作为学问思想的儒学原本没有国境线，然而日本儒学与中国儒学是同质还是异质的问题，逐渐成为近年日本儒学史研究的热点话题。这一问题牵连甚广，恐怕难以直言，不过如果将其转化为对中日儒学之间连续性与断裂性的探讨，则或可在为江户初期儒学史研究提供新视角的基础之上，加深对日本儒学史的整体把握。基于以上的问题意识，本节拟以安东省庵为例，通过还原其从一个传统的日本武士成长为一个日本朱子学者的思想历程，在勾勒省庵儒学思想整体轮廓的同时，对京学派的朱子学发展情况给出一个较为恰切的历史定位。

一　尺五门下：蒙学传承

京学派兴起的时候，虽然日本已然进入较为稳定的江户时代，但至少在 17 世纪初期，战国尚武之余习仍存："'偃武'以来的很长时间，大多数武士自身，原本就连对一般的'学问'，甚至接触书籍本身都毫无关心，更别说是宋学了，而对学习这些的同僚作出讽

1　井上哲次郎『日本朱子學派之哲學』、598 頁。丸山真男在战前的日本思想史研究中亦持此观点，不过在战后有所反思。详见〔日〕丸山真男：《日本政治思想史研究》（修订译本），第 27 页。

2　安东省庵（1622~1701），名亲善、守正、守约，字鲁默，通称助四郎，号省庵、耻斋。筑后人（今日本福冈县南部），出仕柳川藩立花家。16 岁时（1637）带病出阵岛原之乱，立战功。28 岁（1649）上洛，从学于松永尺五门下。38 岁（1659）与第七次来长崎的朱舜水会面，为舜水留日多方奔走，且分己俸禄之半以给之，直至舜水被水户藩德川光圀奉为上宾。

刺、嘲笑的事，也不是不可能。对于他们而言，根本没有通过文字获取知识、教养，并以此引导自己人生的习惯。"[1] 以此为背景，可以说成为"体制教学"或者说"正统意识形态"正是京学派尤其是林家一系着力的方向，即推动朱子学的"官学化"进程；而要成为与日本社会相适应的思维方式，则必须促进新儒学的广泛传播，此即为松永尺五一脉主要的贡献所在。

在尺五一脉之中，省庵之名，往往与朱舜水连在一起，二人的事迹常被奉为中日交往史上的佳话而屡屡提及。纵观省庵一生，主要有四大"逸事"：16 岁带病赴沙场，勇气可嘉；28 岁始从学尺五，勤学可畏；分俸一半救济舜水，义气可叹；嘱子勿撰行状碑，谦逊可敬。[2] 由此看来，在省庵的一生中，至少有两个重要的转折点：一为从师于尺五，二为求教于舜水。这二人无疑是当时日本和中国儒学界的翘楚，那么他们分别对省庵儒学思想的形成起了怎样的作用？要回答这一问题，还需要对省庵是如何从一介传统日本武士成长为一名成熟的日本儒者进行梳理。

省庵入尺五之门是在他 28 岁时，从其自述年少时"徒事射御而耽末技"[3] 可知，他生活的年代正处于上文所述的战乱刚结束人们尚未确信和习惯和平的时期。也就是说，虽然日本整体上已经步入安定和平的年代，但是谁也不知道战争是否会在下一刻爆发，对于绝大多数的日本武士而言，学文以及学儒，都是遥不可及而难以想象的。不难推测，当 16 岁的省庵听闻岛原叛乱之讯而带病上阵时，充斥于其心的是为君效命的武士道精神。然而翌年（1638），当省庵因战功而受赏，得以见识江户文治的盛景时，他会是怎样的心态？

---

1 渡辺浩『近世日本社会と宋学』、12 頁。

2 板倉勝明「省庵安東先生傳」柳川市史編集委員会編『安東省庵集 影印編 I』株式会社西日本新聞印刷、2002、548 頁。

3 安東省庵「除夜賦」柳川市史編集委員会編『安東省庵集 影印編 I』、391 頁。

不肖幼时不识学问，壮奋起赴京，亦为名谋已。故所事
在训诂词章。然训诂不能传，词章不能工，洎于游尺五老师之
门，闻半林先生之教，粗知斯学为已。孳孳弗懈，兀兀竟阴，
精刊神耗，濒死不已。[1]

从省庵的自述来看，他幼年应该并未接触儒学，后来得到机会
去京都，也是为了求"名"而学习"训诂词章"。这里所谓的"训
诂词章"，应该是指早已传入日本的传统汉唐训诂之学。此段文字
较为清楚地提示出在入尺五门下之前，省庵应该已接触到儒学，不
过这还停留在训诂之学而非义理之新儒学的阶段。这一学问的起点
不断遭到省庵自己的反省和批判：

初不知为学之方，经则泥乎训诂，文则喜乎绚丽。中焉以
为有少得焉，谭经只恐注释不该博，操觚只恐句语不华美。久
焉骇惧，以为向之所为者，皆耻而已矣。痛悔深惩，悉焚前
作。因扁"耻斋"二字揭左右以为戒焉。静而思之，其为耻
也，岂但此而已哉？圣贤之道，虽不外乎文字，而非章绘句琢
之谓。往者予执经，徒考文字之出处，妄议注脚之疵瑕，措词
以寒涩为奇工，以平易为浅陋。谈经是言乎耻也，操觚是著乎
耻也。[2]

对于以上文字，菰口治从"初学"二字判断出省庵于尺五门下
所学为训诂之学，并由此进一步判定尺五之私塾所教之学为训诂之
学："这段文字是否在说京都时代虽然存疑，但是无疑是指初学的事

1　安東省庵「又寄柳震澤」柳川市史編集委員会編『安東省庵集　影印編I』、460 頁。
2　安東省庵「恥齋漫錄序」柳川市史編集委員会編『安東省庵集　影印編I』、422~423 頁。

情。如此看来，在尺五之塾中，始终以训诂、注释为学问，希望获得广博的知识。"[1]上文已经提及，省庵为求名而上京，起初修习的皆为训诂词章之学，直到入尺五门下，才彻底扭转了这种情况。因此省庵之"初学"，虽不知具体学于何师，但是此人定非尺五无疑。

再者，省庵与舜水的交往过于醒目，容易引导研究者将省庵之学与舜水的思想直接联系起来。然而从逻辑上来看，当省庵可以与舜水切磋学问、书信求教之时，实际上他已然具备相当程度的儒学理论："守约比年不读杂书，所读惟《小学》、四书五经、《性理大全》暨《近思录》、《读书录》等。吟诵寻思，夙夜弗惰。固陋顽冥，虽无所得。然自谓愈于汨没利名枉过一生者。"[2]从省庵的自述来看，在接触舜水之前，从不愿为名利所淹没的动机出发，他已经从为名之学转向为己之学。从其所阅读的书目来看，理学的著作占据了更大的比例，而这才应该是省庵在尺五门下所学的功课。而且，通过省庵的求教信，舜水对省庵的儒学水平进行了总体评价，这更为直观地反映出省庵此时已经达到的理学水平："今足下感愤奋发，率德励行，殚精六艺之圃，评骘群贤之林，以此躬行，以此淑世，本来识见卓越，绝不为流波所靡。此诚贵国之开辟而首出者，宁区区由余之拔于戎，而陈良之产于楚哉？"[3]舜水以为省庵"识见卓越"，甚至以之为日本"开辟而首出者"，这都是极高的评价，舜水不轻易许人，这些赞词当有其实。

还有，暂且不论具体的理学观点，尺五以简易的方式促进儒学在日本传播的思维方式，应该影响到包括省庵在内的师门众弟子："省庵有许多关于启蒙的著作。《训蒙集》《训蒙要语》《初学问答》《初学须知》《初学心法》《初学故事》《理学抄要》《理学要抄》《启蒙通解》《幼学类编》等，数量众多。其中刊行的是《幼学类编》

1　菰口治・岡田武彦『日本の思想家⑨　安東省庵・貝原益軒』明德出版社、1985、17 頁。
2　安東省庵「又上朱先生」柳川市史編集委員会編『安東省庵集　影印 I』、470 頁。
3　朱舜水：《答安东守约书三十首·一》，朱谦之整理《朱舜水集》，第 170 页。

（元禄二年刊）、《初学心法》（延宝三年刊）。"[1] 省庵写作理学启蒙的著作还受到舜水的鼓励："近著《训蒙集》，诚有益于学者，何谓无益之事！当留意速成之。"[2] 通过舜水的言语可以推论，省庵热衷于蒙学类的儒学写作起初并非来自舜水的影响，而是在接触舜水之前就已经启动的工程。当然，舜水的鼓励和期待对于省庵来说应该会形成正向的激励机制，这从后来省庵丰富的蒙学著作中即可窥见。

需要注意的是，由于省庵长期侍奉的柳川藩地理位置较为偏僻，因此虽然他曾短暂地游于尺五门下学习宋学，但是总体来说时间并不长。回乡后的省庵在读到素未谋面的同门柳川震泽（为尺五再传木下顺庵之弟子）所著《和韩唱酬集》后，曾致信说："不肖昔僭陪同门之末席，沐栽培，承陶铸。奉别以往，三十余年于今矣。未尝不引领东望，钦慕懿范也。"[3] 从省庵记述的入于尺五之门，受教于半林先生来看，省庵或许并未亲闻尺五讲学，这一点在省庵写给震泽的信中也可以得到印证："唯以昔厕半林先生砚席之末。"[4] 由此可见，省庵即便受到尺五门下推崇宋学的影响，其与尺五本人的交往应该也很有限。离开京都之后的省庵，处于无师无友、寂然自学的状态："其后受国恩得还乡，地僻无书，亦无师友相讲劘，论而无答，唱而无和，疑而无解，过而无规。庸众之与居，俗子之与游。欲往从尺五老师，既已即世。又欲从半林先生，路阻且远。"[5] 不难看出，省庵一心慕圣贤之学的强烈愿望与长期无师友切磋指点的现实之间形成了难以弥合的矛盾，也正是在这样的背景之下，在舜水赴日之前，省庵更多的还需要借助传来的明代理学著作，加深自身的儒学修养。

1　疋田启佑「朱舜水と安东省庵：その思想上の影响の一端」『福冈女子大学文学部纪要』第60号、1996年2月、33頁。

2　朱舜水：《与安东守约书二十五首·三》，朱谦之整理《朱舜水集》，第155頁。

3　安东省庵「寄柳震泽」柳川市史编集委员会编『安东省庵集　影印编I』、458頁。

4　安东省庵「又寄柳震泽」柳川市史编集委员会编『安东省庵集　影印编I』、459頁。

5　安东省庵「又寄柳震泽」柳川市史编集委员会编『安东省庵集　影印编I』、460頁。

二 明学传来：崇朱主气

除了听讲之外，省庵在京都还得以阅读许多舶来的明学著作，对这一阶段的省庵来说，最为重要的应该是陈建的《学蔀通辨》。陈建在为其书作序时，指出此书的主旨：

> 天下莫大于学术，学术之患莫大于蔀障。近世学者所以儒佛混淆而朱陆莫辨者，以异说重为之蔀障，而其底里是非之实不白也。《易》曰："丰其蔀，日中见斗"，深言掩蔽之害也。夫佛学近似惑人，其为蔀已非一日。有宋象山陆氏者出，假其似以乱吾儒之真，援儒言以掩佛学之实，于是改头换面、阳儒阴释之蔀炽矣。幸而朱子生同于时，深察其弊而终身力排之，其言昭如也。[1]

由序言不难看出陈建宗朱而排陆的立场，这一立场在京学派的另一支，即以林罗山为代表的林家传承序列之中极为分明，阿部吉雄评论说："由此看来，可以推测罗山几乎将《学蔀通辨》作为排斥陆王学的蓝本。"[2] 罗山对《学蔀通辨》的推崇也影响到同门后学省庵。省庵不仅对此书加以训点并出版，而且在跋文中写道：

> 学术之蔀，释氏为最甚矣，以谈寂灭则知者好之，以谈祸福则愚者惑之。此所以其徒愈众而吾道愈孤也。古者杨墨塞路，孟子辞而辟之，廓如也。故曰孟子之功不在禹下。其后千百余载，异端杂学群然蜂起，朱子尽力辟之。故曰朱子之功不在孟

---

1 陈建：《学蔀通辨总序》，黎业明点校《陈建著作二种》，上海古籍出版社，2015，第77页。
2 阿部吉雄『日本朱子学と朝鲜』、188頁。

子下。如陆氏顿悟，王氏简易直截，乃释氏不立文字机轴，似
目六经为附赘悬疣，且其言曰：六经著我，六经亦史。是作后
世废学俑也。彼乃阴剿佛说，阳附吾儒，人不觉其自入禅尔。[1]

从跋文中不难看出，省庵不仅将佛教视为异端，而且肯定了陈
建的立场，将陆王心学也定性为阳儒而阴佛的异端。如此，则与心
学相对的朱子，功不在辟杨墨的孟子之下。这种专奉程朱而排斥陆
王的立场，可谓京学派林门一系的传统，而与罗山同辈的尺五，真
正继承了惺窝的衣钵，实际上对佛教采取了较为宽容和开放的态
度，尺五甚至借助佛教的教义来传播儒学，这在林门是不可想象
的。由此看来，省庵虽在尺五门下，在明学的接受上，却更多地受
到罗山一系风气的影响。

除了陈建之外，对于包括省庵在内的京学派朱子学者而言，罗
钦顺的思想具有非常大的影响力。在理气关系上，省庵就明显地站
在"主气"的立场：

天地之间，理与气而已矣，然二之则不是，一之亦不是。
先儒之论不归于一，岂管窥所及乎？罗整庵曰："理须就气上
认取，然认气为理，便不是。此处间不容发，最为难言，要
在人善观而默识之。只就气认理，与认气为理，两言明有分
别。若于此看不透，多说亦无用也。"又曰："理只是气之理，
当于气之转折处观之。往而来，来而往，是转折处也。夫往
而不能不来，来而不能不往，有莫知其所以然而然，若有一
物主宰乎其间而使之然者，此理之所以名也。'易有太极'，
此之谓也。若于转折处看得分明，自然头头皆合。"此说极

1　安東省庵「學蔀通辨跋」柳川市史編集委員会編『安東省庵集　影印編I』、439 頁。

明，要须省语。[1]

井上哲次郎评论说："由此观之，省庵与贝原益轩相同，在理气之说上赞同罗整庵的思想。整庵虽然容忍理气之二元，但是认为理只就气而存在，以气为主，理几乎成为其属性，如此说来，可以归结为唯气一元论。"[2] "主气"的主张，在京学派内部并不少见，除了井上提到的贝原益轩，林罗山、新井白石都可以归为"主气"的一脉。无论是"主理"还是"主气"，都源自朱子的理气之论。如果说在程朱之时，"主理"还在理气关系中占据主流的方向，那么到了明代，尤其是在罗钦顺那里，则在批判"主理"的主张中发展出"主气"的方向并渐成主流。日本的京学派从罗山开始，就非常重视罗钦顺重"气"的主张，而在省庵的思想中这种"主气"的倾向更见得分明。相较于"主理"而言，"主气"的儒者在理气关系上不仅坚持理对于气的附属关系，甚至视理为气的一种属性。从这个角度而言，我们可以称之为"理之气化"现象。"主气"在学问观上的表现则是博学的主张，这在贝原益轩的思想中也是非常显著的特征。省庵与益轩同持这种"主气"的立场，加之二人同处于"海西"，故井上以来一直有将二人单列为"海西学派"的说法。不过本书主要从师承而非地域出发进行分类，因此仍将二者归于京学派朱子学的阵营。

除此之外，"主气"更为重要的特征还体现在人性论的主张上。在分析省庵的主张之前，我们不妨借助省庵的整理回顾一下中国哲学史上关于人性论的主要主张：

1　安東省庵「恥齋漫錄」柳川市史編集委員会編『安東省庵集　影印編Ⅰ』、550~551 頁。
2　井上哲次郎「安東省庵の學説」安東省庵記念会編纂『安東省庵』安東省庵記念会事務所発行、1913、24~25 頁。

学者须先知性，然后言学。性岂易知哉？予鲁莽未学，非曰知之。姑举圣贤诸子言性者附以肤见，就正诸有道焉。成汤曰："惟皇上帝，降衷于下民，若有恒性。"伊尹曰："习与性成。"夫子曰："性相近，习相远也。"又曰："一阴一阳之谓道，继之者善也，成之者性也。"子思曰："天命之谓性。"又曰："自诚明谓之性。"孟子曰："性善。"荀子曰："性恶。"杨子曰："性善恶混。"韩子曰："性有三品。"苏子曰："性未有善恶。"胡子曰："性无善恶。"[1]

这些主张几乎涵盖了关于人性或善或恶所有可能的排列组合。面对纷繁的观点，省庵没有择一而执，而是从理气关系的角度提出了一种调和的方案：

窃惟众言淆乱折诸圣，苟审夫子之言，则诸说不攻自定。盖天地未分之先，无声无臭，不但恶不可名，虽善难名，强名曰"太极"。夫子曰："易有太极，是生两仪。"易，气也；太极，理也。天地间无悬空之理，理随气具。真元之气，资始资生，所以得"太极"之名也。夫子所谓"继善成性"，犹成汤"降衷恒性"，指真元之气，纯粹至善者言。所谓"性习远近"，犹伊尹所谓"习与性成"，以美恶相杂者言。于是性之全体大用，无缺无余，是就气论理也，非认气为理也。孟子当人欲横流之时，故特指出其所本然者，以晓当世。然"性也""命也"之言，无异于"相近"之旨。何者？"口之于味也，目之于色也，耳之于声也，鼻之于臭也，四肢之于安佚也，性也"，"仁之于父子也，义之于君臣也，礼之于宾主也，智之于贤者也，圣人之于天道也，命也"，是"相近"之说也。"有命焉，君

1　安東省庵「恥齋漫録」柳川市史編集委員会編『安東省庵集　影印編I』、549～550 頁。

子不谓性也"，"有性焉，君子不谓命也"，是"相远"之说也。且"浩然之气"即是"真元之气"，故程子说"存心方之无异养气"，于是乃知至当归一，精义无二。[1]

省庵以"理随气具"为依据，对诸种人性论进行了统合。"真元之气"是对天地未分的描述，这种"真元之气"在人之身，即是"性之全体大用无缺无余"的状态。处于此气之中，人人之性皆相近。需要注意的是，此时既然恶不可名，善也难名，也就可以说是无所谓善恶。孟子所处之时，人欲横流，于是人性也呈现出美恶相杂的样态。从省庵的解释来看，孟子所养的"浩然之气"，就是要回归到"真元之气"，而这就是存心之方。省庵引用程子譬水来类比这种"至当归一，精义无二"的关系："姑以程子譬水言之。性善其源头也，性恶等诸说，所谓'出而未远渐浊，出而甚远弥浊，清浊虽不同，然不可以浊者不惟水者也'。"[2]省庵引程子之譬着眼点应该在其清浊皆为水这一持论上，而将清浊与善恶对应起来则可以得出无论善恶皆为人性的推论。不过，仔细推究此"源流"之譬，如果所谓的"源头"是流水之起点，那么很难设想流水会有停留在源头的瞬间，如此作为"源头"的"善"，就很有可能沦为一种空洞的预设。相反，只要流水离开"源头"，那么即便有程度上的差异，流水也不可避免处于一种清浊相杂的状态，也只有在这一阶段，区分善恶才是可能而且必要的。

需要注意的是，经由朝鲜传来的明代理学并非铁板一块，而是主张各异，这些差异如果体现在同一个儒者的思想之中，难免会出现矛盾。即以省庵的思想历程来看，早期虽然受《学蔀通辨》的

---

[1] 安東省庵「恥齋漫録」柳川市史編集委員会編『安東省庵集　影印編I』、550頁。
[2] 安東省庵「恥齋漫録」柳川市史編集委員会編『安東省庵集　影印編I』、550頁。

影响而专奉朱子排斥陆王，但从后来接受同属明学的罗钦顺的思想来看，已经表现出以理之气化批判朱子理气二元或者说主理的倾向。这种矛盾实际上代表了省庵思想的转型，即从专崇朱子之理转向主气之理学，而这一转向与明末朱舜水的赴日关联甚深，以下详述之。

三　问学舜水：实心实学

关于省庵与舜水之间交往的记载，最为著名的是舜水亲笔的《与孙男毓仁书》：

> 日本禁留唐人已四十年。先年南京七船，同至长崎，十九富商，连名具呈恳留，累次俱不准。我故无意于此，乃安东省庵苦苦恳留，转展央人，故留驻在此，是特为我一人开此厉禁也。既留之后，乃分半俸供给我。省庵薄俸二百石，实米八十石，去其半止四十石矣。每年两次到崎省我，一次费银五十两，二次共一百两。首蓿先生之俸尽于此矣。又土仪时物，络绎差人送来，其自奉，敝衣、粝饭、菜羹而已；或时丰腆，则鱼鳎数枚耳。家止一唐锅，经时无物烹调，尘封铁锈。其宗亲朋友咸共非笑之，谏沮之，省庵恬然不顾，惟日夜读书乐道已尔。我今来此十五年，稍稍寄物表意，前后皆不受。过于矫激，我甚不乐，然不能改也。此等人中原亦自少有，汝不知名义，亦当铭心刻骨，世世不忘也。[1]

德川政权自"锁国"之后，虽然并非完全"与世隔绝"，但确实对于滞留日本者有着严格的管控，舜水在信中所言 19 名富商联名

1　朱舜水：《与孙男毓仁书》，朱谦之整理《朱舜水集》，第 48 页。

上书都不能做到的事，省庵却凭着不断的奔走而终于落定，其间的
种种阻碍已难以想象。从舜水细数省庵分俸之后的生活来看，敝衣
粗饭不改其初衷，真可当"尊师重教"四字，无怪舜水嘱其孙"当
铭心刻骨，世世不忘"。此事也被永载于史册，成为中日交往史上
一段佳话："明历乙未，朱舜水来长崎，时人未及知其学，唯省庵往
师焉。时舜水贫甚，乃割禄之半赠之。至今称为一大高谊。"[1]

　　另一方面，于省庵而言，舜水留日具有类似程朱来日的重大意
义，结合上文提到的省庵在归乡之后独学而无友的状态，就可以明
白他求师心切的心情。在与舜水会面之前，省庵就多次表达了拜舜
水为师的愿望："虽千里犹将负笈，况得亲炙乎？伏冀许在门下之
列，幸莫大焉。"[2]省庵在给柳震泽的信中回忆了求学于舜水的大致
情况：

　　　　时闻中原悉为逆虏义有，想有忠臣义士蹈东海来长崎。果
　　以朱老师来为程朱来，负笈航海，就弟子之列，敝乡与崎相距
　　三十里，计每年两次省之。言语不通，兼无文采，笔语亦不如
　　意。受业不卒，为东关万里之别，去年又为死别矣。生别十八
　　年之久，一不得相见，徒为终身之惨矣。[3]

　　通过以上记述可知，九州与长崎路途遥远，因此省庵在费尽俸
禄（其中一半给了舜水）的情况下也只能一年两次当面求教，这正
与上文舜水所言相合："每年两次到崎省我，一次费银五十两，二次
共一百两。苢蓿先生之俸尽于此矣。"[4]由此看来，省庵亲炙于舜水
的机会其实很有限。同时，如省庵所述，因为言语不通，只能采用

1　原念斋著、塚本哲三编『先哲丛谈』有朋堂书店、1923、158页。
2　安东省庵「上朱先生」柳川市史编集委员会编『安东省庵集　影印编 I』、469页。
3　安东省庵「又寄柳震澤」柳川市史编集委员会编『安东省庵集　影印编 I』、460页。
4　朱舜水：《与孙男毓仁书》，朱谦之整理《朱舜水集》，第48页。

"笔语"的方式进行交流，从省庵"亦不如意"的表述可以推测，笔不尽意的情况应该不在少数。后来舜水被延请到水户，距离更加遥远，更不复相见。舜水在晚年曾迫切希望与省庵再见一面："不佞今年七十九，稍复苟延，来年则八十矣。百病咸集，突如其来，不知何病。或一两月，或三四月，不能脱体。欲得贤契一来见我，瞑目地下。翘首西望，若岁大旱魃望霖雨。何时得从容把臂也？阁笔授泪，将以语谁？"[1]言辞恳切，其与省庵之交可窥一斑。然省庵终因藩内约束不得东行，如此竟成永别。由此看来，在舜水离开长崎东去水户之后，省庵再无亲炙于舜水的机会，只能通过有限的书信往来向舜水求教。

从以上三点来看，实际上舜水对省庵的指导很难说是系统的教授，而应该更偏向于答疑解惑式的"纠偏"。这种倾向早在舜水答复省庵的第一封书信中即可以看出端倪："细阅诸作，志大而任重，忧深而虑远，尚论古人，卓有独见。退自儆策，刻不容弛。诗序隽雅警拔，时时不失本初，饶有风人之致；然品骘不无太过太刻之弊。"[2]也就是说，在舜水看来，省庵不仅文笔上乘，且已经具备较为独立的儒学见识，然而其问题即在于品评过于严苛。因此，如果从"纠偏"的视角重新梳理舜水与省庵之间的书信往来，或可以呈现出舜水在省庵的儒学思想定型过程中的具体方位。至于舜水对省庵提供的具体指导，则可以通过舜水的答疑解惑呈现出来。舜水与省庵之间通过书信往来的问答，条陈丰富而多样，但若要规约其宏旨，则可以略述如下。

首先，明确中日之间儒学的差异只在学与不学之间。对此舜水在初次回复省庵的信件中即颇费篇幅加以言明：

1　朱舜水：《与安东守约书二十五首·十三》，朱谦之整理《朱舜水集》，第164页。

2　朱舜水：《答安东守约书三十首·一》，朱谦之整理《朱舜水集》，第171页。

贵国山川降神，才贤秀出，恂恂儒雅，蔼蔼吉士，如此器识而进于学焉，岂孔、颜之独在于中华，而尧、舜之不生于绝域？然而亘千古而未见者何？不肖虽面墙充耳，闻见狭小，即举其所见所闻者，盈尺之璧，不能无瑕，径寸之珠，不能无颣，正以不学之故耳。不学则执非礼以为礼，袭不义以充义，虽上智容有过差，况其下焉者哉？其为弊亦有三端：岸然自高，枵然自是，而耻于下人，一也。在日本者不自安其分，在中国者尝欲求其疵，斗捷于口颊，二也。愚蔽于他端，而希必不然之获，老死而不悔，三也。三者横于中，其何以进于学哉？[1]

这一问题，本质上属于"华夷之辨"的论域。儒学"走出去"的过程，也可以视为一个从"华"蔓延至"夷"的过程。如果儒学要踏入更为广泛的非中华的地域，那么所谓的"华"与"夷"之间，就不应该设定固定的界限，而应该将其置于是否经过文明教化的天平之上。"明末清初儒者朱舜水，在末世乱局中，选择经营海外乞师求援，积极投入复兴事业，展开近40年的漂泊生涯。其中23年流亡日本的经历，让朱舜水得以从一个相对于中国的观看视野，自亡国遗民的流亡状态中脱出，参与一个文化流派的延续、扩展；得以自个人出处进退或复明反清的思考框架中跳出，面对圣人之学跨疆域、跨族群，普遍传布的深层文化议题。"[2]从这个意义上来看，舜水将孔、颜甚至尧、舜都相对化为文明的符号，实际上就是为了消磨掉儒学传播的界限，而以学与不学的区别替代中日两国的边境线。如此，儒学早入日本而不兴的原因，即在于"不学"："日本人何尝不可学？日本人何尝不可教？特上下自安固陋，不肯振

---

1 朱舜水：《答安东守约书三十首·一》，朱谦之整理《朱舜水集》，第 169~170 页。

2 林慧君：《朱舜水对日本安东省庵思想的影响》，《长庚科技学刊》2007 年第 5 期。

作，而妨贤害能者，又惧后人之胜己，则己无可擅场，多方排阻，泥途俗子之耳目耳。而异端之徒，更不必言。"[1] 以此为前提，儒学要想在日本扎根，则需要日本的儒者立志于"学"。省庵也确实以一心向"学"："吾生之顽憨无片善可说，唯勉学之一事，垂老犹不辍。"[2] 如果说将日本儒者自身的勤学视为个体层面的努力方向，那么在国家和社会层面，则需要施以"教"与"养"："伏以治道者有二，教与养而已。养处于先，而教居其大。盖非养则教无所施，此奚暇治礼义之说也；非教则养无所终，此饱食暖衣，逸居无教之说也。故教者，所以亲父子，正君臣，定名分，和上下，安富尊荣，定倾除乱，其效未可一言而喻也。"[3]"教"与"养"，最重要的功效即在于养成善的风俗，这也可以为儒学提供一个相对稳定的发展环境。承继舜水的思路，省庵也从"公"的维度出发，对所谓的"中国"和"夷狄"作出辨析：

> 中国、夷狄之称宜以天下之"公"论，不可以一人之"私"言矣。其称本出于圣贤。舜曰："蛮夷猾夏。"夫子曰："夷狄之有君，不如诸夏之亡也。"孟子曰："用夏变夷。"圣贤岂有自私之心，贵吾国而贱他国乎？有人于此，以夷狄为中国，中国为夷狄，笑以为狂妄之人。然以地言，则大抵有四时皆谓之中国，犹可也。以人言，则大抵有人心皆谓之中国，犹可也。其辨在心不在地矣。（中略）若论其始，则两仪肇判之时，中国夷狄皆地也。生其两间者，中国夷狄皆人也。东海西海南海北海，此心同此理同，其不在地也亦明矣。日本在东方受生气，有四时，有人心，称为神国，为君子国，不亦宜乎？

1　朱舜水：《答古市务本书七首·二》，朱谦之整理《朱舜水集》，第 334 页。

2　安東省庵「勉學賦」柳川市史編集委員会編『安東省庵集　影印編1』、392 頁。

3　朱舜水：《元旦贺源光国书八首·六》，朱谦之整理《朱舜水集》，第 115~116 页。

请君子当公论析之，勿以为私言矣。[1]

其次，对于一个儒者来说，读书作文可说是最基本的日常功课，也是学问日进的必由之路，因此也是包括省庵在内的诸多日本儒者非常关心的问题。不过在舜水看来，读书作文并非第一义之事，而应该位列修身之后："所贵乎儒者，修身之谓也。身既修矣，必博学以实之；学既博矣，必作文以明之。不读书，则必不能作文；不能作文，虽学富五车，忠如比干，孝如伯奇、曾参，亦冥冥没没而已！故作文为第二义。"[2]舜水还较为详细地指出了具体的读书作文之法：

> 问：读书作文法。
> 答：作文以气骨格局为主。当以先秦、两汉为宗，不然则气格不高，不贵，不古，不雅，参以陆宣公、韩、柳、欧、苏，则文章自然有骨气，有见解，有波澜，有跌宕，有神采。取其精华，去其糟粕，文之最上者也。虽然，此为寒俭者言耳。若夫渊富宏迈，其所取更进乎此矣。读书作文，以四书、六经为根本，佐之以《左》、《国》、子、史，而润色之以古文。然本更有本，如郦食其所云："知天之天者，王是也。"本之何在？则在乎心。若夫心不端灵，作文固是浮华，读书亦成理障。[3]

舜水主张读书作文应该以四书、六经为根本，同时广泛地阅读《左传》《国语》以及各类子书和史书，这就提示出一种不局限于一家一脉的较为广泛的读书格局。同时，以先秦、两汉之文为

---

1 安东省庵「中國夷狄辨」柳川市史編集委員会編『安東省庵集　影印編Ⅰ』、400 頁。
2 朱舜水:《答安东守约问三十四条》，朱谦之整理《朱舜水集》，第 394 页。
3 朱舜水:《答安东守约问八条》，朱谦之整理《朱舜水集》，第 368~369 页。

宗，强调以古文润色，就在有意无意之间凸显了一条超越宋明理学
而迈向"古文"的思路。不过，相较于所谓的"古学派"强调的越
过理学家们的注解，直接回到秦汉原文的主张，舜水的观点则更加
温和：

> 问：注解。
>
> 答：书理只在本文，涵泳深思，自然有会。注脚离他不
> 得，靠他不得。如鱼之筌，兔之蹄；筌与蹄却不便是鱼兔，然
> 欲得鱼得兔，亦须稍借筌蹄。［缺］太繁太多，到究竟处，止
> 在至约之地，所谓"博学而详说之，将以反说约"也。若义理
> 融会贯通，真有"活泼泼地"之妙，此时六经皆我注脚，又何
> 注脚之有？[1]

由此看来，舜水是把注解视为理解文本的"工具"，"离他不得，
靠他不得"正巧妙地说明了文本与注解之间应有的距离感。大体言
之，在思想的天平上，这种距离的两端安放着秦汉的古典文本和宋
明理学的注本。京学派自藤原惺窝倡宋学以来，发展出的是以推尊
理学以抗拒日本传统训诂之学的新儒学。就理学中分化出的主理和
主气两种倾向言之，舜水所主张的博学及实践无疑更倾向于主气一
脉。不过，从上文舜水所言"本之何在？则在乎心"，又可以看出
作为主体之"心"在其思想根源中所占据的重要位置。从这个角度
出发，也就不难理解他对阳明心学采取的宽容态度：

> 问：阳明之学近异端，近世多为宗主，如何？
>
> 答：王文成亦有病处，然好处极多。讲良知，创书院，天
> 下翕然，有道学之名；高视阔步，优孟衣冠，是其病也。出抚

1　朱舜水：《答安东守约问八条》，朱谦之整理《朱舜水集》，第 369 页。

江西，早知宁王必反。彼时宸濠势焰薰天，满朝皆其党羽，文成独能与兵部尚书王琼，先事绸缪，一发即擒之。其剿横水、桶冈、浰头之方略，与安岑之书，折冲樽俎，亦英雄也。其徒王龙溪有《语录》，与今和尚一般。其书时杂佛书语，所以当时斥为异端。[1]

先从省庵此问来看，以阳明学为"异端"可见其以程朱为宗的理学本位思想，也许舜水对其"品骘不无太过太刻之弊"的评价亦源于此。[2]在舜水看来，阳明虽有病处，但"好处极多"，这就总体上站在了阳明功大于过的立场。"高视阔步，优孟衣冠"的批评，是说阳明之学有过高而不务实之嫌："孔子生知之圣，其一生并不言生知，所言者学知而已。如曰'好古敏求''我学不厌''不如丘之好学也'等语，可见圣人教人之法矣。陆象山、王阳明之非，自然可见矣。不论中国与贵国，皆不当以之为法也。"[3]然而阳明本人力倡良知之学，兴建书院，使得道学为之一振，此为学理之功；为朝廷平叛平乱，则可以视为"平天下"之功。如此集立言与立功为一体，实为儒学史上的功臣。而被称为"异端"，是因为其徒之书夹杂佛语，所以真正的"异端"，并非阳明之学，而是佛教。因此理学与心学之间，无所谓"异端"，不过是同归之殊途："是朱者非陆，是陆者非朱，所以玄黄水火，其战不息。譬如人在长崎往京，或从陆，或从水。从陆者须一步一步走去，由水程者一得顺风，迅速可到。从陆者计程可达，从舟非得风，累日坐守。只以到京为期，岂得曰从水非，从陆非乎？然陆自不能及朱，非在德性问学上异也。"[4]在舜水看来，朱陆之异不过是从陆或从水这种方法论或者说工具意

1　朱舜水：《答安东守约问三十四条》，朱谦之整理《朱舜水集》，第396~397页。
2　朱舜水：《答安东守约书三十首・一》，朱谦之整理《朱舜水集》，第171页。
3　朱舜水：《与安东守约书二十五首・十九》，朱谦之整理《朱舜水集》，第166~170页。
4　朱舜水：《答安东守约问三十四条》，朱谦之整理《朱舜水集》，第396页。

义上的差异，而从出发点和最终的归宿而言，并无不同。这一主张
也影响了省庵："朱陆之同异，异说纷纷，终为千古未了之谈。予
尝不自揣，作其辨曰：天下之水一也，其支分派别不同者，流使之
然，然其源未尝不一。圣贤于道亦然，其立教也，或由本达末，或
溯末揆本，其所入不同而其所至者一也。（中略）然本末元非二，
况其师尧舜、尚仁义、去人欲、存天理，则其心同，其道同，是知
其支离禅寂也，特末流之弊尔。"[1]实际上，舜水对心学所采取的宽容
态度应该源于他所主张的"实学"：

> 先儒将现前道理每每说向极微极妙处，固是精细工夫。不
> 佞举极难重事，一概都说到明明白白平平常常来，似乎肤浅庸
> 陋。先儒之言，"惟危""惟微"，"惟精惟一"之旨也。不如此，
> 不足以立名。然圣狂分于毫厘，未免使人惧。不佞之言，"人
> 皆可以为尧、舜"之意也。"有为者亦若是"，或可使初学庶
> 几焉。而不佞绝无好名之心，此其所异也。末世已不知圣人之
> 道，而偶有向学之机，又与之辨析精微以逆折之，使智者诋为
> 刍狗，而不肖者望若登天，则圣人之道必绝于世矣。此岂引掖
> 之意乎？贤契尚须于此体认，择其优者而从事焉。[2]

所谓"实学"，是一个"相对性"的概念，即相对于另一方的
"虚学"，自己的一方则为"实学"。正因其相对性，所以佛学中有
自称"实学"者，理学在排击佛学时亦称自己为"实学"。因此在
把握所谓的"实学"之时，需要认清其相对的阵营。舜水之学亦称
"实"，其"实"当然有强调实行、实践的含义，舜水为此打了一个
很有意思的比方：

1　安东省庵「朱陆辨」柳川市史编集委员会编『安东省庵集　影印编 I』、401 页。
2　朱舜水：《与安东守约书二十五首·十一》，朱谦之整理《朱舜水集》，第 181 页。

　　昔有良工能于棘端刻沐猴，耳目口鼻宛然，毛发咸具，此
天下古今之巧匠也。若使不佞目眩玄黄，忽然得此，则必抵之
为砂砾矣。即是不佞明见其耳目口鼻宛然，毛发咸具，不佞亦
必抵之为砂砾。何也？工虽巧，无益于世用也。彼之所为道，
自非不佞之道也。不佞之道，不用则卷而自藏耳。万一世能大
用之，自能使子孝臣忠，时和年登，政治还醇，风物归厚，绝
不区区争斗于口角之间。宋儒辨析毫厘，终不曾做得一事，况
又于其屋下架屋哉？[1]

　　"工虽巧"如果无益于世用，在舜水看来就没有意义，因此他
主张"一概都说到明明白白平平常常"，这就是在拒绝理学中极为
精细的概念、命题辨析，认为这种做法虽然可以立名，却对初学儒
学之人毫无用处。这样的态度，与尺五选择用日本百姓皆可明白的
俚语"肤说"儒家纲常伦理何其酷肖。这并不意味着尺五与舜水具
有同等水平的儒学造诣，而是客居日本的舜水已然站在和尺五同样
的立场，即相较于深奥的儒学经义的辨析，更为紧迫的任务在于促
进儒学在日本的传播，让儒学更为贴近日本的现实社会。

　　以上列举了舜水与省庵往来的问答书信中具有代表性的论述，
虽难免举一漏万，但这三个方面可以说涉及了成为一名独立的日本
儒者最需要明了的问题：不解决华夷之辨的问题，儒学就无法获得
走出中华的合法性；不清楚如何读书作文与阅读注释，就无法走进
圣贤开辟的儒学世界；而不了解朱陆之辩、不清楚理学心学之争的
实质，则容易陷于精细的概念辨析而无法解决儒学在日本面临的实
际困境。

　　当然，舜水与省庵之间，除了儒学教义上的切磋琢磨，还建立

1　朱舜水：《与安东守约书二十五首·十》，朱谦之整理《朱舜水集》，第160页。

起深厚的感情。对于省庵而言，舜水来日无异于程朱亲临日本："吁我小生，无德无才，以先生来为程朱来。负笈趋拜，齿弟子列。诱掖谆恳，教爱亲切。稍解矩矱，许以知己。经史奥义，命面提耳。"[1] 而对于舜水而言，省庵是难得一遇的"知己"，他们互相信任，"不佞之心，光明如皎日霁月，自信无纤毫云翳，而与贤契相信如金石"。[2] 舜水对省庵的人品有极高的评价："世间淳诚谦厚，更有如贤契者一人否？不独贵国，即中国亦在所必无也。"[3] 除了对其人品的肯定外，更值得留意的是，舜水对省庵的学识也给予了极大的赞誉："改岁已来，未得手书。两日连有人至，知贤契近日动定，甚喜！且询知尊人悦豫康宁，此人子之至乐。又闻邻境士至江户，皆盛称贤契之名，所谓显亲扬名也。前有江户僧人至，屡屡传说，亦俱如此。惟愿益加勉励，修身读书，为贵国开辟第一人，不佞亦借手以与荣施矣。"[4] 舜水欣喜于省庵之扬名，更期待见证他成为日本新儒学的"开辟第一人"。

四　小结

渡边浩曾以仁斋学的出现为分水岭，将关原之战以后直至天和年间（1681~1684）视为宋学深入日本的第一期，并名之为"移植期"。[5] 省庵思想的确立背景，便是以理学为代表的儒学，真正开始深入日本社会，并在日本社会逐步传播开来。在以上的讨论中，我们通过追溯省庵之儒学思想的形成过程，勾勒出省庵之儒学的大体建构。简言之，尺五门下的游学以及对明学的自觉吸收，为省庵打

1　安東省庵「祭朱先生文」柳川市史編集委員会編『安東省庵集　影印編I』、484 頁。
2　朱舜水：《与安东守约书二十五首·五》，朱谦之整理《朱舜水集》，第 157 页。
3　朱舜水：《与安东守约书二十五首·十》，朱谦之整理《朱舜水集》，第 160 页。
4　朱舜水：《与安东守约书二十五首·四》，朱谦之整理《朱舜水集》，第 155~156 页。
5　渡辺浩『近世日本社会と宋学』、191 頁。

下了一定的理学基础，这从舜水初次回复省庵的信件中对其的评价中可以体现出来，这也让省庵在离开京都返回藩地之后仍能通过自学不断学习儒学。不过，在返乡后无师无友的情况下，可以想见其必然会遇到许多的不解和困惑，而舜水的赴日，对于他而言则是非常难得的求教机会。舜水亦感动于省庵为自己留日的奔走与分俸的情谊，在日本期间一直保持与省庵的书信往来，对于省庵的各种疑问无不悉心解答，可以说对于省庵的儒学思想的成形起到了非常重要的作用。由此可以说，省庵儒学思想的形成是中日儒学发展史上一次难得的交汇，而其从一名传统的日本武士转型为扬名一方的朱子学者，也在一定程度上反映出儒学向日本地方渗透的状况。

第三章 "儒学日本化"进路之三: 儒学的神圣化

考察日本儒学的神圣化向度,自然离不开讨论神道。神道向来被视为最具日本特色的本土思想,然而其形成经历了神佛习合、神儒习合等过程,体现出非常浓重的"杂居"性质。儒家神道是作为"他者"的儒学与日本本土神道联合的一种方式,是"儒学日本化"进程中颇为典型的思想形态。本章通过贝原益轩的思想探讨儒学和神道结合的具体场域,并进一步分析新井白石和雨森芳洲的儒学思想:白石的儒学思想虽以"鬼神论"著称,然而"正名主义"才是其主张中更为重要的侧面;芳洲向来被视为和平外交的典范,而其借助儒家思想重塑神道系统的尝试则是"儒教化神道"的典型案例。

第一节 联神排佛：贝原益轩与理之气化

贝原益轩[1]，作为"日本的本草学之祖"[2]而在日本思想史上广为人知，与此同时，他还是一个对朱子学"笃信"而又有"大疑"的儒者。将益轩的思想置于儒学史的先行研究中加以考察，则不难发现其作为"古学先驱"的特殊定位："在儒学史上，凭借批判朱子学'理'的概念的最晚年著作——《大疑录》，益轩被认为是解体朱子学、开辟古学派形成之道的'古学先驱者'。这一观点也基本上成为了学术界的共识。"[3]这种益轩研究的"共识"，将益轩对朱子学的批判视为解构朱子学思维方式的前奏，而这种研究进路明显受到丸山真男探寻"日本近代化"思维方式的影响："益轩正处在徂徕学从根本上革新儒学——换言之，即朱子学思维方法之全面崩溃的前夜。"[4]丸山这种迄今为止仍占据日本思想史要塞的"徂徕学中心史观"，[5]虽然确实建构出一条较为明晰且深植于日本儒学史内部的近代化思维方式的发展脉络，却割裂了日本朱子学（尤其是京学派）与古学之间的联系，更忽视了宋明之际儒学内部自身的转换和变革。

---

1 贝原益轩（1630~1714），名笃信，通称久兵卫，始以损轩为号，80岁后改为益轩，筑前（今福冈县）人。益轩初以学医为志，明历元年（1655）削发，自号柔斋。幼时随其兄存斋学习汉文，14岁起（1643）习四书。21岁（1650），因触怒藩主沦为浪人，解职后多次往返长崎，通过接触来自中国、西方的文物书籍，得以深入学习医学。22岁（1651）在长崎得到舶来图书《近思录》。26岁（1655）访问江户的林鹅峰。28岁（1657）始奉命游学京都，得以访问松永尺五、木下顺庵，并于尺五去世后列于顺庵讲义之席，来从甚密。京都游学的七八年间，除与惺窝门人顺庵、罗山、堀杏庵等相交，还旁听山崎暗斋讲义，拜会尊奉阳明学的熊泽蕃山，并与倡导古义学的伊藤仁斋论学。宽文八年（1668），39岁的益轩开始蓄发，以儒者自任，尚朱陆兼用，后专主朱学，晚而有疑。益轩一生的儒学思想大体可分为三个阶段，即青少年时期好陆王之学，转而专崇朱子之学，晚年质疑朱子学。其著述颇丰，内容甚广，儒学方面的主要著作有《慎思录》《自娱集》《大疑录》《益轩十训》等。

2 〔日〕丸山真男：《日本政治思想史研究》（修订译本），第54页。

3 〔日〕辻本雅史：《贝原益轩和〈大学〉》，《深圳大学学报》（人文社会科学版）2016年第2期。

4 〔日〕丸山真男：《日本政治思想史研究》（修订译本），第56页。

5 〔日〕辻本雅史：《日本德川时代的教育思想与媒体》，第30页。

因此，有必要以益轩之"疑"为问题意识，勾连益轩与京学派以及明代理学之间的思想联系，从而在重新审视益轩作为朱子学者的身份认同的基础之上，呈现京学派中主气一脉的思想特质及其发展动向。

一 "大疑"之根源：理之气化

益轩对朱子之"大疑"，典出其最后的著作《大疑录》。在其序言中，益轩反复陈述了自己宗朱而又疑朱的矛盾心绪：

> 先儒曰："为学患无疑，疑则有进。"故学，初学之士不能融会贯通。故为学之道不能无疑。故贵有疑，无则不进。朱子曰："无疑者要有疑，有疑者要无疑。"又曰："大疑则可大进，小疑则可小进，无疑则不进。"笃信窃谓：学而后有疑，疑而后有问，问而后有思，思而后有得。学问之道，当如此。譬如行道路然，行行而不休，则逢有歧而不知其正路。故疑，迷而不能行，故不能不问焉。苟如不行道路之人，何疑之有？盖有疑有问者，因行行而不休也。古人以学与问，二者连言之者，诚有以哉！笃信自十四五岁有志于圣学，夙读宋儒之书，而敦于其说，宗师之尚矣，复尝有所大疑。然愚昧之资不能发明，复无明师之可质问，近来老耄洊至，益无解惑识见之力。虽覃思三十余年，然独抱惑未能启明，以为终身之慊于此。姑记所疑惑，以望识者之开示而已，何可敢自是而与先正抗论乎哉？[1]

益轩援引朱子所倡导的"有疑"作为论证自己"疑"朱的合理性依据，同时表明了自幼宗师朱子的立场，这种矛盾的态度在益轩

1　貝原益軒「大疑錄序」『益軒全集』卷二、益軒全集刊行部、1910、150頁。

晚年的文本中时常见到，也因此成为益轩批判甚至反对朱子学的证据，尤其在益轩刻意区分出"圣人"与"贤人"这一点上：

> 周程张朱之道，吾自幼至老，信之如神明，亲之如父母，吾平生为祖之尚矣。何则？虽吾之愚昧，亦知四子之学，上接历圣之统，下开万世之远，岂后学之人，可不仰之如泰山北斗而为宗师乎？然道也者，天下公共底物，非一人之力所能开明维持。如程朱诸大儒，虽命世大贤，恐其学未到圣处，然则千百之中，不免有十一之可疑者，理之所当在也。后人固当信其可信，且疑其可疑，是亦为学之道宜如是。[1]

既以周程张朱为道统之正学，又恐程朱诸大儒未到圣处，这种以宋儒为"贤"而非"圣"的位格，成为丸山将益轩视为古学派先导的重要依据："对于圣人的绝对信仰和对于贤人的批判态度，正是整个古学派所具有的共通性格。（中略）从现在的标准平面地来看，这种二重性也许是奇怪的矛盾。但是，以历史的、立体的方式来看，这是朱子学思维崩溃过程必然要经过的阶段。人（一般人）、贤人、圣人这种等级性连续的解体，一方面表现为圣人的绝对化，另一方面表现为贤人这一'中间层'的失落。"[2]丸山以宋儒这一中间层的失落来解释益轩思想中"信"与"疑"的两面性，这放在丸山关于宋学解体的叙述中虽有其逻辑的自洽性，却没能反映出儒学史中颇为错综复杂的思想承续关系。

具体而言，首先，丸山所谓的"贤人"，在益轩的思想中并未"失落"。即便益轩以理气一体论反对理气二分，也不过是理学内部细节上的思想分歧。也就是说，虽然益轩对朱子之学有"大疑"，

---

1 貝原益軒「慎思別録」菰口治・岡田武彦『日本の思想家⑨ 安東省庵・貝原益軒』、224~225頁。

2 〔日〕丸山真男：《日本政治思想史研究》（修订译本），第56页。

却始终没有脱离理学的框架，这种批判的继承在理学的发展史中俯
拾皆是。以益轩推崇备至的罗钦顺为例，他在始终以朱子学者自居
的同时亦对朱子学展开了深入的批判，即便如此，他依旧被后世视
为明代朱子学者的代表之一。换言之，学派内部的思想分歧或批判
本属常事，即便是以恪守朱子学的"教条"而闻名的山崎暗斋，也
对朱子学的诸多形而上的概念作了"物"化的阐释。由此可见，丸
山所谓中间层的"失落"虽然可以用于理解益轩对朱子的某些论断
的质疑，却难以解释益轩本人不断强调的对朱子学的崇奉。

　　其次，益轩之"疑"实际上源于明代以来儒学内部理学气化的
发展向度。[1] 朱子所论理气关系，在当时即引发争议，后来更渐成分
派之势，争议的焦点集中体现在理气"二物"之上："所谓理与气，
此决是二物。但在物上看，则二物浑沦，不可分开各在一处，然不
害二物之各为一物也；若在理上看，则虽未有物而已有物之理，然
亦但有其理而已，未尝实有是物也。大凡看此等处须认得分明，又
兼始终，方是不错。"[2] "决是二物"的理与气，从"物"的角度而言
浑沦不可分，从"理"的角度而言却是理先气后，甚至可以被理解
为理一元论。从朱子的论述可知，他已对理气的关系进行了分层：
"物"的角度即是理与气所存的实然状态，而"理"的角度则可以
视为理气之间的价值权衡。简言之，理在现实中虽依附气而存在，
却是气的根据并对气有先验的主导和决定作用。从朱子的叙述来
看，他自身的思想自是主理无疑，然而在其后学之中，不唯有沿袭

1　如果再往前追溯，至少在元代的吴澄那里，已经提出"理者，非别有一物在气中，只是为气
　　之主宰者即是"［吴澄：《草庐精语》，沈善洪主编《黄宗羲全集·宋元学案》（四）《草庐学
　　案》，浙江古籍出版社，1990，第574页］的观点，强调理非别物，那么至少在逻辑上可以进
　　一步推论出理气为一物，由此可以说吴澄已然开启理之气化的进程。
2　朱熹：《答刘叔文》，《朱子全书》（修订本）第22册，上海古籍出版社、安徽教育出版社，
　　2010，第2146页。

其主理的一脉，更出现了主气的倾向。[1]

阿部吉雄从朱子学的理气关系出发，将朱子学者分为主知博学派（主气派、知识主义派）和体认自得派（主理派、精神主义派）。[2]而无论是主理派还是主气派，实际上都生发于朱子学中的理气关系，尤其是理的固有特征："理有法则与形而上的实在的两面性，有法则即实在的性质。且理虽然是自然法则，却赋予了人，从而决定了人的本性（本然之性），作为人之不容已的道德心情的根源而被伦理化、神圣化。自然法则即道德法则，法则即实在，内在即超越，特殊即普遍，理被视为宇宙的生成作用于灿然秩序的根柢。"[3]阿部虽然洞见了朱子学中的理所具有的"法则即实在"的特征，但是并未指出朱子之理所具有的实在性并非出自理本身，而是根源于气。从逻辑上而言，理气既然不离，则主理主气都有其合理性，然而当主理派过于强调理的重要性，甚至使理处于可以脱离气而存在的至高地位时，就会违背理依附于气而实存的预设，由此则必然激发出向气学复归的反思。

从儒学史的发展而言，探讨形而上之理对于丰富儒学自身的思想体系以及抵抗佛老都大有裨益，然而展开儒学本身所具有的形而下之器（气）的维度，一方面是逻辑发展的必然结果，[4]另一方面

---

1 实际上，明代以来不止理学出现了气化的现象，心学亦然，这种"心之气化"在江户儒学中集中体现于大盐中斋的思想之中，可参考刘莹、唐利国《论日本阳明学的虚像与实像》，《浙江学刊》2020 年第 1 期。

2 阿部吉雄『日本朱子学と朝鮮』、493 頁。

3 阿部吉雄『日本朱子学と朝鮮』、498 頁。

4 陈来主张："这种变化了的理气观对于儒学的'本体'和'工夫'本身造成了何种影响和后果，明代的理学家们自己似乎并无所意识。我们所能看清的是，造成和推动这种转向的原因，与其说反映了明代市民社会的兴起，倒不如说是元明以来思想家们的'哲学'的知性探究本身的内在逻辑发生了决定的作用。"（陈来：《诠释与重建——王船山的哲学精神》，第 406 页）从儒学内部的逻辑链条寻找理之气化的依据，这与余英时所倡导的"内在理路"的研究方法具有一致性，应该说有其合理性。不过明代市民社会的发展、商品经济的繁荣，这些"外"在的因素会刺激人们更加关注儒学形而下之"器"的维度，这也是顺理成章的，故将"内""外"因素相结合来阐释理学气化的现象可能更为周延。

也因其常存于日用人伦之间，所以随着商品经济的发展和文化的繁荣，从精英阶层渗入庶民阶层也成为儒学发展的势所必至。

对理的地位提出挑战在明清的儒者中渐成趋势，明代朱子学从薛瑄开始，到胡居仁、罗钦顺、王廷相、刘宗周等，都试图修正朱子的理先气后论。而其中对益轩产生极为重要的影响的，是作为主气派代表之一的罗钦顺。冈田武彦通过统计益轩所读之书目，对此影响进行了实证性研究：

> 根据《玩古目录》的统计来看，益轩从幼少到三十五岁为止所读书数目为二百四十部，其中与儒学有关的书中，有与宋元明性理学相关的书。其中与朱子学相关的甚多，也有与陆王学相关的，还有批判陆王学的。如果概观益轩读书的顺序，大概最初是多与朱子学相关的，后来有与陆王学相关的，再后来是读批判陆王学的书。在朱子学相关的书中引人注目的，比如说薛敬轩的《读书录》、胡敬斋的《居业录》、罗整庵的《困知记》等，这些书是明初的修正朱子学者的著书，试图将程朱二元论的世界观一元化，益轩在三十五岁之前就阅读了这些书。其中，罗整庵的《困知记》中所论的理气一元的思想，如后所述，对晚年益轩的儒学思想还有实学产生了直接或间接的影响。[1]

益轩所读之书目确实可以直观反映出其在不同的阶段所接触到的各种思想内容。不仅如此，所读儒学书目的类别亦可以反映出益轩之涉猎非限于朱子学一家，这种"博学"的倾向也使各种观点之间的矛盾呈现在益轩的眼前：

---

[1] 菰口治・岡田武彦『日本の思想家⑨　安東省庵・貝原益軒』、101~102 頁。

学术之纲纪节目与为学之次第，以《学》《庸》《语》《孟》
所载孔曾思孟之所教为法，而不背之者为正学，可以为圣人之
徒，与此不同者便为异学，不可为圣人之徒。如周程张朱之
学，皆是续道统之绪，为圣学之正宗，然于经说各立所见之
言，不相同者亦多矣。如张子《正蒙》所说人物死生之说，与
程朱之说大为龃龉，其余亦出入者有之。然同是圣门之正派，
而其道则一也。且中叶以来，经解所载宋儒诸经说及宋季以来
至明季诸儒之言，与程朱诸说不同者多矣，是各立一家之言
也，苟非有外道之意思，则以经说之不同不可为异学，须精择
为用舍也。[1]

即便理学内部各种学说之间“大为龃龉”，也依旧不害“其道
则一”，益轩不认为与程朱诸说不同的宋儒后学以及明儒之学为异
学，反而主张应该“精择为用舍”。罗钦顺的主张，即可以视为益
轩对诸儒之言“精择”后的成果之一：

罗整庵与王阳明同时之人，以阳明为非，而与彼论辩，可
谓聪明英俊之人也。罗钦顺之学，其说不阿于宋儒，其言曰：
“理只是气之理。”又曰：“理须就气上认取。”窃谓宋儒分开理
气为二物，其后诸儒，阿谀于宋儒，而不能论辩。只罗氏师尊
程朱，而不阿所好。其所论最为正当，宋季以下元明之诸儒所
不言及也，可为豪杰之士也。如薛瑄、胡居仁二子，虽为明儒
之首称，然其所见不及钦顺远矣。[2]

如上所论，益轩对整庵所论理气关系表现出了极高的推崇，认

1　貝原益軒「慎思錄」『益軒全集』卷二、127 頁。
2　貝原益軒「大疑錄」『益軒全集』卷二、162 頁。

为整庵既拒斥了阳明心学，同时又保持了对程朱"师尊"而"不阿"的合理态度。益轩在因疑称信这一点上与整庵达成了共识："予读朱子之书，诵朱子之言，随朱子之教，尊朱子之学，实以朱子为宗师，然未尝阿私朱子之说而偏执固滞。"[1] 整庵对朱子学的批判集中体现为"理气一物说"，陈来指出了其说在中国哲学史上的位置："从哲学的本体论上说，罗钦顺的理气观对于朱子学的挑战在于，一方面，理气一物说逻辑上包含了对理在气先说的批判。另一方面，强调理气一物，反对以理气为二物，是反对本体论的二元论，主张一元论，而这种一元论是转向以气为第一性实体的一元论。"[2] 益轩不仅在形式上肯定了整庵以理气一体论对朱子学提出的质疑，还以此为基础展开了更为全面的批判："宋儒之说，以无极为太极之本，以无为有之本，以理气分之而为二物，以阴阳为非道，且以阴阳为形而下之器，分别天地之性与气质之性以为二，以性与理为无死生，是皆佛老之遗意。"[3] 益轩本质上为理气一体的主气论者，因此主张"有"在"无"之先，反对在太极之上加上无极，进而反对将理气、道器二分（阴阳与所以阴阳可以等价为气与理的关系）；而将主气的立场贯彻到人性论之中，则表现为主张本然之性与气质之性的统一。由此可见，益轩所谓的"大疑"，根源就在于以理气一体的气本论反对朱子的理气二分："圣人未尝以理气为二物，然朱子以为理气决是二物。"[4] 益轩所主张的"理与气，决为一物"，正可与朱子所论"所谓理与气，此决是二物"相对立，以此为基础展开的对朱子学的批判，与其说是解构朱子学的前奏，不如将其置于明代朱子学中理之气化的脉络中加以理解，如此则可以在理清益轩思想渊源的同时，归纳出已然呈现在东亚范围内的理学气化现象。

1　貝原益軒「慎思別録」荒口治・岡田武彦『日本の思想家⑨　安東省庵・貝原益軒』、222 頁。
2　陈来：《诠释与重建——王船山的哲学精神》，第 390 页。
3　貝原益軒「大疑録」『益軒全集』卷二、151 頁。
4　貝原益軒「大疑録」『益軒全集』卷二、158 頁。

二 养生与博物

上文以理之气化为视角，提出了一种对益轩之"大疑"的可能解释。事实上，当理与气的哲学落实到现实层面时，往往会表现出某些特定的指向："简单来说，构成朱子学的是气的哲学和理的哲学。无论从任何方面来说，气的哲学更强烈地带有自然学的性格，理的哲学更强烈地带有人间学的倾向。而完成气的哲学的是张横渠，完成理的哲学的是程伊川。要言之，朱子是继承、统合两者的哲学而壮大成为所谓的朱子学，建构了精致的理论体系。"[1] 如果将此现象放到京学派的背景中考察，则会发现肇兴于明代儒学的理之气化，不仅在益轩的"大疑"之中体现得分明，而且可以追溯至以林罗山为代表的京学派"博学"的思想系谱。[2] 但问题是，主气的主张为什么能与"博学"关联起来？对此阿部吉雄分析如下：

> 主气派的哲学，因为是以气为主，所以会论说增强气的修养法。李栗谷等的说法或可称为其中的代表，不过在日本并没有展现出这种学说的发展。且在主气派的哲学中，理是驱动气的法则，作为气的活动的条理而被把握，所以穷理的方法，就朝向了客观地探究事物的法则性的方向。因此，尽量地扩展读书的范围，积累外在的经验，尊崇博学，或研究历史、法律制度，或研究医药、养生法等，有着扩大穷理范围的倾向。因为

---

1 〔日〕辻本雅史：《日本德川时代的教育思想与媒体》，第8~9页。

2 京学派的开山藤原惺窝为主理一脉，据阿部吉雄的考证："林罗山手抄了《困知记》和李退溪的《天命图说》，都借给了藤原惺窝，二人一起研究朱子的理气说。此二书无疑是江户初期有问题的书。最后藤原惺窝赞成《天命图说》的主理思想，而林罗山则始终对《困知记》的主气思想有共鸣。"阿部吉雄『日本朱子学と朝鮮』、521頁。

是朱子学派，当然以穷究道德法则为主要之事，这自是无疑，但是穷究的方法更偏于向外而非向内，有着朝向知识主义立场的倾向。[1]

相较而言，主理派更倾向于向内的居敬，而主气派则更强调向外的穷理：除了贝原益轩外，京学派的林罗山、新井白石、安东省庵等都可归为主气一脉，而惺窝、室鸠巢、雨森芳洲等则更偏于主理一脉。[2]阿部认为日本并没有发展出增强气的修养法，然而实际上贝原益轩的养气说或可视为增强气的方法之一：

> 心在隐微之中，未有形迹之著，操之也难矣。发乎情而后有迹，而善恶著矣，于此乎可操而存。情由气而发，故正心之道在养气。养气者，动静语默，接人应事，常要和平。和平之道所谓在"持其志，勿暴其气"而已。（中略）夫人之一身，心固为主，而气专用事，故七情思虑视听言动皆气之所为，不可不养之以节，若暴其气，则为失其道，故平生温恭和平以养气，是即所以养心，而养心与养气非二事也。[3]

益轩以《孟子》所言"持其志，勿暴其气"为文本依据，将养心的命题转化为养气的问题。形而上之心隐微而无形迹，难以把握，故益轩以可操之气养之。"养心与养气非二事"的思维方式，根本上依旧源于理气为"一物"，因此可以说，养气的问题是理气一体论在实践上的应用之一。

将养气的主题进一步具体化，则是益轩颇为有名的养生论："人

1　阿部吉雄『日本朱子学と朝鲜』、528~529 页。

2　不仅是京学派的内部可见主理和主气的分化，主气的倾向还广泛见于山鹿素行、伊藤仁斋、荻生徂徕甚至山崎暗斋的思想之中。

3　贝原益轩「愼思録」『益軒全集』卷二、3 页。

心不和平，则百般病痛自此起矣。学者应事接物，皆须要胸里和平，和平则忿厉粗暴之气自然消除，便是无暴其气之事，养气之工夫也。"[1]这就是说，气之不平是百般病痛的根源，如此在工夫论上，就呈现出养心—养气—和平的逻辑链条。对此益轩较为明确地表述说："养心之道在养气，养气之方以和平无暴为勤，此日用常行之紧要，为学者之急务。"[2]更进一步，益轩在《养生训》之中对饮食、用药、养老等诸多领域作了较为细致的规定，而总的原则即在于保养元气，这是因为"人之元气，本是天地生万物之气，是人身之根本，人无此气则不生"。[3]除了养生论，益轩主气的思想还呈现在"博物"维度。关于主气与博物之间的关系，林月惠分析说：

> 以往日本学界对于益轩在日本近世儒学思想史的定位，多半将他置于"朱子学—古学—国学"的发展脉络中，认为益轩思想向古学派倾斜，意味着朱子学的解体。但若从益轩对于罗钦顺思想的受容来看，他强调的"理是气之理"、"理气为一物"使他更投入于朱子格物穷理方法的实践，他并未否定普遍客观之理的存在。而益轩的大量著作，更显示他仍是彻底地停留在朱子学的框架之中，以主知主义的学问态度，朝向天文学、地理学等"科学"与本草学、博物学等"实用学"发展。[4]

始终停留在朱子学的框架之内对朱子学进行批判，应该可以说是对益轩作为朱子学者的合理概括。与主理的方向相比，主气的方向更倾向于向外的穷理，不断探求新的知识，对新的领域也采取较

---

1 貝原益軒「慎思錄」『益軒全集』卷二、3頁。
2 貝原益軒「慎思錄」『益軒全集』卷二、4頁。
3 貝原益軒「養生訓」『益軒全集』卷三、479頁。
4 林月惠：《罗钦顺与日本朱子学》，《湖南大学学报》（社会科学版）2012年第1期。

为包容的态度，这既体现在益轩的思想之中，也可以说是主气一脉的共同特征。这种博物或者说博学，与西方探寻近代科学的脚步虽有类似之处，其儒学的内核却不容忽视。就益轩的思想而言，其博物的心理机制是爱物，而其思想依据则是其"事天地"的思想，我们可以从以下三个方面进行解读。

首先，人为天地所资生，故有奉侍天地之职分。"呜呼！人生乎天地之中，受天地之养，而寓身于天地之间矣。以天地为大父母，而为怙恃。且天之宠异于人，比之万物为最厚，是以人之于天地也，受罔极之恩，欲报之德，其广大深厚，不可限量。为人者可无欲报其万一之志乎哉？"[1] "惟天地万物父母，惟人万物之灵，故为人之道，终身之职业，唯在事天地而已矣。此所以为天地之子而不悖，灵于万物而不耻也。"[2]笔墨之间，充满了横渠《西铭》之意，这也可以视为益轩主气的理论资源之一。重点在于，将天地比拟为人之父母，这虽然可以视为一种将血缘关系扩大化的隐喻，但是实际上却将血缘关系淡化了。不过，正是在这种前提之下，处于"亲"之外的民与物才获得了"民胞物与"的可能性。

其次，奉天之道在仁，为仁之方在亲亲、仁民、爱物：

> 天地所生乃是万物而已矣，其所生万物之中，爱人类最重，此由人为万物之灵也。是以吾厚人伦者，岂啻惇同胞而已乎哉？抑所以顺天地爱人之心而事之也。故事天地之道，在率所禀五常之性而爱人伦而已矣。爱人伦之中，以厚父母为最重，盖父母人伦之本也，不可不厚。亲亲仁民之余，又在爱物而已。爱物亦有序，爱禽兽为先，爱草木为次。且君子之于物也，用之有礼，取之有时，不可残忍之，暴殄之。爱物亦是所

1　貝原益軒「自娛集」『益軒全集』卷二、182頁。
2　貝原益軒「自娛集」『益軒全集』卷二、183頁。

以奉若天地之心，而事之之一事也。[1]

这就是说，在天生万物的前提之下，人伦的范围已然扩大到整个天地之间，因此益轩讲的人伦，自然也包含了亲亲、仁民和爱物三个层次。需要注意的是，虽然万物受天地滋养而生，但是毕竟直接生育人的还是父母，因此益轩依旧沿袭了孟子以来亲亲而仁民，仁民而爱物的等差序列。不过，益轩的发明在于，他在物之中也区分出先后次第，即禽兽先于草木。

最后，博物在学问观上的体现即是博学。益轩之博学，内中亦有层次。作为儒者，儒家经典自是重要，不过还需要以史学及子学为辅：

> 盖儒者之学，以明经术为本，以博史学为助。故治经本也，通史末也。凡为学而知道之工夫，在此二者而已矣。是有用之学，与俗儒之训诂记诵词章之习博而寡要、劳而无功者不同。此儒者所当力学而用功也。且生乎天地之中，乃宇宙内事，皆吾儒心知分内事，亦不可不知。故治经史而有余力，则诸子百家之言，亦须循序涉猎，可以广义理之趣。是儒者学经史之余事也。苟为学如此，则可以为通儒全才也。[2]

以"通儒全才"为志，足见益轩对博学的偏向。在儒学的内部，益轩也与专崇朱子的崎门一脉大异其趣，他从早年开始便倾向于朱陆兼用，"尝好陆象山之学，且已数年喜王阳明之书，意在朱陆兼用"。[3]后虽专心于程朱之学，也传承了顺庵以来重视古注的倾向："读六经、《语》、《孟》以宋儒本注为先固善，然古注疏亦

1　貝原益軒「自娯集」『益軒全集』巻二、183頁。
2　貝原益軒「自娯集」『益軒全集』巻二、186~187頁。
3　益軒會編纂「益軒先生年譜」『益軒全集』巻一、14頁。

不可废。"[1] 再者，虽然益轩以朱子学者自居，然气学与心学亦常见于其思维方式之中，如上引文中以宇宙内事为"吾儒心分内事"的提法，自是出自象山，而以天地为父母讲仁民爱物则又可觉出横渠的意思。应该说，这与益轩本人博学而宽容的学术心态不无关系。当然，这些学问在益轩的思想中有着清晰的次第之分："然义理之学，是天下之公论，不可偏私于一家而阿谀其所好。盖天下之理无穷，非一人之所可得而说尽也。凡读书之法，须以经为主，以程朱传注及论说为阶梯。程朱虽大贤，然学者所当为主者，圣经而已。圣经贤传之间，不可无轻重之权度也。"[2] 以"天下之公论"配比义理之学，这在抬高"经"的地位的同时，也把程朱之传注相对化了。以天下之公论为准，那么程朱之传注毕竟也不过是"一家"之言，故不可偏私，亦不该阿谀。在博物或博学的思路下，随着穷理的范围不断向外扩展，这应该是逻辑上的必然归结。因为对比远古圣人们所立的"圣经"，程朱的传注在时空的维度上不可能具备等质的优位性。但问题是，如果程朱的传注不过是一家之言，那么当公论的思维贯彻到底时，圣经的权威不也会受到质疑吗？

如丸山所言，益轩确实在相对化朱子学的同时不断抬高圣经的地位，但这是否意味着益轩将圣经视为终极标准？或许未必，益轩讲"夫以本邦与中国同道而异俗，故虽圣人所作之礼法，不宜于我邦者亦多矣。学儒者顺其道而不泥其法，择其礼之宜于本邦者行之，不宜者而置之不行。何不可之有？"[3] 这就明确了圣人之礼法亦有其相对性，应当因地制宜而不泥其法。不过，虽然益轩并未将圣经的权威绝对化，但是相比于程朱之传注，还是具有不可替代的优先性。因此益轩在质疑朱子学之时，圣经实际上就成为坐标系的原

1　贝原益轩「慎思录」『益轩全集』卷二、11 頁。

2　贝原益轩「慎思别录」菰口治・岡田武彦『日本の思想家⑨　安東省庵・貝原益軒』、223 頁。

3　贝原益軒「神儒並行而不相悖論」菰口治・岡田武彦『日本の思想家⑨　安東省庵・貝原益軒』、220 頁。

点，也就是益轩所预设的位格最高的文本依据。换言之，以圣经之权威虽然可以充当批判朱子学的有效工具，但是其本身亦不可避免地存在局限性。当然，益轩并非只以工具理性对待儒学，只是他对儒学之推崇，在一定程度上已然具备主体选择的理性。那么接下来的问题是，当这种穷理带来的理性遭遇信仰（日本本土的神道）之时，益轩会如何决断呢？

三 联神排佛

在神道、佛教与儒学三者之中，神道往往被视为日本本土思想而居于中心位置，然而究其历史，"从古代民族的民间信仰（咒术）发展为神道，尤其是作为教义而具有一定的思想性构造，是从平安末期以佛教的教理为基础而建立的所谓习合神道开始的"。[1]也就是说，神道倚仗佛教义理才开始了系统化的宗教进程。从这个意义上说，在推进神道成为体系化宗教的过程中，借助外力的习合成为不争的事实，而这种"借力"本身也使得神道在走向体系化的初期不得不伴随某种程度的依附性。相反，佛教虽然是外来宗教，却一跃而成为主流思想，使近世以前的日本呈现出"佛教社会"的态势。

佛教作为外来宗教而居于主流，这可以说是儒学和神道发展面临的最重要的现实背景。一方面，神道通过习合佛教而不断向体系化宗教迈进，而作为新儒学的程朱理学也是随着佛教禅僧而流入日本社会的，由此而言，无论是神道还是儒学，都有依存佛教而栖的历史过程。当然，这两种"依附"的情形并不完全相同，神道需要吸收的是佛教的教理体系，而儒学则需要借助禅僧传播到更为广阔的人群，尤其是下级武士以及庶民阶层。简言之，神道与佛教的习

---

1 丸山真男『丸山眞男講義録第一冊 日本政治思想史 1948』東京大学出版会、1998、55頁。

合主要建立在"理"的层面，而日本儒学与佛教的关联则主要建立在"人"的层面，这种区别根源于神道与儒学所处之主客方位的差异以及自身体系的完备性程度。而另一方面，随着神道和日本儒学自身的持续发展，二者又会产生从佛教中独立或者说与佛教分庭抗礼的现实需要。而佛教世俗化导致的教理空疏化，又促使日本社会中世以来信仰和思想的领域出现了一缕空隙。[1] 如此，神道和儒学走向"联姻"以共同抵御强势的佛教，就有了现实上的必要性与逻辑上的可能性，而这种联合体，即是通常所谓的"儒家神道"（儒学神道）。

从神道发展的历程来看，原始神道、神佛习合神道、神儒习合神道以及复古神道（排斥佛、儒）可以视为神道从原始信仰开始，先后借助佛教、儒学逐步成为体系化宗教，并最终实现独立。而"儒家神道"作为一种现象，可以视为儒学与神道在佛教势大的局面下，结成联盟抵御佛教以谋求自身发展的过渡阶段。这当然并不意味着儒学与神道在教义上具有多少本质上的共通性，而可以说是日本儒学和神道彼此为了获得最终独立而采取的权宜之计。然而，既然选择了联盟，那么融合和冲突都是不可避免的，只是在不同思想家的理念中存在的具体样态并不完全一致。

"儒家神道"是作为外来思想的儒学与日本本土神道联合的一种方式，可以说是"日本儒学化"思潮中极为典型的课题。"儒家神道"作为一种思维方式至少可以上溯到北畠亲房在《神皇正统记》中借助朱子学阐释神器的意涵，以此发扬日本皇统，支撑南朝的正统论。近世以来，京学派的藤原惺窝、林罗山等都表达过神儒一致的构想，尤其是林罗山的"理当心地神道"，不但倡导"神道即王道"，[2] 并且非常激烈地排斥各种非朱子学，尤其是佛教和天主

1　丸山真男『丸山眞男講義録第一冊　日本政治思想史 1948』、55~62 頁。

2　林羅山「神道伝授」平重道・阿部秋生校注『日本思想大系 39　近世神道論　前期國學』岩波書店、1972、19 頁。

教，因此被视为日本近世儒家神道的"先驱性的典型形态"。[1]

可以说，益轩所主张的联神排佛正处于这一思潮的延长线上："益轩的神儒一体论针对的是当时仍然存在的神佛习合，即益轩想让神道从佛教的统摄中独立出来。但是，既没有教义，也没有教祖的不言之教——神道，在当时佛教势力庞大的社会背景中，仅凭一己之力很难与之对抗。于是，益轩想到了联合新兴的儒教一起来对抗、排斥佛教。"[2]不过，相比于惺窝和罗山较为粗疏地将儒学和神道组合在一起，简单地宣称其一致性，益轩的神儒一体说已经出现明显的神体儒用之分。具体而言，在益轩的思想中，奉神道为体，而儒学的作用即在于发明神道：

> 夫我神道是清净诚明平易正直之理，乃人伦日用之常道。顺方俗合土宜，其为教也，易简而不烦不巧，易则易知，简则易从。其为体也，淳朴而不华不繁，故常不失其诚。其说虽似浅近，然其中有深妙之理存焉。以是正心术厚人伦，则天下和平，而灾害不生，祸乱不起。（中略）
>
> 中世以来，圣人之典籍流入我邦，其正心术厚人伦之道，与吾神道无异。而其为教也，广大悉备，精微深至，以可辅翼邦教，发明于神道。故学神道者，亦不可不学圣人之道。盖神教固是易简之要诀，得其要者一言而尽矣。故虽不待求乎外，然得儒教之辅翼而其理益明备矣。[3]

通常而言，在体用的关系中，虽然体用一源，然而体用之间主

---

1 牛建科：《试析儒学与日本神道的关系》，《孔子研究》2010 年第 6 期。

2 王杰：《关于贝原益轩的神儒一体论思想》，《外国哲学》第 32 辑，商务印书馆，2017，第 193 页。

3 貝原益軒「神儒並行而不相悖論」菰口治・岡田武彦『日本の思想家⑨　安東省庵・貝原益軒』、220 頁。

次是分明的。如果就此推论，那么至少从表面上看，在益轩的思想序列中，应该是神道居于主而儒学位列其次。将这种推论置于传统中国哲学的论域，逻辑上当然是成立的。然而，在"儒家神道"的命题之中，神道是如何成为儒学之体的？从益轩的论述来看，神道之所以能为体，儒学之所以能与神道一体，关键在于二者皆具有"正心术厚人伦"的功能，而这一点与其说是神道本有的特质，不如说是益轩从儒学思想体系中为神道选取的"本质"。从这个意义上来说，即便益轩强调神道本身即具有"诚"的品质，即便神道没有儒学也能独立存在，然而所谓"诚"，所谓"易简"，不正来源于儒学典籍吗？换句话说，如果没有儒学，那么神道作为日本的原始宗教即便经过神佛习合的阶段，依旧处于"易简"的状态。直言之，是儒学"发明"了神道的教义。这种"发明"并不意味着"神道"作为历史上已然存在的"物"的层面的从无到有，而是神道教理的从"隐"到"显"。因此，如果神道不甘心于停留在原始而简易的状态，就不得不改变"不待求乎外"的心态，而要积极而主动地寻求"儒教之辅翼"，只有这样，才能实现"其理益明备"。

就此而论，作为儒学和神道结合方式的"儒家神道"，表面上看是以神道为体而儒学为用，实际却是以儒学的理念逐步建构起来的体系，可以称之为"儒学化的神道体系"。这种结合的理想结果，应该是以神道为灵魂而儒学为质料，构成有灵魂有躯体的整体。然而这种结合与其说是一种体用关系，不如以主客关系视之更为贴切。对儒学"辅翼邦教"的定位，透露出在益轩的心底，神道才是"邦教"，相比而言儒学即便是圣人之教，也依旧是外来而非本土的。这就可以转化为一个"日本儒者"的定位问题，即对于"日本儒者"而言，他们首先是一个儒者还是一个日本人？当然，在17、18世纪的日本，不可能有明确的作为日本整体的民族主义，然而随着民族意识的觉醒，这种主客的问题总在考问着包括这些日本儒者在内的广义上的"知识人"。

　　如果沿着民族主义的思路继续走下去，就会发现"儒学＝外来"这一天然的矛盾对日本儒者而言似乎是无解的。然而如果换一种视角，儒学视野中内含的"天下"观念，本身即是超出家国结构的更为广阔的预设，而孔子"乘桴浮于海，欲居九夷"的表述更为日本儒者提供了"小中华"的文本依据。因此，比起神道与儒学何为主何为次，更为紧迫而重要的问题在于，如何在日本传播、施行圣人之教，以使日本成为礼乐教化的文明之国。而这或许才是每一个日本儒者，尤其是江户初期京学派的儒者们所面临的首要问题与自觉的使命所在。因此，对于他们而言，神道既然几乎为日本全民所熟知，那么儒学与之联合，既能让更多中下层武士以及庶民阶层乐于接受儒学，更能以儒学丰富神道之教义，如此双赢之事，何乐而不为？

　　选择联合神道之后，佛教就成为神儒二者共同的敌方。反过来说，作为强大对手而存在的佛教，是促成神儒一体必要的客观外在条件。而对于一个"日本儒者"而言，对付佛教并不需经过复杂的心理斗争，因为排佛本来就是宋明以来儒学的传统："非如彼方外之流，绝灭伦理，遗弃纲常，说妙说空，炫奇夸怪之比也。是我邦上世以来所传要道，而不待借乎外也。"[1] 如此，益轩仍以儒学的伦理纲常为由拒斥佛教。虽然佛教与儒学对于日本来说都属于外来之教，但是二者有本质的不同："夫佛教者，西胡之一法而已，其法以纲常伦理为外道，以求清静寂灭者，故去君臣，离父子，绝夫妇，以为道。是以与中夏圣人之至教，其本末不同，设科亦异。"[2] 也就是说，是否具有纲常伦理，成为佛教与儒学之间天然的界限。但问题是，如果益轩认为神道"不待借乎外"，又该如何解释中世以来"神佛习合"的事实呢？

1　貝原益軒「神儒並行而不相悖論」菰口治・岡田武彦『日本の思想家⑨　安東省庵・貝原益軒』、220頁。

2　貝原益軒「自娯集」『益軒全集』卷二、214頁。

> 浮屠之说本是偏僻，其道以绝灭天理为则，与我神道不
> 同，犹冰炭薫莸之不相容也。然我邦自中叶彼之说盛行，其
> 徒桀黠者，以我国俗尊神之故，往往混杂之，以谓神佛一理
> 而异迹，欺诈百端，以其道之不同，强牵合之，妄附会之，
> 诬渎于神明，愚弄于黎民，无所不至，以身毒之法乱日域
> 之道。[1]

　　否定本迹说，就在一定程度上否定了神佛习合最重要的理论依据。实际上就理论层面而言，本、迹的设定与体、用的关系并无本质的区别，二者都在强调看似没有关联的两种思想体系在实质上的"一源"。从这个意义上看，本迹说与体用说都在助力外来思想的本土化实现，也就是将"外"来思想"内"化。只是身为儒者的益轩从"绝灭天理"的儒学主张出发，对佛教借助神道进入日本社会提出了控诉。然而就益轩本人而言，他为了传播儒学，也以体用说为依据，同样借助本土神道的力量拉近儒学与日本社会的距离。由此看来，这不过是立场的差异带来的不同反应，与理论的适用性本身并没有直接的关联。

四　"训"化儒学

　　除了联合神道以排斥佛教，益轩更加煞费苦心的是以"训"的方式推动儒学思想深入日本社会。竹田定直在为益轩所著《五常训》作序时较为确切地指出了其晚年倾心作"训"的目的：

1　貝原益軒「神儒並行而不相悖論」菰口治・岡田武彦『日本の思想家⑨　安東省庵・貝原益軒』、221頁。

益轩先生，自善其身，推以及人，其志在于爱斯人以报答天地生育之洪恩。晚年所著尤多，专以导俗喻愚为务，如《俗训》《童子训》等书，平易切实，未尝用巧文丽辞为工，且书以假字，令夫不识汉字者亦能读之易通晓矣。顷又撮掫圣贤之遗言，发挥平日自得之绪余，以作为五常之义训，亦从俗语以述之，用俗字而说之，虽庸劣昧愚之辈，读之则庶乎知良心之根秉彝而得复初之阶梯。[1]

"报答天地生育之洪恩"，即是上文已经涉及的益轩所立"事天地"之志，而"专以导俗喻愚为务"则可以视为益轩"事天地"的具体方法。我们不妨比对一下益轩之师松永尺五写作《彝伦抄》的初衷。尺五写作《彝伦抄》的目的，是以世俗皆可以明白的俚语，也就是用老百姓都可以切身体会的言语来讲解儒学的纲常大要。在他看来，无论是童蒙书生还是贩夫走卒，儒学于他们而言都是不易悟且不易懂的。益轩"专以导俗喻愚为务"可以说继承了其师不为"博闻宏才之士"而著述的主张，[2]"益轩这样自觉把自己的角色当作不是针对专门学者而是针对一般大多数人的初学者们，进行和文（日文）平易的启蒙著作"。[3]强调用俗语、俗字，舍弃汉字以及华丽的文辞，就是为了让"庸劣昧愚"亦即不懂汉字的普通日本民众也可以了解儒学的要义。

为了进一步提炼儒学的要点，益轩选择了"训"的文体传播儒学，"训"的特点就是"易简"。而益轩之所以青睐这种文体，是因为"苟如教人须易简，凡人情好易简而恶烦劳，苟教初学之人以烦

---

1 竹田定直「『五常訓』序」荒木見悟・井上忠校注『日本思想大系 34 貝原益軒 室鳩巣』、67 頁。

2 松永尺五「彝倫抄・跋」石田一良・金谷治校注『日本思想大系 28 藤原惺窩 林羅山』、330 頁。

3 〔日〕辻本雅史：《日本德川时代的教育思想与媒体》，第 56 页。

繁之工夫，则厌恶之而不为矣，无由入道。只学问渐久而习熟则不厌烦多"。[1]也就是说，益轩认识到，初学之人往往好简而恶繁。正如上文所言，儒学文本对于一般日本民众来说不易读亦不易悟，因此益轩对症下药，将儒学思想"易简"化，也就是通过"训"化儒学，将儒学中的核心思想以较为简明的方式呈现出来，其中尤为著名的即是所谓"益轩十训"。益轩所著之"训"，虽然内容极为宽泛，然而我们可以从促进儒学传播的视角出发，归纳出其大体的思维方式。

第一，"训"化儒学的本质是"术"化儒学，即将儒学从探讨思想的层面转化到技术或者说实践的层面："学问之要有二，在知其所未知，行其所已知而已。为学者必欲造道，欲造道者贵择术，欲择术者又必可择师友。师友明良则学术正矣，学术正矣而后可造道也。（中略）故学者须以择术为第一事。"[2]"造道"一词，经徂徕的"制作"说而发扬光大。徂徕讲："夫圣人率性而造道，子思言率而不言造，其流至孟子言'性善'而极矣。荀子乃有睹乎造，故曰'性恶'，岂不皆一偏之言乎？"[3]简言之，率者为遵循之意，而造者有建立之意，徂徕以为孟子过于强调依照人的本性之善，而荀子又观乎人性之恶而过于倚重主张隆礼重法，二者皆为"一偏"，因此主张应当统合孟荀而守先王之道。[4]由此看来，徂徕之"造道"已然成为较为完整的体系性概念，而其在日本儒学史上的渊源，至少可以上溯到益轩对"儒术"的推崇。益轩讲学者如欲"造道"，则必以"择术"为第一事，而此术即是指"儒术"："天下之事无不有法术矣。君子之学，虽穷三才之道，而与术者之所学其小大不同，然

1　貝原益軒「慎思錄」『益軒全集』卷二、136~137 頁。

2　貝原益軒「慎思錄」『益軒全集』卷二、12 頁。

3　荻生徂徠「中庸解」今中寬司・奈良本辰也編『荻生徂徠全集』第二卷、河出書房新社、1978、638 頁。

4　此处涉及徂徕思想的祖型问题，详细探讨参见刘莹《孟荀各"一偏"——荻生徂徕之"祖型"辨》，《哲学动态》2020 年第 5 期。

是亦修己治人之法术而已矣。故称之为儒术。"[1]这就是说，儒学的涵盖面虽然可以统摄整个天地人三才之道，然其实质即是修己治人之术，因此益轩所谓的"儒术"，即内含修己和治人两个大的方向。由于益轩本人年少时体弱多病，因此其修己之术，极为鲜明地体现在"养生"之术上，这也是益轩思想中最为人所熟知的部分：

> 人身至贵，无物之可比伦，是天地之所生，父母之所遗。且死生亦大矣，人之所以可慎重爱养，而不可苟贱轻忽也。然则岂独无保全之术而可也哉？是以举世之人，不可不学于摄养之术也。人身无贵于德，而体次之。故君子之道，尊德为至，保体次焉。义理者，德之养也，保摄者，体之养也。是保体者，其重所以次于修德，而其贵不换天下也。盖保养者，此乃父母全而生之，子全而归之之道也，不可谓贪生窃气苟且免死也已。[2]

益轩以天地所生、父母所遗为论据，论证人之"身"的重要性，以"德"为第一，以"体"次之的排序，不出传统儒学中"孝"的论域，由此呈现出其养生论中的儒学底色。《养生训》即是探讨如何保全身体、全其天年的著作，而其中所凸显之"身"，不仅是保摄的对象，更是吸收和消化儒学的主体。

第二，"训"化儒学的核心是以"身体"为媒介的习熟，而其理想的"驯养"时期则是在童蒙时期：

> 盖婴孩之岁，人生之始也，是性相近而未有习之时，虽知思未发，其为善为恶之歧，从此而分矣。辨其毫厘之邪正，而

1　貝原益軒「自娯集」『益軒全集』卷二、210 頁。

2　貝原益軒「自娯集」『益軒全集』卷二、210~211 頁。

导之以善者宜于此焉。是所以慎始也。苟谕教之不早，年稍长则内为嗜好所陷溺，外为流俗所诱惑，人欲肆而天理灭矣。（中略）故教人之法，以豫为急。后世民间小儿之辈，蒙养不正。其平日所见闻习熟，皆是戕贼德性，蔑弃礼法之事而已。予于此乎，不自揣僭率，取古人训子弟之意，书以国字，欲便穷乡村童之无师无圣者之玩读也。[1]

从益轩的自述来看，婴孩时期"是性相近而未有习之时"，也是"知思未发"之际，此时正应以"早教"导其习于善。民间的孩童，正因为蒙养不正，所习熟皆为戕贼德性、无视礼法的事，年长才会陷溺嗜好、被流俗诱惑。因此益轩作"训"的目的，就是以日本的"国字"教训孩童，从而养其正、习其善于童蒙。益轩已经意识到习与性的密切关系：

孔子曰："幼成如天性，习惯如自然。"此言自幼少习而成之事，如禀赋于天性。又如久染而习惯，则不务善恶而自然为善。善恶自习出多于性出。[2]

为善者须驯致其道。盖积习而不已，则必成其功而如自然。然则为善者驯致之功可贵矣。为恶亦驯致而已。[3]

"善恶自习出多于性出"，这是益轩作出的极为重要的判断，因为明代理学之前，善恶多归于先天之性，王汎森称之为"先天预成式"的人性论。然而益轩指出，善恶更多地出自后天之习，而非先天之性，这就预示了"后天习成式"人性论的登场。如果

1　貝原益軒「和俗童子訓序」『益軒全集』卷三、165 頁。

2　貝原益軒「大和俗訓」『益軒全集』卷三、69 頁。

3　貝原益軒「慎思錄」『益軒全集』卷二、81 頁。

加上上文的"习熟"，那么益轩的叙述中已然呈现"习"论的某种结构。当然在益轩的思考中，"习"尚未成为独立的概念，也并未刻意区分各个阶段的区别，而且他依旧认可先天之性中的善，即没有超出朱子论性"本善复性"的范围。但是，从益轩极为重视养习于童蒙以及善恶更多出于习而非性的判断可以看出，在他的思想中已经具备"后天习成式"人性论的萌芽。到了徂徕，"习"论则发展成为包含习熟、习惯、习性、习俗在内的较为完备的体系性概念，而这一概念涵盖了徂徕从个人之气象到一国之风俗在内的整个构想。

"先天预成"和"后天习成"可以说是人性论发展史上最为重大的变革。从孔子模糊地提出"性相近也，习相远也"（《论语·阳货》）开始，孟子之"性善"，荀子之"性恶"，以及后来逐渐出现的性善恶混、性三品说等大都不出性之本源的论域，即停留在先天的范围内展开人性原初的诸种可能。然而近世后期，在东亚的儒学圈之中出现将善恶的价值判断从先天逐步移到后天的趋势，而这一转化的关键概念即是"习"。将人性之善恶定位为后天之"习"成而非先天之固有，这种预设不仅显示出人作为主体的功能性提升，更为人性趋善提供了操作上的可能性，此即为"身体"之习的维度。对于作为媒介的"身体"，益轩论述如下：

> 讲学尚精深。盖初学之所知俗学之所记，止其皮肤而已。君子之所知，自皮而到肉，自肉而到骨，自骨而到髓，其间不知隔几重之界限。然则百之千之之功不可阙，此所谓"深造之以道，欲其自得之也"，必如此而后可渐到精微之处。其用力弥精，则其造道弥深。苟不能如此，一视而即止者，肤浅卤莽之学，未能到深奥之地，何可以自得哉？苟学而不能自得者，即是口耳之学，训诂记诵之习而已。然自得者，真积力久自然而得之于己也，非着意安排躐其等而急迫求之者之可得也。所

谓涣然冰释，怡然理顺，久自得之，非偶然也。[1]

益轩划分出的皮—肉—骨—髓四个层次，可以视为他作为儒医所认识到的"身体"从外向内的大体结构。而要"造道"，即需要将所学从"肤浅"的口耳之学"真积力久"，从而深入"骨髓"，成为"自得"之学。应该说，这与朱子所补之"格物致知传"的思路并无龃龉。朱子所言"必使学者即凡天下之物，莫不因其已知之理而益穷之，以求至乎其极。至于用力之久，而一旦豁然贯通焉，则众物之表里精粗无不到，而吾心之全体大用无不明矣"（《大学章句》），从"身体"的角度而论，此即是将即外物之穷理，内化到心之全体的过程。只是与理气二分类似，朱子的论述依旧显示出心物二分的倾向，而包括罗钦顺、王夫之、益轩、徂徕在内的东亚诸儒则试图对这种"二分"进行弥合。如果说"理气决为一物"是以理气一体对理气二分的弥合，那么身体化的习熟，则可以视为连接心物之间的渠道（之一）。

第三，"训"化儒学的结果，是以礼义成德。习熟的对象，或者说身体化的内容，即是"礼义"："人之所以为人者，有礼义也。人苟无礼义，则与禽兽何择？礼义之重如此，故自初学到成德，须以礼义为准则，不可须臾离也。"[2]初学和成德，可以视为"训"化儒学的两端。益轩主张，从童蒙时期开始，就应该习熟各种礼，以将原本外在之礼身体化。这可以视为贯穿益轩各种"训"著中的基本方法论：

礼者，天地之常，而人之则也。即言人之作法。无礼则无人之作法，与禽兽同。故自幼应谨守礼。人之技，每事皆

1　貝原益軒「慎思録」『益軒全集』卷二、83 頁。

2　貝原益軒「慎思録」『益軒全集』卷二、4 頁。

有礼。若千万之事有礼，则理宜而行易，心亦易定。无礼则违
理，乱而不行，心亦不定。故礼必行。自小儿之时应按和礼之
法，教起居举止、饮食、酒茶之礼、拜礼等。[1]

以天地之常赋予礼之合法性，这在儒学并非逸事，然而将礼
与"作法"，即技艺、技术对等起来，倡导"每事皆礼"，则是益轩
将儒礼扩大到所有生活事件的尝试。这些事件囊括了起居坐卧、饮
食、酒茶、待人接物甚至养生等人生的方方面面。需要注意的是，
益轩指明了是以"和礼"作为标准，也就是按照日本的风俗而非儒
学文献中的礼来教导儿童，这就显示出益轩以儒学为"纲"而以和
俗为"目"的现实教法。"实际上益轩每天详细地注意身体行动的
'礼'，故他热心地著作关于'作法'的书。特别是有关书法、饮
食、喝茶之礼的《书礼口诀》《食礼口诀》《茶礼口诀》（合为'三
礼口诀'）就是典型之作。"[2]益轩不厌烦琐地详述每个礼仪的细节，
虽然细碎，但总体言之，"凡人身之技虽多，约言之，不过言与行之
二事"。[3]也就是让人之言行皆合礼。这些外在的规范，与心之定与
不定相关。换言之，身体化的结果，除了对于礼的习惯成自然，更
为重要的，是习得礼义之中所蕴含之德而为"善"："人之善恶多由
习而至。习善则为善人，习恶则为恶人。然则自幼时，宜慎所习之
事。"[4]益轩的叙述已经有了后来徂徕所讲的人之性"善移"，"习善则
善，习恶为恶"之意涵。[5]

益轩不仅敏锐地觉察到习与性之善恶的关联，而且指出了作为
习之内容的承载者——"师"之重要性："师者，小儿见习之范本

1　貝原益軒「和俗童子訓」『益軒全集』卷三、174~175 頁。

2　〔日〕辻本雅史：《日本德川时代的教育思想与媒体》，第 47 页。

3　貝原益軒「大和俗訓」『益軒全集』卷三、121 頁。

4　貝原益軒「和俗童子訓」『益軒全集』卷三、186~187 頁。

5　荻生徂徠「弁名」吉川幸次郎・丸山眞男等校注『日本思想大系 36 荻生徂徠』、240 頁。

也。"[1] 从模仿的对象定位"师"，这被辻本雅史命名为"渗入型"教育。所谓的"渗入型"教育与"教入型"教育相对，"教入型"教育可对应益轩所谓的"口耳之学"，而"渗入型"教育，则可称之为"范本式"的教育。在"范本式"的教育中，依旧贯穿着益轩"训"化儒学的理念：

> 教学者，以日用彝伦之平实切近者为先焉，圣人之教本自如此，是学者易晓易入之道，而与异学之徒浮虚贪高而大言者异矣。圣学之训不要极高极深，盖高深非所以教初学也。圣人之道自是易简，虽愚夫愚妇易知易行者，是下学之事，圣人之本教也。若夫极高深者，下学之功积久而自然而得者，是上达也。盖下学而上达者为真知，不下学而欲上达者为空言，此理之所无也。[2]

在益轩看来，圣学之训不需要极高极深，而要以平实切近为首务，这既是益轩对于"下学而上达"的理解，也是整个江户时代前期京学派以传播儒学、促进日本儒学化为基调的反映。"贝原益轩是日本江户前期的朱子学者。与其仅仅说益轩是一名日本江户时代的、通过再构建朱子学而展开论述的儒者，倒不如说他是一名立足于日本社会接受朱子学，且将其学问向民众开放的儒者更显恰当。"[3] 从"训"化儒学的角度而言，辻本雅史对益轩的这一定位相比于丸山真男的所谓"古学先驱"，应该说更为恰切。

五　小结

本节以益轩晚年对朱子学之"大疑"为问题意识，从理之气化

1　貝原益軒「和俗童子訓」『益軒全集』卷三、176 頁。

2　貝原益軒「慎思錄」『益軒全集』卷二、4 頁。

3　〔日〕辻本雅史：《贝原益轩和〈大学〉》，《深圳大学学报》（人文社会科学版）2016 年第 2 期。

的角度尝试对这种"疑"产生的根源进行诠释。在此，再从解构丸山的"古学先驱"及理学气化两个角度进行总结。

首先，益轩被视为"古学先驱"的所谓通说，实际上沿袭了井上哲次郎塑造的朱子学与"古学派"二元对立的格局，在此种叙述模式之中，朱子学的崩溃与古学的发展是一体两面、同时进行的。朱子学作为中间层的"失落"与圣人的绝对化构成了丸山展开论证的两条主线。然而，益轩对朱子学的批判，根源于明代以来理学气化的现象，也就是说，所谓的"疑"不过是以理气一体论修正朱子的理气二元论，这也是理气关系中主气一脉的普遍主张。因此，对于包括益轩在内的明代以后的朱子学者而言，朱子学从未"失落"，而是向着主气的维度展开了新的论域。与此同时，益轩对古学的重视，并非其个人的特质，而是京学派木下顺庵以来的传统之一，而且益轩也没有把圣人置于绝对神圣的位置，反而自觉圣人制作之礼乐在日本应当因地制宜，有所取舍，不该拘泥。由此看来，朱子学在益轩的思想中仍然占据主导的位置，与其将益轩视为古学的先驱，不如将其视为京学派中主气一脉的代表，因为他较为彻底地贯彻了主气的思想。从主气的角度出发，还可以将其著名的养生论与博物论联系起来，养生的根本即在养气，而博物的主张则源于不断向外的穷理与求知。

再者，如果稍微比对一下益轩与后来"古文辞学"的开创者获生徂徕的大略主张，则会发现虽然徂徕继承了益轩所论之"习"，但二人对"文辞"的态度有着根本性的差异。徂徕之学既以"文辞"名之，则其学派崇尚文辞的特点毋庸赘言；而益轩之作，则刻意"未尝用巧文丽辞为工"。而且，徂徕之"古文辞学"是要通过"古文辞"而非程朱之传注达至圣人之道，其志在越过宋学直达三代之学，这种在学理上进行深入探讨的文字所预设的受众，当然不会是普通的民众；而观益轩所著，解经之作仅《大学新疏》一部，其所用力之处是在"训"化儒学，即向一般大众普及儒学，因此表现出来的, 徂徕之著深而受众窄, 益轩之作浅而阅者众。还有, 徂徕的"古文辞学"讲求"唐音直读", 而益轩则反对以唐音阅读中华典籍:

> 或曰: "苟欲正我邦之夷俗, 而行圣人之道, 则必殚舍今之倭韵, 而用唐音则可也。"于乎是固陋执滞之言, 不谙土宜之误也, 不可信从。盖君子之道修其教不易其俗, 齐其政不易其宜。孔子居鲁衣逢掖之衣, 居宋冠章甫之冠, 从俗随宜而然。如华音者, 非国俗之所宜也, 何则? 方土异宜, 倭汉殊俗, 音声亦异, 华夷不可一概而论也。五方之民言语不通, 嗜欲不同者, 自然之理也。华夷国俗各有所宜, 不可变, 然而有译者达其志通其欲。读中华之典籍以和音, 而其理无所不可解, 胜用唐音。[1]

这种"从俗的逻辑", 在京学派的林罗山那里见得分明, 而在益轩也同样适用。简言之, 即便服膺圣人之教, 也需要考虑日本之俗, 这里所谓的"华夷"虽然代表文明的差异, 却不能以华变夷, 民俗不同故也。[2]这些差异体现出二人由于所处的日本儒学的发展阶段不同, 所以对待儒学的方式以及致力的方向并不在同一维度上。简言之, 京学派活跃的江户初期, 日本儒者面临的首要问题是如何让儒学拥有更多的受众, 因此如何以日本民众能懂的话语传播儒学才是益轩上承其师的使命。相比而言, 徂徕所处的时代, 无论是儒者的数量还是儒学的修养, 皆不可同日而语, 这当然与京学派前期的努力直接相关, 也显示出日本儒者已然从全然接受中国儒学转向

1　贝原益軒「自娱集」『益軒全集』卷二、209 頁。

2　当然, 徂徕应该也从包括益轩在内的京学派中获得了诸多的启示, 如顺庵的"古学"、益轩的"造道"、白石的"正名"等, 将益轩视为古学的先驱, 虽然意在强调益轩对朱子学的批判与后来的所谓"古学派"之间的联系, 然而也在一定程度上肯定了京学派与徂徕学之间的关联, 这一点是需要留意的。

了消化、吸收甚至自觉摸索的阶段。

其次，如果我们将关注益轩的视点扩展到东亚的视域，那么理学气化的现象与陈来所讲的理的"去实体化"具有内在的一致性：

> 在经历了明中期以来的在"理"的理解方面的"去实体化"的转向以后，儒学思想家大都走向了这种气质之性（条理之性）的人性一元论。元明的这种人性论虽然多非自然人性论，仍然主张存理遏欲，但这种人性论往往不再坚持性善论，使得孟子的性善论在儒学中的地位受到挑战，从而形成了儒学发展及其经典诠释的新课题。清代思想家如陈确、颜元乃至戴震无不受此影响。[1]

所谓理的"去实体化"，与朱子所讲的"理气决是二物"即以理为"物"的思维方式正相反。随着理不断地"去实体化"，当理不再具有实体，即不再是"物"，那就成为必须依附于"气"的存在，"理只是气之理"，就意味着理成为气的属性之一，或描述气的方式之一，总之从气之主宰降格为气的附属，这也就是本节反复强调的"理之气化"或者说"理学气化"的本质所在。而这种现象在诸多方面均有表现：在理气关系中，往往表现为主张理气一体、理气一物论；在人性论上，通常主张反对本然之性，或主张人性一元论。除此之外，在学问观上更倾向博学，在实践上强调学以致用，等等。当然，这些归纳还停留在比较粗略的表层，理之气化的现象更重要的提示是，理学与气学甚至心学之间存在极为深刻的互动，这或许才是益轩之"大疑"为我们展开的更为广阔的视野，也是接下来需要不断探索和丰富的课题。

---

1 陈来：《诠释与重建——王船山的哲学精神》，第 406 页。

第二节　新井白石与"正名主义"

"我不能诵尧舜之言，使君为尧舜，诚我之罪。"[1] 此言出自新井白石与芳洲的对话。"致君尧舜上，再使风俗淳"（杜甫《奉赠韦左丞丈二十二韵》）可谓比较典型的儒家式理想。就日本而言，由于儒学并未与开科取士直接联系，所以相较于中国，以儒者的身份获取入仕的机会并不多见。而在这些屈指可数的人中，新井白石[2]不仅侍奉了家宣、家继两代将军，而且从 36 岁出仕到 59 岁被德川吉宗罢免，在长达 23 年的时间里，几乎一直处于接近公仪中心的位置，直接参与了广泛涉及政治、经济、外交等的幕政改革，可以说在日本史上留下了浓墨重彩的一笔。

与白石本人多领域的建树相应，对其分门别类进行研究的成果也可谓汗牛充栋。大体言之，先行研究的视角主要集中于三个方面：一是从政治经济学的角度考察白石作为政治家的种种举措，突出其在德川政局中的位置；[3]二是从历史学的角度出发探讨占据白石

1　〔日〕新井白石：《折焚柴记》，周一良译，北京大学出版社，1998，第 123 页。

2　新井白石（1657~1725），字在中、济美，名君美、勘解由，号白石，别号锦屏山人、紫阳、天爵堂等，江户柳原人。父新井与次右卫门正济，侍奉上总久留里的藩主土屋利直（1607~1675），为人谨严实直。母坂井千代，善诗歌管弦。白石出生那年适逢"明历之大火"，被主君土屋利直称为"火之儿"，同年，林罗山殁。白石少明敏，颇受主君利直器重。后因土屋家主之争，新主赖直不容旧臣，其父受牵连被剥夺俸禄，白石也遭放逐禁止出仕（21 岁，1677）。作为浪人的白石饱受贫困之苦，直到土屋家灭亡，白石才被解禁（23 岁，延宝七年，1679）。白石在 26 岁（1682）时成为堀田正俊的家臣，五年之间，专心学问。30 岁（1686）由对马儒生阿比留（西山顺泰）推荐，入木下顺庵门下。主君堀田正俊被刺杀后，白石跟随正仲辗转，终因削减封地困窘所迫而在 35 岁时（1691）致仕再度成为浪人，开设私塾，招收门人。37 岁时（1693），受其师顺庵推荐，出任甲府藩儒者，藩主德川纲丰即是后来的六代将军家宣，后又继续侍奉七代将军家继。参与"正德之治"的改革，直至八代将军吉宗即位才隐退。白石多才多艺，著作颇丰，涉及历史、地理、语言、外事、军事、哲学等多个方面，多有创见。

3　代表如ケイト・W・ナカイ（Kate W. Nakai）著、平石直昭・小島康敬・黒住真訳『新井白石の政治戦略』東京大学出版会、2001。

著作绝大部分的史论，多突出其实证主义的侧面；[1] 三是从语言学的视角出发，白石是较早注意到中日两国词汇差别，并注重从时代、地理、社会条件等特殊性的角度来考察语言的儒者，从这个意义而言，白石被誉为日本语言学的奠基者。[2]

以上各方面的深入探索，确实促进了白石思想微观研究的累积，然而这种研究方法本身的局限性也比较明显，即容易导致整体思想的割裂。"可以看到在白石的思想中，贯穿其全体活动的，是对朱子学的合理秩序的一种信赖，在可能的限度内对事实采取实证的态度，还有对与自己不同的立场和文化采取柔软而开放的精神"，[3] 也就是说，相较于白石研究中的诸"显学"，不太被学者关注的朱子学或许才是贯穿白石思想始终的线索。白石一直以儒者的身份活跃在历史舞台上，即便在死后，其儒者的身份也一直铭刻在历史的记忆中："呜呼！自先生之亡，于兹百有五十年，世无真儒，国无师臣。"[4] 出现这种反差的主要原因之一在于白石虽然著作等身，但是集中论述其儒学思想的只有《鬼神论》一篇，因此，探讨其儒学思想的研究较之其他方面并不多见，而且往往简单地归之为"合理主义"。[5] 然而，"新井白石给当时留下的是'唯云正名'（汤浅常山《文会杂记》中服部南郭对白石的评价）这种可以称之为'正名思想家'的印象，其著作中到处可见'正名'思想的展开"，[6] 换言之，"正名"应该才是白石始终关注和致力的儒学政治化建构。本节即

---

1 代表如尾藤正英「新井白石の歴史思想」松村明・尾藤正英・加藤周一校注『日本思想大系35 新井白石』岩波書店、1975、555~568頁。

2 代表如加藤周一「新井白石の世界」松村明・尾藤正英・加藤周一校注『日本思想大系35 新井白石』、505頁。

3 加藤周一「新井白石の世界」松村明・尾藤正英・加藤周一校注『日本思想大系35 新井白石』、506頁。

4 島田重礼「祭白石先生文」『篁村遺稿』巻下、秀英舎第一工場、1918、39頁。

5 宫崎道生『新井白石の研究』吉川弘文館、1958。朱谦之也持此观点，详见《日本的朱子学》，第229页。

6 大川真『近世王権論と「正名」の転回史』御茶の水書房、2012、172頁。

以"正名"为核心，重新梳理白石的儒学思想体系，以期为白石的哲学、语言学、历史学以及政治实践等诸多领域的论述铺陈出"正名主义"的儒学底色。

一　正名的依据：古学

白石出身于传统的武士家庭，据他的回忆录《折焚柴记》记载，从 8 岁开始，父亲就要求他每天白天写三千字，晚上写一千字，冬天夜里犯困，他就让侍从用冷水使自己清醒，直至完成父亲布置的任务方睡去。正是这种好学勤奋的精神，让他 13 岁（宽文九年，1669）即可为主君土屋利直代笔。17 岁时（延宝元年，1673）偶然接触到藤树的《翁问答》，白石始知有圣人之道，"从此以后，迫切有志于斯道，而无人可以为师"。[1] 彻底改变这种无师局面的是他 30 岁（贞享三年，1686）入木下顺庵门下。白石回忆说：

> 现在回想，当年我三岁初知习字时，如有适当老师，书法不至拙劣如此。又从六岁诵习汉诗时起，如果有从学之处，文学恐亦会有所进步。而且十七岁有志于儒学以后，如有教诲引导之人，想亦非今日之我了。我出仕甲府藩邸之后，始自己搜购书籍，藩主亦多所赏赐。但身既从宦，无暇读书。在此之前，经常贫困，只有从他人借阅适当的书籍。有应抄录者则手自抄写，故我所读的书实很有限。从事学问而遭遇不幸之多，恐怕没有像我这样的了。如此励志于学如前所述，是由于经常忍耐难忍之事：世人做一次的事，我做十次；人家做十次的，

1　〔日〕新井白石：《折焚柴记》，第48页。

我做一百次。[1]

白石从 17 岁有志于圣人之道开始，就依靠《古今韵会举要》《字汇》等辞书来自学四书五经。从白石的自述，可以想象一直以来苦于无师的他终于可以拜入顺庵门下的欣喜之情。白石特别珍惜与顺庵的师徒情谊，早在木下一门显赫之前，白石就以一种近乎忠诚的感情对待其师：

> 次年〔元禄五年，1692〕，有人（姓谷）劝我："你出自失宠于将军的藩主之家〔指堀田家〕，又从学于不受重用之师〔指木下顺庵〕，即使学而优，恐亦难于自立。你何不改变所学，以求日后的飞黄腾达！"起初我只付之一笑。他一而再，再而三地劝之不已，我回答说："你一定是为我好，才这样说，但如你所说，对我实际并非好事。昔日孔门弟子的事，你谅也听说过。如因其师不遇于时，就有改变所师之理，他们何以在陈蔡之间仍旧相随不去？凡人生当以死相报者有三，即所谓父、师、君。必要时不惜一死，即此之谓。现我父已逝，也无所仕主君，我应致死者，唯师一人而已。"[2]

既入顺庵一门，自然会学习朱子学无疑，但值得注意的是，白石还继承了其师重视"古学"的倾向。虽然"古学"这一概念经过井上哲次郎和丸山真男的思想史重塑，现下几乎成了特指山鹿素行、伊藤仁斋以及荻生徂徕一脉反朱子学的代名词，然而实际上，与山鹿素行近乎同时期的木下顺庵，也同样尊崇古学，这点前文已有详细阐述。以顺庵为古学之开祖，非常重要的一点即是他所重

---

1 〔日〕新井白石：《折焚柴记》，第 50 页。

2 〔日〕新井白石：《折焚柴记》，第 57~58 页。

视的经典结构已经超出四书的范围，开始回向五经溯源。当然，经
过朱子学洗礼之后，这种向五经的回归已然不同于传统的训诂之
学。[1] 趋向古经这种诠释文本的转换，也鲜明地体现在白石的侍讲
之中：

> 廿六日开始进讲《大学》。明年甲戌［元禄七年，1694］正
> 月初，藩主口谕："以前听讲《四书》三遍，《小学》《近思录》等
> 各一遍，然尚不明何为圣人之道。今后应如何学习，请予规划！"
> 我大致回答如下："古代圣人修己治人之道，备于四子书中。但能
> 留心躬行，不必他求。然如欲详知圣人大经大法，恐须兼习《五
> 经》。您富于春秋，只须努力不懈，学问成就当不在远。"[2]

自此之后，白石不间断地为家宣侍讲了《诗经》《书经》《春
秋》（兼讲左氏、公羊、穀梁、胡氏四传）、《礼记》《周礼》《周
易》等五经。白石为主君搜购和汉书，主君赐经书给白石，让他传
之子孙，"所赐六种经书为汲古阁善本，装潢以及书函、锁匙等尽善
尽美，至今犹藏我家"。[3] 当藩主（后来的将军家宣）听讲三遍四书

1　这一问题虽然非常重要，但牵连甚多且关系复杂，很难一概而论，也非本书要处理的核心内
　容，故此处仅简略言之：后出的训诂之学更为注重从古代经书中精选词汇，并广罗词汇所
　出现在经典中的范例，以期归纳出比较完整且确定的词义，因此比较类似辞书式的解释词
　义。而汉唐训诂，以郑玄经为首，更注重从上下文中提炼词汇含义，强调经学内部的融洽
　性，具体的词义必须依据语境调整所指，乔秀岩将"结构取义"称之为郑学的第一原理不无
　根据。不过其过于看重郑注，以为"清人归纳分析词义之法，将词语从经文语境中抽离开来，
　单独研究，这种方法适合看报纸，不适合读经书。应该说郑玄对文本、词汇的理论认识，比
　清人更深刻而复杂"（乔秀岩：《郑学第一原理》，《北京读经说记》，万卷楼图书股份有限公司，
　2013，第248页）。确实，依据语境调整词义，如此词汇的含义无疑更为丰富而具体。但是这
　种评价又过于贬低后来尤其是清代训诂之学的意义，虽然可能因为归纳法本身的局限性而忽
　视掉特殊语境下的词汇内涵，但是毕竟这才是更为客观且更加接近现代科学的认知方式。换
　言之，宋代之后尤其是清代的训诂学，使传统的小学从经学的依附中独立出来，逐渐发展为
　具有近代意义的语言学，也就是在这个脉络上，白石才能被称为日本语言学之开山。
2　〔日〕新井白石：《折焚柴记》，第60页。
3　〔日〕新井白石：《折焚柴记》，第62页。

仍不解圣人之道时，白石提出的进学建议颇值得玩味。从他的回答可以看出，修己治人的圣人之道，已然完备于四书之中，只需要亲身实践，并不需要向外别求，这无疑肯定了以四书为经典格局的朱子学的完备性。但白石又指出，如果还想明了所谓的"大经大法"，则需要修习五经。综观白石的侍讲内容，大部分都是五经的讲解，这就说明白石不仅在思想上重视五经，而且将这种理念付诸侍讲的实践，足见其对古学的重视。当然，白石与其师木门所重之古学，与朱子学之间并无矛盾，这就与井上、丸山所谓的"古学派"相区别开来。白石重古学，尤其重视《易》与《礼》，常见于其论史与行政之中。

"本朝天下之大势，九变而为武家之代，武家之代五变而为当代。"[1]此为白石对整个日本古代史的区分，如果暂且不论其九变、五变的具体内容，而关注到九、五这两个数字本身，则不难发现："他叙述德川政权以前的历史，用'九变'和'五变'进行时代的区分，就是按照《易》的'九五'来使用的。"[2]由此看来，白石的历史观中无疑蕴藏着易学的底色。

白石亦重《礼》，尤为明显地体现在他与大学头林信笃关于幼主是否应该服丧的争论中。这一事件起因是白石听闻信笃议定主君家继尚年幼，故不需要为其父家宣服丧，原因是林信笃认为根据中国的古礼，未满七岁之人不需要为父母服丧。虽然此事已经定下，但是白石仍以不合礼为由，提出了他的异议：

> 古圣人之制丧服，始于父子、君臣，皆为加强君臣之道。中国后世有不同于古制之时代，我国之制亦有不同于古者，然

---

[1] 新井白石「読史余論」上、松村明・尾藤正英・加藤周一校注『日本思想大系 35　新井白石』、184 頁。

[2] 加藤周一「新井白石の世界」松村明・尾藤正英・加藤周一校注『日本思想大系 35　新井白石』、535 頁。

而莫非依据古圣人之制，再斟酌时代之所宜。元禄时〔六年，1693〕改订服忌令，亦未背离古圣之心。（中略）古之服制既称"童子为其父母服丧"，何可理解为相互无服耶？（中略）本朝有所谓心丧，虽无服制，心中持丧，上自主君下及御家人。即使如元禄令无服制，至少服丧期间不从事于吉庆事宜，则不违元禄之令。臣子之情稍稍得伸，天下父子君臣之道，亦借此得以树立。（中略）且所谓天下之政治及法律，皆所以正人伦，以事父事君为其大本。若仅以不满七岁之人为父母服丧一事恐引起世间对元禄令之疑惑，则失天下之大本，丧天下之大伦，孰重孰轻耶？[1]

此事最后采用了白石提出的"心丧"的建议。林信笃对此自然不满，于是就此事与白石往复争论数次。抛开具体的礼仪问题，从白石的建议中我们可以看出他对礼的一些理解。首先是对古圣人及五经的重视。白石认为丧礼的制定是为了加强君臣之道，这种理解不失为一种"祛魅"的方式，确实透视出其"合理主义"的思维方式。值得注意的是，白石虽然没有把礼的起源归于天神的创造，却归为"古圣人之制"，这就把对天神的信仰降格到对古圣人的推崇，与后来徂徕的圣人制作说别无二致。进一步，这种对古圣人的崇拜具体化为对古代典籍即五经的重视。白石与林信笃之间的争论实际上就体现为对五经的熟悉及理解程度的差异。其次是对君臣之义的重视，守护礼的尊严意在维护君臣之义，即事父事君才是大本。从这个角度而言，白石是以礼为手段来维护大义名分，而其现实表现即是维护政治及律法的权威意识。白石重法，他非常小心地维护元禄令的威严，因为他知道一旦百姓对律法产生了怀疑，就容易出现秩序的混乱。但必须注意的是，白石认为所有的政治还有法律，

---

1 〔日〕新井白石：《折焚柴记》，第139~140页。

都以正人伦为目的，因此白石之重法并没有超出儒家纲常伦理的
范围。

合而言之，正如白石所言："余所草建言，不仅当时为天下定父
子君臣之位，且为我国万世恪守周公孔子之道之证词，传之后世，
固其宜也。"[1]大义名分与周孔之道，实为白石儒学思想的要义，而这
也可以看作白石思想展开的两条线索。其一，从逻辑上说，周孔之
道距今久远，载之古经，故欲明了周孔之道，须先通古经，而这对
生于后世异域的白石而言，即涉及语言文字方面的"名实"问题。
其二，所谓的周孔之道，落实到现实政治之中，于白石而言，就是
"名分"的问题。而这两个问题，都属于儒学史上"正名"的论域，
以下即从这两个方面展开论述。

二 正名的向度之一：名实论

白石曾谈道："作文不达者，古人之文字尚不明，何况经义中之
深义？"[2]这就简洁明快地表达了字—文—义之间的深刻关联。如果
不能通晓中国的古文字，就不能明白古代经典中的深义，这也与后
来徂徕的古文辞学的方法论异曲同工。清代的洪榜曾概括戴震的思
维方式说："先生以为经之至者道也，所以明道者其辞也，所以成辞
者字也，必由字以通其辞，由辞以通其道，乃可得之。"[3]由"字"通
"辞"，再由"辞"致"道"，这在戴震的思想中表现得淋漓尽致。
而在更早的日本江户时期，白石和徂徕都已自觉到了这种方法，只
是具体而微而已。如果说徂徕之古文辞，更多的是通过考据文辞重
审义理，那么白石除了考据具体的名相，还更为抽象地论述了他对
"名"或者说概念本身的理解。在进入白石的分析之前，不妨先回

1　〔日〕新井白石：《折焚柴记》，第141页。
2　新井白石「奥佐久間洞嚴書」『新井白石全集』第五、東京活板株式會社、1906、431頁。
3　洪榜：《戴先生行状》，《戴震全书》（修订本）第7册，黄山书社，2010，第6页。

顾一下儒学史上的"正名"问题：

> 子路曰："卫君待子而为政，子将奚先？"
>
> 子曰："必也正名乎！"
>
> 子路曰："有是哉，子之迂也！奚其正？"
>
> 子曰："野哉，由也！君子于其所不知，盖阙如也。名不正，则言不顺，言不顺，则事不成；事不成，则礼乐不兴；礼乐不兴，则刑罚不中；刑罚不中，则民无所措手足。故君子名之必可言也，言之必可行也。君子于其言，无所苟而已矣。"（《论语·子路》）

从以上文段可以看出，孔子所谓的"正名"，有着名—言—事—礼乐—刑罚的逻辑关系。汪奠基从逻辑的角度出发，指出孔子所论之"名"有两种面相：

> 孔子的正名思想，事实上包括这两方面：一为"正形名"的名实概念，一为"正名分"的伦理规范意义。所谓正形名，主要属于自然、社会和一般事物的客观历史观察；所谓正名分，则是属于主观政治伦理方面的实践法则问题。前者是要做到立名言，别同异，明是非，辨真伪等有关逻辑内容的"事实判断"的认识；后者则是实行定名分，治纲纪，正理平治，以及明贵贱、别善恶等等以封建政治伦理为基础的"价值判断"的问题。孔子的正名论，刚好概括了这两方面的问题，即统摄了名言事实关系和名分正理。[1]

孔子的正名论确实可以包含名实论和名分论两个方面。从

---

[1]　汪奠基：《中国逻辑思想史》，武汉大学出版社，2012，第109页。

名实论的角度而言，白石著有被称为日本语言学奠基之作的《东雅》，安积澹泊论其旨曰："凡有是物，必有是名。有是名，必有是义。大而日月山川，小而喘软肖翘，莫不各有其名，而存其义。古昔神圣开物成务，因自然之声音，体品物之情状。彝伦于是乎叙，政教于是乎出。居今之世，不知古语之义，庸其可乎？"[1] 概言之，物各有名以存其义，名既是对物的一种抽象指称，也保存了人对物的理解。换言之，名起源于用听觉的声音来描述可见的事物。这里提到的"声音"，被视为日语不同于中文和梵语的特点，对此室鸠巢也有论述："天下之声，不过五，而五声之变，不可胜穷。盖声之初出者为言，言杂而相轧则音生焉。圣人于是因言以制字，因字以寓音。然后其言与音，一定而不可易已。唯我东邦，不待文字，而能尽言语之变。唯彼西竺，不假文字，而能尽音韵之变。其名天下之物，通天下之故，东邦贵于言语，西竺贵于音韵。而中土之于文字，则兼之矣。"[2] 汉字传入日本之前，日本有音而无文字，因此只能用声音来命名万物。不同于圣人因言制字的汉字，日本只是模仿汉字之形而制成了自己的文字，以这些文字为载体，日本才有了自己的古典。白石借助《旧事纪》《古事记》《日本纪》《姓氏录》《古语拾遗》《风土记》《万叶集》等日本古籍来探究日本古言的内涵，在他看来，"不师古而自解其意释其义，我之不所信"。[3] 只有学习古籍才能探寻经义，这应该是白石推崇古学的根本原因，"师古，反映在了《东雅》的方方面面，可以说是彻底的原典主义"。[4] 从名实的角度而言，白石首先对语言进行了分类：

---

1 安積澹泊「東雅序」松村明・尾藤正英・加藤周一校注『日本思想大系 35 新井白石』、104 頁。

2 室鳩巣「東雅序」松村明・尾藤正英・加藤周一校注『日本思想大系 35 新井白石』、107 頁。

3 新井白石「東雅」松村明・尾藤正英・加藤周一校注『日本思想大系 35 新井白石』、110 頁。

4 高松正毅「『東雅』において新井白石が目指したもの」『国文学研究』123 巻、1997 年 10 月、30 頁。

　　　　天下之言，有古言，有今言。其于古今之间，亦有方言。
　　　方言之中，亦各有雅言，有俗言。古言者，自太古至近古，其
　　　世世之人所言之语言也。今言者，今世之人所言之语言也。只
　　　今五方人之语言，各不相同，古之时，亦各有其世，五方之
　　　语言不同犹今。古时，中土东南西北之人，有雅有俗。尊者所
　　　言为雅言，卑者所言多为俗言。就中遗古言之名，现于今人之
　　　所言，其语有可解者，有不可解者。且今之人所言，本出自古
　　　言，不得其解释，则其义不明。[1]

　　从以上白石的总论来看，他将语言按照不同的方式进行了分
类。在白石看来，语言有古今之别，亦有雅俗之别。所谓古今，
是以时间为维度的区分，也就是白石所说的"世"有差异，而古
今之间的"方言"，是以地域为维度的区分，所谓的雅俗，虽然后
来演变为尊卑之别，但是溯其源，也根植于地方之言的差异。以
时空的区分为基础，"通我国古今之言，当先论其世也"，[2] "我国太
古之初至今世，非独五方雅俗之言，移风易俗，海外诸国之方言，
亦见相混"。[3] 如此，名实关系在白石的思想中就可以具体化为论世
和知俗两个要点。而无论是"世"还是"俗"，都属于"实"的范
畴，因此，《东雅》呈现出的名实关系，可以归纳为因实以循名。
　　再就儒学的视角来看白石的名实论。一般而言，白石最为集中
地阐述其儒学思想的只有《鬼神论》一篇，而这篇文章本质上就是
在辨析"鬼神"之"名"。白石特别强调了他进行概念辨析的文献
依据："今试由三礼（《周礼》《仪礼》《礼记》）始，合古之圣贤之
遗言，世代先儒之正言，如何辨其名，又不易，闻其事犹难，况及

1　新井白石「東雅」松村明・尾藤正英・加藤周一校注『日本思想大系35　新井白石』、109頁。
2　新井白石「東雅」松村明・尾藤正英・加藤周一校注『日本思想大系35　新井白石』、110頁。
3　新井白石「東雅」松村明・尾藤正英・加藤周一校注『日本思想大系35　新井白石』、111頁。

如何知其事。只当由其名，求其义。"[1] 由此可见，白石辨析鬼神之名的依据即是《礼》，这也可以反映出《礼》在其儒学思想中的地位。如果说《东雅》一书意在因实而索名，那么《鬼神论》的逻辑则正好相反，是通过经典之名辨别存在是否属"实"，白石所谓的"由其名，求其义"，正是因名而证实的方法。具体而言，白石援引《易》与《礼》，对鬼神定义如下：

> 云天神地祇人鬼之事。天之气常伸（天循环不止），又云气之清明之物为神，日月星辰之类是也，变化不测（《易》：不可测之谓神），故天有神之名。地者，山崎川流，草木生出，显而为迹，故地有祇之名。祇之字古作示（《周礼》：地示），有示见、著见之义（如朱子之说）。云人有鬼之事，鬼者归来也（鬼与归之声相近）。人死，其魂必归于天，其魄必归于地。魂魄归于天地故名为鬼。[2]

从对鬼神的理解来看，白石的定义的确没有超出理学的范围。如果不囿于具体的内容，转而从形式上分析白石儒学思想的风格，则不难发现在白石的定义中，使用了五经之中的《易》与《礼》来佐证朱子的说法，也就是说，白石的朱子学中始终牵连着古学的影子。相较于书斋式的学问，白石更倾向于学以致用，而他专论鬼神，也有比较明确的指向，即排斥佛教。所谓的"鬼神"，不过是阴阳二气之屈伸往复，因此无论是彼岸的世界还是成佛的愿景，其存在与实现的可能性都值得怀疑。而当"事实判断"转入"价值判断"的时候，名实论往往就与名分论联系在了一起。

1　新井白石「鬼神論」松村明・尾藤正英・加藤周一校注『日本思想大系 35　新井白石』、147 頁。

2　新井白石「鬼神論」松村明・尾藤正英・加藤周一校注『日本思想大系 35　新井白石』、148 頁。

在白石看来，庶民祭祀神佛而非自己的祖先，这本身就是辱没其父祖的行为，更何况一旦只顾一己之身摆脱轮回，那么父子君臣夫妇等伦常关系都将受到威胁，而这是作为儒者的白石难以接受的。所以论鬼神以指人事，白石最后的落脚点依然是儒学的纲常名分："圣人之教，只如菽粟布帛之日用，无求于孝弟忠信之外。是如诗书执礼常所言，非彼怪力乱神之语。"[1] 由此可见，白石论鬼神，其目的在于论证圣人之教即在于日用常行的诗书礼义之中，并不需要去寻求漫无边际的鬼神。实际上，白石驳斥天主教义也出于这一逻辑："其教以天主为化生天地万物之大君大父，使吾有父不爱有君不敬，此为不忠不孝。"[2] 不仅如此，白石对鬼神的理解同样适用于其对日本传统神道的认识："抹去神武以来前代天皇之事，冠之以天神副天神之名，捏造不可知之物，说神代几亿万岁，其原委深得之于心，说当时不可知之神书神道之人，不唯自欺，亦是欺人，为散布笑止千万妄语之事。"[3] 此论可以说是基于对鬼神的理解而对已然神化的天皇一系展开的攻击。应该说，以实指名的事实向度将白石的语言论和鬼神论导向了"合理主义"，然而这种"合理主义"还有更为重要的价值指向，此即白石的名分论。

三　正名的向度之二：名分论

"神者，人也"，[4] 这句极具启蒙主义的口号让白石的史观具有了近代性的光芒："白石一般是作为合理主义者的代表而为人所

1　新井白石「鬼神論」松村明・尾藤正英・加藤周一校注『日本思想大系35　新井白石』、181 頁。

2　新井白石著、宮崎道生校注『新訂　西洋紀聞』平凡社、1968、79 頁。

3　新井白石「與佐久間洞巖書」『新井白石全集』第五、537 頁。

4　新井白石「古史通」『新井白石全集』第三、219 頁。

知，其历史研究所富有的所谓科学性也被广泛宣传。尤其是从欧赫墨罗斯主义（Euhemerism，神话即历史论）的立场而论，其神代史的解明真可谓近代史家的先驱。《古史通》中表明的一句'神者，人也'，极为著名。"[1]白石用儒学的名分论来品评历史，其中最具代表性的就是关于"保元之乱"的按语。对于作为弟弟的后白河天皇流放哥哥崇德天皇，哥哥关白忠通与弟弟左大臣赖长争斗，外甥平清盛斩杀叔父平忠正，源义朝杀其父源为义，白石评论道："父不父、子不子，兄不兄、弟不弟，夫不夫、妇不妇，君不君、臣不臣，一言以蔽之，北畠准后坏所谓名教。"[2]对此，加藤周一曾深刻地指出："此种道义的判断，不遑枚举，都是以父子之'孝'、兄弟之'悌'、君臣之'忠'为道义判断的基准。这些情况之中，并不一定将'忠'置于'孝''悌'之上，相较于德川时代普遍化的'忠'对于'孝''悌'的优越性，确实是忠实于中国的儒教，尤其是朱子学。"[3]由此可以看出，白石"合理主义"的历史学中无疑贯穿着儒学的名分论。

以上讨论的名实论与名分论，应该说与中国历史上"正名"的发展脉络比较一致。这种一致性表现出儒学本身的一种连续性，保证了儒学无论以何种样态呈现，始终保持着其之所以还是儒学的本质。一体两面的是，当儒学逐渐深入"日本"这一实体之时，也必然会遭遇"日本"的特殊性，而这种特殊性尤为明显地体现在名分论上。

就日本而言，这种名分论的特殊性即是"尊王（皇）"与"敬幕"之争。"'正名'是要明确人伦的秩序，这尤其适用于'君臣之

---

1 宮崎道生『新井白石序論（増訂版）』吉川弘文館、1976、98 頁。

2 新井白石「読史余論」上、松村明・尾藤正英・加藤周一校注『日本思想大系 35 新井白石』、223 頁。

3 加藤周一「新井白石の世界」松村明・尾藤正英・加藤周一校注『日本思想大系 35 新井白石』、536 頁。

义'，提出在全体的政治社会中，正统的统治者究竟是谁这一问题，就成了日本儒教的尊王论尤其强调的'大义名分论'。"[1] 明治维新之后，"国体"论盛行，沿着国体论产生的脉络，可上溯至后期水户学、日本的国学派等，而国体论就儒学的层面而言，实际上更倾向于"尊皇"的立场。"尊皇"思想的盛行与明治维新前后幕府政治势力的衰弱以至消解不无关系。

然而除了"尊皇"的立场，就德川政权的真正主宰者而言，"敬幕"实际上占据了更为重要的位置，白石的"正名"论即能彰显这一现实："孔子曰：'必也正名乎！'名者，不惟言其君臣父子，而自天子以至诸侯及卿大夫士，其爵位名号，亦皆是也。故下犯上，僭也。名非其实，乱也。僭之与乱，非其正也。"[2] 在白石看来，所谓"名"涉及了所有统治者的爵位名号，所谓"乱"即是名实关系的错位，这种错位最直接地体现在上下关系上。自武家时代开幕以来，公仪与天皇之间何为上何为下成为日本儒学史一直存续的问题。白石出于对将军之义，坚定地站在以公仪为正统一边。这种立场在他的史论之中多有体现，如白石在评价足利义满时，认为"其名，虽为人臣，然其实，则与其名相反"。[3] 名实错位即是白石所谓的"乱"，因此既然大势已变，则需要应其变而重新制作一代之礼。

这种对历史的态度亦体现在他对现实的政治主张之中。所谓"名分"，本身即蕴含了名和分的对等性，既然白石以为将军才是日本实际上的主人，那么除了有与之身份相应的"名"之外，还需要其履行对应的"职分"。这种"职分"放在白石的儒学思想中，即是他始终践行的"仁政"：

1　丸山真男『丸山真男講義錄第七冊　日本政治思想史 1967』東京大学出版会、1998、210~211 頁。

2　新井白石『新井白石全集』第四、700 頁。

3　新井白石「読史余論」下、松村明・尾藤正英・加藤周一校注『日本思想大系 35　新井白石』、369 頁。

权力与人民关系中的"仁政"理想，与事实认定的慎重之间的关系，恐怕存在密切的关联。这是因为在武士独占权力的社会，事实的误认还有歪曲，即便不是常见，在多数的情况下也一定是对武士这边有利，而对百姓町人不利。因此不管是否热心于对事实的追求，都会带来批判和抑制滥用权力的效果。如果白石欢迎这种效果（价值判断），那相应的应该就可以彻底地追求事实（事实判断）。这种经验影响到作为历史家的白石，作为历史家的白石的方法，反过来应该也会影响其对诉讼事件的处理。学问的实证的方法，虽然逻辑上与政治的理想无关，但是支撑其学问的心理条件，却与其政治的立场不无关系。[1]

回顾白石的出仕历程，他曾在顺庵第一次举荐时将出仕的机会让给了同门，等再次得到被举荐的机会时，白石就成为甲府藩的儒者，而藩主德川纲丰即是后来的六代将军家宣。"家宣通过白石近二十年的政治教育，以'尧舜之君'为自觉，志于'仁政'的实现。因此，虽然在任期间不长，然而内政、外交两方面都颇有成绩，消除了五代纲吉在任期间国民对政治的极度不信任。"[2]辅佐家宣的白石也因着家宣的信任，成为日本儒学史上距离权力中心最近的儒者，而他致家宣于尧舜上的政治实践，即是"正德之治"。

作为公仪的行政官，白石需要处理纷繁的政务，本节主要关注白石的儒学思想，因此集中探讨的是与他的儒学思想相关的主要政策措施，亦即"仁政"。"仁政"既是白石的政治理想，也通过白石传递给了将军家宣。五代将军纲吉在世时，曾颁布"怜悯牲畜令"，

1 加藤周一「新井白石の世界」松村明・尾藤正英・加藤周一校注『日本思想大系 35 新井白石』、525~526 頁。

2 宮崎道生『新井白石』吉川弘文館、1989、176~177 頁。

百姓苦不堪言，然而纲吉直到死前还不愿停止这个禁令，白石描述了当时的情况：

> 前将军谕云："我近年所推行怜悯牲畜令，虽系无关宏旨之细节，然只此一事，在我百年之后，希望仍如我在世一样执行！这样才是对我的孝顺！在座诸人都应很好记取！"然近年以来，因此事而获罪者，不知有几十万人之数！当时尚未判决，死于狱中，尸体用盐腌起者，竟达九人！尚未死者，其数更夥！此令不除，天下愁苦无从得已。但既有如此之遗命，到现任将军时即予以废除，似亦不妥。[1]

家宣刚上任时，面临的正是如此窘境。既然是前任将军的遗命，就君臣之义而言，理当奉行。然而正如白石所描述的，此项禁令让诸多百姓苦不堪言，因此在这种两难的困境之中，白石选择了站在百姓的立场，支持废除此项禁令。

不仅如此，在处理越后国百姓诉讼一案时（正德元年，1711），白石上书言："当今天下无告之民，究应到何处诉苦？奉行诸官起初因百姓不服从指令而上诉，遂目为违法；再加以代官所报告书中所述传闻，遂断为叛逆之罪。凡为民父母者，其心实不应如此。（中略）我愿保其无他。至今虽命令奉行诸官重加调查，如诉者听者相怨相憎之心不变，不可能得其情而服其心。幸而奉行诸官请另遣使调查。应特差使者，调查其上诉缘由。但奉使办理此事者，必须选择性情温和，富有哀矜之心之人。"[2]白石在提案中，将包括自己在内的行政者视为民之父母，而且非常敏锐地注意到了此事件的双方已然生起相怨相憎之心，甚至强调应该选择性情温和有恻隐之心的

1　〔日〕新井白石：《折焚柴记》，第76页。

2　〔日〕新井白石：《折焚柴记》，第115页。

人重新调查此案，从中我们不难看出白石的仁心以及重民的儒家思想。"白石这种思维方式，是把役人自动地视为'民之父母'，以'仁厚之政'为理想，这与儒教的所谓'仁政'的思想不无关系。"[1]在白石生活的时代，虽然有"正德之治"，但是依然有农民不断上诉甚至爆发"一揆"的事件，这就说明单纯依靠"御威光"的震慑，或者严酷的刑罚，此类事件还会不断重演，因此在白石看来仁政是维持长治久安所必需的。当然，这并非意味着"法"不重要，相反，白石非常重视用"法"建立起合理的秩序，然而实行这种"法"的目的是维护人伦纲常。与中国的情形类似，"仁政"既然是要以仁治国，自然需要减轻百姓的各种负担，所以历代的儒臣无不建议对百姓"轻徭薄赋"，白石亦不出其外：

> 盖因太平日久，虚费年年增加，课役有难实现之处，故斟酌时宜如此。况今日去宽永更久耶？军役既已如此，对于世间通常之事无故加重课役，实为不可。不必远论中国之事，观我国历代乱之所起，无不由于天下人民财尽力穷。《论语》称富之教之，《管子》称仓廪实而知礼节。即使有何等善政，行于如今之世亦有困难。因当前之急务，莫如减轻天下武士及农民之负担。因此请命令诸大名来江户时应减少随从人马数目；自城门至外郭之门应减少门卫人员。不论何事，如有临时差役，应斟酌用半役或三分之一役。[2]

白石建议公仪实施的财政改革，一直以来颇具争议。他建议改变勘定奉行荻原重秀改铸货币的政策，提高金银货币的纯度，使之恢复到元禄以前的旧制。关于此项改革的效果暂且不论，白石建议

1　加藤周一「新井白石の世界」松村明・尾藤正英・加藤周一校注『日本思想大系35　新井白石』、524頁。

2　〔日〕新井白石：《折焚柴记》，第118页。

的方式却值得注意，他的理由是，古之圣人即是按照金银铜的原样来使用的，同时，金银铜乃天地所生之宝物，不应人为将其改变，而且经书中早有生财之方，并不需要改铸货币：

> 其议此事之大要云："敬事而信，节用而爱人，使民以时。"此《论语》书中记述孔子论政事之第一义。《大学》书中亦云："生之者众，食之者寡；为之者疾，用之者舒，则财恒足矣。"凡此皆年来所熟知，今不待论。此后只须依其道而行，不出数年，国用即将富足。故斥退改铸金银货之议，诚可谓天下之大幸。（中略）唯有立即撤毁前代将军起居厅堂，另建新居以便迁移一事，即使国家财政优裕，臣子之情犹有所不忍。[1]

此事发生在白石参与大政议事之时，而最后将军的决定即是按照白石所论，"前代将军起居厅堂不宜立即撤毁，改铸金银货事不必再议"。[2]白石的提案虽然最终被采纳，然而其在财政改革上是否达到预期的效果已有不少争议。不仅如此，也有人指出儒学思想观念给白石改革所带来的消极影响：

> 随将军家宣一起进入江户城的白石，面对幕府财政的赤字，试图通过缩小经济规模以均衡财政、抑制高物价，其政策的背景，即以"古之圣人"的政策为范本的儒教式的思维方式。毋庸赘言，诞生儒教的古典的中国，以及十七世纪末到十八世纪初的日本，并没有形成扩及全国的市场。这是白石以及与他同时代的几乎所有日本儒者对时代的根本错误认知

---

1 〔日〕新井白石：《折焚柴记》，第82页。

2 〔日〕新井白石：《折焚柴记》，第83页。

之一。[1]

一般而言，儒学思想中无论是井田制的构想还是重本抑末的四民制，本身都有减少流通以保持稳定的特点。虽然白石通过斯多悌详细了解到了天主教的始末，由此对西方世界获得了一定的认知，甚至推翻了在当时几成定论的天主教"夺国论"，但不可忽视的是，他仍向将军上书，认为即便天主教没有夺国的野心，其教盛却容易生出乱臣贼子，因此白石仍旧选择了支持幕藩体制的禁教锁国政策。[2]就此而言，即便白石已然是较为开明的儒者，也仍然没有走出"锁国"的阴影。

四 小结

从正名的角度论，白石的思想大体处在"价值判断"的名分论与"事实判断"的名实论之间。当然，这两种思维方式并非绝对融洽地存在于白石的论述之中：

> 白石主张，不能简单地认为历史事实就是正确，只有从道德的立场出发符合理义判断的事实，才有被选择记载在史书中的价值。白石的这种主张，虽然重视客观的认识事实，却在事实的选择取舍和解释的侧面，相当程度地允许了主观性。如果过于主观，则有损害客观性认识的危险。[3]

1　加藤周一「新井白石の世界」松村明・尾藤正英・加藤周一校注『日本思想大系35　新井白石』、523頁。

2　刁榴：《新井白石及其天主教观》，《日本学刊》2000年第5期。

3　尾藤正英「新井白石の歴史思想」松村明・尾藤正英・加藤周一校注『日本思想大系35　新井白石』、556頁。

不过，就白石而言，他的史学既然能被冠以近代性的一面，那么虽然白石有其君臣之义的立场，却能在主客观之间保持微妙的平衡。这种平衡让白石的史学虽然始终贯穿着君臣之义的大义名分，但也能较为客观地以事实为依据。然而在现实的政治中，一旦将名分论贯彻到底，则容易走向偏激的民族主义，因此在本节的末尾，简略述之。

白石的正名思想，不仅涉及日本之内的诸问题，他的视线还投射到日本之外的世界：

> （日本）在极东之地，且国土狭小。凡论其国，不以其大小，不以其远近。万国其大者，莫如鞑靼、土耳其，然其民与禽兽无异。（中略）我国如罗马方圆仅十八里，然缘我有道，为西南诸国所敬。此为头虽小却在四躯之上也。（中略）天地之气，岁日之运，万物之生，皆始于东方，万国之中，无如日本如此气运之东方之国，其国之优无须赘言。[1]

以上引文常用于论证白石的思想中已然具备日本"优越论"或者说日本的"民族主义"。然而细究其文，白石认为日本有两个特点，一是极东，一是狭小。在他看来，大小、远近，皆不能作为国家优劣之评判标准，即便国土极大，但如果民与禽兽无异，也不是什么值得炫耀之事。这里以"禽兽"而论，典出孟子所言"人之所以异于禽兽者几希，庶民去之，君子存之。舜明于庶物，察于人伦，由仁义行，非行仁义也"（《孟子·离娄下》）。如孟子所言，人禽之别只在是否有人伦礼乐的教化，由此我们可以推测，在白石看来，日本国土虽小，却有圣人之教，故而有自己的优点。至于日本的方位，虽然偏远，然据《易》，东方乃"生"之象，而"生生之

1　新井白石『新井白石全集』第四、779~780 頁。

谓易"，所以位于最东，不仅不是日本的劣势，反而应该视为万物
之源。应该说，在白石那里，已然有"日本"意识的觉醒，然而这
种觉醒，是在儒学背景下的一种自觉，白石既没有要与中华抗衡，
更没有后来的日本国学那种排斥汉意的情绪。就此而论，只能说白
石对"日本"的认识尚处于民族主义的初级阶段，而这个意义上的
民族自觉本身具有的是近代性而非排他性甚至侵略性。白石的思想
中虽然"敬幕"，却不会去伤害天皇一脉，这从他建议废止皇子皇
女出家之制中就可看出：

> 至第四代将军［家纲］无子继嗣。逝世时，兄弟中唯有前
> 代将军［纲吉］作为养子继承大位。前代将军继位之初虽有子
> 嗣，不久［1683］去世。以后迄无子嗣，遂以当代将军［纲丰
> 改名家宣］为养子。故自第三代将军至今，天下大统已有两度
> 断绝。以神祖功德，尚未及百年，而大统如此，必非无因。况
> 当代将军乃前代将军之养子，我窃深以为忧。当今之时，欲求
> 天悔其祸，其命维新，莫如继承神祖之德。（中略）皇子皇女
> 出家之俗为时已久，竟成世间惯例。皇室固未提出，料想此
> 俗亦非所愿。如皇室不提，而幕府方面亦不作废止此习俗之规
> 定，不能谓尽事上之道。当前公家皆有领地，如皇子立为亲
> 王，不需给与多少土地。皇女下嫁，亦不费多少国家财物。本
> 国天皇祖先天照大神之后裔如此［凋落］，而望德川家神祖后
> 代永世长存，繁衍昌盛，庸可得乎？（中略）以上诸事为我生
> 于此国上报皇恩之一端。[1]

白石虽然以将军为"正统"，却为保住天皇一系而出力。即便
他对皇族一脉的善意是出于维护公仪本身，"积善之家必有余庆"

---

[1]〔日〕新井白石：《折焚柴记》，第78~79页。

（《易》）的思想本来也是白石鬼神之论的依据，而且"继绝世，举废国"（《中庸》）本不出儒学的根本主张。即便在白石建议将军采用"日本国王"之号的时候，也是在合理的限度内提升日本在对外关系中的位置，"复号之举并非如当时及之后招致的诸多误解那样，是白石野心的表现。可以试着推论，这不过是白石出于外交的考虑，想要通过此举提高作为外交主体的幕府的地位，以至提高朝廷的权威，从而发扬国威"。[1] 既然不至排斥乃至伤害别国，那么白石从维护公仪之义出发维护本国的立场也无可厚非：

> 要言之，作为一介幕臣而以将军为本位的尊王家，（白石）与松平定信等不同。众所周知，定信有着营建皇居等丰功伟绩，但关于尊号一事，他也毫无忌惮地将辛辣的手腕加诸公家一侧。这毕竟是彼等的境遇环境使然，如果改变其位置，使之立于庙堂之上，或使其成为在野之人，那么其手段应该自会大不一样。[2]

　　总之，白石始终是以将军为正统的，他的正名论也一直以将军为原点逐渐向日本展开。就白石个人的思想而言，虽然其涉及政治、经济、语言、外交、哲学等诸多领域，以"正名主义"为核心的儒学却始终贯穿其中。从日本儒学史的发展来看，白石虽然少有儒学专著传世，其确立的以将军为正统的"正名主义"的儒学，却为后来的宽政异学之禁中朱子学被正式确立为官学作了尤为重要的"正统"论铺垫。正是在这个意义上，可以说白石以儒者身份辅佐两代将军而行仁政于当时的日本，对推动日本儒学的政治化进程起到了殊为重要的作用。

1　宮崎道生『新井白石の研究』、5~6 頁。
2　三浦周行「新井白石と復號問題」『史林』1924 年第 3 号、88 頁。

第三节 雨森芳洲与儒家神道

雨森芳洲[1]，作为长期活跃在日朝邦交第一线的对马藩儒，其外交与翻译思想一直备受学者称赞，[2]而"朝鲜外交的专家"及"开明的外交官"已然成为定型的"芳洲像"。[3]实际上，除了广为人知的外交家身份，作为"木门十哲"之一，他被其师木下顺庵评价为"后进领袖"；[4]作为"朱子学正统派的硕学"，[5]古文辞学派开创者荻生徂徕亦评论说，"洛有伊元藏，海西有雨伯阳，关以东则有室师礼"，[6]将芳洲与伊藤东涯、室鸠巢并举，足见芳洲在当时儒者心中的地位。[7]芳洲师从顺庵，有着良好的理学修养，然而与同门的室鸠巢或新井白石专崇朱子学不同，他不仅崇尚儒学，更以儒学思想为根基，构建起较为完整的神道体系。芳洲曾言，"吾平生文字，只有'大宝'一说耳"，[8]所谓的"大宝"，即是指神道。芳洲所论的神道，

---

1 雨森芳洲（1668~1755），字伯阳，小字东五郎，名俊良，后对马藩主宗义诚赐字诚清，别号芳洲、橘窗。平安人，一说伊势人。父雨森请纳为医师。16 岁时（1683）师事柳川震泽。18 岁（1685）入江户木下顺庵门下。22 岁（1689）由其师顺庵推荐，出仕对马藩。芳洲不仅擅长中朝两国语言，更以诚信为原则，作为日韩之间沟通的桥梁而为世人所知。其著述颇丰，其中《橘窗茶话》《交邻须知》等集中体现了芳洲的儒学和外交思想。

2 江户后期『続近世畸人伝』『先哲叢談』『甘雨亭叢書』等书中有关于芳洲事迹的记载。明治后首先以雨森芳洲为研究对象的是井上哲次郎，详见其著《日本朱子学派之哲学》。

3 泉澄一『対馬藩藩儒 雨森芳洲の基礎的研究』关西大学出版、1997、「序」、iii~iv 頁。

4 丘思純「橘窗文集序」『芳洲文集 雨森芳洲全書』二、2 頁。

5 永留久惠『雨森芳洲』西日本新聞社、1999、105 頁。

6 荻生徂徕「徂徠集・答屈景山」第一書、吉川幸次郎・丸山眞男等校注『日本思想大系 36 荻生徂徕』、531 頁。

7 芳洲的儒学思想进而至于诚信的外交理念，在近代之后不为人所重视，"明治以降，芳洲沦为被埋没的思想家，其要因在于日本的近代化政策和由福泽谕吉'脱亚入欧'所象征的对亚洲的轻视"（東アジア学会編『日韓の架け橋となった人びと』明石書店、2003、62 頁）。正因为有前车之鉴，当下重新挖掘芳洲的思想才更有现实的意义。

8 雨森芳洲「橘窗茶話」『芳洲文集 雨森芳洲全書』二、261 頁。

从形式到内容，皆多具儒学色彩，因此可以称之为"儒学化的神道"。[1]本节即从儒学史的视角出发，尝试从"圣统"[2]、圣教、圣职三个维度，建立起芳洲儒学化的神道体系。

一　圣统

作为日本本土的传统宗教，神道有颇为复杂的形成过程。而且因为神道思想中夹杂着儒、释、道等多重因素，在不同人物的思想体系中，其存在的具体样态差异颇大。从芳洲的思想来看，其以儒学思想为本体建构神道思想的意图非常明显。具体而言，从构建思想或者说宗教体系的意图出发，逻辑上首先需要寻找到神圣性的根源，从而为整个思想体系固定一个支点或中心。对于芳洲而言，要借助儒学的体系重塑神道，那么木门所传的理学的形式以及内容就显得尤为重要。简言之，理学之判教极重"道统"，芳洲即以之为基底，构建起以神器为核心的日本神道圣圣相传之统。

就理学的发展而言，"道统"思想的兴起，反映了佛教传入中国之后，形成三教鼎立的格局，儒学由此而处于相对式微的境地，不过，也是由于这种思想的碰撞，刺激了宋代以后开创出新的儒学。"道统"的思想，从根本上说应该出于护教的意识。而它的形成，至少需要有圣圣相传的圣人序列以及相传的神圣内容两个层面的准备。到韩愈之时已然列出圣圣相传的序列："尧以是传之舜，舜以

1　在芳洲之前，倡导"神儒习合"的思想在日本中世的度会神道、吉川神道以及近世以来林罗山的"理当心地神道"、山崎暗斋的"垂加神道"等思想中均有体现，学界因此有"儒学神道"的说法。不过这种提法较为笼统，儒学与神道之间的关系颇为复杂，需要结合诸多更为细致的个案分析才能呈现多种具体的形态。关于"儒学神道"的研究，可参考韩东育《"道统"的自立愿望与朱子学在日本的际遇》，《中国社会科学》2006年第3期；王金林：《程朱理学传入日本与林罗山的儒家神道观》，《日本研究》2008年第1期；牛建科：《试析儒学与日本神道的关系》，《孔子研究》2010年第6期。

2　雨森芳洲「論國王事與某人書」『芳洲文集　雨森芳洲全書』二、40頁。

是传之禹，禹以是传之汤，汤以是传之文武周公，文武周公传之孔子，孔子传之孟轲；轲之死，不得其传焉。"（《原道》）这就是说，孟子之后，圣人之学不传。以韩愈为开端，后来之宋儒前赴后继，都试图接续道统之传。这种接续，一方面要回护儒学本身，另一方面也需要排斥非儒学的外教。通过内外的双重努力，重新振兴儒学可以说是每个以接续道统为己任的儒者自觉的使命。作为一个受到朱子学洗礼的儒者，芳洲也有着较为强烈的道统思想，不过他要塑造的，是日本以神道为中心的道统：

> 圣人财成辅相，为之制度，极尽乎爱护养育之道，则天之报复其子孙者，犹如良守令之析圭担爵，传世而不绝也。在昔三代之有天下，或四百，或六百，或八百，其国祚之长也，岂非天之报复者耶？惟我国前有七圣，后有五圣，积德累善，率真为治，以清净之心，行和煦之政。巍巍乎，荡荡乎，养成一国万世仁寿忠质之俗。[1]

"作者之谓圣"，制礼作乐是中国的圣人之所以为圣人的根本。从以上叙述可知，芳洲应该也接受了儒学"福善祸淫"的主张，并由此推论三代之盛况必出于圣人爱护养育天下之心。引文提到的"前有七圣，后有五圣"，即是芳洲模仿中国的道统塑造的日本的圣圣相传之序列，正是由于他们"积德累善，率真为治"，日本才养成了绵延不断的仁寿忠质的风俗。通常日本的儒者并不会主张日本如中国一样也有圣人，毕竟制礼作乐才是衡量圣人与否的终极指标，然而芳洲非常强调这一点：

> 或曰："我国无圣人。"曰："前有七圣，后有五圣，何谓无

1　雨森芳洲「大寶説」『芳洲文集　雨森芳洲全書』二、12 頁。

圣人乎？"曰："其教如何？"曰："其仁明武乎。""何谓惟一？"
曰："允执厥中。""何谓清净？"曰："祓而能祓之，祓之而不
已，则污秽除。污秽除，则清净复。清净者，本原澄澈，心德
之明也。正直者，功效之著也。"[1]

　　芳洲并未直接指明所谓的前七圣和后五圣究竟为何人，不过当
有人问及"古今当以何人为第一"时，芳洲回答说："其菅丞相乎？
观其制作，皆非众人所能。"[2]由此看来，菅原道真或可为芳洲心目
中的日本圣人之一。回答中的"制作"颇具深意，既然"作者之谓
圣"，而芳洲又以菅原道真能"制作"，那么以之为圣人也就在情理
之中。对于日本圣人以何为教，芳洲答之以"仁明武"，而这就涉
及圣圣相传的核心内容。

　　除了圣人传统的序列，更为重要的是所传的内容。一般而言，
"十六字心传"（"人心惟危，道心惟微，惟精惟一，允执厥中"）是
"道统"的核心精神。仿此格局，芳洲也寻找到日本神道圣圣相传
的根基："窃惟三宝之设也，一曰玺，二曰剑，三曰镜。玺者，仁
也。剑者，武也。镜者，明也。明以烛之，武以断之，而仁以成
之。上之所守，下之所宣，圣圣相传，际天蟠地。我东之所谓神道
者，舍此乎何求？"[3]芳洲明确指出，日本所谓神道，即是玺、剑、
镜这三种神器。三种神器的出处虽是古代神话，却已然成为神道中
不可或缺的圣物。芳洲将其分别与儒学的核心概念相对应，即玺—
仁，剑—武，镜—明，这就与纯粹作为宗教的神道区别开来，成为
带有儒学意义的神道。

　　芳洲不仅赋予神器儒学的意义，还非常强调这种"圣圣相传"：
"夫天下之大，四海之广，非仁则不育，非明则不烛，非武则不

1　雨森芳洲「橘牕茶話」『芳洲文集　雨森芳洲全書』二、179 頁。
2　雨森芳洲「橘牕茶話」『芳洲文集　雨森芳洲全書』二、180 頁。
3　雨森芳洲「大寶説」『芳洲文集　雨森芳洲全書』二、14 頁。

整。此乃天理之常，而帝道之规也。窃惟上古神圣之道，所重在乎三器也已。尧舜之授受著于言，神圣之传继托于器。嘻！大矣乎哉！三器全备，则天下大治。一不备则倾，二不备则危，无一焉者亡。"[1] 芳洲对理学的"道统"和神道的"圣统"作出区分，即尧舜授受之际相传者为"言"（"十六字心传"），而神道所传则是"器"。"尧舜之授受著于言，神圣之传继托于器"，这应该可以视为芳洲仿效"道统"以立神道之统的明证。当然，无论是"言"还是"器"，都代表着实现天下大治的关键。就神器而言，玺代表仁，剑代表武，而镜代表明，它们分别发挥育、烛和整的效用，也就是说关系着万物的繁育、光明的照耀以及国土的完整。仁和明，常见于儒学的典籍，仁自不必多论，明也常见于"大清明""诚明"等非常重要的概念，只有剑所代表的武，似乎更具有日本的特殊性，尤其是武家时代以来，相比于儒学的文治，武应该更具有符合日本本土情况的现实性。对此常识，芳洲作出了反驳：

> 余尝有言曰："我国称为武国者，非通论也。"盖国家靖难之初，圣天子恭默思治，梦帝赉弼，选择天下之大贤，授以征夷之任，兼以内府之司。故能歼灭元凶，扫荡妖氛，以成整顿乾坤之大业。而后皇统明于上，霸功建于下。六十余州，熙熙然如登春台，人知其神剑之为用甚大，而不知神玺、神镜乃为之本，故有武国之称耳。虽然，文武之为用，犹阴阳之相待也。天下虽安，忘战则危。武不武，则文不文，神剑一废，而神玺、神镜亦将从而隳矣。窃惟尧舜之授受著于言，神圣之传继托于器必也。三器备而后天下永泰平矣。[2]

---

1 雨森芳洲「武國論」『芳洲文集　雨森芳洲全書』二、23頁。
2 雨森芳洲「大寶説」『芳洲文集　雨森芳洲全書』二、15~16頁。

在芳洲看来，所谓日本为"武国"，并非常态，实是源于人们仍停留在对战时"武"的记忆。芳洲以阴阳的关系为譬，强调以玺和镜为代表的"文"的重要性，而这种"文"需要借助儒学来阐扬，这也应该是芳洲需要借助儒学体系来重塑神道的应有之义。除了将神道中最具象征性的三种神器儒学化，对于神器所存之地日本，芳洲也不遗余力地进行了儒学式的神圣化。

一般而言，在神道思想中，日本人是居住在高天原上的天照大神的后裔。然而在芳洲看来，日本作为神土的优越性，并非由于神的后代所居住，而在于作为圣人的孔子的青睐。《论语·子罕》篇有载："子欲居九夷。"芳洲以此作文章，认为孔子欲居的"九夷"即是日本：

> 中原之人，喜为夸毗，动辄鄙陋乎四方之国，甚者至于比为禽兽。然其言曰："南蛮从虫，北狄从犬，西羌从羊，惟东夷从大从弓，俗仁而寿。"我东用大弓，其来尚矣，万国之所无有也。苍颉制字之始，已知东方有君子之国，故指事成画，书之以"夷"字。是以君子待之也。比诸羌狄，视为异类者，奚啻天渊。然则我东之闻于中原，在于唐虞之前，其当七五之季世耶？孔子尝曰："少连、大连善居丧，东夷之子也。"既而欲居九夷，曰"君子居之，何陋之有？"亦闻我东有仁寿之俗也，所谓"九夷"，盖"九筑"也。[1]

对于"九夷"，朱子注为"东方之夷有九种。欲居之者，亦乘桴浮海之意"。[2]而芳洲则以《说文解字》的造字规则为依据，无论是"蛮""狄"还是"羌"，均与虫兽相关，唯有"夷"字，"从大

1　雨森芳洲「大寶説」『芳洲文集　雨森芳洲全書』二、13~14頁。
2　朱熹：《四书章句集注》，中华书局，2012，第113页。

从弓，俗仁而寿"，不仅不带任何贬义，甚至有褒奖之义。因此芳洲以为所谓"东夷"，并不与其他非中华之地的称呼相类，不仅不是异端，反而是连圣人都深许之地。而孔子想要居住的"九夷"，即是日本。如此，芳洲就把神国日本塑造成君子之国、仁寿之国，[1]是圣人所愿居住之地。具有仁、寿风俗之日本，甚至可以超越中国的三代："呜呼，盛矣哉！夫我之为国也，太阳之所由始而在于地之东。或曰'君子之国'，言其仁也。或曰'东方之寿域'，言其龄也。仁者，天地生生之理也，在方则为东，在时则为春，我在于地之东而当于春，此其所以仁也欤！"[2]"日本"本义为太阳所出之地，日出之地当然居于最"东"，"东"在《易》中又对应春，而春为万物复苏生生不息之季节，即所谓的"生生之谓易"。因理学崇尚"生生"的意趣，故芳洲以此论证日本所处地位之优越。

除了地理优势，日本为岛国，在古代虽然面临交通的不便，却也因此具备防止外国入侵的天然屏障："夫上下欢洽，甘其食，美其服，乐其俗，安其居。世无刻薄之风，人有慈悯之心，国之为形，屹然立于瀛海之中，未尝受干戈于外国。皇皇如，熙熙如，举域内之民，相安于无事之境，安有中道夭折之患？嗟乎！仁而寿者，非君子之国，其能然乎？"[3]这是说日本立于瀛海，不受外国入侵，百姓能够安其居乐其俗。芳洲以儒学理想中的三代之世为蓝本，描绘了一个不受外侵，圣人仁治，百姓安居乐业的图景。在此图景之中的日本即便说是"远超三代，蔑视汉唐，实有非天壤间万国之所

1　芳洲此解或以《后汉书·东夷传》为依据："《王制》云：'东方曰夷。'夷者，柢也，言仁而好生，万物柢地而出。故天性柔顺，易以道御，至有君子、不死之国焉。夷有九种，曰畎夷、于夷、方夷、黄夷、白夷、赤夷、玄夷、风夷、阳夷。故孔子欲居九夷也。"范晔：《后汉书》，中华书局，1965，第2807页。

2　雨森芳洲「大寶説」『芳洲文集　雨森芳洲全書』二、12頁。

3　雨森芳洲「大寶説」『芳洲文集　雨森芳洲全書』二、13頁。

能仿佛者"也不为过。[1] 然而，儒学史上之所以崇尚三代，非常重要的因素是三代之时有制礼作乐之文明。与此相对，日本尚武，在礼乐文治方面并无与中原相媲美的文明，对此，芳洲以文质的关系解之：

> 神道有三。一曰神玺，仁也。二曰宝剑，武也。三曰镜，明也。我东尚质，未有以文之者。虽然，深信笃行而有得焉，则何必言语文章之为哉？或不得已而欲求其说，则求之孔门六艺之学可也。所谓三器者，本经也。邹鲁之所述者，我注脚也。人或有杂以释老异端之说者，其去神道也远矣。[2]

这就明确表达了芳洲思想中神道与儒学的紧密联系。概言之，三器为经，而儒学为神道之注脚。所谓的三器本经，应该是说神器与儒学中的经典一样，为圣圣所相传而为常为本。所谓的儒学注解神道，则可以视为以儒学建构神道的体系。"神代一卷，不可以不尊重，其为言也，辽澜奥頣，弗究可也。人欲求其的确，可谓无识矣。"[3] 儒学既然是注脚，那么神道的中心地位不言而喻。神道尚质而无文，故不可探其究竟，这只是神道作为非合理的宗教的一面，如果能借助儒学，则可以阐扬儒学化后神道居于合理主义的另一面。不过，既然需要以儒学为注脚，正可以说明儒学之文也就是典章制度等正是神道所不具备的："典章文物让于中原，中原其犹夏乎？孔子曰：'周监二代，郁郁乎文哉！吾从周。'夫周之文固盛矣，后世人君不能追蹑周之盛迹，而政刑风俗日趋于塞，使天下之民悴悴焉，无所措其手足。"[4] 也就是说，芳洲承认日本之典章文物不如中

1　雨森芳洲「大寶説」『芳洲文集　雨森芳洲全書』二、12 頁。

2　雨森芳洲「橘牕茶話」『芳洲文集　雨森芳洲全書』二、179 頁。

3　雨森芳洲「橘牕茶話」『芳洲文集　雨森芳洲全書』二、249 頁。

4　雨森芳洲「大寶説」『芳洲文集　雨森芳洲全書』二、12~13 頁。

原，然而那毕竟是周以前的中原，周以后的中原，政刑风俗皆不及从前。

芳洲既如此说，应该有接续"周之文"的意图，至少也有振奋日本学者努力向文之心："我国富强醇厚，未必让于齐鲁。而拈毫弄翰之美，终有愧于鸡林矣。夫天之生人也，古今同一理也，华夷同一气也。则蕴而为道德，发而为文章，何独有少于我国哉？"[1]所谓"鸡林"是指朝鲜，芳洲讲的"有愧"，是认为朝鲜当时的"文"胜于日本。不过，从理学的角度而言，既然古今同理、华夷一气，那么理论上只要勤于学文，日本人也可以写出与朝鲜甚至中国相媲美的文章。当然文章只是一种外在之发，内在的道德修养才是芳洲要着力之处。

通过以上论述可知，仿照儒学"道统"的格局，芳洲塑造了以神器为中心的圣圣相传的神道之"圣统"。芳洲不仅借助儒学将神器进行了神圣化，而且将日本塑造成孔子向往的"九夷"之地。既是圣人向往之地，那么日本就非但不是与南蛮、北狄、西羌等并列的蛮荒之地，反而是君子之国、仁寿之地。在芳洲勾勒的图景中，日本不曾受外国入侵，百姓安居乐业，足可与圣人治理的三代媲美。如此，芳洲通过儒学将神器和日本都进行了儒学式的神圣化。稍显不足的是，日本尚武而文不如朝鲜。不过既然华夷一气，那么朝鲜就不过是占据了地利而已，日本人经过努力也一样可以通过内在的道德发而为优秀的文章。

由此，芳洲所论神道已然充满儒学色彩。然而在日本的神道家之中，排斥作为外来文化的儒学的大有人在，芳洲对这些神道家作了批判：

> 神学家以为齐国之书来而纯朴之风散，此乃庄周所谓绝圣

---

[1] 雨森芳洲「縞紵風雅序」『芳洲文集　雨森芳洲全書』二、80 頁。

弃智之说。（中略）然矫枉过直，未免有弊。要之，齐国典籍
不可废也。（中略）盖裁成辅相之大功，必有圣人之德之才然
后可望其成，固非寻常君子之所能与也。齐书之来我国，释老
之在世间，皆自然也，非人为也。必欲除之而后为快者，不知
天者也。[1]

神学家偏欲人之淳朴，无外慕，其志至矣。然不喜读书，
动或以己之不通亦欲令人之不通。大乖于皇朝取法齐国之本
意，岂知乐取人以为善者，乃学道之大公哉！[2]

引文中的"齐国""齐书"代指以儒学为主的文章制度。从材
料来看，当时的神学家否定儒学的主要原因在于儒学尚文，而文之
弊则可能导致民风不再淳朴。芳洲一方面从"非合理性"的角度，
即齐书来日本属于天意之自然，不可违背，论述齐国典籍之不可
废；另一方面从"理性"的角度，既然日本古来就有向中国学习的
意图，那么就应该学习中国文化中的经典，学问之道本为天下之公
器，不应该以某国之私物视之。既然要学习儒学，开设以儒学为主
的学校则势在必行，然而"学校馆驿之设，朝鲜遍于域内，我国则
无之矣，尊经崇学则风俗齐矣"。[3] 由此，如朝鲜一样遍开学校，养
成尊敬崇学之风，则儒学之兴指日可待。那么，芳洲要如何以儒学
为教呢？

二　圣教

芳洲出身于儒学名门木下顺庵一系。顺庵门下人杰辈出，木门

1　雨森芳洲「橘聰茶話」『芳洲文集　雨森芳洲全書』二、250 頁。

2　雨森芳洲「橘聰茶話」『芳洲文集　雨森芳洲全書』二、251 頁。

3　雨森芳洲「橘聰茶話」『芳洲文集　雨森芳洲全書』二、251 頁。

后人曾描述当时的盛况道：

> 国家建彙以来，承平百年，文运丕阐，宏豪竞兴，元宝之际，于期为盛。若夫新紫阳之繡韅鸿猷，室沧浪之羽翼圣经，炜乎其绩，烂乎其文。其余柳震泽、原篁洲、祇南海、梁蜕严，或执经于泮宫，或建帜于骚坛，咸皆出于吾木夫子之门，当时木门英毓之盛，可追想焉。先生亦木门之秀，姓雨森，名东，字伯阳，芳洲橘窗，其所别称。襟度恢廓，才识敏赡。夫子尝目以"后进领袖"，继而释褐对州记室。夫对者，韩之冲要礼问之通，比为喉襟，邻交之戎好，国体之轻重，一辞命之赖，是以人难其任，而先生则处之亿如也，非才识敏赡而能耶？先生尝有言曰："天惟一道，理无二致，立教虽异，自修则一。"是以李庄别释，并观兼容，去其皮膜，搦其髓脑，尽有法已，时乎一用之。于是万物之理，皆备于我，而百家之言，惟意所裁，非襟度恢廓而能耶？[1]

在江户儒学史中，林家世袭大学头之职，故一直占有举足轻重的地位。相比之下，木门中的儒者因多以不同的身份出现在历史的舞台之上，反而容易让人忽视他们的儒者坐标。如以上引文所言，芳洲长期在对马藩负责与朝鲜的交往事务，因此他留给世人的印象也多定格在其光辉的外交思想上。然而其外交的理念也好，翻译的思想也好，实际上都根源于他"天惟一道，理无二致，立教虽异，自修则一"的儒学思想，简言之，即是以儒学为宗兼容佛老的思想，以下详述之。

我们已经知道，在芳洲的认识中，日本是既仁且寿的君子之国，神器圣圣相传，然文不若朝鲜，因此必须努力学文，此即为圣

1　丘思純「橘牎文集序」『芳洲文集　雨森芳洲全書』二、1～4 頁。

教的展开。至于学习的目标，"余平素揭示书生曰：'学者所以学为人也。'自以为一生所得，只有此一句"。[1]"学者所以学为人也"，此语原出尹焞，朱子以为切要之言，芳洲也以为至要，并进一步论述"为人"道："盖学问之道，非止一端，然探其本而提起要，则不过乎知人之所以为人之道而已矣。何者为人，何者不为人，必也孟子所谓大丈夫者，然后乃可以谓为人，舍之则非人也。"[2]直言之，芳洲将"学为人"的目标定在孟子的"大丈夫"上。孟子所谓的"大丈夫"，具有富贵不能淫、贫贱不能移、威武不能屈的坚定心识。除了孟子式的大丈夫，芳洲还非常强调儒学中的"明伦"：

> 夫为学之道，唯以明伦为重。夫子所谓行有余力，则用学文，亦斯也已。世降俗敝，人不知本。彼其以文词自喜，博杂自夸者，藻言缋语非不美也，汗牛充栋非不勤也，而于道德毫无干涉。间有以经学自名者，亦不过于寻章摘句，唔咿讲诵以应故事而已。夫为人师而不以明伦为教，则师之罪也。为人弟子而不以明伦自力，则弟子之过也。[3]

伦理纲常素为儒学的紧要处，芳洲亦以为然，并着力批判了好弄文词和寻章摘句两种做学问的方式。芳洲明确地将学问分为三等："一曰经学，二曰史学，三曰文学。"[4]芳洲指出，虽然经学包括了整个十三经，然而"近世专以新注为主，该贯淹通无不浃洽。若夫古注，只备检阅，不消诵习"。[5]所谓"新注"，即指朱子学，芳洲刻意强调无须诵习古注，就与其师顺庵以及同门新井白石重视古

1　雨森芳洲「橘牕茶話」『芳洲文集　雨森芳洲全書』二、131頁。

2　雨森芳洲「與櫻谷子序」『芳洲文集　雨森芳洲全書』二、88頁。

3　雨森芳洲「明倫要語序」『芳洲文集　雨森芳洲全書』二、79頁。

4　雨森芳洲「讀書法」『芳洲文集　雨森芳洲全書』二、112頁。

5　雨森芳洲「讀書法」『芳洲文集　雨森芳洲全書』二、112頁。

经又区别开。芳洲非常重视四书，尝有言："读《大学》，立入德之门。读《论》《孟》，触类旁通，晓天下之故。读《中庸》，识透根柢，知道之大原出于天。只此四书，勾矣。"[1] 芳洲虽然重视朱子学，但在处理三教的关系上，表现出非常包容的心态："夫至理之所在，见识明而本心正，则天下无可废之学，亦无可退之术。兼容并包，统会融通，咸可以为正修治平之资。今夫芫青斑猫，杀人之物也，医官犹收之于药笥。彼其恶而斥之固是也，然收而藏之，亦未必非也。"[2]"兼容并包，统会融通"，如果能做到见识明本心正，那么天下无废学。

芳洲在崇尚儒学的同时推重神道，与这样超然于门户的见识不无关系。在这种"无废学"的思路下，三教各司其职，皆可以融会贯通："老聃者，虚无之圣者也，释迦者，慈悲之圣者也，孔子者，圣之圣者也。三圣人之言形而上也，不谋而同，盖天唯一道，理无二致故也。其言形而下也，则差矣。"[3] 这实际上是"理一分殊"的思路。从一理的角度而言，老聃、释迦、孔子皆为圣人，形而上之学并无二致。他们的差别不过是形而下的"分殊"：

> 曰："'上天之载，无声无臭。'无声者，无形也，无臭者，无体也。佛家谓之虚空，道家谓之自然，儒家谓之理。"曰："然则三家同门乎？"曰："立教有异，自修不一。五官四肢谓之体，凑而名之谓之形。"[4]

对于形而上之无形无体，佛教称为"虚空"，道家称为"自然"，而儒家则名之曰"理"，在芳洲看来，名虽不同而实指却

1　雨森芳洲「橘牕茶話」『芳洲文集　雨森芳洲全書』二、174~175 頁。

2　雨森芳洲「橘牕茶話」『芳洲文集　雨森芳洲全書』二、168 頁。

3　雨森芳洲「橘牕茶話」『芳洲文集　雨森芳洲全書』二、134 頁。

4　雨森芳洲「橘牕茶話」『芳洲文集　雨森芳洲全書』二、134 頁。

无异。不过，虽然程朱也讲理一分殊，却不讲三教一致，对于这种差别，芳洲有其自觉："老释之于我道也，立教有异，自修不一。余尝言三圣一致而未敢言三教一法也。然为斯言也，自知其为洛闽之罪人也。"[1] 即便是自知为洛闽之罪人，芳洲仍然不断强调"立教有异，自修不一"，而且认为此是他毕生所学之心得："仆不肖，窃立三家断案曰：'天惟一道，理无二致，立教有异，自修不一。'一生所得，唯有此十六字耳，未知果然耶？否耶？"[2] "十六字"很有模仿"十六字心传"的意思。实际上除了讲求三圣一致，作为对马藩的藩儒，"芳洲的学问不限于朝鲜、中国的儒学，朝鲜语的造诣亦颇深"，[3] 这确实是作为儒者的外交官的中肯评价。不过值得注意的是，芳洲还建立起一套较为系统的教学方法论。

首先，教人以身教为最优：

> 夫教人之术有三焉。一曰身，二曰言，三曰书。三代而下，斯道大衰，而所以为教者，书先之，言次之，而身教则无有矣。此其所以世无君子，民无良俗，而祸乱相寻者也。《诗》云："如彼筑室于道谋，是用不溃于成"，斯之谓也。后世所谓学者，大约不过于记诵词章耳，师教之，弟子学之，又从而诘问盘驳之，又从而夸诩张皇之，浅末之言耳！无用之辨耳！不急之察耳！[4]

从历史上来看，三代以后，虽有孔子传经典于后，然而人们通过书本、言语学习到的知识，不过都是记诵词章之学，这种口耳相

1　雨森芳洲「橘窓茶話」『芳洲文集　雨森芳洲全書』二、177 頁。
2　雨森芳洲「橘窓茶話」『芳洲文集　雨森芳洲全書』二、236 頁。
3　上田正昭『雨森芳洲』ミネルヴァ書房、2011、174 頁。
4　雨森芳洲「芳洲口授」『甘雨亭叢書』国立公文書館、2 頁。

传之学最大的问题是心不在焉，"天下之言道者，发诸口而入之弟子之耳，弟子得诸耳而又入之其弟子之耳，口耳相传而心无与焉，何益？故曰：'教之以言，不如教之以身。'"[1] 值得一提的是，与芳洲同时的荻生徂徕也非常强调"身"之教学："礼乐不言，何以胜于言语之教人也？化故也。习以熟之，虽未喻乎，其心志身体，既潜与之化，终不喻乎？"[2]

其次，芳洲强调学习汉语要用直读而非训读："书莫善于直读，否则字义之精粗，词路之逆顺，何由乎得知？譬如一个助字，我国人则目记耳，韩人则兼之以口诵，直读故也。较之，我国人差矣。"[3] 汉语的学习需要直读，因为训读会改变汉语原来的句式结构，如此就让口诵变得困难。而直读则需要学习唐音，这较之训读当然非常困难。芳洲自己就花费了大半生时间学习唐音："余用心唐话五十余年，自朝至夕不少废歇，一如抟沙难可把握。七十岁以上略觉有些意思，也是毡上之毛了，二三子用工亦当如此。"[4] 芳洲是如此自学也是如此教学的，他用教学的结果证明了只要努力坚持，直读是完全可以学会的："人或致疑于直读难通，余教诸生多以唐音，其中直读稍通者不止数人，可见有志者事竟成矣。大体学唐虽云专在习惯，然亦顾其立志浅深，用力勤惰如何耳。"[5] 讲到唐音直读的主张，很容易联想到徂徕的古文辞学。关于训读问题，徂徕有更为深入的主张：

> 东海不出圣人，西海不出圣人，是唯诗书礼乐之为教也。（中略）有黄备氏者出，西学于中国，作为和训以教国人。亦

1　雨森芳洲「橘腮茶話」『芳洲文集　雨森芳洲全書』二、137 頁。
2　荻生徂徕「弁名」吉川幸次郎・丸山眞男等校注『日本思想大系 36　荻生徂徕』、219 頁。
3　雨森芳洲「橘腮茶話」『芳洲文集　雨森芳洲全書』二、226 頁。
4　雨森芳洲「橘腮茶話」『芳洲文集　雨森芳洲全書』二、246 頁。
5　雨森芳洲「橘腮茶話」『芳洲文集　雨森芳洲全書』二、245 頁。

犹易乳以谷，虎乃於菟。颠倒其读，错而综之，以通二邦之
志。（中略）是乃黄备氏之诗书礼乐也，无非中国之诗书礼乐
也。则其祸殆乎有甚于侏僬缺舌者也哉。然则如之何可也？亦
唯言语异宜。其于黄备氏之业，可训以故，不可诵以传。暂则
假，久则泥。筌乎筌乎，获鱼舍筌。口耳不用，心与目谋。思
之又思，神其通之。则诗书礼乐，中国之言，吾将听之以目。
则彼彼吾吾，有有无无，直道以行之，可以咸被诸横目之民，
则可以通天下之志。[1]

　　徂徕追溯了吉备真备创造训读的历史，在他看来，这是吉备真
备的诗书礼乐，早已非中国原本的诗书礼乐。徂徕批判说长期使用
训读，难免会久则泥，只有通过直接道出，才能最终达到通天下之
志的效果。不过，芳洲之所以强调唐音直读，是因为解经的根本在
字义，这也是其教学方法论的第三大特点：

　　夫圣贤之道存乎书，书之意在言，言之义在字，字学
不可以不明。然字学不可以徒得，必也既能博学，又兼能
诗能文，擅名域内，如先生门下鸠巢等诸人者，可以当中
华人百分之一，亦难矣。今世所谓经生家者，仅读四书、小
学等书，讨论讲说略觉超出庸众，则抗颜为师，以明经自
负。彼其字且不识，意何由而通？意且不通，圣贤之道何由
而明？[2]

　　由此，芳洲勾勒出道—书—言—字的解经模式，而字学是一
切的根本。从这个角度说，日本人正因为未通字义，所以难以领

1　荻生徂徕「学則」吉川幸次郎・丸山眞男等校注『日本思想大系 36　荻生徂徕』、188~190 頁。
2　雨森芳洲「橘牕茶話」『芳洲文集　雨森芳洲全書』二、189~190 頁。

会经典的深意："日本人字义不通，故读书虽久，识义理终浅。"[1] 而要真正习得字义，需要博学诸书，且擅文章，不仅需要熟读四书、小学，还要广泛涉猎其他经典。这种由字词以通道的方法论，在同门新井白石的思想中也有体现："作文不达者，古人之文字尚不明，何况经义中之深义？"[2] 当然这在徂徕的古文辞学中表现得更为明确，徂徕曾言："余学古文辞十年，稍稍知有古言，古言明而后古义定，先王之道可得而言已。"[3] 由此看来，无论是唐音直读还是由字（辞）以至道的经学方法论，徂徕与芳洲的主张都颇为相似。据芳洲所述，他们还有"故交"的情谊："问荻茂卿，曰：'余故人也。博览文章，域内无比，第于大纲上有差，心实慊焉。'"[4] 当然，从木下顺庵开始，木门就已有尚"古"之风，顺庵还被誉为古学之开祖。[5] 顺庵倡导唐风，且重视四书之外的五经，其门下芳洲不仅提倡唐音直读，而且已经意识到字义对解经的重要性，这就与徂徕的古文辞学有了根本上的一致性，而与崎门、林门的朱子学区别开了。

最后，掌握了学习方法之后，还需要持之以恒地坚持，这种坚持需要量化到每一天的努力：

> 年少攻学者，能如宁越之用力，则十年工夫可以为域内之雄矣。盖每日作诗一首，每月作文三篇，读书除四书五经外，一日读半卷，积至十年，当得诗三千六百首，文三百六十篇，书一千八百卷。如是而学不成绪者，未之有也。今年少者名为攻学，而十年之内能勾此数者，千中难得一人。然则虚过岁

1　雨森芳洲「橘牕茶話」『芳洲文集　雨森芳洲全書』二、182 頁。
2　新井白石「與佐久間洞巖書」『新井白石全集』第五、431 頁。
3　荻生徂徠「論語徵」甲、小川環樹編『荻生徂徠全集・第三巻　経学1』みすず書房、1977、4 頁。
4　雨森芳洲「橘牕茶話」『芳洲文集　雨森芳洲全書』二、180~181 頁。
5　原念斎『先哲叢談』卷之三、15 頁表。

月，实无一年工夫，与孟子所谓专心致志者殊矣。[1]

芳洲自己就是一个专心致志且坚持不懈的人："乡人有诽之者曰：'叟将近八十，读书不倦，是不自知其学之竟不能成也，可谓愚矣。'曰：'活一日，读一日，务欲上前，乃吾党之志也。学之莫能成也，吾知之久矣。'"[2] "活一日，读一日"与今天所倡导的"活到老，学到老"如出一辙，芳洲之勤学可见一斑。当然，芳洲如此用功读书有着明确的目的："天下之事固无善恶，善用之则为善，不善用之则为恶。（中略）天下之善事莫大于读书，然以君子之心而读书，则为治平之具。"[3]君子之读书乃为治国平天下，而儒学要如何运用到现实的政治中去，则关乎职分论的议题。

三　圣职

日本仿效唐制建立起律令制度，然而并未引入开科取士的科举制，这就导致日本的儒者无法直接通过学习儒学而致仕，因此在日本也有提倡科举的声音。然而，芳洲对在日本实行科举制持否定态度：

> 或曰："科举可行于今。"曰："科举之法，至烦至难，自汉以来，历千百年而后定，唐有李训郑注，弗思而致甘露之变，今则有子弗思而欲行科举之法，何其粗也？他事姑且置之，能立时文之式者亦且无有矣，何况有难于此者乎？"[4]

1　雨森芳洲「橘牕茶話」『芳洲文集　雨森芳洲全書』二、150 页。
2　雨森芳洲「橘牕茶話」『芳洲文集　雨森芳洲全書』二、163 页。
3　雨森芳洲「投轄記」『芳洲文集　雨森芳洲全書』二、92~93 页。
4　雨森芳洲「橘牕茶話」『芳洲文集　雨森芳洲全書』二、196 页。

在芳洲看来，科举之制"至烦至难"，因此不便在日本施行。除了制度本身的烦琐艰难之外，中国的儒者将圣贤之书视为登第的阶梯，"读书学文中国人徒为科举之资"，反而导致"读书学文之人未必是贤人君子"。[1]本来开科取士是为了选拔贤才，然而当圣贤经典被异化为进入仕途的工具之后，以文章论人选拔出的不过是长于舞文弄墨之人，而非贤人君子，不过是记诵词章的"俗儒"：

> 或问俗儒记诵词章。曰："俗儒，言世俗之儒，非三代之儒也。记诵词章，即科举之学也。三代以下，凡仕宦之人，莫不由科举而进，科举莫不以记诵词章为业。其所以勤力不已者，专在于仕宦而不在道德，是之谓俗儒。记诵词章儒则谓之俗儒，文则谓之时文，皆非古也。"[2]

在芳洲看来，正是在科举制度的刺激下，产生了记诵词章之俗儒，这不仅背离了开科取士的本意，也使得讲求道德的儒学变质为记诵词章之学。作为科举的替代，芳洲以为"以材艺进者，自文学、射御以至书医卜伶，给以厚禄，终身而止，此法一立，则真材必辈出矣"。[3]以厚禄招致有才者，虽说是放宽了拔擢人才的标准，然而此举简单粗暴，而且以厚禄招才与以仕途吸引人才本质上恐怕并无差别。当然，虽然芳洲提出取代科举的录用人才制度尚有斟酌的余地，但他对于科举弊端的认识应该说是中肯的。除此之外，芳洲还设计了圣人在上，四民在下，各司其职的儒学式治理图景。

在此图景之中，首先，圣为士之首："盖天地之道，有治人者，有治于人者，各职其职，互相维持，而后天下至于泰平之境。彼农工商，贱者也，治于人者也。士者，贵者也，治人者也。圣人

1　雨森芳洲「橘窓茶話」『芳洲文集　雨森芳洲全書』二、218頁。
2　雨森芳洲「橘窓茶話」『芳洲文集　雨森芳洲全書』二、220頁。
3　雨森芳洲「橘窓茶話」『芳洲文集　雨森芳洲全書』二、196頁。

者，士之首，而以治人为职者也。始于修身而至于平天下，岂非尽其职乎？"[1] 芳洲以天地之道为依据，将治人者和治于人者的逻辑正当化。士农工商的等级区分常见于儒者的论述，芳洲的特点在于强调圣人本质上也是"士"的阶层，而为士之首。当然，圣人之所以能为士之首，也是因为其思虑高出众人，"思虑高人一等，便为一等之人。等而上之。至于圣人，高人不知其几何，所以为万世之教主也"。[2] 在圣人的统御之下，所谓平天下的天下太平，就在于各人尽其"职分"。

其次，政事唯在教与养："夫大道之行乎天下也，无往而不存，无时而不有。明白坦夷，洞然无疑。其见于政事也，惟有教与养而已矣。教者何？正心修身之谓。养者何？衣服饮食宫庐之制。上自王侯，下至黎庶，凡所以自康自义之道，舍此则无他也。"[3] 统治者要想行大道于天下，则需要两个方面的努力，一为教，一为养。所谓的以正心修身为教，就是以儒学为教。芳洲非常强调教与养："圣人之于天下也，有不忍人之心，故有不忍人之教，有不忍人之教，故有不忍人之政。仁义礼乐以治其内，耕稼蚕绩以养其生，要将建兆民之极，严万世之防，以安民济物，共跻于寿宁之域。"[4] 以不忍人之心推至不忍人之政，这是孟子的逻辑。以仁义礼乐为教，以耕种桑织为养，总之要安民济物，才能实现天下大治。

最后，确立四民等级，不可颠覆："人有四等，曰士农工商。士以上劳心，农以下劳力。劳心者在上，劳力者在下。劳心者，心广志大而虑远。农以下劳力，自保而已。颠倒则天下小者不平，大

1　雨森芳洲「劄記」『芳洲文集　雨森芳洲全書』二、68 頁。

2　雨森芳洲「橘牕茶話」『芳洲文集　雨森芳洲全書』二、195 頁。

3　雨森芳洲「送桂洲禪伯序」『芳洲文集　雨森芳洲全書』二、56 頁。

4　雨森芳洲「莊子論」『芳洲文集　雨森芳洲全書』二、25 頁。

者乱矣。"[1] 以上四点，便是芳洲以圣人为治，四民各安其职的理想之治。

然而现实的日本并非如此，尤其是武家时代开启之后，芳洲以天皇一脉为圣统传续的主张无疑受到了巨大的挑战。但他始终坚持以天皇为首的伦理纲常："君是纲常之主，只此一句，识得明白便是明君，辅得周到便是贤相，朝夕匪懈，便是良有司。"[2] 以天皇为君，那么德川家即便实力在握，"位极人臣"，也终究是臣。芳洲以批判足利义满和丰臣秀吉的方式，表达了对天皇的尊崇："是故愚妄如义满，强暴如秀吉，举皆低头缩手，不敢垂涎于九鼎，知天命之不可犯，而皇座之不可觊也。由是观之，神胤圣孙，蛰蛰绳绳与生生之理，无穷于霄壤，可不卜而知也。"[3] 芳洲与新井白石同出于木门，且其出任对马藩也由白石举荐。然而，虽然二人私交甚笃，但在是"尊王"抑或"敬幕"，他们站在截然对立的阵营。这种分歧在关于"国号"一事的争论中集中表现出来。

正德元年（1711），白石在迎接朝鲜使节的国书中，建议朝鲜一方把"将军"恢复为"日本国王"。关于建议修改的缘由，白石有记：

> 古人云，百年而礼乐兴，宜及今议定诸节。将军曾垂询诸事，[诸人] 对答不详，故又试问于我，遂受命议其礼节。其中复号一事为第一困难。自两国修好之初，彼国书即称日本国王，盖援旧例。自镰仓幕府以来，外国人称我国天子为日本天皇，称将军为日本国王，然至宽永时，[我国] 命其称日本国大君，以后遂成定例。然所谓大君，在彼国乃授其臣子之称号。如命其以此名相称，有受彼国官职之嫌。且大君为天子异称，

1　雨森芳洲「橘窓茶話」『芳洲文集　雨森芳洲全書』二、161 頁。
2　雨森芳洲「橘窓茶話」『芳洲文集　雨森芳洲全書』二、174 頁。
3　雨森芳洲「大寶説」『芳洲文集　雨森芳洲全書』二、13 頁。

见于中国书籍，易与我朝天子相混淆。故命令对马守告以应照旧称日本国王。[1]

由此可知，白石之所以建议复号，理由有二。首先，"日本国王"乃旧例，有典可依。其次，林罗山时改称的"大君"，其弊有二，一是有受别国官职之嫌，二是易与天皇相混。此举遭到了芳洲的质疑，对此白石有记：

> 起初余与对马守衔平义方之家臣平直贤议论，以为此事了无困难。公家方面系以天字，称日本天皇；武家方面系以国字，称日本国王，犹如天之与地自然不可易其位。又同以日本为称，犹如周王，周公，君臣皆称周。对马国腐儒等不及知此，议论纷纭，对马国人间亦有反对者。我又致书直贤，有所申述。果如直贤初所料及，彼国全无异议，国书中改为日本国王矣。[2]

从"大君"复为"国王"，白石至少是要争取日本与朝鲜交往时的平等地位，这是毋庸置疑的。但是据白石自己的划分，天皇系以"天"字，将军系以"国"字，从白石以天地为类比的表述来看，应该说并没有贬低天皇之意。然而所复之号，虽有典据，却意味着将军是日本实际上的国主。将军称谓的提升带来的不可避免的消极影响是天皇地位的降低，因此其遭到日本国内"尊皇"一派的反对也是可想而知的。可以推测，白石提到的"对马腐儒"，即是芳洲。

芳洲闻白石此举，即致信辩驳："寻承内议，有称王之举，而其说亦出于执事之主张。仆一闻之，且惊且痛，窃怪以执事之学

---

1 〔日〕新井白石：《折焚柴记》，第103~104页。

2 〔日〕新井白石：《折焚柴记》，第104页。

问见识，素明《春秋》之义，而乖剌颠倒，一何至于此哉？区区
褊性，不忍缄默。"[1]芳洲所谓《春秋》之义，是指《春秋》"尊王
攘夷"的主张。日本这种名实的混乱与春秋时期周天子势衰而诸
侯崛起的历史有相通之处，因此芳洲回顾了这段史实："窃惟国
家源平相轧以来，王纲日弛，不绝如线。徒拥虚器，为域内之共
主。而世掌兵权者，名虽大臣，实乃国主。爵禄废置，皆出其手。
遂使域内之人，不复知有体天并日之圣统，巍巍然据亿兆臣民之
上。冠裳倒置，莫此为甚。"[2]也就是说，自武家时代开启以来，随
着武家实力的增强，天皇一脉一直处于势微的状态。所谓"徒拥
虚器"，即神器虽仍掌握在天皇一系，实权却旁落。芳洲也很清
楚，将军不仅手握兵权，而且掌控着爵禄的升废，因此"名虽大
臣，实乃国主"。天下之人只知将军，而不知天皇所代表的"圣
统"，可见名实的倒置导致了"圣统"的衰微。此种情况下，若
是以"日本国王"命名将军，则可以说是对"圣统"的彻底颠覆，
因此可以推测芳洲是决计不能接受的：

> 　　唯有臣子恭顺一节，可以当饩羊之告朔者，不敢公然自
> 称王号于朝鲜耳。夫称我为君而我不辞，我即君也。呼我为
> 臣而我不怒，我即臣也。历代将家不敢自王，而朝鲜称以殿下
> 之书，欣然输纳，未尝为之一辞，是以王自居也。则与夫自
> 王者，固自无间，然此犹有可恕者存焉。今乃废历代特起之定
> 例，创一切无稽之新规，上则失恭顺之义，下则悖祖上之法。
> 吾以为凡为臣子者，固当从容规谏，继以犯争，务使其君不陷
> 于逼上欺下之地，然后乃可谓不负圣贤之书矣。[3]

1　雨森芳洲「論國王事與某人書」『芳洲文集　雨森芳洲全書』二、40頁。
2　雨森芳洲「論國王事與某人書」『芳洲文集　雨森芳洲全書』二、40頁。
3　雨森芳洲「論國王事與某人書」『芳洲文集　雨森芳洲全書』二、40~41頁。

芳洲从儒学的君臣名分论出发，始终认为天皇是君，而将军是臣。在他看来，只有严格遵循君臣之序才能实现天下大治，"君臣、上下、尊卑、大小各尽其分而已，无侵渎之患，则天下治矣"。[1]对于白石反对"大君"称谓的缘由，在芳洲看来，"宽永十二年以来，东台书札始用'大君'为号。'大君'即'家君'，犹言天下诸侯之长耳，非至尊之称也"。[2]也就是说，正因为"大君"之称谓不过是"诸侯之长"，也就是始终位居人臣，才不会导致"以下犯上"。芳洲虽然极力宣扬以天皇为尊，然而"芳洲的尊王论并非国粹主义的天皇中心论。京都的朝廷和江户的幕府何者置于上位的问题，于芳洲而言，涉及对日本的政治形态和文化关系的深入思考。芳洲是有着以儒家、朱子学为治的王道德治主义考量的儒学者"。[3]这样的定位应该是恰切的，也就是说，芳洲虽然从儒学的名分立场维护了天皇的权威，然而他并非民族主义甚或国粹论者。

四　小结

本节主要论述了雨森芳洲儒学化的神道思想。在芳洲的思想中，虽然神道为最高，然而作为一个崇尚朱子学的儒者，他没有如一般的日本神道者或国学者一般排斥儒学，而是通过儒学将神道进行了系统的重塑。这种建构主要体现在以朱子学的道统为蓝本，创建了以三种神器为中心的日本圣圣相传之统。在儒学化的神道"圣统"之下，日本的神圣性不再源于天照大神的神话，而是源于孔子欲居"九夷"。通过将"九夷"解释为日本的"九筑"，日本成为不逊色于三代的君子之国、仁寿之国。不过，芳洲较为客观地承认，

1　雨森芳洲「橘䆼茶話」『芳洲文集　雨森芳洲全書』二、161 頁。

2　雨森芳洲「論武」『芳洲文集　雨森芳洲全書』二、21 頁。

3　呉満『雨森芳洲——日韓のかけ橋』新風書房、2004、39~40 頁。

尚武而乏文是日本不及中国和朝鲜的地方，因此需要在日本大兴儒学的学校教育。

除了重视儒学，芳洲对三教采取了"兼容并包"的态度，并明确指出只要"见识明而本心正"，那么天下无废学。除此之外，芳洲还提出了唐音直读、由字入道等一系列较为完整的学习方法。这也直观地体现出木门一系与徂徕古文辞学的关系。

学以致用，将儒学运用到政治实践中即是芳洲对名分论的阐发。芳洲主张以圣人为士之首，带领四民各司其职。而在日本的现实中，所谓的君只有天皇一人，将军无论实权多大，也不过是一介臣子。因此围绕国号问题，芳洲与白石展开了一系列的争论。但即便芳洲尊皇，也与后来的神道学家不同，他始终是以儒学为论据展开论述的，这也是其神道论已然儒学化的表征。

虽然在芳洲的体系中儒学只是神道的注脚，但是如果没有这个注脚，神道也无法实现理论化和体系化。芳洲在将日本神圣化之时，为了抬高日本的地位，往往有与中国抗衡的词句，这虽然可以视为一种民族主义的觉醒，然而与后来的排他性民族主义还是有很大的区别，这点从芳洲以下论述中可见：

> 人之生也，有禀于天而存乎心者，不以华夷而殊，不以古今而变。及其成也，可与天地同化，而其传也，可遗万古而不朽。[1]

华夷不殊，万古不朽，这或可作为一介日本儒者芳洲的愿景。

---

1 雨森芳洲「答藤官師書」『芳洲文集 雨森芳洲全書』二、47頁。

终章 "儒学日本化"进程的诠释与反思

第一节 "儒学日本化"进程与京学派再定位

虽然本书写作的初衷是尽可能多地选取京学派的代表人物进行研究，毕竟样本的量越大越有利于呈现总体的样态，但是考虑到需突出主线，因此在对藤原惺窝、林罗山、松永尺五、木下顺庵、雨森芳洲、室鸠巢、新井白石、贝原益轩以及安东省庵的儒学思想进行考察之后，走笔至此，需对京学派所反映出的日本儒学史的发展状况进行分析，以对京学派的历史地位与社会功能作出整体的定位。

京学派大体而言处于日本儒学从中世进入近世的转折期，因此逻辑上必然带有"过渡性"的烙印。序章中已经提到，京学派的朱子学者面临的首要问题是如何让朱子学在日本社会生根发芽。以此目的为核心，京学派内部出现了以林家为首的官学化和以尺五为首的庶民化两条路线，本书的主体框架也由此铺陈展开。换言之，本书的叙述主要聚焦于"日本京学派朱子学者群体"这一主体。在本章，笔者试图换一个角度，即从"儒学"本身或者说从"朱子学"的视角出发，当朱子学随着禅僧进入日本之后，是怎样一步步"日本化"的？而当朱子学终于在日本本土化之后，在日本的重重"古层"之中，是否也有了朱子学的层累？以此为问题意识，本章将通过描绘"儒学日本化"所展出的世俗化与神圣化的双重向度，勾勒出江户时期儒学逐步融入日本社会的整体结构的过程，并对其在近代的转型稍作分析。

一 日本儒学的世俗化

在前述各章中，京学派的儒者以各种方式推进了儒学在日本的传播。这一普及儒学的工程，也可以说是日本儒学走向世俗化的过程。世人喜简厌繁，因此这一过程又是使儒学趋向简明化的过程。从这个意义上说，儒学在日本的普遍化、世俗化以及简明化是三位一体的，当然三者所描述的侧面各有不同：普遍化是目的，世俗化是发展的趋势，而简明化则是表现的形式。为了串联起京学派的朱子学者推进儒学世俗化的总体趋势，需要找出其中具有代表性意义的坐标点。

首先，语言是思想的呈现方式，也是文化传播最为重要的载体之一。以此为由，可以把日本儒学化的坐标原点设置在惺窝所展开的对包括四书在内的理学著作的和训。训读作为一种日本人接受汉文经典的方式，早在惺窝以前就已经流行。以理学的主要经典"四书"为中心的和训，一般认为成形于岐阳方秀，完成于桂庵玄树。[1]江户之前总体而言和训的四书流传的范围应该比较有限，从惺窝开始，和训以四书注释为代表的程朱理学基本文献就一直在进行。"惺窝点"[2]、"道春点"（罗山训点）等和训文本相继问世，标志着日本儒者对理学文献建立起初步的理解。当然，各种"点"的出现虽然表明儒者对经典有不同理解，但是只有这种差异的较量，才能不断推进日本儒者对儒学经典的深度解读。经过训读之后的汉文，虽然一眼望去依旧以汉字的形式呈现，却通过返点及补足语等方式，渗入了日语的语序、语法甚至读音。子安宣邦指出："所谓训读，是作为汉文这一书记文本的解释性读解而惯用的训（训读）之法，而训读调的言语是汉文被强行灌入和文脉容受后形成的言语。训读的工作是以汉文书记文本为前提的事后性工作，因此训读调的言语也是通过以汉文书记文本为前提的训读工作而形成的言语。"[3]这就是说经过训读的汉文已经进入和文的语脉，这种被日语化的汉语，实际上就是作为"他者"的儒学本土化的媒介。

如果说和训是去朱子学之"陌生化"的第一步，那么促使作为经典的朱子学"降格"到日本社会，则可以视为儒学日本化最为重要的一步。这里所谓"降格"，并不意味着降低朱子学的地位，而是为了便于传播、让受众更易于接受朱子学而对其内容的简化处理。当然，这并非朱子学东传日本特有的现象，而是思想落实于现实的必经之路，王汎森曾非常精辟地指出这种"降格"的重要性：

　　　许多年来，我都困惑于何以思想影响不了现实。首先，思

1　严绍璗：《日本中国学史稿》，学苑出版社，2009，第56~57 页。

2　关于"惺窝点"与"文之点"的关系，因为"惺窝点"今已不存，故难有定论，具体情况可参考西村天囚『日本宋學史』梁江堂書店、1909、279~293 頁。

3　子安宣邦『漢字論——不可避の他者』岩波書店、2003、63 頁。

想要落实到现实, 往往就要 "降一格" 成为条文、格言之类的东西。中国历代思想, 凡在日常生活世界中发生重要影响的, 一定经历 "降一格" 之类的历程——包括一个无所不在的 "俭约原则", 即将相对复杂深奥的思想一阶一阶地降。后来可能成为几个概念或几个口号, 或是不停地通俗化或改写 (包括具象化与譬喻化)。[1]

这就是说, 思想与现实之间, 并非直接的互动。从产生的根源而论, 思想虽然源于现实, 但毕竟高于现实, 因此当试图以思想作用于现实之时, "降格" 就成为逻辑上的必然。相较于现实, 思想往往显得抽象而高远, 因此所谓 "降格", 就是以现实的生活为地平对思想进行不同程度的还原。当然, 还原的方式可以有很多种, 但是具象和简明, 应该是其中较为主要的方向。

就京学派朱子学者而言, 为了促进朱子学深入日本民众的生活, 他们采用的各种方式也都可以视为对朱子学所进行的不同程度的 "降格"。具体而言, 主要有以下四种 "降格" 的方式。

第一, 推进儒学意识形态化。之所以将意识形态化也归入 "降格", 是因为意识形态化的儒学相较于学术研究领域的儒学, 更加追求直接和有效, 如此一来必然略过复杂的学术争论, 而趋向避繁就简。在推进儒学意识形态化的过程之中, 以林罗山为首的林家数代当居主流: 罗山在三代将军德川家光的支持下, 宽永七年 (1630) 在忍冈建立起家塾; 之后宽文三年 (1663) 四代将军家纲将家塾改名为 "弘文院", 林鹅峰为 "弘文院学士"; 到了林家第三代林凤冈, 家塾迁至汤岛, 称 "汤岛圣堂", 凤冈被任命为大学头, 终于可以蓄发。至此, 儒者不必再以僧人的面貌出仕幕府, 也就意味

---

1 王汎森:《思想是生活的一种方式: 中国近代思想史的再思考》, 北京大学出版社, 2018, 第7页。

着"儒者"作为诸"役"之一种获得了官方的认可。至第七代林锦峰时期，老中松平定信于宽政二年（1790）发动"宽政异学之禁"，其文如下：

> 德川幕府自庆长以来，信以朱子学为家学，故大学头应以正学勉励门人，然近项世间多新奇之说，异学流行，破坏风俗者有之，此正学衰微之不良现象。即在林家门人之中，亦闻时有学术不纯正之人。今后为严控圣堂，特任用柴野彦助、冈田清助，林家门人自不待言，即其他外人之门也坚决禁止异学，研究正学，以造就人才云云。[1]

"异学之禁"，名为禁朱子学以外之异学，实则正式确立起朱子学在日本的官学地位，以此事件为标志，可以说儒学在日本已然实现意识形态化。随着"异学之禁"的展开，朱子学不仅成为学问之正统，而且成为人才录用的考试形式之一，此即"学问吟味"：

> 如此一系列的学问奖励政策之中，应关注的是在一七九二年（宽政四年）九月，将"学问吟味"之制，也就是官员的考试录用制度正式地制度化。此"学问吟味"之制，是针对旗本及御家人，根据其应试成绩而打开面向晋升之道的人才录用政策。不言而喻，它是对于世袭身份制的一套修正，以定信的异学之禁为假托的这条政治家＝儒者的理想状态由此始得完成。[2]

"学问吟味"作为一种人才考评方式，其效能虽然不能与中国

1　司法大臣官房庶務課編『徳川禁令考』第二帙、吉川弘文館、1931、251~252 頁。
2　宮城公子「幕末儒学史の視点」日本史研究会編集『日本史研究』第 232 号、1981 年 12 月、5 頁。

和朝鲜的科举制相媲美，却是儒学在日本被政治化、制度化的确切证据。"定信及其同党所采取的教育政策中，作为根本的不仅有异学之禁，还有之后继续进行的国家考试，以及稍迟一些实行的学校的国家管理。三者是三位一体的政策，互相不能分离。"[1]总之，经过异学之禁以及后来的教学体制改革，儒学获得了日本官方承认和全面推行的机会，从而成为日本社会正统的意识形态。

第二，借助佛教教义对儒学进行"逆格义"。如果将惺窝和训理学文本视为新儒学进入江户日本社会的起点，那么林家推进儒学在日本的官学化可视为一种自上而下的发展模式，与此同时，继承了惺窝衣钵的松永尺五一脉，则主要采取自下而上的方式促进儒学深入日本社会。尺五写作《彝伦抄》，即是以世俗能够明了的俚语来叙述儒学的纲常大义，之所以选择俚语，是为了让儒学对于童蒙书生、贩夫走卒以及沉溺于异教之人皆易悟、易读，这就明确圈定了其传播儒学的目标为社会底层的民众。在当时的日本社会，佛教思想已经根深蒂固，对于普通的日本民众而言，佛教教义不仅耳熟能详而且易于接受，因此尺五决定以佛教的教义为媒介向大众普及儒学的思想。详细的对举在前文分析尺五的儒学思想时已有论述，不过放在"降格"的文化传播背景之下，我们可以更为深刻地认识到援佛释儒的必要性。

第三，树立儒学理想"范型"。模仿是人的天性之一，相较于经典记载中沉寂的文字，鲜活的生命体验更能让人产生共鸣和震撼。在跨文化传播之中，异文化之间总会经历融合和碰撞，而在这一过程之中，个体的人依旧是文化传播的主体。对于个体的人而言，如何将作为"他者"的文化内化于自身的身体，也就是日语的"身につけ"（身体化），成为日本儒者普遍关心的问题，选择合适的范本作为典型则是颇为常见的逻辑，这也是荀子所言"学莫便乎

1　石川謙『近世日本社會教育史の研究』青史社、1976、249 頁。

近其人"(《荀子·劝学》)的原理。从这一视角出发，我们可以重新理解室鸠巢笔下赤穗"义士"在儒学教化层面的意义。鸠巢推崇儒学，除了"力排异端"，还特别强调其所著《赤穗义人论》的历史功绩。鸠巢书写以至渲染赤穗武士复仇行为，目的即"有助于儒教之教义"。[1]"在'没有任何制度性保障知识的习得或学问的达成与社会地位之间的关联'的'德川社会'之中，立志学问的理由是因为学问给予了这些觉醒的个人以'生为人的价值'即活着的意义。"[2]如此，看似具有传统武士道精神的赤穗义士，却在鸠巢的笔下被塑造为具有儒家美德的典型化身。而且"忠臣""义士"的形象几乎深入全体日本民众的心里，成为日本人心目中的英雄，至今仍为日本人推崇和赞扬。他们之所以能成为民众眼中的英雄，正是源于其舍生忘死以求大义的精神，而这种抽象的精神，通过有血有肉的躯体得以完美呈现，即便目不识丁的最底层民众，也可以被口口相传的故事耳濡目染。这种榜样的力量是无穷的，对于儒学思想本质的传播效果也是深远而难以估量的。

第四，"训"化儒学经典。"训"作为一种文体，具有悠久的历史，出土文献清华简中就有《保训》一篇。所谓"训"，明代贺复征释曰："训之为言顺也，教训之以使人顺从也。自伊尹作书训王，而有训之体。故后世凡有所教者，皆谓之训。"[3]可见"训"作为文学体裁，一开始主要出现于政事训诫的书文中，后来随着适用对象的变化，更为广泛流传的是"家训"。[4]在日本，为了促进儒学的广泛传播，以"训"的文体写作儒学入门读物成为许多日本儒者的选择，尤以贝原益轩的"益轩十训"最为著名。儒学文本对于一

1　田原嗣郎『赤穗四十六士論　幕藩制の精神構造』、64 頁。

2　〔日〕前田勉：《儒学·国学·洋学》，《儒家典籍与思想研究》第 12 辑，第 322 页。

3　贺复征：《文章辨体汇选》卷四百七十二，景印文渊阁《四库全书·集部·总集类》，上海古籍出版社，1987，第 431 页。

4　马智强：《从清华简〈保训〉看"训"文体特征》，《鲁东大学学报》(哲学社会科学版) 2014 年第 4 期。

般日本民众来说不易读亦不易悟，因此益轩将儒学经典加以"训"化，也就是将儒学思想"易简"化，从而使儒学中的核心思想以较为简明的方式呈现出来，利于儒学被更为广泛的人群接受。益轩以"易简"为圣人之教的根本，以"平时切近"为教学之先，这并不意味着儒学本身不"高深"，而是儒学在日本尚处于亟待普及的阶段，这一点几乎是京学派诸儒的共识。安东省庵也有大量的训蒙著作，"《训蒙集》《训蒙要语》《初学问答》《初学须知》《初学心法》《初学故事》《理学抄要》《理学要抄》《启蒙通解》《幼学类编》等，数量众多。其中刊行的是《幼学类编》（元禄二年刊）、《初学心法》（延宝三年刊）"。[1] 需要指出的是，为了达到"易简"的效果，以"训"为文体的儒学著作往往择其要而弃其繁，因此相较于传统理学注经类著作往往显得简单甚至单调，这在井上哲次郎和丸山真男对京学派朱子学的批判中见得分明。如果考虑到京学派所处的阶段日本儒学尚在起步，则或可避免这种"好高骛远"，而且节选的文本和阐释的方式本身也可以投射出儒者的旨趣所在："选本、辑本等的改编或改撰的主动权，不在原来的作者，而是操在选者、辑者或改撰者手上。譬如眉批本的主动性即在相当程度上操在眉批者的手上，是所谓'一经眉批，便为私有'，故它们是一种再创造，是选者、辑者旨趣的展现，是适应现实的'可行动化'文本。"[2] 王汎森非常深刻地指出了操控在选者手里的"主动权"，这对于京学派的"训"类著作尤其适用。虽然这些浩繁的"训"类作品旨趣各异，但若究其概要，则不难发现其中"理之气化"的趋势。王汎森指出："譬如'理'的社会，是以现有结构的稳定为前提来思考，尽量避免矛盾与冲突；但重'气'则不然，比较容许改变并加以秩序

1　疋田啓佑「朱舜水と安東省庵：その思想上の影響の一端」『福岡女子大学文学部紀要』第60号、1996年2月、33頁。

2　王汎森：《思想是生活的一种方式：中国近代思想史的再思考》，第11页。

再造的可能。"[1]京学派朱子学者中已经体现出重"气"的倾向，这在本书中已反复提及，毋庸赘述，不过这种重"气"所包藏的变革的意味，在后来的日本儒者中还会不断深化，这是值得继续深入探讨的。

二　日本儒学的神圣化

上一节主要从"世俗化"维度归纳了京学派朱子学者为促进儒学深入日本社会所采取的种种措施。与"世俗化"相对，儒家思想就其根源来说，还有"神圣"即宗教的一面。儒学进入日本一直被视为"儒教"，此"教"并非单指学理上的"教化"，更充满了"宗教"意义上的神圣性。就此而论，京学派的儒者在推动并强化日本儒学的神圣性方面亦不遗余力。正如呈现儒学在日本的世俗化可以有复数的路径一样，神圣化的面相也可以多维度地进行考量。以下以京学派的主要活动为视角，从林家的释奠、京学派儒者的"儒家神道"论两个方面展开对儒学在近世神圣化进路的探讨。

就释奠而言，《礼记·文王世子》载："凡学，春官释奠于其先师，秋冬亦如之。凡始立学者，必释奠于先圣先师。"关于释奠最初祭祀的是哪位"先圣先师"，学界并无定论，不过后来逐渐演变为独尊孔子为"先圣"却是史实。唐代的《开元礼》中定下"国子释奠于孔宣父"，以后遂为常例，日本的《延喜式》也以此为释奠的蓝本。

暂且略去日本释奠礼的具体内容，[2]释奠在日本历史中的"大事记"主要有：

（1）《续日本记》"文武天皇大宝元年（701）二月条"中有

1　王汎森：《思想是生活的一种方式：中国近代思想史的再思考》，第13页。
2　参见『新訂増補　国史大系 26　延喜式・大学寮』吉川弘文館、1961。

"释奠"的记载，这一般被视为"释奠"在日本的首次记载；

（2）日本释奠礼的实施与遣唐使吉备真备有着密切的关系；

（3）大学寮在镰仓时代的治承元年（1177）京都的大火中消失，其后释奠转入临时的庙堂中施行；

（4）南北朝时期内乱频仍，关于释奠的史料非常之少，可以推论此时的释奠应该处于衰微的状态；

（5）应仁之乱后，京都化为焦土，朝廷不得不废止释奠。[1]

总之，释奠作为儒学的象征，在传入日本之后发生了诸多变化并一度废止，这在一定程度上也可以折射出儒学在江户之前已然陷入僵局的发展状况。

京学派自藤原惺窝始，即着力恢复祭孔的释奠之礼。举行释奠的场所即是儒学在日本的"神圣空间"，就此而言，江户释奠的源流，自林家的"圣堂"起。宽永七年（1630），德川家光赐上野忍冈之地予罗山建学舍，史载："宽永七年庚午冬，大猷大君赐林信胜庄地（五千三百五十三坪）并二百金以兴学舍。"[2]罗山在此建立的文庙被视为圣堂的起源。忍冈的圣堂得到了尾张藩主德川义直的大力援助："越九年壬申冬，尾张源敬公捐数百金，即其宅地创造庙宇，奉安宣圣及颜曾思孟诸像，且置俎豆，令信胜以时致祭，又书殿额命官匠平内大隅，镌以揭焉，其庙制多出于公之规画云。"[3]后宽永十年（1633）二月十日，罗山在先圣殿中举行了释奠，此次释奠被视为忍冈圣堂释奠的嚆矢。关于忍冈圣堂，更为重要的事件是将军家光的参访。家光不仅拜谒了圣像，还命罗山讲解《尚书》，史载："四月十七日，大猷大君谒忍冈孔庙，命林信胜讲《尧典》。"[4]无论家光是出于对罗山的器重还是对儒学的兴趣，总之"大君谒孔庙，昉

1　根据须藤敏夫『近世日本釈奠の研究』（思文閣出版、2001）整理。

2　犬冢逊「昌平志卷第一　廟図志」『日本教育文庫・学校篇』同文館、1911、30 頁。

3　犬冢逊「昌平志卷第一　廟図志」『日本教育文庫・学校篇』、30 頁。

4　犬冢逊「昌平志卷第二　事実志」『日本教育文庫・学校篇』、32 頁。

于此"。[1]

由此看来，罗山之后，释奠不仅重现于江户日本，更在一定程度上获得了将军的认可以及官方的资助。罗山之子春斋继承父志，进一步确定了释奠的程序，在他的主持下，宽文十年（1670）的释奠礼成为以后释奠的典范。[2]

经过林家两代的努力，以释奠为媒介，儒学在江户幕府引起了不少关注。到了第三代林凤冈时期，出现了日本历史上对儒学最感兴趣的将军纲吉。纲吉不仅时常召见凤冈讨论经书，多次亲自参加忍冈圣堂的释奠，而且授予凤冈"弘文院学士"的称号以示对儒学的尊崇，当然，对于日本儒学的发展而言，更为重要的是纲吉下令新建了汤岛圣堂："孔庙之设，原创于尾张公，而累朝因以加崇隆然，义不本于朝典，殆有阙于盛心，且地逼寺刹，缁流接踪，夫薰莸不同器，矧儒佛共境乎？将审择爽垲鼎新庙殿，以昭国家崇尚之义。"[3] 以上是纲吉所述新建孔庙之缘由，其中明显流露出与佛教相区别的目的，对此我们只需回忆一下京学派自惺窝、罗山起不得不"剃发"的两难之境就能感受到此举之不易：

> 先生曰："我衣深衣，朝鲜人或诘之曰'其衣深衣可也，奈其剃发何？'我对曰'此姑从俗耳，泰伯之亡荆蛮也，断发文身，而圣人不许之至德乎？'诘者颔之。"时余请贺氏，借深衣欲制之，先生听之，翌日深衣道服到，余乃令针工以法裁素布而制深衣。[4]

　　除夕蒙台命，赐余兄弟法印位，何荣幸加之哉！鸡日共

1　犬冢逊「昌平志卷第二　事実志」『日本教育文庫・学校篇』、32頁。
2　关于此次释奠的盛况，详见林春斋『庚戌釋菜記』内閣文库藏本。
3　犬冢逊「昌平志卷第二　事実志」『日本教育文庫・学校篇』、60~61頁。
4　藤原惺窩「惺窩問答」国民精神文化研究所編『藤原惺窩集』卷下、394頁。

服法服，执拜谒于殿中。献雄剑龙蹄，而乃稽首趋进，跪饮觞沥，且受御衣一袭，何意？此身为青云之士也。原夫法印者，沙门位也，而配僧正官。今余兄弟元是儒也，然祝发者久随国俗，与太伯之断发、孔子之乡服何以异哉？复何伤焉？有说于此。寺官舍也，借为梵宇，精舍本黉也，亦借为兰若名，典常也，经亦常也。圣人之言，万世宜常行之，故以为其名。然浮屠假托之号修多罗为典经，则盍反其本哉！先王有法服，有法言，四书六经有读法，其皆见于笔墨，垂于不朽，故墨以传万古文章之印，是吾所取之法印也。谓之心印，亦可矣。是此授位非吾兄弟所曾期望也。而今自上裁之，则恩眷不亦厚乎？所谓自天命之者乎？[1]

　　惺窝和罗山都以泰伯之荆蛮而断发文身为慰藉，这种"从俗的逻辑"本身就代表着儒学在江户的日本尚无立足之地的尴尬局面。他们看似非但没有为了儒学而斩断与崇尚佛教的公仪千丝万缕的联系，反而选择了借僧人之俗以推儒学之波，这导致他们不见容于当世之儒者，也即是说，一旦剃发，即不以"儒"而以"佛"的形象示人。罗山非不愿以儒者之面目示人，但家康崇尚佛教，日本中世以来僧官之习俗积重难返，所以让儒学得到官方的承认甚至支持，必然是一个旷日持久的工程。就此而论，将军纲吉以"矧儒佛共境"为由新建汤岛圣堂，不仅给出了儒学获得官方支持的信号，而且至少在诸大名之间兴起了崇儒的风气，这对于儒学之后进一步深入日本社会奠定了深远的基础。

　　除了以祭孔为中心的释奠，从思维方式的角度而言，儒学在神圣化的过程中更具日本特色的表现是"儒家神道"。我们在探讨

1　林羅山「林公叙法印詩并序」藤樹書院編『藤樹先生全集』第一冊卷之三、岩波書店、1940、122 頁。

雨森芳洲和贝原益轩的时候实际上已对他们所论述的有关"儒家神道"的侧面进行了叙述，下文将以"儒家神道"在江户时代的大致演变为主线，突出理解儒学日本化的"神圣化"向度。

　　神道向来被视为最具日本特色的本土思想，虽然历来对于"神道"的理解各异，但以之作为与佛教、儒学、西方思想相对立的日本本土的宗教以及思想应该可以说是学界的共识。因此神道虽说是固有的本土思想，但其成为系统的宗教和思想则经历了神佛习合、神儒习合等过程，体现出非常浓重的"杂居"（丸山真男）性质。"儒家神道"是作为"他者"的儒学与日本本土神道联合的一种方式，是"儒学日本化"进程中颇为典型的思想形态。京学派活跃的江户前半期，也是"儒家神道"逐步发展而臻于理论完善的时期。儒学从进入日本社会直至成为日本思想的"古层"之一，需要借助公仪的势力，更需日本儒者群体长久的努力。就儒家神道而言，大体上可以分为神儒习合、神体儒用以及儒化神道三种样态。[1]

　　首先是神儒习合。神儒习合可以视为儒家神道发展的初级阶段，在此阶段神道和儒学二者处于混沌未分的状态。在叙述日本儒学的特殊性时往往以"神道"为论据，然而"神道"也有其发展的过程和诸多的类别，即以与儒学关系最为密切的儒家神道来看，虽然在不同的思想体系中神道与儒学的位次不尽相同，但不可否认的是，神道在体系化的过程中已沾染浓厚的儒学色彩。三神器在神道中的地位毋庸赘述，而赋予其特殊的精神含义，可以上溯到北畠亲房的《神皇正统记》：

　　　　皇祖天照太神手持三种宝器，口传三句要道，与日月俱悬、与天地俱不朽者也。传琼玉者，欲使修其身克妙；传宝镜

---

[1] 需要说明的一点是，这三种形态的划分虽在一定程度上符合时间发展的先后顺序，但是这种分类更多依据的是逻辑上神道和儒学不同关系的呈现。

者，欲使正其心克明也；传神剑者，欲使致其知克断也。修身如琼无伤害之危，正心如镜无毫厘之邪，致知之道无他，所向必于仁，无欲舍己不怠不荒。为民有功者，以无私而即赏；为国有害者，以无私而即罚。造次颠沛不主喜怒之情，仁而中道，此以为得也。伏冀御宇之圣皇，在官之八十氏人等，留心于此道，与神齐其明者，安诸天下在于掌中焉。[1]

将三神器与修身、正心、致知相结合，这明显是将《大学》所代表的儒学精神注入神器的"躯壳"。关于《神皇正统记》所阐释的儒学与神道之间的关系，刘岳兵认为："儒学与神道在北畠亲房的思想中并不是完全矛盾的，而是有相通的一面。从这种意义上说，认为其思想的根本在儒学，或在神道，并没有实质性的区别。《神皇正统记》著述的目的就是要力图理论地、历史地论证日本是神国的思想。儒、道、佛各种思想实际上都成为其论证《神皇正统记》所开宗明义的'大日本者神国也'这一论断的精神资源。"[2]这就非常深刻地指出了神道和儒学此时尚处在混沌不分的"习合"状态。

神儒习合的状态也明显地体现在藤原惺窝及林罗山的思想之中。藤原惺窝有"名异心同"的说法："日本之神道亦正我心，以怜万民、施慈悲为极意，亦以尧舜之道为极意。（中国）称'儒道'，于日本称'神道'。名异，而心一也。"[3]林罗山的"理当心地神道"更为著名，被视为日本近世儒家神道的"先驱性的典型形态"，[4]而其实质是"神道即王道"："理当心地神道，此神道即王道也。心外

---

1 北畠親房「元元集」平田俊春『神皇正統記の基礎の研究　別冊』雄山閣出版、1979、202~203頁。
2 刘岳兵:《"皇国史观"与宋代儒学的思想纠葛——以〈神皇正统记〉为中心，刘岳兵主编《日本的宗教与历史思想——以神道为中心》，天津人民出版社，2015，第130页。
3 藤原惺窩「仮名性理」石田一良・金谷治校注『日本思想大系28　藤原惺窩　林羅山』、248~249頁。
4 牛建科:《试析儒学与日本神道的关系》,《孔子研究》2010年第6期。

别无神，别无理。心清明，神之光也；行迹正，神之姿也；政行，神之德也；国治，神力也。是天照大神相传，神武以来代代帝王一人所治之事也。"[1] 一般认为，惺窝和罗山的论调上承中世以来的神儒一体论，因为类似的表述在度会神道、吉田神道等神道思想中亦多有体现，但韩东育指出惺窝和罗山所处时代的根本前提已然发生变化：

> 日本人藤原惺窝第一次对中国"道统"萌生了"正宗"性念头，而日本固有的精神力量——神道，也在排佛运动中借助儒学特别是朱子学的力量开始走向挺立，并首次在近世完成了如何形成日本人自身"道统"的初步尝试。它使神道在相当程度上摆脱了中世以来从属于佛教的主从关系，而新的关系的建立却是儒学对神道的从属而不是相反。由于这一工作的关键推进者是林罗山，而罗山出于利用目的才对"儒道"作"内道"安置之行为本身，反而突出了朱子学的"他者"特征，因此，其内心深处的民族主义情绪，与他老师相比，似有过之而无不及。[2]

这是一个经过深思熟虑的推断，值得仔细分析。首先，无论是从惺窝致力于"脱佛入儒"还是罗山激烈"排佛"的笔墨中，我们确实不难见出"护教"意识以及来源于宋学的"道统"观念。而且，在包括罗山、室鸠巢、雨森芳洲、贝原益轩在内的多数日本儒者的表述中，依旧是神主儒从，这也是事实。但是从这两个前提出发，却可能衍生出韩东育先生所论之外的结果。如果林罗山的内心深处真是韩东育先生所言的"民族主义情绪"，即便承认罗山的内

1　林羅山「神道伝授」平重道・阿部秋生校注『日本思想大系39　近世神道論　前期國學』、19頁。

2　韩东育：《日本"京学派"神道叙事中的朱子学》，刘岳兵主编《日本的宗教与历史思想——以神道为中心》，第253页。

心深处是以排佛为目的而支持儒教，那么也只能说这种"民族主义情绪"尚处在初步觉醒的阶段，否则难以解释的逻辑怪圈是，引入仍旧是"他者"的儒学排斥被视为"他者"的佛教，何以保证不是变本加厉地引狼入室？换言之，一旦将朱子学的原理植入神道的内部，即将"儒道"作为"内道"安置于神道之中，那么原本缺乏理论系统的神道就可能从骨子里被儒化，事实上，在后来坚决排斥"汉意"的日本国学者那里，依旧无法全然斩断与以儒学为代表的"他者"之间的关联，"宣长发现的所谓'やまとことば'，是以汉文书记文本为前提才可能的作业"。[1] 实际上，津田左右吉已经非常精准地把握到京学派活跃的江户前半期"儒家神道"的基调：

> 江户时代前半期，是指所谓国学者的神道说兴起之前的时期。这一时期神道思想的特色，在于带有强烈的儒教色彩，称其为"儒教化神道"也不过分。不但新倡导的是这样，连属于伊势神道和卜部家神道系统的也是如此发展变化而来的。利用儒教思想来讲神道，并不是从这时才开始的，以前对中国思想，在利用儒教的同时，还采纳了道家或道教的思想，但这一时期神道的主流，却很少利用道家道教。而且，与其说是利用儒教思想来讲神道，还不如说是以儒教思想为根据来说神道更为贴切，诚如从前的佛者们以佛教思想为根据去讲神道那样。于是，佛教遭到排斥是必然的了。随着儒教的流行，读书人的知识为儒教的书籍所培养，形成了儒者指导学术界的风潮，神道家们也被卷进去了。同样，不处于神道家地位而论述神道的儒者也很多。[2]

1　中村春作『思想史のなかの日本語——訓読・翻訳・国語』勉誠出版、2017、27 頁。
2　〔日〕津田左右吉：《日本的神道》，邓红译，商务印书馆，2011，第 144 页。

　　以上引文中，津田特意区分了"利用儒教思想来讲神道"和
"以儒教思想为根据来说神道"这两种不同的表述，津田称江户前
半期为"儒教化神道"，正体现了后者的立场。以主客的角度言之，
在神道尚属"利用"儒教思想之时，神道为主而儒学为客，而当儒
教渐成神道"依据"之时，则主客之序已然完全颠倒。质言之，儒
家已经取代神道占领思想的主场，这便是"儒家神道"发展的整体
趋势。津田在指出江户前半期神道以儒教思想为依据的特点之后，
还进一步指出了神道儒教化的四个表征，即认为神道是政治之道，
认为神道具有道德意义，神道中出现一种理性主义的倾向，以及神
道中出现天人合一的思想。津田总结说："神道是神规定的政治和
道德之教，神与其说是宇宙神，还不如说是立教之古圣天子，在这
一意义上被当作了皇祖神。且其教又被当作是心之教，本来不失为
和神同一的人心，在这个意义上讲天人合一说。"[1] 从这个意义上说，
神道所具有的政治和道德的教化意义，均源自儒学的理论架构。
由此而论，儒学不仅给予神道构建自身体系的材料，更赋予神道
之神器及其仪轨意义。儒学在理论上对神道的影响的确不容忽视，
尤其是在敬、祭祀、忠孝、大义名分、仁爱等关键概念的容摄上，[2]
然而津田从神道学者的立场出发，直接越过神道大量吸收儒学核
心概念的表象，一语道破了二者在思想深处的关联，发人深省。

　　正视神道的理论化与儒学之间的深刻联系，并非要否定二者
的区别，或者可以说神道与儒学本就是两种"异质"的传统。因
此问题恰恰在于作为"他者"而臻于完善的儒学要如何在异域与
作为本土思想的神道"相处"。儒学在中国和朝鲜的官学地位自
不必说，然而这种地位的获得与科举密不可分。当儒学成为上下
流通的进阶途径时，就意味着它获得了思想竞技舞台上长盛不衰

的护身符。这虽是史实，却不能证明科举是儒学制度化的充要条件。

我们也可以从"神体儒用"的表述再进一步展开关于神道和儒学关系的论述。相比于北畠亲房以及罗山、惺窝时期有关儒家神道的阐述，以"体用"的关系分析儒学和神道的关系，是儒家神道的理论水平已经发展到较高层次的表现。明确表达这一思想的是贝原益轩，他认为儒学"与吾神道无异"，[1]这就肯定了儒学于神道而言并非"他者"。不过，与前期的儒家神道不同的是，益轩并非简单持"神儒一体论"，而是试图以体用的关系呈现二者既"不二"也"非一"的复杂关系。以体用关系言之，"体用一源"说明儒学与神道有一致之处，然体用之分，又可呈现二者细微之差别。

比体用关系更进一步深化的是"儒化神道"。所谓"儒化神道"，是将儒学的基本原理渗入神道的体系化建构，经过儒化后的神道，虽然依旧以日本神道的面貌呈现，但是从形式到内容都已经深刻地烙上儒学原理的烙印，这一点在雨森芳洲的神道论中表现得尤为明显。"尧舜之授受著于言，神圣之传继托于器"，[2]芳洲以理学极为重视的"道统"为范型，建立起以三神器为中心的神道圣圣相传的"圣统"。以儒学的基本概念阐释神器的精神意涵在北畠亲房那里就有详述，并非芳洲的首创。但芳洲此论的重要性在于，不再停留在概念的"搬运"上，而是进入了系统的建构。换言之，儒学成为津田所谓的神道的"根据"，亦即成为论证神道神圣性的方式（之一）。当神道的神圣性来源、基本理念甚至教化功能都与儒学骨肉相连之时，儒学在某种意义上就已经深入日本文化的最根本之处，质言之，儒学就完成了在日本的本土化进程。

1　貝原益軒「神儒並行而不相悖論」菰口治・岡田武彦『日本の思想家⑨　安東省庵・貝原益軒』、220頁。
2　雨森芳洲「大寶説」『芳洲文集　雨森芳洲全書』二、16頁。

三 "儒学日本化"的"变异"

以上两节按照时间顺序描述了儒学通过世俗化和神圣化的路径逐步深入日本社会的动态过程。需要稍作说明的是，本书主要讨论的对象是京学派朱子学者群体，因此主要的用例也基本不出京学派的论域。然而儒学本土化的实际情况要复杂而丰富得多，大阪的怀德堂之学无疑是以町人为代表的庶民儒学兴盛的标识，而以山崎暗斋为代表的崎门之学更是儒学神圣化议题中不容忽视的研究对象，虽然他们与京学派之间有着千丝万缕的联系，但是涉及内容着实庞杂，故需另辟专文甚至专书加以探讨。当然，京学派作为江户时期杰出人物众多、影响极为深远的学派，其思想体系内部就可以反映出儒学日本化的诸多侧面，然而包括井上哲次郎、丸山真男以来的研究却鲜有关注到京学派的重要性，这是为什么呢？

再者，任何一种外来思想要想比较充分地融入异文化，必然不是一朝一夕之功。相较于日本的本土文化，儒学是"他者"无疑，那么要探讨"儒学日本化"的过程，就不得不借助长线条的历史画卷呈现其始终。正如我们很难把压死骆驼的罪责归于那最后的一根稻草一样，即便是借助质量互变的关系粗浅地进行梳理，我们也很难精确地找到儒学日本化的起点和终点。那么应该如何呈现"儒学日本化"的起始及其成形呢？

对第二个问题的理解有助于我们形成对第一个问题的回答，因此先来分析一下后者。我们需要借助特殊的"度量衡"来衡量儒学在日本社会中"分量"的变化。

首先是日本佛教。说中世的日本是佛教的社会，这基本上无人会质疑。即便将佛教在日本中世的影响直接延伸到近世，也无大过。这也可以视为惺窝、尺五没有选择以尚处于起步的儒学直接对抗已然在日本落地生根甚至开花结果的佛教的原因之一。尺五提出的传播儒学的方案简单归纳即是："今此国佛法繁昌，以佛法为教，则儒道易渐行。"[1]尺五对于佛教在日本的位置有着清醒的认识，因此他没有如罗山一样激烈地排斥佛教，而是选择了援佛以释儒。在尺五所作的《彝伦抄》中处处可见援佛释儒的"逆格义"现象。我们需要明白，尺五既以"粗相似"名之，[2]则其对儒佛之间的差别应有清晰的预判，但是他努力勾勒的是儒佛一致的部分，以此来求同存异。

对此现象有一种简单的解释，即认为尺五的思想没有脱离中世以来儒佛习合的传统，如此尺五一系在日本儒学史上的评价一直不高也很容易被接受。然而，如果我们再引入另一个"度量衡"——洋学，或许就可以对尺五的努力进行重新评价：

　　一直以来有这样一种历史解释：认为西洋首先用军事力和经济力向世界扩张殖民地，图谋入侵东亚，因此，东亚各国也首先通过导入以军事为主的技术来对抗，然后再试图进行制度改革、进而实行文化精神的改革，或者说是由"外"至"内"、由"用"至"体"，问题是逐渐向内面发展的。在这种解释的背后，有一种普遍的历史理解，认为"西洋虽在'形而下'方面优越，但在'形而上'方面却逊色，西洋的'艺术'应当学习，但'道德'还是东洋的好"。然而，至少可以认为，在另一方面，实际上在最初，正因为出于最"内面的"儒学价值基准，西洋的社会和政治成为了共感和尊敬的对象。并不是说"仁"而"公"就是"民主"，但是，至少在德川时代末期，对"公议""公论"的要求已经成为很高的呼声，这是进入明治以

1　松永尺五「彝倫抄」石田一良・金谷治校注『日本思想大系 28　藤原惺窩　林羅山』、305 頁。
2　松永尺五「彝倫抄」石田一良・金谷治校注『日本思想大系 28　藤原惺窩　林羅山』、305 頁。

后，不论政府内外都把建设和确立"公议政体"作为目标的一
个重要的背景。[1]

　　渡边浩在这里批判的"一种历史解释"，实际上也是在中国近
代史研究中影响极为深远的"冲击－回应"说。渡边浩非常敏锐
地指出了这种由"用"至"体"的理解最大的问题在于忽视了在
外来冲击之前酝酿已久的思维方式的转变，而这种转变本身与原
本作为"他者"的儒学成为日本的"古层"之一是有着直接联系
的。日本儒学究竟在多大程度上对引进西洋思想发挥了作用虽非
本书的议题，但是这一问题本身即呈现出儒学已然摆脱需要借助
佛教释义的窘境，正是由于"儒学日本化"的成形，即完成了日
本化后充分地融入了日本社会，儒学才能被选为翻译和理解西方
思想的基准和媒介。

　　日本化后的儒学成为日本人自觉选择译介西洋思想的工具，这
在一定程度上彰显了"儒学日本化"的成形。对于其完成后的走
向，渡边浩提出了颇具代表性的"自杀"论："明治维新既是'大
振皇基'之语所表示的'王政复古'革命，也许同时又是儒学'西
洋'化的革命。而且正由于此，使得后来，儒学诸理念渐渐被西洋
思想吸收，相对地迅速地失去了作为独立体系的思想生命。也就是
说，至少在日本，儒学在引进起源于西洋的'近代'的过程中发挥
了先导作用，而且，正因如此而导致了自杀。"[2]这似乎有点"得鱼忘
筌"或者说"过河拆桥"的意思，然而鱼与筌、河与桥的关系不见
得适用于儒学与西洋思想的问题，因为前者可以完全分离，而后者
却融为难以割裂的一体。

　　不过这种日本儒学"自杀"的论调在日本学术界并不罕见。平

---

1 〔日〕渡边浩：《东亚的王权与思想》，第 157 页。

2 〔日〕渡边浩：《东亚的王权与思想》，第 158 页。

石直昭指出的"封建思维的近代化"和"外来思想的日本化"是日本德川思想史研究的两种主要范式，丸山真男以徂徕学为中心构筑起日本近代化的思维方式，尾藤正英以山崎暗斋的朱子学论证"日本化了的儒教"，沟口雄三持论中国的宋学从未被日本容受，还有渡边浩所谓的中国朱子学与德川社会并不相容，等等。总之，战后日本思想史学界的主流观点始终延续着一种"近代主义式的日本特殊论"，而这种论述的方式即根源于明治时期对日本儒学的"去中国化"处理。

这就回到了我们刚才提到的第一个问题。渡边浩曾言："概而言之，所谓明治维新，或许可以说是西洋化的开始，同时也是江户时代以来的中国化的完成。积蓄于知识分子言论层次的各种儒学的因素或中国的因素，越过了被传统武士的制度和习惯抑制下所处的实务层次，像堰堤决口一样涌流出来，这大概可以说就是维新的各种改革。"[1] "儒学日本化"作为一个历史"事件"，其主要的发生场域是在日本江户时期，然而其作为一个"命题"被讨论，却是明治以后的事。实际上，"儒学日本化"的命题就包含了与中国原生之儒学"异质"的立场。如果将日本儒学与中国的"断裂"视为一个不断被切割的过程，那么以下四种"暗流"可以作为透视这一过程的重要截面。

其一，引入西方"哲学"以转化传统儒学。以西周用"哲学"而非"理学"翻译"philosophy"为发端，经过井上哲次郎等日本学者对西方哲学的概念翻译以及体系介绍，西方的"哲学"成为传统经学转向"中国哲学"的媒介。这虽然促进了作为现代学科的"中国哲学史"的确立，但相较于德川时代以来以朱子学为代表的儒学被立为官学的史实，这就在事实上降格了"儒教"自宽政异学之禁以来的独尊地位。

---

1 〔日〕渡边浩:《东亚的王权与思想》，第190页。

其二，创建"日本阳明学"的谱系。邓红认为作为一门近代学科的名称，"阳明学"是个典型的"和制汉语"，出现于19世纪八九十年代的日本。三宅雪岭不仅塑造了日本阳明学的系谱，而且首倡阳明学是"日本明治维新的原动力"之论。高濑武次郎继之将日本阳明学与中国进行了切割，认为日本得阳明学之事业性，而中国得其枯禅性。井上哲次郎则以"哲学"再次对日本阳明学派进行了学术包装，使其获得了正式的话语权。[1]

其三，塑造反朱子学的"古学派"。日本儒学史中的"古学派"由井上哲次郎塑造并发扬光大。井上以江户时代的山鹿素行、伊藤仁斋以及荻生徂徕为"古学派"的三个代表人物，认为三人虽然旨趣各异，但都标榜"古学"，与尊崇朱子学和阳明学的儒者大为迥异，代表了"活动主义"，是日本民族特有的精神。

其四，建立日本近代思维方式的图示。丸山真男所建构的中国宋学与日本古学、国学之间的对立，虽然受到后来学者的不断批判，但这种理解德川思想史图景的路径至今无人超越。

这里面每一个问题都需要另辟篇幅详加申论，囿于本节的主旨，留待下节详析。不过，即便仅列出以上提纲，亦足以透露出这种割裂的深刻性和复杂性。

再有，现代学科意义上的"日本儒学史"，肇始于井上哲次郎的日本儒学"三部曲"，即《日本阳明学派之哲学》、《日本古学派之哲学》以及《日本朱子学派之哲学》。这是历史上率先将儒学置于西方"哲学"的框架之中加以系统梳理的尝试，丸山真男评价说"他揭开了近代儒学史研究的序幕"。[2] 1888年内田周平出版了世界上第一部《中国哲学史》（当时称《支那哲学史》）。继之而起，松本文三郎（1898）、远藤隆吉（1900）、高濑武次郎（1910）等纷纷

1　邓红：《日本的阳明学与中国研究》，广西师范大学出版社，2018，第4~15页。

2　丸山真男『丸山眞男講義録第五冊　日本政治思想史1965』東京大学出版会、1998、9頁。

尝试在"哲学"论域重新书写中国的思想史。这种风潮影响了包括王国维、蔡元培、胡适等在内的当时重要的中国思想家,而作为学科的"中国哲学史"也应运而生。日本儒学的近代化转型与"中国哲学史"的学科建制之间具有深刻的关联,因此相较于渡边浩所谓的儒学的"自杀",或许以"重生"或"转世"的角度视之更具启发意义。这也是当下日本儒学史研究亟须正视的研究课题。

四 小结

让我们再回顾一下井上哲次郎对日本朱子学的整体认识:

> 朱子学派中不论有多少派别,都是极其单调而"同质的"。除了叙述和敷衍朱子的学说之外,别无其他。如果出现胆敢批评朱子学说,或者在朱子学说之外开出自己创见的态度,那就早已不是朱子学派的人了。若要成为朱子学派的人,就只能忠实地崇奉朱子的学说。换言之,只不过是朱子的精神奴隶。是故,朱子学派的学说不免让人有千篇一律之感。[1]

如果将井上的评语置于明治以来日本儒学"去中国化"的脉络,那么日本朱子学,尤其是以京学派为代表的江户初期的日本朱子学,因为"只不过是朱子的精神奴隶",也就是不具有"去中国"或者说足以张扬日本特殊性的意味,只得到了井上"千篇一律"的评价。从明治时期日本儒学研究的起点出发,井上的推论有其逻辑上的自洽性。然而这一起点从源头上忽视了儒学日本化的历史进程,刻意回避甚至排斥"中国"因素只能造成对日本儒学史整体理解的偏差,也就无怪乎自井上以来日本学界对江户时期影响最为深

---

1 井上哲次郎『日本朱子學派之哲學』、598 頁。

远的京学派一直缺乏应有的评价。

反之，如果我们不再纠结于一国一地，代之以东亚整体的视域，就可以还原"儒学"自身不断向外辐射的光谱。从儒学不断日本化的维度重新考察京学派主要人物的思想，则可以发现京学派的儒者群体通过包括世俗化和神圣化在内的各种渠道不断促进儒学深入日本社会的历史进程。其结果，则是作为"他者"的儒学终于成为日本的"古层"之一。儒学从借助佛教以传播自身，到成为西学进入日本的媒介这一角色转换，即可非常鲜明地呈现"儒学日本化"的完成。无疑京学派之外的诸多江户儒学派群体也对这一进程起到过或多或少的作用，然而京学派的朱子学者不仅使儒学从佛教中独立出来，完成了朱子学的官学化，更促成了儒学在日本社会的广泛流传，这些本应当标榜于日本儒学史中的赫赫功绩，无论如何不应该被"千篇一律"概括。

从京学派推进儒学日本化的进程，我们还可以发现流淌于东亚之儒学"环流"：以宋学为代表的新儒学从中世开始进入日本，在近世不断生根发芽，到18世纪末比较广泛地传播开来，又在明治维新的东西交汇中"逆输入"中国，对包括儒学在内的中国传统文化的近代转型起到了殊为重要的作用。以此"环流"反观京学派的位置，那么其正好处于促使儒学在近世日本生根发芽的阶段。当然，在此"环流"之中，还有极为重要的朝鲜儒学一环，包括惺窝和罗山在内的京学派儒者亦多受其惠，这也是值得深入探讨和研究的课题。

第二节 "儒学日本化"的反思：被塑造的"异质"

近年来探究"儒学日本化"进程渐成日本思想史领域的显学，学界对"儒学日本化"这一论题的内涵和外延已经形成一定的基本共识，而且通过深入挖掘"儒学日本化"中的"日本"因素，将儒学在传入日本后发生的变化较为充分地呈现出来。[1] 然而，"儒学日本化"这一命题从诞生之日起便具有强烈的"脱中国"或者"去中国"的倾向，这种倾向通过学理上的建构不断被巩固，最终造成"儒学日本化"的指称面临中国儒学"不在场"的尴尬局面。这种"缺席"不仅始终存在于日本学界的研究之中，更深刻影响了中国学者对此问题的理解，甚至在某种意义上导致"本来应该具有更多丰富可能性的儒学或者说朱子学，却在'日本化'的过程中逐渐沦为堕落和无用之物"。[2]

如果将日本儒学与中国儒学之间的"断裂"视为一个不断被切割的过程，那么"日本阳明学"系谱的创建以及"古学派"反朱子学形象的塑造则是潜藏于其中极为重要的两股暗流。本节即以此为行文线索，通过研究近代"日本儒学"不断被渲染的"脱中国"机制，揭示近代"日本儒学"中被塑造出的"特殊"传统，反思日本近代儒学发展轨迹出现偏差的可能原因，从而为重新理解"儒学日本化"的进程提供一种新的路径。

一 日本儒学之"异质"

从历史的发展来看，应该可以肯定儒学是一种带有一定普遍意义的学问，因其普遍性，在东亚的不同国家和地区有不同程度的蔓延，与之相伴，儒学进入不同的地域，又会展现出殊为不同的样貌，当然这并没有超出普遍性和特殊性的一般原理，而这一不难被接受的逻辑即为本节展开论述的基本前提。

具体到日本历史，究竟应该如何看待和评价儒学对日本社会的

---

1 吴震：《当代日本学界对"儒学日本化"问题的考察》，《社会科学》2016 年第 8 期。
2 平石直昭「徳川思想史像の総合の構成——『日本化』と『近代化』の統一をめざして」『平成 6~7 年度科学研究費補助金（総合研究 A）研究成果報告書』1996 年 3 月、5 頁。

影响并非本节所能完成的课题，不过作为学术史的梳理需要对以往的基本看法稍作回顾。就儒学与日本社会的关系而言，学界争论的焦点在于如何评价儒学对德川公仪（幕府）的影响。江户时期的儒者比较重要的理论推进在于将日本这一看似非"华夏"的"蛮夷"之地"塞"进儒学的解释系统，比较典型而普遍的看法是将日本视为孔子欲居之"九夷"，以日本为"东方之国"、仁寿之国，这就暗合了儒学教义中"生生"的主张，从而为"儒学中的日本"找到可以立足的理论依据。

明治时期，井上哲次郎虽以"打破东西洋哲学的界限"创建"东洋哲学史"为己任，[1]然而在他的思想中已经出现剥离中国儒学与日本儒学的倾向。这种倾向经过学理上的不断建构，在丸山真男思想中得到了颇为精彩的演绎。值得注意的是，在丸山的叙述中，儒学依旧是德川幕府的官方意识形态，朱子学在一定程度上适应了日本的幕藩体制，从而对日本社会产生了事实上的影响。尾藤正英对丸山的这种理论前提进行了较为深刻的批判。在他看来，之前的日本思想史过于简单地认为日本近世为儒学的时代，他认为儒学不过是权力者支配的"道具"，并没有对日本社会中的个人生活起到原理上的规制作用。[2]更进一步，尾藤认为儒学并非德川幕府的意识形态，并将与朱子学对抗的"古学派"中坚——荻生徂徕视为近代日本国家主义的祖型。[3]

尾藤之后，渡边浩对儒学与日本的关系提出了更为细密、影响更为深远的理论结构，即虽然德川时代的儒学史往往从朱子学开始叙述，但是在德川前期，以朱子学为代表的宋学并未普及，也并非

1　井上哲次郎「重訂　日本陽明學派之哲學序」『新訂　日本陽明學派之哲學』富山房、1938、
　　4頁。

2　尾藤正英『日本封建思想史研究——幕藩体制の原理と朱子学的思維』青木書店、1961。

3　尾藤正英「国家主義の祖型としての徂徠」荻生徂徕著、尾藤正英編集『日本の名著16　荻生
　　徂徕』。

幕府的体制教学，就此而论，渡边似乎延续了尾藤以来对丸山的批判。然而实际上这只是德川前期的状况。渡边以伊藤仁斋为界将德川儒学史分为前期即"移植期"以及18世纪中叶以后的"定着期"两个阶段：在仁斋之前的"移植期"，日本社会并未形成"知识人社会"，身在其中的日本儒者亦处于孤立无援的状态；而经过前期的积累，尤其是在喜好儒学的纲吉、家宣两位将军的支持下，以仁斋和徂徕为代表的"古学"风靡一世，儒教更为深入地渗入了日本社会。[1]更进一步，在渡边看来，"所谓明治维新，或许可以说是西洋化的开始，同时也是江户时代以来的中国化的完成"。[2]

以上大体梳理了理解儒学与日本社会关系的主流观点和理论发展脉络。就本书基本立场而言，可借用小岛毅的论断进行归纳："江户时代武士所支配的社会，确实不是儒教性的。而且，儒教也并非江户幕藩体制的国教。但是，学习儒家思想并以之为伦理道德规范的，非唯武士，儒家思想还浸透到町人和百姓们中，成为明治维新的原动力之一。"[3]这就提示出一种不同于以往的理解儒学逐步渗入日本社会的新方式，我们可以以之为认识的出发点并稍加引申：以朱子学为代表的儒学在江户时代虽然较之前代有大幅度的发展，但由于日本社会的幕藩体制结构不同于同时期的中国和朝鲜，儒学始终难以称为日本之"国教"。即便如此，宽政异学之禁以后，朱子学作为官方唯一认可的"正学"，在一定程度上依旧发挥了体制教学的作用。当然这并不意味着儒学成为直接与仕途相联系的渠道，而是"无论在幕府的内部还是各藩之中，没有学问就无法出仕"。[4]

再回到"儒学日本化"的命题本身。虽然"儒学日本化"的发生可以追溯到江户初期甚至更早，但是这一概念出现在明治时

---

1 渡辺浩『近世日本社会と宋学』。

2 〔日〕渡边浩：《东亚的王权与思想》，第190页。

3 小島毅『海からみた歴史と伝統——遣唐使·倭寇·儒教』勉誠出版、2006、158~159頁。

4 小島毅『海からみた歴史と伝統——遣唐使·倭寇·儒教』、141頁。

期有其"特殊"的意涵。正如霍布斯鲍姆所言："概念绝非漫无目标的玄学思辨，而是根源于特定地域，成长于特殊社会背景，成型于既定历史时空。"[1]借此而论，若要更为深入地理解"儒学日本化"的命题，则还原其根源、成型的"历史时空"殊为必要。霍布斯鲍姆强调的这种"特殊"，往往容易让人意识到某种概念生长所带来的思想意识的"断裂"。虽然"断裂"往往可以提示出非常重要而深刻的侧面，然而考虑到概念的产生亦非横空出世，如果过于强调"断裂"，则往往容易掩盖伴随儒学发展始终的普遍性问题。

平石直昭注意到德富苏峰很早就提出"儒教日本化"的观点，而吴震先生则进一步考察了"儒学日本化"这一概念在日本的发端："不待说，'儒教日本化'显然是一个后设的概念，最初是用来考察江户儒学的一种设定。从学术史的角度看，'儒教日本化'作为学术用语，最早可能是出自19世纪末20世纪初'自由民权论'者及民族主义者德富苏峰（1863~1957）之口。"[2]我们不妨借助苏峰的表述来理解"儒教日本化"作为"毫无疑问之事"在明治日本出现的"历史时空"：

> 或者说，虽然没有公然让儒教思想神道化，但是其日本化，是毫无疑问之事。日本化之极便是唤起一种尊内卑外的感情，成为后来攘夷运动的伏线，大义名分，正如对幕府的敌忾心的标识一般，并非已经冷却坚硬的理论，而是只要一碰触手就会燃烧起来的宗教的炽热。[3]

1　〔英〕埃里克·霍布斯鲍姆：《民族与民族主义》，李金梅译，上海人民出版社，2020，第16页。

2　吴震：《当中国儒学遭遇"日本"：19世纪末以来"儒学日本化"的问题史考察》，华东师范大学出版社，2015，第7~8页。

3　德富蘇峰『吉田松陰』岩波書店、2001、34頁。

在苏峰看来，作为外来思想的儒学，经过以神道为主的日本化，成为攘夷运动中对抗幕府坚定决心的力量之一，苏峰所描述的"炽热"，很容易让人联想到民族主义意识的觉醒。"儒学日本化"在这一觉醒的过程中既是一种方法，也是一种目的。从方法的角度而言，儒学要成为促进日本民族主义觉醒的有效手段，必须经过一番身份的转换，即脱去作为"外来"思想的历史旧装，穿上"日本"或者说"本土"传统的新装。而这种"外来"与"本土"之间的对峙，更为直接的原因在于中日关系在政治、军事等各方面的紧张，平石直昭就曾指出战前的日本学界对德川日本儒学的评价受到了"中日比较论"的影响，而这也是产生"日本儒教"与中国儒学"异质"的直接缘由："源于中国的儒学乃至朱子学，在传入日本后被'日本精神'纯化，变为异质之物。"[1] 再就目的而论，"儒学日本化"的提法从诞生之日起，就包含了与中国原生之儒学"异质"的目的。也就是说，通过对外来儒学的日本化"塑造"或"发明"，明治日本学界生产了诸多与中国儒学"异质"的日本儒学论。之所以使用"诸多"这一表示复数的词语，是由于明治日本儒学界对于中日儒学之间"异质"的论述多有不同，以下试举数例言之。

武内义雄（1886~1966）对中国哲学的研究在当时的中日学界均影响很大，但他主要深耕的领域是中国的哲学而非日本，这从他《儒教的精神》的序言中即可见出，尤其值得重视的是他明确提到其关于日本儒学的判断参考了井上哲次郎的《日本朱子学派之哲学》、《日本古学派之哲学》及《日本阳明学派之哲学》。[2] 武内对于中日儒学的关系有一个简单的归纳：

1　平石直昭「徳川思想史像の総合的構成——『日本化』と『近代化』の統一をめざして」『平成 6~7 年度科学研究費補助金（総合研究 A）研究成果報告書』1996 年 3 月、5 頁。

2　武内義雄『儒教の精神』岩波書店、1939、はしがき、2 頁。

儒教起源于中国，很早便传到日本，对于昂扬我国的国民
精神贡献良多。即便如此，由于日本与中国的国情不同、历史
不同，所以日本的儒教与中国的并不全然相同。当然二者之间
的共同点很多，不过特异点也不少。因此本书先记述中国儒教
之梗概，明示其精神之所在，其次尝试说明其传入我国之后是
如何日本化的。[1]

从以上叙述中不难发现武内试图用力着墨之处在于描述中国儒
学的"日本化"进程。然而，仔细咀嚼武内所表述的"当然二者之
间的共同点很多"，"当然"是在陈述一种不言自明的预设，这就反
映出至少在当时的日本学界，认为日本儒学与中国儒学分享了诸多
的"共同点"才是主流。而且，中日儒学之间共同点是"很多"，
而特异点是"不少"，这种程度副词的使用也可以从侧面佐证以上
论断。

源于中国的儒学传入日本后，被日本化的结果即是"日本儒
教"。关于什么是"日本儒教"，岩桥遵成有一个非常简明的定义：
"所谓日本儒教，即以我日本固有之精神，解释孔孟之教义。"[2]在岩
桥看来，日本儒教虽然有与中国儒学异质之处，关于其研究却极为
不振，原因就在于之前的学者认为日本儒教不过是继承了中国的儒
学，因此只要了解了中国的儒学即可知晓日本儒学。再借助刚才分
析武内序言的方法不难推出，岩桥所批判的日本儒学研究不彰的原
因，是当时的学界以为通过了解中国儒学即可了解日本儒学，而这
正反映出"未脱中国"的日本儒学研究才应该是当时的主流，也是
更为贴近明治儒学的"实像"。

1　武内義雄『儒教の精神』、はしがき、1頁。

2　岩橋遵成『日本儒教概説』東京宝文館藏版、1925、3頁。

岩桥从日本儒学的特殊性研究不足的状况出发,强调日本儒学从始至终都不是对中国儒学的单纯模仿,其用例便是"古学派"。武内则认为原本在中国斗争不断的朱子学和阳明学,经过"日本化"后,归于同一精神,即发扬"忠孝一本至诚本位的国民道德",[1]而这也是日本儒学的特色所在。明治日本充斥的各种思潮、主义犹如"百鬼夜行",难理其要,但包括武内义雄所论"日本化"之儒教、元田永孚以仁义礼让忠孝正直主义为日本之"国教"、西村茂树的"日本道德论"、井上哲次郎鼓吹的"国民道德论",以及西晋一郎强调的"外来之教日本化"等提法,均不出强调中日儒学"异质"之内核。大体而言,不断扩大甚至割裂日本儒学与中国儒学之间的关联,成为儒学被"日本化"的内在机理。如果说思想家的主张和言论呈现出的日本儒学被塑造的"异质"尚显零散,那么对"日本阳明学""日本古学派"的塑造,则从学理上构筑了较为系统而完整的"日本儒学"的格局。

二 "日本阳明学"的系谱

《日本阳明学派之哲学》、《日本古学派之哲学》以及《日本朱子学派之哲学》是井上哲次郎研究日本儒学史的"三部曲",也是带有近代转型意义的日本儒学史研究的奠基之作。虽然按照井上最初的构想,日本除了阳明学派、古学派以及朱子学派,还应有折中学派以及独立学派等,但由于井上在出版了前三部作品之后,后面的研究并未系统地展开,加之"三部曲"影响深远并被不断再版,因此时至今日言及日本儒学史,尤其是江户儒学史时,往往仍以井上所立之三派为纲要。为了叙述的方便,先按照"三部曲"的叙述将三派的核心人物进行简要归纳(见表终 -1)。

1　武内義雄『儒教の精神』、214 頁。

表终-1　井上哲次郎"儒学三部曲"中关于日本儒学派的划分

	学派	代表人物
阳明学派		
一	中江藤树及藤树学派	中江藤树、渊冈山、熊泽蕃山
二	藤树蕃山以后的阳明学派	北岛雪山、三重松庵、三宅石庵、三轮执斋、川田雄琴、中根东里、林子平、佐藤一斋、梁川星岩
三	大盐中斋及中斋学派	大盐中斋、宇津木静区、林良斋
四	中斋以后的阳明学派	吉村秋阳、山田方谷、横井小楠、奥宫慥斋、佐久间象山、春日潜庵、池田草庵、柳泽芝陵、西乡南洲、吉田松阴、东泽泻、真木保臣、锅岛闲叟等
古学派		
一	山鹿素行	山鹿素行
二	伊藤仁斋及仁斋学派	伊藤仁斋、中江岷山、伊藤东涯、并河天民、原双桂、原东岳等
三	物徂徕及徂徕学派	物徂徕、太宰春台等
朱子学派		
一	京学及惺窝系统	藤原惺窝、林罗山、木下顺庵、雨森芳洲、安东省庵、室鸠巢
二	惺窝系统以外的朱子学派	中村惕斋、贝原益轩
三	南学及暗斋学派	山崎暗斋、浅见䌹斋、佐藤直方、三宅尚斋、谷秦山
四	宽政以后的朱子学派	柴野栗山、尾藤二洲、佐藤一斋、安积艮斋、元田东野、中村敬宇
五	水户学派	德川光圀等（略述）

　　从表终-1可以比较清楚地看出井上对德川时期儒学史的划分及其对具体儒者的归类。在此分派之下，各学派之间的关系以及区别也得以较为清晰地呈现。在这三派之中，井上最早完成的是对日本阳明学派的研究。[1]邓红指出："井上哲次郎的《日本阳明学派之哲

---

[1]　"三部曲"最初由日本东京的富山房出版，其出版先后顺序为：明治三十三年（1900）10月的《日本阳明学派之哲学》，明治三十五年（1902）9月的《日本古学派之哲学》，以及明治三十八年（1905）12月的《日本朱子学派之哲学》。

学》,为'日本阳明学'在日本学术界挣得了正式的话语权。"[1]井上以"哲学"的方式将日本符合"阳明学"特质的材料进行了整理,较之石崎东国等人以"阳明学"为大旗掀起的社会思潮,无疑意义更在于学术上的推进。

然而井上的研究并非纯学理式的,经过井上之书已臻完备的"日本阳明学"也不乏"虚构"的成分。邓红曾对"日本阳明学"中的"虚构"成分进行了不遗余力的批判,其中与本书直接相关的有两点:

> 首先,"日本阳明学"和中国没有什么直接关系。它只是19世纪末一些日本人盗用了四百年前中国明代思想家王守仁的号"阳明"为自己发动的一场社会运动取的名字而已。这场社会运动的目的在于,"对内涵养日本国民精神、高扬日本国民道义,对外护持国体发扬国威"。所以"日本阳明学"不值得中国学人那么赞美和喝彩。
>
> 其次,"日本阳明学"虽然用了一个"学"字,看起来很像一门近代学科的名称,但绝非王阳明哲学思想之学术研究本身,也不是什么学术流派,更不是王阳明哲学思想在异国日本深化、进步、再造的产物,只是利用了王阳明哲学思想中"心即理""知行合一""致良知"等几句话作为自己的口号而已。[2]

阳明学传入日本的确切时间并不清楚,[3]就其在日本的承续来看,远不如日本朱子学脉络清晰连贯,从这个意义上来说,确实很难称之为独立的"学派"。而且确如邓红所言,不可否认"日本阳明学"

---

1 邓红:《何谓"日本阳明学"》,《华东师范大学学报》(哲学社会科学版) 2015 年第 4 期。

2 邓红:《日本的阳明学与中国研究》,第 35 页。

3 阳明学传入日本有史可考的例证通常会追溯到日本中世禅僧了庵桂悟。

的产生与当时日本的社会运动有颇为复杂的关系。即便如此，还有三点亟须辨明。

首先，即便"阳明学"为幕末才出现的和制汉语，[1]也难以否定江户时期已经出现自觉为"良知学"继承者的儒者，甚至出现了日本"良知学"的传续链条：

> 我邦藤树、蕃山二子，及三轮氏之后，关以西，良知学既绝矣，故无一人讲之者焉。仆窃复出三轮氏所翻刻古本《大学》及《传习录》坊本于芜废中，更稍知用功乎心性，且以喻诸人，于是夫袭取外求之志又既一变矣。而仆志遂在以诚意为的，以致良知为工焉。[2]

以上论断出自大盐中斋（1793~1837），这至少说明在吉田松阴（1830~1859）之前，日本已经出现自觉为"阳明学者"的思想家，当然他使用的词语是"良知学"，这明显是源于中国的称谓。更为重要的是，中斋列举了中江藤树、熊泽蕃山以及三轮执斋作为日本良知学的传承线索，从"既绝"不难推出，他以继承良知学为己志，这与试图接续孟子以来道统的宋学有着共通的趋向。后来制造"阳明学"一词的吉田松阴则将大盐中斋也列入"阳明派"。[3]而且，考虑到江户以来日本儒学发展的实况，阳明学在日本的发展呈现出

1　据邓红考证，日本最早使用"阳明学"一词的是吉田松阴。参见邓红《日本的阳明学与中国研究》，第4页。

2　大盐中斋「寄一斋佐藤氏书」相良亨・沟口雄三・福永光司编『日本思想大系46　佐藤一斋　大盐中斋』岩波书店、1980、634页。

3　邓红先生注意到这一文献，并且认为松阴笔下的"阳明学"和中国明代所说的'阳明之学''阳明之说'同义。不过这只是一次偶然现象，和明治以后'阳明学'一词的流行没有直接联系"（邓红：《日本的阳明学与中国研究》，第5页）。实际上，虽然明治以后受翻译的影响，"××学"的提法更为普遍，但是从史实来看，从"阳明之学"到"阳明学"，其实指并没有发生什么大的变化。进一步，如果考虑到上文所引大盐中斋的论述，那么很难再认为日本出现与明代阳明学同义的表述只是"偶然现象"。

相对松散的结构并不足为奇。[1] 由此而论,虽然"阳明学"为和制汉语,[2] 但其实指则为江户以来一脉相承的"良知学"。

其次,如果说江户时期的"良知之学"还保有对明代儒学的推崇,那么明治时期所谓的"阳明学者"究竟"发明"了怎样的"日本阳明学"传统?井上讲被日本化后的阳明学"有与神道合一的倾向",[3] 武内义雄也说"我国的阳明学从最初开始就与神道相联系"。[4] 也就是说,"日本阳明学"与中国的阳明学"异质"的根由在于神道,而这也成为日本儒学与中国儒学"异质"的根源,并深刻影响到当今日本思想史研究的走向。当然本书并非要否认日本儒学中的特殊性,而是尝试指出这种"异质"逻辑的危害不仅在于忽视了儒学在原理意义上所具有的普遍性,而且将日本儒学的研究领入"歧途"。要言之,经过神佛习合、神儒习合之"神道",早已不是简单化的日本固有之物,因此也不足以成为使"他者"文化蜕变为"异质"的催化剂。这之中尤以"儒家神道"为典型,试举例言之:

> 夫天下之大,四海之广,非仁则不育,非明则不烛,非武则不整。此乃天理之常,而帝道之规也。窃惟上古神圣之道,

1　关于日本阳明学在江户至近代的发展阶段,笔者曾通过"心"之"迹"化、"气"化以及"固"化三个面相,梳理出源自中国的阳明学在近世日本的传播和发展、在近代转型期的变革功能以及在近代以后服务于非民主化社会动员的保守趋向三个阶段。具体可参考刘莹、唐利国《论日本阳明学的虚像与实像》,《浙江学刊》2020 年第 1 期。

2　如果将这一问题置于"和制汉语"或者说近代汉语新词汇史的角度考量,那么不唯"阳明学"为日本新造,"朱子学""哲学""伦理学"等众多词语皆出自日本人之手,而在这些新词的背后,还隐藏着现代意义上的新学科的建立,"中国哲学史"的诞生也与井上等人有着极为深刻的联系。就此而言,即便"日本阳明学"的创制本身动机不纯,也不妨碍其成为思想史上颇具学术影响力的重要学脉。

3　井上哲次郎『新訂 日本陽明學派之哲學』、409~410 頁。

4　武内義雄『儒教の精神』、203 頁。顺带一提,武内义雄列出的日本阳明学系谱为:了庵桂悟—中江藤树—熊泽蕃山—三宅石庵—三轮执斋—佐藤一斋(武内義雄『儒教の精神』、200 頁)。

所重在乎三器也已。尧舜之授受著于言，神圣之传继托于器。嘻！大矣乎哉！三器全备，则天下大治。一不备则倾，二不备则危，无一焉者亡。[1]

中世以来，圣人之典籍流入我邦，其正心术厚人伦之道，与吾神道无异。而其为教也，广大悉备，精微深至，以可辅翼邦教，发明于神道。故学神道者，亦不可不学圣人之道。盖神教固是易简之要诀，得其要者一言而尽矣。故虽不待求乎外，然得儒教之辅翼而其理益明备矣。[2]

所谓"儒家神道"，是指儒学化后的日本神道。从以上引文不难看出，无论是雨森芳洲还是贝原益轩，在他们的思想中，虽然神道作为日本上古以来的神圣之道，有其不假外求的优越性，但是如果能借助儒家思想"辅翼邦教"，则可以有所发明于神道。这当然是以神道为主而利用儒学的主张，不过这种利用使得神道与作为外来思想的儒学"骨肉相连"，成为一种"儒教化神道"。[3]虽然在日本儒者的文字中，神道仍然为"体"而儒学依旧为"用"，但是在雨森芳洲以模仿道统创建神道之"圣统"以及通过儒学的词语赋予三种神器神圣性的尝试中，儒学思想已然在一定程度上成为神道神圣性来源的"根据"。从这个意义上说，神道很难成为日本阳明学甚至日本儒学与中国阳明学还有中国儒学"异质"的理由，因为经过江户时期多元文化的融合，神道本身已非"固有"。

最后，与其纠结于"阳明学"这一词本身为日本人之"发明"，或许更为根本的问题在于"日本"阳明学究竟被赋予了怎样的特

1　雨森芳洲「武國論」『芳洲文集 雨森芳洲全書』二、23 頁。
2　貝原益軒「神儒並行而不相悖論」菰口治・岡田武彦『日本の思想家⑨　安東省庵・貝原益軒』、220 頁。
3　〔日〕津田左右吉：《日本的神道》，第 144 頁。

质,以致成为各方势力皆可使用的话术。换言之,"日本""阳明学"的组合之中,"阳明学"虽是新制词,但不乏历史的"实像";而加上了"日本"这一修饰语后的"阳明学",才被塑造成与中国"异质"的"阳明学"。井上曾自述其撰写《日本阳明学派之哲学》的缘由:"维新以来世之学者,或倡导功利主义,或主张利己主义,及其结果之处,或遂至破坏我国民道德心。"[1] 即井上倡导或者说"利用""阳明学"的根源,在于试图通过阳明学恢复日本国民的道德心,也就是以阳明学对抗西学东渐之后的功利主义、利己主义。然而被井上所选中的"阳明学"有其特殊的意涵:

> 阳明学就其本而言,虽出自明代的阳明,然而一旦进入日本之后立刻被日本化,自然而然就带有日本的性质。若举其显著之事实,则是有与神道合一的倾向。扩充而言,则有以国家的精神为本的趋势。[2]

将中国的阳明学与日本的阳明学进行严格区分并非井上的独创,更为著名的"切割"来自高濑武次郎,即"大凡阳明学,似含有二元素。曰事业、曰枯禅是也。得枯禅之元素以亡国,得事业之元素以兴国。而彼我两国之王学者,各得其一"。[3] 以"枯禅"和"事业"区分中日阳明学,自然是无稽之谈,前辈学者已多有批判,毋庸赘言。需要强调的是,这种区分行为本身要达到的目的,即是标榜"日本"阳明学之"异质"。也就是说,阳明学在历史上作为外来文化流入日本是不争的事实,江户时期的日本儒者力图实现的是对阳明学的理解和传播。然而时移世易,至明治时期,中日在国际

1　井上哲次郎「日本陽明學派之哲學序」『新訂 日本陽明學派之哲學』、6頁。
2　井上哲次郎『新訂 日本陽明學派之哲學』、409~410頁。
3　高瀨武次郎『日本之陽明學』鐵華書院、1899、32頁。

局势上的易位致使日本学者以"阳明学"为切口之一，截断的正是江户以来的"良知学"传统。当然，由于来源于中国的良知之学与日本阳明学之间千丝万缕的联系，这种截断尚显拙劣，而接下来探讨的"古学派"，则因其学术性更强而更具隐蔽性。

三　"日本古学派"的神话

将日本儒学分为朱子学派、阳明学派、古学派固然是井上哲次郎的"独创"，[1] 不过这种"独创"本质上是对江户以来日本儒学史发展的一次系统的归纳和总结。实际上，这种归纳和总结的尝试已见于江户后期的《近世畸人传》《先哲丛谈》等书中，不过之前的书往往"次序率从其年齿先后，不分以门流"，[2] 据此而论井上以"学案"的方式重新划分整理了江户诸儒及其思想，确有"阐明德教之渊源、寻绎学派之关系"的贡献。[3] 尤其是今日言及江户儒学史，首先进入脑海的便是日本朱子学、古学以及阳明学三派，这对于普及日本儒学史的脉络自然不无裨益。然而过于清晰的类别划分，也许并不符合日本儒学发展的史实，尤其是对于"古学派"的塑造，不仅缺乏理论依据，更导致对山鹿素行、伊藤仁斋、荻生徂徕等"古学"的误读。正因为如此，当下日本学界已经基本不再使用"古学派"的说法：

　　　　素行、仁斋、徂徕三人之间并没有师承关系。徂徕确实读过仁斋的著书，并且通过学习其经书读解的方法形成了自己的学问，但是二者的思想之中，更应该关注的是差异而非共性。虽然教科书沿用了"古学派"这一分类，但是现在，在专门的

1　苅部直『日本思想史への道案内』、162頁。

2　原念斋「先哲叢談凡例」『先哲叢談』卷之一、1頁里。

3　井上哲次郎「日本陽明學派之哲學序」『新訂　日本陽明學派之哲學』、1頁。

思想史研究者之中，已经没有人使用这一概念谈论仁斋或徂徕。这是因为井上哲次郎之后，已经积蓄了百年以上的研究，对个别思想家的理解也大大加深，这当然可以说是理所应当的。[1]

　　虽然日本学界已经对井上所造的"古学派"进行了较为彻底的反省，然而目前国内的研究尚未对这一问题引起足够的重视，因此有必要在日本学界研究的积累之上，即在"破""古学派"这一概念的基础之上，建"立"起对"古学"一脉的新的理解方式。为此，首先需要追根溯源，明确井上塑造"古学派"的真正意图："古学如字面上的，虽为古代之学，亦自一方而见之，得称新学。宋学以来，世之学者，不崇朱子，则崇阳明，无出于二氏见解之外者，当此之秋，大胆喝破其谬见而起者，非为中国人，乃为日本人。"[2]如此，井上将其所谓的"古学"视为"喝破"朱子、阳明之"谬见"的"新学"，极力强调这是日本人而非中国人的作为，正可见出他从"古学派"对朱子和阳明学的批判中找出日本人胜于中国人的企图。值得留意的是，井上并非不知道素行、仁斋和徂徕思想中存在显著的差异：

　　　　素行、仁斋与徂徕，此三人作为古学派之代表者，最为卓越也，然自有三人三样之趣，是其虽均标榜古学，所以非合而为一也。所谓三人三样之趣，素行为兵学者而攻究儒学，有以儒学与兵学合为一体之趣，仁斋取君子之态度，有专期个人道德之实行之趣，而徂徕以主张功利主义为主，具有文学者及政治家之资格之趣，是故此三人于古学派之中，又自成三派。[3]

1　苅部直『日本思想史への道案内』、161 頁。
2　井上哲次郎『日本古學派之哲學・叙論』富山房、1924、2 頁。
3　井上哲次郎『日本古學派之哲學・叙論』、3~4 頁。

从兵学与儒学融合的角度把握素行的思想，从实践个人道德的角度叙述仁斋的思想，还有将徂徕视为文学者和政治家，这些论述都表明井上对三人的思想有比较准确而清晰的定位。而且，井上对"古学派"的打造并非完全是无中生有，江户时期的确已有"伊物之学"的说法，即将仁斋和徂徕同置于"古学"的阵营之中。如中井竹山曾将二者并立言之："及仁斋起于京师，首倡异说，创立门户，称为复古之学"，"以此古学之名，竞动海内，而徂徕兴"。[1] 这种说法也见于江户儒者的文字之中："及伊仁斋唱复古说，物徂徕次之起。其说务辨宋儒之失古，再兴古义也。"[2] 这就是说，虽然仁斋之学号称"古义学"而徂徕之学自称"古文辞学"，但江户以来将二者并称"古学"的情况并不罕见。由此而论，井上对"古学派"的主要发明在于加入了山鹿素行。对此，渡边浩的批判值得参考：

> 山鹿素行是公然批判朱子学，以回归经典原意作为自己思想的近世日本最初的人物。不过其所谓的"圣学"，在方法上、体系上远不及仁斋的"古义学"和徂徕的"古文辞学"。他也并未提出对经书的一贯的、新的解释，给人一种强烈的只不过是原样使用宋学的概念，重组其中一部分的感觉。从这个意义上说，素行应该是一个与仁斋以后的"古学"派相区别的、过渡性的人物。[3]

渡边浩从方法和体系出发，认为应该将素行与仁斋及其之后的"古学"者们区分开。然而，"古学"是否真的自有其"派"？又或者说，如果可以从方法和体系的角度出发认为素行应该被排除出"古

1　中井竹山「非徵」中村幸彦等校注『日本思想大系 47　近世后期儒家集』、44 页。

2　広瀬淡窓「儒林評」関儀一郎編『日本儒林叢書』第三卷、鳳出版、1978、1 页。

3　渡辺浩『近世日本社会と宋学』、199 页。

学派"之列,那么是否也可以从学术主张和学问路径的角度出发将仁斋和徂徕区别开来?这就提示出一个更为根本的问题:究竟什么是"古学"?

"古学",顾名思义即是复古之学。虽然都提倡复古,但是复古的形式和内容多有不同,即以仁斋之"古义学"与徂徕之"古文辞学"为例,仁斋谥号"古学先生",他生前教授学生之私塾称为"古义堂",因此他的"古学"更具体而言是"古义学":

> 予尝教学者,以熟读精思《语》《孟》二书,使圣人之意思语脉,能了然于心目间焉,则非惟能识孔孟之意味血脉,又能理会其字义,而不至于大谬焉。夫字义之于学问,固小矣。然而一失其义,则为害不细。只当一一本之于《语》《孟》,能合其意思语脉而后方可。不可妄意迁就,以杂己之私见。所谓方枘圆凿,北辕适越者,固不虚矣。[1]

简言之,仁斋之"古义学"提倡跳过程朱直接孔孟,而其方法即以《语》《孟》之字义通孔孟之血脉。徂徕一向被视为"古学派"的中坚,从他的自述中我们可以挖掘他所理解的"古学":

> 中年得李于鳞、王元美集以读之,率多古语,不可得而读之,于是发愤以读古书,其誓目不涉东汉以下,亦如于鳞氏之教者,盖有年矣。始自"六经",终于西汉,终而复始,循环无端,久而熟之,不啻若自其口出,其文意互相发而不复须注解,然后二家集甘如啖蔗,于是回首以观后儒之解,纰缪悉见。只李王心在良史,而不遑及"六经",不佞乃用诸"六经"

---

1 伊藤仁斎「語孟字義」関儀一郎編『日本儒林叢書』第六巻、鳳出版、1978、1頁。

为有异耳。[1]

　　徂徕早年信奉程朱理学，中年受明后七子尤其是李攀龙、王世贞的复古思想影响，才发现了"后儒"之"纰缪"，这里的"后儒"主要指程朱及其后学。徂徕自觉李王之复古不及"六经"，丸山真男也评论说："徂徕的古文辞学受到了中国明代李于鳞、王元美的影响。但是，正如徂徕自己所说的那样，他们只是给了他启发，而六经中的古文辞研究是他自己完成的。"[2]然而实际上，李、王之用心不仅在史学（亦见于文学）方面，明代前后七子也都有不同程度的复古倾向，其中也不乏复归原始儒学的主张："古之学也，为道；今之学也，为文。古之学也，精于六经；今之学也，博于百氏。百氏未尝无所取也，驳而惑人尔。君子欲大于学，求之六经、孔、孟足矣。"[3]也就是说，文史主张上的复古运动与儒学发展联系紧密，"文以载道"时常见于文学复古运动之中亦源于此。沿着这一思路更进一步，考虑到德川前期明代复古运动的诸多著作已经相当流行，[4]那么德川时期的"古学"就可以辐射到更大的范围，首屈一指的即是木下顺庵："物徂徕曰：'锦里先生者出，而扶桑之诗皆唐矣。'服南郭曰：'锦里先生实为文运之嚆矢。虽其诗不甚工，首唱唐。'又闻先生恒言'非熟读十三经注疏，则不可谓通经矣'，由此观之，所谓古学亦先生为之开祖。"[5]徂徕及其弟子服部南郭所推崇的锦里先生，即木下顺庵，他是松永尺五之徒，也就是藤原惺窝的二传弟

1　荻生徂徕「徂徕集・復安澹泊（第三書）」吉川幸次郎・丸山眞男等校注『日本思想大系
　　36　荻生徂徕』、537頁。

2　〔日〕丸山真男：《日本政治思想史研究》（修订译本），第64页。

3　王孝鱼点校《王廷相集》第3卷，中华书局，1989，第780页。

4　可参考藍弘岳「德川前期における明代古文辞派の受容と荻生徂徕の『古文辞学』──李・王
　　関係著作の将来と荻生徂徕の詩文論の展開」『日本漢文学研究』第3号、2008年3月、
　　47~82頁。

5　原念斎『先哲叢談』巻之三、15頁表。

子,门下有著名的"木门十哲"。引文中以顺庵为古学之开祖的依据,在于顺庵"唱唐",这与明代复古运动中主张的"诗必盛唐"一脉相承。顺庵不仅着意于文学,还强调熟读十三经注疏,这就为后来徂徕主张回归"六经"埋下了伏笔,由此顺庵获得了徂徕及其门徒的赞誉并不难理解。不过,在井上的"古学派"之中,顺庵并未占有一席之地。究其原因,从表终 –1 不难发现,顺庵被井上归为"京学及惺窝系统",也就是与"古学派"相对抗的"日本朱子学派"之中,而"日本朱子学派"在井上看来不过是"朱子的精神奴隶"。[1] 在井上看来,朱子学派无论有多少派别都不过是"千篇一律",因此即便这之中有首倡"古学"之人,也不能被列入井上的"古学派"。由此而论,是否接续明代复古运动的思潮即倡导古学并不是井上划分"古学派"的标准。质言之,"古学派"之核心并非主张复古。那么除了回归原始儒学,素行、仁斋和徂徕的思想还有怎样的交集?不难想到,三者之中最明显的公约数即是批判以程朱为代表的宋学,而这也是井上虽然清楚素行、仁斋和徂徕"自成三派",却又极力将他们组合成一个"古学派"的深层原因。正因为如此,被称为古学"开祖"的顺庵之类的日本朱子学根本无法被列入井上所圈定的"古学派",因为即便他们主张复古,也不过是朱子的"精神奴隶",即没有如素行、仁斋、徂徕一般反抗朱子。

更进一步,井上从这种批判宋学的主张中找到了"日本民族特有的精神",用井上的术语来说即是以"活动主义"反抗宋儒的"寂静主义"。[2] 由此,井上从"古学派"与宋学的对抗中,找到了日本民族特有的,也就是日本儒学所固有的特征。而这也成为丸山真男找寻日本民族近代性的出发点:

1　井上哲次郎『日本朱子學派之哲學』、598 頁。
2　井上哲次郎『日本古學派之哲學·叙論』、4 頁。

　　　　日本朱子学派、阳明学派的产生，进一步排斥宋学、直接
　　复归原始儒学的古学派的兴起等，日本近世儒学的这种发展过
　　程，从现象上看，同中国宋代的朱子学、明代的阳明学、清代
　　的考据学的产生过程颇为类似，但其思想意义则迥然不同。日
　　本近世儒学的发展是这样一种过程，即通过儒学的内部发展，
　　儒学思想自行分解，进而从自身之中萌生出了完全异质的要素。[1]

　　丸山试图找寻的日本近代的思维方式，即是日本儒学内部的
"异质"要素，而这种"异质"的特征，就鲜明地体现在排斥宋学
的"古学派"之中。从这个角度我们就不难理解，为什么丸山会
把"古学派"与后来坚决主张排斥汉意的日本国学派贯穿起来，因
为他们都具有排斥宋学，即与中国"异质"的要素。如此一来，井
上打造的排斥宋学的"古学派"，经由丸山之手，与之后的日本国
学派一起，连缀成日本近代的思维方式。丸山为日本政治思想史研
究的鼻祖，其研究所具有的坐标轴意义在于，研究日本思想史之人
都无法绕开他对日本思想史所作出的经典判断。而且，较之井上对
"古学派"的论证，丸山通过西方政治思想架构徂徕学、瓦解朱子
学的过程的确更为严密和精彩。然而，以徂徕为代表的"古学派"
对朱子学的批判，并非日本儒者之发明。明代儒学之中以罗钦顺、
王廷相等人为代表，早就发起了对朱子学的批判和修正，他们的思
想流入朝鲜和日本，使得东亚范围内掀起了一场以气本修正理本为
主的"反理学思潮"：

　　　　如果叶适与荻生徂徕、吴廷翰与伊藤仁斋、伊藤仁斋与戴
　　震、阮元与丁若镛两两之间没有影响关系，而其论述如出一口
　　的话，那么，最合理的解释就是他们彼此具有共同的问题意识，

──────────

1 〔日〕丸山真男：《日本政治思想史研究》（修订译本），第14页。

也有共同的理论资源,类似的文化氛围引导了类似的论述。[1]

"古学派"发生的背景正是这场广泛深入东亚各国的反理学思潮,而包括素行、仁斋和徂徕在内的所谓"古学派"对以程朱理学为代表的宋学展开的批判,也并未超出其外。虽然限于篇幅具体的论证无法展开,不过"从反理学思潮"的角度来看,以"古学派"对朱子学的批判作为日本儒学"异质"的理由恐怕站不住脚。

四 小结

通过以上论述,可以大致把握明治儒学的基本动向,即通过突出"日本阳明学"和"日本古学派"与中国儒学之"异质",将日本儒学与中国切割开来。虽然两种方式均与当时复杂的社会运动纠缠不清,但仅就切割的手法而言,"日本阳明学派"的塑造主要是借助神道来强调其日本化,而"日本古学派"则主要通过强化"古学派"与程朱的对抗来凸显日本的特质,后者虽然在论证方法及史料掌控上较前者更为精密,不过其凸显日本与中国"异质"的内核始终如一。

即便我们承认儒学发展到日本后经历了被日本化的过程,但是被日本化后的儒学就不是儒学了吗?从明治"儒学日本化"的论调出发,得出的回答应该是:被日本化后的儒学是与发源于中国的儒学"异质"的儒学,然而,被日本化后的儒学应该依旧保留着"儒学"的普遍性特征。通过本节的梳理可知,明治时期对"日本"儒学的强调更为重要的是与当时处于"停滞状态"的"中国"作出区分,而非对儒学本身加以排斥。这也从侧面表明原本作为"他者"的儒学到了明治时代已然完成在日本的本土化进程。也就是说,"儒

---

1 杨儒宾:《异议的意义——近世东亚的反理学思潮》,"序",第6页。

学日本化"是在与"中国"的分离中得到承认的。如果我们将"儒学日本化"分为历史的进程（主要发生在日本江户时期）和理论的建构（主要发生在明治以后）两个层面，那么明治以后对日本儒学所作的"脱中国"化处理，非常严重的后果即在于忽视甚至掩盖了江户时期的日本儒者为了让源于中国的儒学深入日本社会所作出的持久而深入的努力。就此而论，厘清明治时期对日本儒学"异质"的塑造，除了为日本儒学中难以抹杀的儒学"普遍性"的拨乱反正外，更为紧要的意义在于重审被排除在"日本思想特殊性"建构之外的思想元素的重要价值。

参考文献

一 古籍

（一）中文古籍

陈鼓应注译《庄子今注今译》，中华书局，1983。

《船山全书》编辑委员会编校《船山全书》，岳麓书社，1996。

《戴震全书》（修订本）第 7 册，黄山书社，2010。

邓艾民注《传习录注疏》，上海古籍出版社，2015。

〔日〕荻生徂徕:《政谈》，龚颖译，中央编译出版社，2004。

范晔:《后汉书》，中华书局，1965。

贺复征:《文章辨体汇选》卷二百七十二，景印文渊阁《四库全书·集部·总集类》，上海古籍出版社，1987。

黎业明点校《陈建著作二种》，上海古籍出版社，2015。

沈善洪主编《黄宗羲全集·宋元学案》，浙江古籍出版社，1992。

孙玄常等点校《薛瑄全集》，山西人民出版社，1990。

〔日〕新井白石：《折焚柴记》，周一良译，北京大学出版社，1998。

钟哲点校《陆九渊集》，中华书局，1980。

朱谦之整理《朱舜水集》，中华书局，1981。

朱熹：《四书章句集注》，中华书局，2011。

朱熹：《朱子全书》（修订本），上海古籍出版社、安徽教育出版社，
　　2010。

（二）日文古籍

北畠親房「元元集」平田俊春『神皇正統記の基礎的研究　別冊』
　　雄山閣出版、1979。

貝原益軒『益軒全集』益軒全集刊行部、1910。

荒木見悟・井上忠校注『日本思想大系 34　貝原益軒　室鳩巣』岩
　　波書店、1970。

平重道・阿部秋生校注『日本思想大系 39　近世神道論　前期國
　　學』岩波書店、1972。

木下順庵著、木下一雄校訳『錦里文集』国書刊行会、1982。

木下順庵著、木下寅亮編『錦里先生文集』内閣文庫蔵写本。

石井紫郎編『日本思想大系 27　近世武家思想』岩波書店、1974。

荻生徂徠「徂徠擬律書」鍋田三善輯『赤穂義人纂書補遺』国書刊
　　行會、1910~1911。

吉川幸次郎・丸山眞男等校注『日本思想大系 36　荻生徂徠』岩波
　　書店、1973。

今中寛司・奈良本辰也編『荻生徂徠全集』河出書房新社、1973。

小川環樹編『荻生徂徠全集・第三巻　経学 1』みすず書房、1977。

尾藤正英編集『日本の名著 16　荻生徂徠』中央公論社、1974。

石田一良・金谷治校注『日本思想大系 28　藤原惺窩　林羅山』岩
　　波書店、1975。

国民精神文化研究所編『藤原惺窩集』思文閣出版、1978。

林信充編『鳳岡林先生全集』日本国立公文書館内閣文庫蔵、延享
　　元年（1744）写本。

京都史蹟會編『羅山先生詩集・羅山林先生集附録』平安考古學
　　會、1921。

京都史蹟會編『羅山林先生文集』平安考古學會、1918。

林春斎『庚戌釋菜記』内閣文庫蔵本。

林鳳岡編『鵞峯林學士全集』日本国立公文書館内閣文庫蔵、元禄
　　二年（1689）写本。

日田郡教育会編『淡窓全集』共同印刷株式会社、1927。

江村北海ほか著、清水茂等編『日本詩史　五山堂詩話』岩波書店、
　　1991。

犬冢遜『日本教育文庫・学校篇』同文館、1977。

新井白石『寶永武家諸法度　新令句解』日本国立公文書館内閣文
　　庫蔵、天保九年（1838）写本。

新井白石『新井白石全集』東京活板株式會社、1906。

新井白石著、宮崎道生校注『新訂　西洋紀聞』平凡社、1968。

松村明・尾藤正英・加藤周一校注『日本思想大系 35　新井白石』
　　岩波書店、1975。

藤樹書院編『藤樹先生全集』岩波書店、1940。

尾藤正英校注『日本思想大系 29　中江藤樹』岩波書店、1974。

中村幸彦等校注『日本思想大系 47　近世後期儒家集』岩波書店、
　　1972。

室鳩巣「太極圖述」関儀一郎編『日本儒林叢書』第八巻、鳳出
　　版、1978。

室鳩巣「兼山秘策」瀧本誠一編『日本経済叢書』巻 2、日本経済

叢書刊行會、1914。

室鳩巣「西銘詳義」関儀一郎編『日本儒林叢書』第十一巻、鳳出版、1978。

杉下元明編『近世儒家文集集成第十三巻　鳩巣先生文集』ぺりかん社、1991。

室鳩巣著、杉原夷山補正『補正赤穂義人錄』扶桑文社、1910。

水足博泉「太平策」武藤嚴南・宇野東風・古城貞吉編『肥後文獻叢書』第二巻、東京隆文館蔵、1910。

相良亨・溝口雄三・福永光司編『日本思想大系46　佐藤一斎　大塩中斎』岩波書店、1980。

司法大臣官房庶務課編『徳川禁令考』第二帙、吉川弘文館、1931。

徳田武編『近世儒家文集集成第十一巻　尺五堂先生全集』ぺりかん社、2000。

安東省庵記念会編纂『安東省庵』安東省庵記念会事務所発行、1913。

柳川市史編集委員会編『安東省庵集　影印編I』株式会社西日本新聞印刷、2002。

伊藤仁斎「語孟字義」関儀一郎編『日本儒林叢書』第六巻、鳳出版、1978。

雨森芳洲『芳洲文集　雨森芳洲全書』关西大学出版、1980。

原念斎『先哲叢談』江戸書林慶元堂・擁萬堂、文化十三年（1816）。

原念斎著、塚本哲三編『先哲叢談』有朋堂書店、1923。

二　专著

（一）中文专著

〔英〕埃里克・霍布斯鲍姆：《民族与民族主义》，李金梅译，上海人民出版社，2020。

〔日〕岸本美绪:《风俗与历史观：明清时代的中国与世界》，梁敏玲等译，广西师范大学出版社，2022。

〔韩〕白永瑞:《思想东亚：朝鲜半岛视角的历史与实践》，三联书店，2011。

陈来:《古代宗教与伦理：儒家思想的根源》，三联书店，2017。

陈来:《诠释与重建——王船山的哲学精神》，北京大学出版社，2013。

陈立胜:《宋明儒学中的"身体"与"诠释"之维》，商务印书馆，2019。

陈立胜:《王阳明"万物一体"论——从"身—体"的立场看》，华东师范大学出版社，2008。

陈荣捷:《王阳明〈传习录〉详注集评》，华东师范大学出版社，2009。

〔日〕川原秀城编《西学东渐与东亚》，毛乙馨译，上海社会科学院出版社，2022。

〔韩〕崔英辰:《韩国儒学思想研究》，邢丽菊译，东方出版社，2008。

邓红:《日本的阳明学与中国研究》，广西师范大学出版社，2018。

〔美〕狄百瑞:《东亚文明——五个阶段的对话》，何兆武、何冰译，江苏人民出版社，1996。

〔日〕渡边浩:《东亚的王权与思想》，区建英译，上海古籍出版社，2016。

〔美〕费孝通:《乡土中国》，北京出版社，2005。

〔美〕费正清、邓嗣禹:《冲击与回应：从历史文献看近代中国》，陈少卿译，民主与建设出版社，2019。

甘怀真:《皇权、礼仪与经典诠释：中国古代政治史研究》，台北，台湾大学出版中心，2008。

干春松：《重回王道——儒家与世界秩序》，华东师范大学出版社，
　　2012。

高士明、贺照田主编《人间思想》第 4 辑《亚洲思想运动报告》，
　　台北，人间出版社，2016。

龚颖：《"似而非"的日本朱子学——林罗山思想研究》，学苑出版
　　社，2008。

〔日〕沟口雄三：《作为方法的中国》，孙军悦译，三联书店，2011。

管东贵：《从宗法封建制到皇帝郡县制的演变——以血缘解纽为脉
　　络》，中华书局，2010。

韩东育：《日本近世新法家研究》，中华书局，2003。

〔美〕赫伯特·芬格莱特：《孔子：即凡而圣》，彭国翔、张华译，江
　　苏人民出版社，2002。

〔德〕黑格尔：《历史哲学》，王造时译，上海书店出版社，2006。

〔日〕横田冬彦：《天下泰平：江户时代前期》，瞿亮译，文汇出版
　　社，2021。

金文京：《汉文与东亚世界》，上海三联书店，2022。

〔日〕津田左右吉：《日本的神道》，邓红译，商务印书馆，2011。

〔美〕柯文：《在中国发现历史——中国中心观在美国的兴起》（增订
　　本），林同奇译，中华康德书局，2002。

〔美〕柯雄文：《君子与礼：儒家美德伦理学与处理冲突的艺术》，李
　　彦仪译，台大出版中心，2017。

李峰：《西周的灭亡：中国早期国家的地理和政治危机》，徐峰译，
　　汤惠生校，上海古籍出版社，2007。

李秋零主编《康德著作全集》第 8 卷，中国人民大学出版社，2013。

〔美〕列奥·施特劳斯：《什么是政治哲学》，李世祥等译，华夏出版
　　社，2014。

刘莹：《气象与风俗：荻生徂徕儒学思想研究》，中国社会科学出版
　　社，2020。

刘岳兵主编《日本儒学与思想史研究：王家骅先生纪念专辑》，天津人民出版社，2016。

刘岳兵主编《日本的宗教与历史思想——以神道为中心》，天津人民出版社，2015。

吕玉新：《政体、文明、族群之辨：德川日本思想史》，香港中文大学出版社，2017。

〔德〕马克斯·韦伯：《新教伦理与资本主义精神》，阎克文译，上海人民出版社，2018。

〔德〕马克斯·韦伯：《学术与政治》，冯克利译，三联书店，2016。

〔日〕末木文美士：《日本思想史》，王颂、杜敬婷译，北京大学出版社，2022。

〔美〕墨子刻：《摆脱困境——新儒学与中国政治文化的演进》，颜世安、高华、黄东兰译，江苏人民出版社，1996。

彭国翔：《儒家传统：宗教与人文主义之间》（增订版），北京大学出版社，2019。

〔日〕辻本雅史：《日本德川时代的教育思想与媒体》，张崑将、田世民译，台北，台湾大学出版中心，2005。

宋念申：《发现东亚》，新星出版社，2018。

孙歌：《寻找亚洲：创造另一种认识世界的方式》，贵州人民出版社，2019。

孙歌：《竹内好的悖论》，北京大学出版社，2005。

汤用彤：《理学·佛学·玄学》，北京大学出版社，1991。

〔日〕丸山真男：《福泽谕吉与日本近代化》，区建英译，北京师范大学出版社，2018。

〔日〕丸山真男：《日本的思想（岩波全本）》，唐利国等译，三联书店，2022。

〔日〕丸山真男：《日本政治思想史研究》（修订译本），王中江译，三联书店，2022。

〔日〕丸山真男：《忠诚与反叛：日本转型期的精神史状况》，路平译，上海文艺出版社，2021。

汪奠基：《中国逻辑思想史》，武汉大学出版社，2012。

王汎森：《思想是生活的一种方式：中国近代思想史的再思考》，北京大学出版社，2018。

〔法〕维柯：《新科学》，朱光潜译，商务印书馆，2017。

〔日〕尾形勇：《中国古代的"家"与国家》，张鹤泉译，中华书局，2010。

〔日〕吾妻重二：《爱敬与仪章：东亚视域中的〈朱子家礼〉》，吴震等译，上海古籍出版社，2021。

吴震：《当中国儒学遭遇"日本"：19世纪末以来"儒学日本化"的问题史考察》，华东师范大学出版社，2015。

〔日〕小岛毅：《儒学与明治维新》，陈健成译，光明日报出版社，2022。

许倬云：《西周史》（增订本），三联书店，1994。

杨儒宾：《儒家身体观》，台北，中研院中国文哲研究所筹备处，1996。

杨儒宾：《异议的意义——近世东亚的反理学思潮》，台北，台湾大学出版中心，2012。

余英时：《宋明理学与政治文化》，吉林出版集团出版，2008。

〔美〕约翰·奥尼尔：《身体形态——现代社会的五种身体》，张旭春译，春风文艺出版社，1999。

〔美〕约瑟夫·列文森：《儒教中国及其现代命运》，郑大华、任菁译，广西师范大学出版社，2009。

张宝三、徐兴庆合编《德川时代日本儒学史论集》，华东师范大学出版社，2008。

张学智：《明代哲学史》，北京大学出版社，2000。

赵汀阳：《天下体系：世界制度哲学导论》，江苏教育出版社，2005。

朱谦之:《日本的朱子学》，人民出版社，2000。

朱谦之:《日本哲学史》，人民出版社，2002。

朱谦之:《朱谦之文集》第 9 卷，黄夏年编，福建教育出版社，
　　2002。

〔日〕竹内好:《近代的超克》，李冬木、赵京华、孙歌译，三联书
　　店，2005。

〔日〕子安宣邦:《东亚儒学：批判与方法》，陈玮芬译，台北，台湾
　　大学出版中心，2008。

〔日〕子安宣邦:《江户思想史讲义》，丁国旗译，三联书店，2017。

（二）日文专著

『（岩波講座）東アジア近現代通史1　東アジア世界の近代』岩波書
　　店、2010。

『新訂増補　国史大系 26　延喜式・大学寮』吉川弘文館、1961。

近藤春雄『日本漢文学大事典』明治書院、1985。

ケイト・W・ナカイ（Kate W. Nakai）著、平石直昭・小島康敬・黒
　　住真訳『新井白石の政治戦略』東京大学出版会、2001。

阿部吉雄『日本朱子学と朝鮮』東京大学出版会、1978。

井上哲次郎・蟹江義丸編『日本倫理彙編巻之七　朱子學派の部
　　（上）』育成會、1902。

井上哲次郎『重訂 日本陽明學派之哲學』富山房、1924。

井上哲次郎『新訂 日本陽明學派之哲學』富山房、1938。

井上哲次郎『日本古學派之哲學』富山房、1924。

井上哲次郎『日本朱子學派之哲學』富山房、1937。

井上哲次郎『日本陽明學派之哲學』富山房、1900。

宇野茂彦『林羅山・（附）林鵝峰』明徳出版社、1992。

永留久惠『雨森芳洲』西日本新聞社、1999。

苅部直『日本思想史への道案内』NTT 出版、2017。

丸山真男『丸山眞男講義録第一冊　日本政治思想史 1948』東京大
　　学出版会、1998。

丸山真男『丸山眞男講義録第五冊　日本政治思想史 1965』東京大
　　学出版会、1998。

丸山真男『丸山眞男講義録第七冊　日本政治思想史 1967』東京大
　　学出版会、1998。

丸山真男『丸山眞男集』第一巻、岩波書店、1996。

丸山真男『日本政治思想史研究』東京大学出版会、1952。

岩橋遵成『日本儒教概説』東京宝文館蔵版、1925。

宮崎道生『新井白石』吉川弘文館、1989。

宮崎道生『新井白石の研究』吉川弘文館、1958。

宮崎道生『新井白石序論（増訂版）』吉川弘文館、1976。

源了圓『近世初期実学思想の研究』創文社、1980。

菰口治・岡田武彦『日本の思想家⑨　安東省庵・貝原益軒』明徳
　　出版社、1985。

呉満『雨森芳洲──日韓のかけ橋』新風書房、2004。

高瀬武次郎『日本之陽明學』鐵華書院、1899。

今井淳・小澤富夫編『日本思想論争史』ぺりかん社、1979。

今中寛司『近世日本政治思想の成立──惺窩学と羅山学』創文社、
　　1972。

子安宣邦『漢字論──不可避の他者』岩波書店、2003。

小島毅『海からみた歴史と伝統──遣唐使・倭寇・儒教』勉誠出版、
　　2006。

上田正昭『雨森芳洲』ミレルヴァ書房、2011。

須藤敏夫『近世日本釈奠の研究』思文閣出版、2001。

石川謙『近世日本社會教育史の研究』青史社、1976。

石田一良『日本思想史概論』吉川弘文館、1963。

泉澄一『対馬藩藩儒　雨森芳洲の基礎的研究』関西大学出版、

1997。

相良亨『近世日本儒教運動の系譜』弘文堂、1955。

太田青丘『藤原惺窩』吉川弘文館、1985。

大川真『近世王権論と「正名」の転回史』御茶の水書房、2012。

池田四郎次郎編『日本芸林叢書』六合館、1928。

竹内弘行・上野日出刀『日本の思想家⑦　木下順庵・雨森芳洲』
　　明徳出版社、1991。

中村春作『思想史のなかの日本語——訓読・翻訳・国語』勉誠出版、
　　2017。

津田左右吉『儒教の実践道徳』岩波全書、1938。

田原嗣郎『徳川思想史研究』未來社、1992。

田原嗣郎『赤穂四十六士論　幕藩制の精神構造』吉川弘文館、
　　2006。

田中義能『神道概論』精興社、1936。

渡辺浩『近世日本社会と宋学』東京大学出版会、1985。

土田健次郎『江戸の朱子学』筑摩選書、2014。

島田重礼「祭白石先生文」『篁村遺稿』巻下、秀英舎第一工場、
　　1918。

島田虔次『朱子学と陽明学』岩波書店、1967。

東アジア学会編『日韓の架け橋となった人びと』明石書店、2003。

徳富蘇峰『吉田松陰』岩波書店、2001。

尾藤正英『江戸時代とはなにか——日本史上の近世と近代』岩波書
　　店、2006。

尾藤正英『日本の国家主義——「国体」思想の形成』岩波書店、
　　2014。

尾藤正英『日本封建思想史研究——幕藩体制の原理と朱子学的思維』
　　青木書店、1961。

武内義雄『儒教の精神』岩波書店、1939。

堀勇雄『林羅山』吉川弘文館、1990。

本山幸彦『近世儒者の思想挑戦』思文閣出版、2006。

木下一雄『木下順庵評伝』国書刊行会、1982。

揖斐高『江戸幕府と儒学者——林羅山・鵞峰・鳳岡三代の闘い』中
　　公新書、2014。

鈴木健一『林羅山：書を読みて未だ倦まず』ミネルヴァ書房、2012。

鈴木健一『林羅山年譜稿』ぺりかん社、1999。

鈴木健一編『形成される教養——十七世紀日本の〈知〉』勉誠出版
　　社、2015。

和島芳男『昌平校と藩学』至文堂、1962。

姜沆著、朴鐘鳴訳『看羊録——朝鮮儒者の日本抑留記』平凡社、
　　1984。

澤井啓一『伊藤仁斎——孔孟の真血脈を知る』ミネルヴァ書房、2022。

猪口篤志・俣野太郎『日本の思想家①　藤原惺窩・松永尺五』明
　　徳出版社、1982。

（三）英文专著

Hoyt Cleveland Tillman, *Confucian Discourse and Chu His's Ascendancy*,
　　Honolulu: University of Hawaii Press, 1992.

Kiri Paramore, *Japanese Confucianism: A Culthral History*, New York:
　　Cambridge University Press, 2016.

Marius B. Jansen, ed., *The Emergence of Meiji Japan*, Cambridge, New
　　York: Cambridge University Press, 1995.

Peter K. Bol, *Neo-Confucianism in History*, Cambridge, MA: Harvard
　　University Press, 2008.

Philip J. Ivanhoe, *Three Streams: Confucian Reflections on learning and
　　the Moral Heart-Mind in China, Korea and Japan*, New York: Oxford
　　University Press, 2016.

Richard Bowring, *In Search of the Way: Thought and Religion in Early-Modern Japan, 1582-1860*, New York: Oxford University Press, 2017.

Robert N.Bellah, *Tokugawa Religion*, New York: The Free Press, 1985.

Roger T. Ames and Peter D. Hershock, eds., *Confucianisms for a Changing World Cultural Order*, Honolulu: University of Hawai'i Press, 2018.

William Theodore De Bary, et al., *Sources of Japanese Tradition*, Vol.2, New York: Columbia University Press, 2005.

William Theodore De Bary, *Neo-Confucian Orthodoxy and the Learning of the Mind-and-Heart*, New York: Columbia University Press, 1981.

Wing-Tsit Chan, *A Source Book in Chinese Philosophy*, Princeton, New Jersey: Princeton University Press, 1963.

三 论文

（一）中文论文

陈来：《王阳明的拔本塞源论》,《学术界》2012 年第 11 期。

邓红：《何谓"日本阳明学"》,《华东师范大学学报》（哲学社会科学版）2015 年第 4 期。

习榴：《新井白石及其天主教观》,《日本学刊》2000 年第 5 期。

龚颖：《林罗山和朱熹的排佛论比较》,《哲学研究》2000 年第 9 期。

韩东育：《"道统"的自立愿望与朱子学在日本的际遇》,《中国社会科学》2006 年第 3 期。

韩东育：《日本近世学界对中国经典结构的改变——兼涉朱舜水的相关影响》,《社会科学战线》2010 年第 11 期。

黄俊杰：《"东亚儒学"的视野及其方法论问题》,《杭州师范大学学报》（社会科学版）2016 年 5 月第 3 期。

李学智：《冲击—回应模式与中国中心观——关于〈在中国发现历史〉的若干问题》,《史学月刊》2010 年第 7 期。

林慧君:《朱舜水对日本安东省庵思想的影响》,《长庚科技学刊》2007 年第 5 期。

林月惠:《罗钦顺与日本朱子学》,《湖南大学学报》(社会科学版) 2012 年第 1 期。

〔日〕铃木章伯:《藤原惺窝研究》,博士学位论文,武汉大学,2014。

刘笑敢:《"反向格义"与中国哲学研究的困境——以老子之道的诠释为例》,《南京大学学报》(哲学·人文科学·社会科学) 2006 年第 2 期。

刘笑敢:《反向格义与中国哲学方法论反思》,《哲学研究》2006 年第 4 期。

刘莹、唐利国:《论日本阳明学的虚像与实像》,《浙江学刊》2020 年第 1 期。

刘莹:《荻生徂徕之"习"论》,《外国哲学》第三十五辑,商务印书馆,2018。

刘莹:《孟荀各"一偏"——荻生徂徕之"祖型"辨》,《哲学动态》2020 年第 5 期。

刘莹:《以〈中庸解〉为例试析荻生徂徕的人性论》,《现代哲学》2019 年第 6 期。

刘岳兵:《朱谦之的日本哲学思想研究》,《日本学刊》2012 年第 1 期。

马智全:《从清华简〈保训〉看"训"文体特征》,《鲁东大学学报》(哲学社会科学版) 2014 年第 4 期。

倪梁康:《交互文化理解中的"格义"现象——一个交互文化史的和现象学的分析》,《浙江学刊》1998 年第 2 期。

牛建科:《试析儒学与日本神道的关系》,《孔子研究》2010 年第 6 期。

区建英:《丸山真男思想史学的轨迹》,《日本学刊》2019 年第 3 期。

〔日〕前田勉:《儒学·国学·洋学》,刘莹译,刘丽校,《儒家典籍与思想研究》第 12 辑,北京大学出版社,2020。

乔秀岩：《郑学第一原理》,《北京读经说记》, 万卷楼图书股份有限公司, 2013。

尚文华：《道德与政治的分野与互助》,《哲学研究》2017 年第 2 期。

〔日〕辻本雅史：《贝原益轩和〈大学〉》,《深圳大学学报》(人文社会科学版) 2016 年第 2 期。

唐利国：《超越"近代主义"对"日本主义"的图式——论丸山真男的政治思想史学》,《文史哲》2010 年第 5 期。

唐利国：《两面性的日本近代化先驱——论吉田松阴思想的非近代性》,《世界历史》2016 年第 4 期。

唐利国：《儒学与日本社会——以"丸山说"为中心的学术史省察》, 复旦大学历史学系"全球史中的东亚世界"学术研讨会发言稿, 2019 年 10 月。

王杰：《关于贝原益轩的神儒一体论思想》,《外国哲学》第 32 辑, 商务印书馆, 2017。

王金林：《程朱理学传入日本与林罗山的儒家神道观》,《日本研究》2008 年第 1 期。

王明兵：《江户初期禅僧对"朱子学"的皈依与"脱佛入儒"》,《东北师范大学学报》2008 年第 1 期。

王明兵：《松永尺五伦理思想之形成及其儒教实践》,《外国问题研究》2016 年第 1 期。

王明兵：《藤原惺窝研究》, 博士学位论文, 东北师范大学, 2010。

吴震：《当代日本学界对"儒学日本化"问题的考察》,《社会科学》2016 年第 8 期。

杨立影：《日本近世幕藩体制的矛盾与困境——以赤穗事件为中心的考察》,《世界历史》2019 年第 3 期。

〔美〕约翰·艾伦·塔克：《北溪〈字义〉与日本十七世纪哲学辞典的兴起》, 张加才编译, 周祖城校,《福建论坛》(文史哲版) 1997 年第 3 期。

张丰乾:《"家""国"之间——"民之父母"说的社会基础与思想渊源》,《中山大学学报》(社会科学版) 2008 年第 3 期。

〔日〕子安宣邦:《"东亚"概念与儒学》, 童长义译, 高明士编《东亚文化圈的形成与发展: 儒家思想篇》, 台北, 台湾大学出版中心, 2005。

(二) 日文论文

宮城公子「幕末儒学史の視点」日本史研究会編集『日本史研究』第 232 号、1981 年 12 月。

宮嶋博史「儒教的近代としての東アジア『近世』」『(岩波講座) 東アジア近現代通史1　東アジア世界の近代』岩波書店、2010。

宮嶋博史「儒教的近代と日本史研究」清水光明編『「近世化」論と日本——「東アジア」の捉え方をめぐって』勉誠出版、2015。

高松正毅「『東雅』において新井白石が目指したもの」『国文学研究』123 巻、1997 年 10 月。

三浦周行「新井白石と復號問題」『史林』1924 第 3 号。

小島康敬「赤穂浪人討入り事件をめぐる論争」今井淳・小澤富夫編『日本思想論争史』ぺりかん社、1979。

前田勉「儒学・国学・洋学」『岩波講座日本歴史 12　近世 3』岩波書店、2014。

疋田啓佑「朱舜水と安東省庵: その思想上の影響の一端」『福岡女子大学文学部紀要』第 60 号、1996 年 2 月。

平石直昭「徳川思想史像の総合的構成——『日本化』と『近代化』の統一をめざして」『平成 6~7 年度科学研究費補助金 (総合研究A) 研究成果報告書』1996 年 3 月。

藍弘岳「徳川前期における明代古文辞派の受容と荻生徂徠の『古文辞学』——李・王関係著作の将来と荻生徂徠の詩文論の展開」『日本漢文学研究』第 3 号、2008 年 3 月。

澤大洋「近世儒学政治思想の成立——藤原惺窩と林羅山、及びその門流」『東海大学政治経済学部紀要』第 31 号、1999 年 9 月。

（三）英文论文

Bodart–Bailey and M. Beatrice, "Confucianism in Japan," in Brian Carr and Indira Mahalingam, eds., *Companion Encyclopedia of Asian Philosophy*, London: Routledge, 1997.

Horvath Aliz, "Finding the Self through the Other: The Role of Rituals in the *Dai Nihon shi* (The History of Great Japan)," *Studies on Asia,* Vol. 6, No. 1, 2021.

Martin Collcutt, "The legacy of Confucianism in Japan," in Gilbert Rozman, ed., *The East Asian Religion: Confucian Heritage and Its Modern Adaptation*, Princeton, New Jersey: Princeton University Press, 1991.

Nakajima Takahiro, "The formation and limitations of modern Japanese Confucianism: Confucianism for the Nation and Confucianism for the People," in Roger T. Ames and Peter D. Hershock, eds., *Confucianism for a Changing World Cultural Order*, Honolulu: University of Hawai'i Press, 2018.

后 记

在书的末尾，再说两件事。先换一种语气，写点文字致青春。

我出生在四川宜宾珙县的矿山医院，我们矿叫作白皎煤矿。小时候在矿山子弟校读书，跟我一起念书的除了四川当地的孩子，还有来自东北、山东等外地支援三线建设家庭的小伙伴。家境虽不宽裕但也不拮据，和矿上的孩子们相约一起上学、放学，一毛钱的油炸土豆、两毛钱的辣椒油豆皮、五毛钱的凉面还有七毛钱的水粉，大家有钱的出钱，没钱的讲笑话或者故事，放假跟哥哥姐姐抢电视节目，他们总爱看《封神榜》或《西游记》，我就想看《新白娘子传奇》，还有永远充满期待的小霸王游戏……童年就这样不知不觉过去了。

　　十一岁于我而言是一个重大的转折，当时我鬼使神差地去参加了离家很远的南溪县（曾经的"万里长江第一县"）的中学入学考试，也许是因为小学语文老师教得太好了，也许是因为母亲给我买了很多书看，总之考得不错。对于即将开始的寄宿生活，我充满了恐慌，送走家人后我哭了很久，晚自习也一直在抹眼泪，班主任老师让我担任临时班长负责维持班级纪律时，我仍然抑制不住伤心的泪水，落寞地站在讲台上抬头望着天花板，使劲不让泪水夺眶而出。有两个同学在学唱校歌时低声议论，正巧被班主任发现，于是被罚站。谁能想到我们三个后来成为班里"唯三"读到博士后的姑娘，直到现在还互相扶持。我那时总是很想家，开始会排很久的队去 IC 卡电话亭给家里打电话。现在想来真是很感谢南一中的老师和同学们，无论是委以重任的班主任或是熄灯后仍点蜡烛或用小灵通的幽幽蓝光给我讲解的老师，还有周末时常带我去江边玩耍的同学们，总之在他们的陪伴下，我终于慢慢适应了住校的生活。

　　高中去成都念书，那三年总体而言并不开心。城里的孩子和我这种小地方出身的孩子，从生活方式到思维方式差别不是一般的大。学校发的牛奶和当作夜宵的大包子常被有钱家的孩子嫌弃，所以生活老师总喜欢把剩下的都给我。我倒是乐得多吃，就是长膘有点严重，致使"5·12"地震之后再见到初中玩伴时她们都惊得认不出我来。高考成绩出来之后，家人和朋友都觉得我发挥失常，可我自认为不错，因为长久以来不及格的数学在经过我一年发奋自学后得到了让我满意的分数，当然，作为曾经强项的语文和文综就掉得可怜了。不过我也挺知足，因为不想复读，所以我独自踏上了去内蒙古大学的路。

　　很多朋友觉得我去内大没什么前途，我自己也觉得是，想着大学毕业了就要工作，所以要尽情地把所有想做的事都试一遍。这样想着，我开始打辩论赛、拉外联，参加演讲、朗诵比赛，参加职业规划大赛、全国青少年法律知识竞赛、历史文化遗产知识竞赛、"挑战杯"等，还自己设计比赛，自己参赛，自己给自己发奖品。尤其重要的是在本科三年级的时候，有半年去北京大学交流的机会，这给了我很大的刺激，让我还希望到北京继续读书深造，至此一发而不可收地走上了学术的道路。

在漫长的求学生涯中，我尤为感激父母对我学习的支持。在这个年代，不催婚不逼生的父母属实不多见，尤其对于我的家庭而言，我的母亲极其尊重我的节律，让我没有后顾之忧，恣意生长。如果我能待人诚恳热心、求知若渴永远上进，都得感谢我的慈母。

再切换回恭敬庄重的文字，致那些为我的成长操心不已的师友。

我很幸运地被保送到中国人民大学哲学院学习中国哲学史，在林美茂老师的指导下开始学习日本汉学。林老师让我们点校古籍、学习日语，常带着我们读书到半夜。林老师数十年如一日的勤奋时常让我汗颜，也成为我们立身行事的模范，唯有多多努力，不让老师失望。

从硕士研究生期间接触日本儒学，到博士研究生时去北京大学《儒藏》研究中心跟随魏常海老师研究日本儒者荻生徂徕，再到博士后在北大日语系跟随金勋老师做江户京学派朱子学研究，算算已逾十二载。作为中国哲学史专业的学生，这一研究方向颇显冷门，也的确有关心我的中哲老师不断劝我改行，但是"凿井汲泉"，自己选择的道路，开始是不忍弃之，到现在真是乐在其中了。

魏老师今年七十九岁了，按照民间的习俗本该大庆，但导师为人低调，除了北京的学生外不愿叨扰任何人。魏老师很神，看似闲云野鹤，但我们的事他什么都知道，他知道我们投稿了会尽力打听进展帮忙推进，知道我们找工作了会想办法帮忙推荐暗中使劲……希望魏老师身体康泰，寿比南山。

　　魏门中最感谢的是汤元宋师兄，申请联培、投稿、作会议报告、写简历、找工作……师兄尽心指导，无微不至，毫无保留，关怀备至。师兄希望我们早日成长为独立的学者，为此总会适时给我们提要求定目标，我总觉得师兄似严父，魏老师更像爷爷，隔辈儿亲。

　　哲学系出身的我在日语系里多蒙金勋老师护佑。金老师给我很多锻炼的机会，上课、编书、出书……金老师最厉害的是中文、日语、韩语三种语言无障碍切换，在他的刺激下我开始学习韩语并去成均馆大学学习韩国儒学史。日语系的小杜老师是我行政业务的师傅，教我待人处世、高效办公，让我见识了行政老师可以做到的高水准。金门的葛奇蹊师兄也是我的日语老师，教我古日语和口译，带着我做中华外译的项目，是我在日语系最倚仗的大哥。

　　本书是在博士后出站报告的基础上修改而成的。除了感谢导师们的栽培，还要由衷感谢北大历史学系唐利国老师的悉心教导。何其荣幸，刚进北大便遇到了唐老师，从此再没有远离老师的指导。唐老师说，工资很多花不完，在打印店开个账号大家可以去打印扫描书；唐老师说，不要陷在你那个"习"里面，出来看看日本思想史还有很丰富的内容；唐老师说，我来指出你论文的浅薄之处；唐老师说，你这日语还得多练啊，去日本待一年是不是太短了；唐老师说，这么快就要出站了，还年轻要不再做个博士后；唐老师说，你把我的想法矮小化了；唐老师说，不去外地工作也挺好，在北京离得近可以一起做很多事……也许于很多唐门的学生而言，唐老师是更显严厉的，但是我感受到的是严格背后的关心和期待。博士研究生期间的一篇篇小文章，我习惯了不经过唐老师的批判就不放心投稿。有一次几经老师修改的文章终于准备投稿了，老师发来信息说"求带二作"，我当时就绷不住了，老师哪里需要带二作，不过是担心那篇文章太专不容易入编辑的眼罢了。

因为上唐老师的课最多，跟唐老师的大弟子王超师兄的相处和讨论也最多，我们一起操劳着办会，办讲座，操心老师的项目……师兄很有长者风范，师弟师妹要去日本，他总是开车去机场送行。我们一个研究近代，一个研究近世，但是在日本思想史这个小众的领域，已经算是交集很多了。感谢师兄的陪伴，师兄如我家人一般，我每次搬家必带师兄去家里坐坐。

联培的导师小岛毅老师，博士后派出项目的导师崔英辰和李天承老师在我留学日本、韩国期间给予了诸多帮助，对我的学术研究影响极深。中国人民大学的梁涛老师和北京大学的王中江老师也曾在我的求学之路上给予诸多指点和鼓励，在此一并致谢。

感谢教育部青年基金以及北京大学历史学系"海上丝绸之路及其沿线国家和地区历史文化研究"重大项目的支持，还要衷心感谢为本书出版劳心劳力的邵璐璐编辑。最后还想特别感谢帮忙核校引文的人大硕士二班郭昱麟、万铠诚、云众、杜旭韬、郑启航同学，祈愿你们学业精进，前途无量。

刘　莹

2023 年 11 月 1 日于中国人民大学立德楼

图书在版编目（CIP）数据

儒学的日本化：近世日本京学派思想研究 / 刘莹著
. -- 北京：社会科学文献出版社，2023.11
（北京大学海上丝路与区域历史研究丛书）
ISBN 978-7-5228-2547-2

Ⅰ.①儒… Ⅱ.①刘… Ⅲ.①儒学－研究－日本－近
代 Ⅳ.①B313.4

中国国家版本馆CIP数据核字（2023）第184261号

·北京大学海上丝路与区域历史研究丛书·

儒学的日本化：近世日本京学派思想研究

著　　者 / 刘　莹

出 版 人 / 冀祥德
责任编辑 / 邵璐璐　白纪洋
责任印制 / 王京美

出　　版 / 社会科学文献出版社·历史学分社（010）59367256
　　　　　　地址：北京市北三环中路甲29号院华龙大厦　邮编：100029
　　　　　　网址：www.ssap.com.cn
发　　行 / 社会科学文献出版社（010）59367028
印　　装 / 北京联兴盛业印刷股份有限公司

规　　格 / 开　本：787mm×1092mm 1/16
　　　　　　印　张：26.75　字　数：357千字
版　　次 / 2023年11月第1版　2023年11月第1次印刷
书　　号 / ISBN 978-7-5228-2547-2
定　　价 / 128.00元

读者服务电话：4008918866